Il mistero di Maria

Paul Haffner

Il mistero di Maria

Trattato di Mariologia

GRACEWING

1° Edizione 2008
Pubblicato da

Gracewing
2, Southern Avenue,
Leominster
Herefordshire
HR6 0QF
GB-Inghilterra
www.gracewing.co.uk

The Mystery of Mary
© Paul Haffner 2004
Tradotto dall'inglese da Girolamo M. Pica, FI. Testo riveduto da Chiara Cigana e Paul Haffner.

Tutti i diritti riservati. Nessuna parte del testo di questo libro può essere riprodotta o trasmessa in qualsiasi forma o con qualsiasi mezzo, elettronico o meccanico, incluso le fotocopie, la trasmissione facsimile, la registrazione, il riadattamento o l'uso di qualsiasi sistema di immagazzinamento e recupero di informazioni, senza il permesso scritto dell'editore.

© Paul Haffner 2008

Il diritto di Paul Haffner, autore di questo libro, è protetto dalla legge sul diritto d'autore.

In copertina: Gentile da Fabriano, *Madonna col Bambino tra San Nicola e Santa Caterina martire e donatore*.

ISBN 978-0-85244-693-5

Introduzione

Raccomando vivamente questo testo, *Il Mistero di Maria*, scritto dal Rev. Dott. Paul Haffner, per il gioioso evento del centocinquantesimo anniversario della definizione del dogma dell'Immacolata Concezione. Il Portogallo fu il primo luogo al mondo ad accettare questo dogma.

Durante il regno di João IV (che ebbe inizio nel 1640), in ringraziamento per il miracolo del riacquisto da parte del Portogallo della sua libertà dopo sessant'anni di occupazione spagnola, il Re consultò il Parlamento, l'Università di Coimbra e tutti i Vescovi su tale questione e tutte queste istituzioni approvarono l'iniziativa di offrire il Regno del Portogallo alla Beata Vergine Maria sotto il titolo dell'Immacolata Concezione. In seguito a tale atto, tutti i successivi Sovrani del Portogallo non indossarono mai più la corona, poiché la Beata Vergine era stata proclamata Sovrana regnante del Portogallo.

Tale devozione ha il suo centro nel Santuario di Castel Vila Viçosa, ove il Re Dom João IV visse e dove ancora esiste l'immagine da lui incoronata. A Vila Viçosa vi si trova, inoltre, una Confraternita di Nostra Signora della Concezione ed io ho l'onore di essere il Gran Maestro dell'Ordine di Nostra Signora della Concezione. In tutti i castelli del Portogallo e all'ingresso di tutte le città portoghesi vi era collocata una placca di pietra proclamando questo atto di consacrazione del Portogallo all'Immacolata Concezione. Tale decisione della nazione portoghese, che incoronò Maria Immacolata Regina del

Portogallo, non è stata mai revocata da alcun atto legislativo del Parlamento e pertanto è ancor oggi legalmente valida.

Curiosamente, la data che la repubblica proclamò come giorno del Portogallo, il 10 giugno, data di nascita del poeta epico del sedicesimo secolo Luís de Camões, è anche il giorno dedicato all'angelo custode del Portogallo. Certamente questi due protettori celesti, la Beata Vergine e l'Angelo Custode, sono coloro che hanno permesso alla nostra nazione di sopravvivere con la sua fede intatta, nonostante la turbolenza politica, le posizioni politiche spesso anticristiane e le decisioni poco intelligenti prese dai nostri politici. L'ultimo grande segno di protezione divina consistette nell'apparizione della Beata Vergine Maria e dell'Angelo del Portogallo a Fatima nel 1917.

Speriamo d'essere capaci di corrispondere a tali specialissimi favori divini così da continuare a meritare la protezione della Nostra Regina e Madre!

Dom Duarte, Duca di Bragança
1 giugno 2004

Prefazione all'edizione italiana

È per noi una grande gioia pubblicare *Il mistero di Maria* in lingua italiana dopo quasi cinque anni, proprio durante il centocinquantesimo anniversario delle Apparizioni della Madre di Dio a Santa Bernadette a Lourdes. Spero che sarà di aiuto ai lettori italiani come lo è stato per quelli di lingua inglese. Un sincero ringraziamento è dovuto a P. Girolamo Pica, FI, e a Chiara Cigana per la preparazione della versione italiana. Il libro è dedicato a mia madre.

Offro quest'opera nello spirito della preghiera di San Proclo di Costantinopoli: «O terra non seminata, che facesti germogliare un frutto celeste! O Vergine che apristi il paradiso ad Adamo, anzi che sei tu stessa più gloriosa del paradiso! Quello fu, infatti, coltivazione di Dio, ma tu hai coltivato Dio stesso secondo la carne! O seno nel quale si compì l'atto della nostra liberazione! O ventre in cui furono forgiate le armi contro il demonio! O campo nel quale il Coltivatore dell'umana natura, senza seme fece germogliare la spiga! O tempio in cui Dio divenne sacerdote, non mutando la nostra natura, ma rivestendosi, nella sua misericordia, di ciò che è secondo l'ordine di Melchisedek. O grembo più ampio del cielo! O mistero, di cui non so spiegarmi il modo!»

Roma, 12 settembre 2008
Festa del Santo Nome di Maria

Prefazione

Il presente volume offre una panoramica generale della teologia su Maria nota come Mariologia. Dato il considerevole numero di testi a disposizione, ci si potrebbe chiedere perchè offrirne un altro. Prima di tutto, di Maria non si dice mai a sufficienza, *de Maria numquam satis*, come scrisse S. Luigi Grignon de Montfort, rifacendosi ad una precedente tradizione, che forse risale a S. Bernardo di Clairvaux. È, dunque, una gioia per ogni teologo riflettere e gettar luce sulla natura e sul ruolo di Maria nell'economia salvifica. Inoltre, la presente opera offre una prospettiva realistica che, da una parte evita di ridurre gli aspetti concreti dei doni e dei privilegi di Maria a meri simboli, dall'altra non confonde dottrina e devozionalismo. Soprattutto, questo volume si presenta quale piccolo santuario della mente e del cuore della Beata Vergine, per celebrare il centocinquantesimo anniversario della definizione del dogma della sua Immacolata Concezione da parte del Beato Papa Pio IX.

Il testo si propone, prima di tutto, di dare un panorama teologico e dottrinale su Maria, in prospettiva storica. Pertanto, ogni questione concernente spiritualità, devozione e pratica pastorale non è affrontata direttamente. Ciò nonostante è convinzione dell'autore che le fondamenta di una fruttuosa devozione verso la Madre di Dio comincino da una dottrina solida basata sulla Scrittura e sulla Tradizione, e siano sviluppate da una buona teologia. Il volume procede in ordine tematico. Il primo capitolo traccia lo schema base di quanto costituisce la Mariologia; non isolatamente ma in relazione alle altre branche della teologia. Il secondo capitolo tratta della preparazione e prefigurazione veterotestamentaria del mistero di Maria. I dati del Nuovo Testamento che ci permettono di studiare la tematica mariana vengono proposti nel terzo capitolo. Il capitolo quarto esamina la dottrina dell'Immacolata Concezione ed altre verità concernenti la Beata Vergine in quanto piena di grazia. Il capitolo quinto guarda a Maria come Madre di Dio, il dogma centrale della Mariologia. Seguono le varie dimensioni della verginità perpetua di Maria elaborate nel capitolo sesto. Il discepolato di Maria, acquisizione teologica relativamente recente, è esplorato nel capitolo settimo, e ciò forma la base per una discussione sulla sua speciale ed attiva partecipazione all'opera di redenzione. Il capitolo ottavo illustra il termine della vita terrena della Vergine e la sua gloriosa assunzione in anima e corpo alla gloria celeste. Il nono ed ultimo capitolo elabora il ruolo materno di Maria ancora attivo nella Chiesa, in cui è la Mediatrice di tutte le grazie.

Quest'opera deve molto a molti ed è qui impossibile esprimere la mia gratitudine singolarmente a tutti coloro che mi hanno aiutato nella fase preparativa. Debbo ringraziare P. Thomas Williams, LC, che mi diede un efficace incoraggiamento quando discussi con lui questo testo. La mia gratitudine va ancora al Duca di Braganza che ha gentilmente scritto l'Introduzione a questo testo. Ancora una volta gli editori, Tom Longford e Jo Ashworth, meritano la mia gratitudine per il loro costante aiuto e incoraggiamento durante le varie fasi di produzione. In quest'opera desidero commemorare, inoltre, P. Redemptus Valabek, O. Carm., che morì lo scorso anno e fu di grande ispirazione quale docente di teologia, specialmente nel campo della Mariologia.

Roma, 25 marzo 2004
Solennità dell'Annunziazione del Signore

Abbreviazioni

AAS = *Acta Apostolicae Sedis. Commentarium officiale.* Roma: Typis Poliglottis Vaticanis, 1909– .

ASS = *Acta Sanctae Sedis.* Romae: 1865-1908. 41 vols.

CCC = *Catechismo della Chiesa Cattolica.* Città del Vaticano: LEV, 1992.

CCEO = *Codice dei Canoni delle Chiese Orientali.* Città del Vaticano: LEV, 1990.

CCL = *Corpus Christianorum series latina.* Tournai: Brepols, 1954- .

CSCO = *Corpus Scriptorum Christianorum Orientalium,* Parigi, Lovanio: 1903- .

CSEL = *Corpus Scriptorum Ecclesiasticorum Latinorum.* Wien: 1866- .

DS = H. Denzinger. *Enchiridion Symbolorum, Definitionum et Declarationum de rebus fidei et morum.* Edizione bilingue di P. Hünermann. Bologna: EDB, 1995.

EM= *Enchiridion Marianum Biblicum Patristicum* (ed.D. Casagrande). Rome: «Cor Unum», 1974.

EV =	*Enchiridion Vaticanum*. Documenti ufficiali della Chiesa. Bologna: EDB, 1980– .
IG =	*Insegnamenti di Giovanni Paolo II*. Vatican City: Vatican Polyglot Press, 1978–2005.
IP =	*Insegnamenti di Paolo VI*. Vatican City: Vatican Polyglot Press, 1963–1978.
Mansi =	J. D. Mansi, *Sacrorum Conciliorum nova et amplissima collectio*. Graz: 1960–1962.
ND =	J. Neuner e J. Dupuis, *La Fede Cristiana nei documenti dottrinali della Chiesa Cattolica*. San Paolo: Milano, 2002.
OR =	*L'Osservatore Romano*, edizione quotidiana.
ORE =	*L'Osservatore Romano*, edizione inglese.
PG =	J.P. Migne. *Patrologiae cursus completus, series graeca*. 161 vols. Paris: 1857–1866.
PL =	J.P. Migne. *Patrologiae cursus completus, series latina*. 221 vols. Paris: 1844–1864.
SC =	*Sources Chrétiennes*. Paris: Cerf, 1942- .

Capitolo 1

Una Teologia per Maria

La pietà della Chiesa verso la Vergine Maria è elemento intrinseco del culto cristiano. La venerazione che la Chiesa ha reso alla Madre di Dio in ogni luogo e in ogni tempo – dal saluto benedicente di Elisabetta alle espressioni di lode e di supplica della nostra epoca – costituisce una validissima testimonianza che la norma di preghiera della Chiesa è un invito a ravvivare nelle coscienze la sua norma di fede. E, viceversa, la norma di fede della Chiesa richiede che, dappertutto, si sviluppi rigogliosa la sua norma di preghiera nei confronti della Madre del Cristo.

Papa Paolo VI, *Marialis Cultus*, 56

Il mistero di Maria si colloca al cuore della teologia cristiana. Questo tema pone chiaramente in rilievo la relazione fra Dio e le sue creature, e rivela la risposta umana a Dio nel modo più perfetto. All'incarnazione del Figlio di Dio viene forgiata la durevole e definitiva sintesi, sintesi che la mente umana non avrebbe mai potuto immaginare: l'Eterno fa ingresso nel tempo, il Tutto giace nascosto nella parte, Dio assume il volto umano. La verità comunicata nella Rivelazione di Cristo viene offerta ad ogni uomo e donna disposti ad accoglierla come la parola che è la più valida fonte di senso per la vita umana. In Cristo tutti hanno accesso al Padre, poiché con la sua morte e resurrezione Cristo ha donato la vita divina rifiutata dal primo Adamo.[1] Dio viene a noi nelle realtà a noi più note e che possiamo più facilmente verificare, le persone e gli eventi della nostra vita quotidiana, in cui giungiamo alla comprensione di noi stessi. E così la venuta di Dio nel mondo è inseparabilmente legata alla realtà di Sua Madre Maria. In tal modo, nella venuta di Cristo, vediamo con più chiarezza e maggiore percezione dei dettagli quanto Dio compie per l'umanità, nelle meraviglie da Lui operate in e attraverso la Beata Vergine Maria. Pertanto, uno studio di Maria Madre di Dio è come un microcosmo o sintesi dell'intera teologia, in forza del suo intimo legame con Cristo nel Suo atto creativo, nella Sua incarnazione, nella redenzione da Lui compiuta e nell'escatologia ancora da completarsi. Le parole di Maria Madre di Dio, «grandi cose ha fatto in me l'Onnipotente, e Santo è il suo nome» sono riecheggiate dalla Chiesa e dall'umanità.

Per giungere ad una comprensione di Maria Madre di Dio, come in altre aree della teologia, è necessaria una prospettiva realista. Il realismo è quel ponte che garantisce la relazione reale fra conoscente e realtà ed è, in tal modo, il solido fondamento su cui innalzare il discorso teologico, per associare la ragione con la fede cristiana in Dio.[2] È interessante notare come anche i teologi che affrontano la Mariologia dalla prospettiva della teologia della

---

[1] Vedi Papa GIOVANNI PAOLO II, Lettera Enciclica *Fides et Ratio*, 12. Vedi anche Rm 5,12-15.

[2] Vedi P. HAFFNER, *Il fascino della ragione* (Leominster: Gracewing, 2007), pp. 17-26.

liberazione insistano sull'importanza del realismo: «L'antropologia realista fornisce alla Mariologia una base concreta che si adatta alla realtà mutevole dell'esistenza umana... È la vita odierna che dà vita alla vita di Maria nel passato.»[3] In tal modo il tessuto realista dell'azione di Dio nel tempo e nello spazio garantisce il valore perenne di un discorso sulla Mariologia così come su altre tematiche teologiche. Papa Paolo VI riecheggiava ciò quando affermò:

> Desideriamo, infine, rilevare che la nostra epoca, non diversamente dalle precedenti, è chiamata a verificare la propria cognizione della realtà con la parola di Dio e, per limitarci al nostro argomento, a confrontare le sue concezioni antropologiche e i problemi che ne derivano con la figura della vergine Maria, quale è proposta dal vangelo. La lettura delle divine scritture, compiuta sotto l'influsso dello Spirito Santo e tenendo presenti le acquisizioni delle scienze umane e le varie situazioni del mondo contemporaneo, porterà a scoprire come Maria possa essere considerata modello di quelle realtà che costituiscono l'aspettativa degli uomini del nostro tempo.[4]

Il realismo richiede che si abbia una solida padronanza dei vari eventi dell'esistenza di Maria, come la sua Immacolata Concezione, la Verginità Perpetua, la Maternità Divina e la sua Assunzione corporea. Questi misteri mariani hanno un certo effetto sul mondo materiale e anche questo aspetto fisico deve essere preso sul serio. Così il realismo difende

---

[3] I. GEBARA & M. C. BINGEMER, *Mary, Mother of God, Mother of the Poor*, Liberation and Theology 7 (Tunbridge Wells: Burns and Oates, 1989), p. 9.

[4] Papa PAOLO VI, Esortazione Apostolica *Marialis Cultus* (1974), 37.

le verità mariane dalla prospettiva mitologica o da un'eccessiva visione simbolica della loro natura, che spesso, in circoli modernisti e razionalisti, tende a svigorirle. Allo stesso tempo, una prospettiva realista preserva la Mariologia dal dissolversi in pio sentimentalismo, radicandola, invece, solidamente nella Parola di Dio e nella retta ragione. Inoltre, essa garantisce una base realista all'intera teologia, dal momento che Maria è la garanzia della realtà dell'incarnazione, essa stessa base di tutto il realismo. Il mistero di Dio Figlio che viene ad un ben preciso momento nel tempo e assume quanto da lui creato, aggiunge significato ad un'apprezzamento realista del tempo e della materia. Non è più possibile fuggire verso i vicoli ciechi delle nozioni cicliche del tempo, delle nozioni panteistiche della materia e delle nozioni idealistiche della realtà. Tutto il tempo, l'intera storia, tutta la materia e lo spazio si irradiano dall'istante in cui Dio assunse la natura umana.

Nella Mariologia, come nella Cristologia, debbono essere tenuti presenti sia l'aspetto orizzontale che quello verticale.[5] Ciò significa che l'immagine di Maria quale umile Vergine di Nazaret e la Maria gloriosa ripiena di grazia, costituiscono l'unica e medesima persona. Similmente, per il mistero di Cristo così come per il mistero mariano, non vi è dicotomia o tensione fra aspetti kenotici e teofanici. Per aspetto kenotico intendiamo l'auto-asservimento della seconda Persona della SS. Trinità (Fil 2,5-11, 2 Cor 8,9). Ciò non significa e non può significare in alcun modo che Egli abbandona la natura divina, ma implica piuttosto l'accettazione da parte di Cristo dei limiti della condizione umana, che giunge al suo culmine

---

[5] Talvolta l'aspetto orizzontale è definito Cristologia o Mariologia «dal basso» e il verticale è chiamato «dall'alto».

nell'umiliazione della Croce. Il carattere teofanico implica la manifestazione visibile di Dio, come preparata nel Vecchio Testamento e realizzata nel Nuovo. Mentre nel Vecchio Testamento si affermò che era impossibile vedere Dio e sopravvivere (Es 19,21; 33,20; Gs 13,22), Mosè ed altri sperimentarono la teofania (Es 3,1-6; 33,17-23; 34,5-9; Is 6,1-5). Il Vangelo ritrae le teofanie del battesimo del Signore nel Giordano (Mt 4,16-17; Mc 1,9-11; Lc 3,21-22; Gv 1,29-34), nelle nozze di Cana (Gv 2,1-12), nella Sua trasfigurazione sul Monte Tabor (Mt 17,1-13; Mc 9,2-8; Lc 9,28-36), e soprattutto nelle apparizioni di Cristo dopo la Sua resurrezione dai morti.

Breve storia della Mariologia

Nella storia della cristianità, i periodi in cui la dottrina e la devozione mariana fiorirono sono anche i periodi in cui il culto e l'adorazione di suo Figlio erano maggiormente sviluppati.[6] Il primo e più importante periodo va dal secondo al nono secolo, fondamentalmente l'età patristica. In questo periodo la Chiesa rifletté sul ruolo di Maria quale Nuova Eva e acclamò la sua maternità divina e la perpetua verginità in scritti patristici e di vari Concili. Questo fu anche il periodo in cui furono dibattuti e definiti i grandi dogmi trinitario e cristologico. Durante questi primi, pochi secoli della Chiesa sorsero tre eresie cristologiche che influenzavano la questione della divina maternità. Il Docetismo, che mentre riconosceva la divinità di Cristo, rigettava la realtà della sua natura umana, riducendola a mera apparenza. L'Arianesimo, dall'altro lato, che

---

[6] Vedi C. O'DONNELL, «Growth and Decline in Mariology» in J. HYLAND (ed.), *Mary in the Church*, (Dublin: Veritas Press, 1989), pp. 32-41.

accettava l'umanità di Gesù ma negava che Egli era Figlio di Dio, la Seconda Persona della SS. Trinità. Ambedue queste eresie rigettavano la duplice natura di Cristo e il mistero dell'Incarnazione. Se il Docetismo fosse stato corretto, Maria non poteva essere chiamata Madre di Dio, dal momento che non sarebbe stata Madre del Dio Figlio incarnato. Se l'Arianesimo fosse stato vero, Gesù non sarebbe stato divino e Maria non poteva essere considerata Madre di Dio. Nel primo Concilio di Nicea (325 d.c.), il primo concilio ecumenico tenuto dalla Chiesa, le due posizioni furono condannate e la realtà di Gesù quale vero Dio e vero uomo fu definita infallibilmente.

Dopo Nicea sorse una terza eresia cristologica, chiamata Nestorianesimo, che proponeva due persone in Cristo, piuttosto che due nature in una Persona. Maria sarebbe allora la madre soltanto della natura umana di Cristo e non, quindi, la Madre di Dio. Il Nestorianesimo fu condannato dal terzo concilio ecumenico, tenuto ad Efeso (431 d.c.). Dopo il concilio, la Formula di Unione dichiarò che Gesù fu «generato dal Padre prima dei secoli secondo la divinità, nato, per noi e per la nostra salvezza, alla fine dei tempi dalla vergine Maria secondo l'umanità essendo avvenuta l'unione delle due nature. Conforme a questo concetto di unione inconfusa, noi confessiamo che la Vergine Santa è Madre di Dio (*Theotokos*), essendosi il Verbo di Dio incarnato e fatto uomo, ed avendo unito a sé fin dallo stesso concepimento, il tempio assunto da essa.»[7]

Il parallelo fra Eva e Maria fu ben sviluppato negli scritti dei Padri sia orientali che occidentali, quali ad esempio S. Giustino Martire, S. Ireneo, S. Efrem e Tertulliano.[8] A partire dalla teologia neotestamentaria

---

[7] *La Formula di Unione fra Cirillo di Alessandria e i vescovi di Antiochia* in ND 607.

giovannina e paolina fu sviluppata l'idea di Maria quale tipo della Chiesa: «simbolo, idea centrale e, per così dire, sommario di tutto quanto significa la Chiesa nella sua natura e nella sua vocazione.»[9] S. Ambrogio fu il primo a fornire la formula classica secondo cui Maria è tipo della Chiesa.[10] Agostino sviluppò ulteriormente quest'idea collocando Maria prima della Chiesa quale immagine ideale e membro perfetto del corpo di Cristo.[11] Durante i secoli ottavo e nono, quando il Secondo Concilio di Nicea (787 d.C.) definì la venerazione delle immagini, i cristiani meditarono con maggiore attenzione sulla relazione fra Maria e suo Figlio, la sua partecipazione alla Sua resurrezione, la sua libertà dal peccato e l'importanza della sua intercessione.

Il secondo periodo comprese l'età scolastica, quando, fra molti altri degni di memoria, S. Anselmo, S. Tommaso d'Aquino, S. Bonaventura e il Beato Giovanni Duns Scoto fornirono una visione sistematica per la cristologia e una comprensione più chiara del ruolo di Maria nel mistero

---

[8] Per i riferimenti Patristici al parallelo Eva-Maria vedi, ad esempio, S. GIUSTINO MARTIRE, *Dialogo con Trifone*, 100 in *PG* 6, 710-711; S. IRENEO, *Adversus haereses*, Libro 3, capitolo 22, n. 4 in *PG* 7, 959; ibid., Libro 5, cap. 19, n.1 in *PG* 7, 1175-1176; S. EFREM, *Sermo in Genesi III*, 6 in *EM* 309-310; *Sermo I de Nativitate Domini* in *EM* 311; *Hymnus de Beata Maria*, 10 in *EM* 364; TERTULLIANO, *La Carne di Cristo* 17,4 in *PL* 2, 782.

[9] H. RAHNER, *Our Lady and the Church*, trans. S. BULLOUGH (London: Darton, Longman & Todd, 1961), p.5. Vedi capitolo 9, pp. 316-322 sotto dove il tema sarà trattato.

[10] La formula classica di S. AMBROGIO, *Maria est typos ecclesiae*, proviene dalla *Espositio evangelii secundum Lucam II*, 7, in *CSEL* XXXII, 4, 45.

[11] Vedi S. AGOSTINO, *De sancta verginitate* 6, in *PL* 40, 399; e Idem, *Sermo XXV*, 7, in *PL* 46, 938.

della salvezza. In modo particolare, Scoto preparò la strada alla comprensione dell'Immacolata Concezione di Maria.

Il terzo periodo va dal 1400 al 1800, dalla fine del Medioevo attraverso il Rinascimento e la Riforma sino all'Illuminismo. Questo fu un periodo durante il quale molte delle grandi verità della cristianità furono progressivamente attaccate. Da una parte, Lutero sostenne per tutta la sua vita la cristiana affermazione storica che Maria era Madre di Dio: «Ella è chiamata giustamente non solo madre dell'uomo, ma anche Madre di Dio... È sicuro che Maria è la Madre del Dio vero e reale.»[12] Nuovamente, durante tutta la sua vita, Lutero sostenne che la verginità perpetua di Maria fu un articolo di fede per tutti i cristiani, ed interpretò Galati 4, 4 nel senso che Cristo «nacque da donna» soltanto: «È un articolo di fede che Maria sia Madre del Signore e tuttavia una Vergine.»[13] Comunque, dall'altra parte, Lutero fu molto critico verso le dottrine tradizionali della mediazione ed intercessione mariana. Egli accettò comunque che Maria dovesse essere onorata: «La venerazione di Maria è inscritta nel profondo del cuore umano.»[14] Nel suo ultimo sermone a Wittemberg nel Gennaio del 1546, Lutero affermò: «Bisogna adorare solo Cristo? O piuttosto non bisogna onorare la santa Madre di Dio. Questa è la donna che schiacciò la testa del serpente. Ascoltaci. Per tuo Figlio tu non neghi nulla.»[15] Calvino e

---

[12] M. LUTHER, *Martin Luther's Works*, English translation edited by J. PELIKAN (Concordia: St. Louis, 1959-1986), *Sermon on the Mount and the Magnificat*, volume 24, p. 107.

[13] M. LUTHER, *Martin Luther's Works, Selected Commentaries on the Psalms*, Volume 11, pp. 319-320.

[14] M. LUTHER, *Martin Luther's Works, Selected Commentaries on the Psalms*, 10, III, p. 313.

[15] M. LUTHER, *Martin Luther's Works, Sermons*, Volume 51, pp. 128-129.

Zwingli, mentre non furono così fedeli alla dottrina mariana come lo fu Lutero, tuttavia veneravano la Madre di Dio. Sorge dunque la questione del perché le affermazioni mariane dei riformatori non sopravvissero nell'insegnamento dei loro eredi. La vera ragione del taglio col passato deve essere attribuita al furore iconoclasta dei seguaci della Riforma e alle conseguenze di alcuni principi della Riforma. Benché i riformatori protestanti inizialmente cercassero di essere fedeli ad alcune verità cristologiche e mariologiche, molti dei loro eredi vennero gradualmente meno sotto l'influenza dell'Illuminismo.

Ancor più influente sulla rottura con la dottrina tradizionale su Maria fu l'influenza dell'età illuministica che fondamentalmente mise in discussione o negò totalmente tutti i misteri di fede. L'Illuminismo fu parzialmente alimentato dall'ovvio successo della ragione nel campo delle scienze naturali e matematiche. L'idea predominante di un universo quale meccanismo governato da poche e identificabili leggi fomentò il desiderio d'instaurare una religione puramente razionale. Il prodotto della ricerca di una religione naturale e puramente razionale era il deismo, la falsa nozione secondo cui Dio, dopo aver «caricato» il cosmo nell'atto della creazione, lascia che l'universo si governi da solo. Il Deismo era correlato al concetto massonico di un Essere Supremo quale Architetto dell'universo. Aldilà della religione naturale dei deisti giacevano le conseguenze più radicali delle esagerazioni illuministiche nella sfera religiosa: lo scetticismo, l'ateismo e il materialismo.[16] Il punto più basso fu raggiunto quando l'ateismo fu in ascesa e la dottrina cristiana fu svuotata di sostanza anche in alcune comunità cristiane. Le dottrine mariane furono smarrite dai protestanti successivi a causa

---

[16] Vedi P. HAFFNER, *Il fascino della ragione*, p. 148.

dello «spirito illuministico con la sua mancanza di comprensione del mistero, e soprattutto del mistero dell'incarnazione, che nel secolo diciottesimo diede inizio all'opera di demolizione.»[17] La maggior parte dei protestanti è scivolata via dall'atteggiamento nei confronti di Maria che Lutero aveva indicato sulla base della Sacra Scrittura. Tale perdita di devozione per Maria è parzialmente dovuta al sorgere del razionalismo che respinse il senso del sacro. Nel razionalismo si cercava di comprendere tutto con la solo ragione, rigettando quanto non poteva essere spiegato in questo modo. Poiché il razionalismo accettava soltanto ciò che poteva essere spiegato razionalmente, nel protestantesimo ci si liberò del tutto delle festività mariane in onore di Maria e di qualsiasi altra cosa che la richiamasse alla memoria. Si perse ogni legame biblico con Maria, e noi ancora ne soffriamo le conseguenze.[18] Ma nonostante le tetre nubi addensatesi sulla cristianità, tale periodo vide, nondimeno, la produzione di un certo numero di capolavori di devozione mariana. Dopo un antico e costante interesse per il ruolo della Madre di Dio in relazione a Cristo e alla Sua economia salvifica, i primi trattati sistematici furono scritti nel XVII secolo. F. Suárez (1548-1617) affrontò questioni mariologiche in modo sistematico e P. Nigido per primo coniò il termine Mariologia quando scrisse il trattato dogmatico *Summae Sacrae Mariologiae* nel 1602.[19]

---

[17] F. HEILER, «Die Gottesmutter im Glauben und Beten der Jahrhunderte» in *Hochkirche* 13 (1931), p. 200.

[18] Cf. B. SCHLINK, *Mary, the Mother of Jesus* (London: Marshall Pickering, 1986), pp. 114-115.

[19] Vedi F. SUÁREZ, *De Mysteriis vitae Christi* (Paris: Vivès, 1877), vol 19, d.1-23; P. NIGIDO, *Summae sacrae Mariologiae* (Panormi: apud Io. Antonium De Franciscis, 1602).

Il quarto ed ultimo periodo va dal 1800 ai nostri giorni. Si potrebbe dire che Dio lanciò un contrattacco mariano al cuore dell'Illuminismo e alla Rivoluzione Francese, attraverso una serie di apparizioni mariane in Francia. Queste furono le grandi apparizioni del XIX secolo della Medaglia Miracolosa, La Salette e Lourdes che continuano ad esercitare un grande influsso quali manifestazioni tangibili del mondo soprannaturale negato dall'Illuminismo.[20] Tali influenti apparizioni sono continuate nel XX secolo, e Fatima in Portogallo ne è il più notevole esempio.[21] Accanto a questi richiami al patrimonio mariano, vi è stato anche un risveglio di interesse per la dottrina e la devozione mariane che ancor oggi continua. Comunque, molte delle comunità protestanti che hanno rifiutato la dottrina e la devozione mariana si sono gradualmente dipartite anche dalla dottrina cristologica.[22]

All'inizio del XX secolo furono scritti molti trattati ma poi, più tardi, la Mariologia fu quasi dimenticata fra coloro i quali la criticavano per essere troppo isolata e autonoma, enfatizzando eccessivamente lo stretto legame di Maria con Cristo e ignorando la sua condizione di creatura. I movimenti biblico, patristico, kerigmatico e liturgico invocarono una reintegrazione della Mariologia all'interno della cornice della storia della salvezza e con il resto della

---

[20] Vedi D. A. FOLEY, *Marian Apparitions, the Bible, and the Modern World* (Leominster: Gracewing, 2002), pp. 113-186.

[21] *Ibid.*, pp. 231-252.

[22] Questo fenomeno lo si può notare nella negazione delle verità fondamentali circa Cristo nella Comunione Anglicana nella serie di studi editi da J. HICK, *The Myth of God Incarnate* (London: SCM, 1977). Altri Anglicani hanno risposto con l'opera edita da M. GREEN, *The Truth of God Incarnate* (London: Hodder and Stoughton, 1977).

teologia. L'importanza data a Maria dalla Chiesa non si basa semplicemente sulla Bibbia o sui suoi privilegi ma deriva dal suo particolare ed unico ruolo nella storia della salvezza. Il fondamento di ciò è la visione teologica della persona umana, chiamata a svolgere un ruolo attivo nell'opera di salvezza. Ognuno ha un ruolo particolare, ma quello di Maria è unico perché è la sola ad essere Madre del Salvatore e Madre della Chiesa. La Mariologia studia la sua partecipazione al mistero della salvezza, ma studia anche i suoi speciali privilegi poiché questi sono connessi con la sua missione.

In genere i Riformatori rigettano la possibilità di una Mariologia e la singolare partecipazione di Maria alla storia della salvezza a causa della loro antropologia. Essi rigettano la stessa possibilità di una collaborazione attiva dell'uomo alla sua salvezza. Nella teologia riformata, tradizionalmente la persona umana riceve salvezza, fede e grazia passivamente. Alcuni teologi suggeriscono che gli studi ecumenici debbano iniziare con il caso concreto e particolare di Maria e non con la teoria della giustificazione. Sorge la domanda se Maria abbia risposto attivamente o passivamente alla sua vocazione. Se concludessimo che ella partecipò attivamente, ciò chiaramente cambierebbe radicalmente anche la teoria Protestante sull'incapacità dell'uomo di collaborare alla sua salvezza.

Nella cristianità orientale, la Mariologia non è una disciplina teologica separata. I cristiani orientali non hanno mai sviluppato una «teologia» mariologica, ma la trattano sempre come parte inseparabile della cristologia, della pneumatologia e dell'ecclesiologia.[23] Effettivamente, «non

---

[23] Cf. V. LOSSKY, *Panagia*, in: *In the Image and Likeness of God*, ed. J.H. ERICKSON and T.E. BIRD (Crestwood, NY 1985), p. 195.

v'è teologia cristiana senza una relazione permanente con la persona e il ruolo della Santa Vergine nella storia della salvezza.»[24] La cristianità orientale pone l'accento sull'essere di Maria, nell'economia della salvezza, mentre la teologia occidentale, sin da S. Agostino, ha spesso posto l'accento su Maria quale esempio e discepola. La tradizione orientale parla della relazione della Theotokos e della Santissima Trinità nel contesto della storia della salvezza. Secondo S. Giovanni Damasceno, il «nome della Madre di Dio contiene tutta la storia dell'economia salvifica in questo mondo.»[25] L'opera di salvezza e rinnovamento del mondo è compiuta da Dio Padre attraverso il Figlio nello Spirito Santo. La Theotokos è al centro della storia della salvezza, come insegna S. Gregorio Palamas: «Ella è la causa di quanto venne prima di Lei, il campione di quanto venne dopo di Lei e l'agente delle realtà eterne. Ella è la sostanza dei profeti, il principio degli apostoli, il fermo fondamento dei martiri e la premessa dei maestri della Chiesa. Ella è la gloria di coloro che sono sulla terra, la gioia degli esseri celesti, il coronamento di tutta la creazione. Ella è l'inizio, la fonte e la radice di realtà indicibilmente buone; ella è l'apice e la consumazione di tutto ciò che è santo.»[26] Questo ruolo speciale della Theotokos scaturisce dal fatto che ella sola è trovata fra Dio e l'umanità.[27] Ella fu collocata in una relazione unica e

---

[24] N. NISSIOTIS, «Marie dans la théologie orthodoxe», *Concilium* 19(1983), cap. 88, p. 60.

[25] S. GIOVANNI DAMASCENO, *La fede Ortodossa* Libro III, cap. 12 in *PG* 94, 1029-1030.

[26] S. GREGORIO PALAMAS, *Omelia sulla dormizione della purissima Signora Theotokos e Semprevergine Maria* (*Omelia 37*), in *PG* 151, 472.

[27] Cf. P. SHERWOOD, «Byzantine Mariology» in *The Eastern Churches Quarterly* 14/8 (Winter 1962), p. 396.

d'eccezione con lo Spirito Santo, anche prima dell'Incarnazione, quale Madre attesa del Signore Incarnato per portare a compimento la consumazione finale del piano eterno di Dio.[28]

Negli ultimi anni la teologia occidentale ha sottolineato due aspetti del ruolo di Maria nell'opera di salvezza, cioè la tendenza cristologica e quella ecclesiologica. La tendenza cristologica ha enfatizzato la relazione di Maria col suo Figlio come Madre di Dio. I suoi privilegi derivano da questa relazione e sono paralleli a quelli di Cristo perché ella è intimamente associata a Lui. La sua verginità, ad esempio, è una conseguenza della sua divina maternità. La sua Immacolata Concezione deriva logicamente dalla sua dignità di Madre di Dio ed è una preparazione all'incarnazione. Anche la sua assunzione è una conseguenza della sua maternità e la colloca in una categoria del tutto speciale. In forza del suo ruolo attivo ella è pure la «Madre della Chiesa», la «Mediatrice» e la «Corredentrice».[29]

La tendenza ecclesiologica ha enfatizzato Maria come figura o tipo della Chiesa. A causa di tale parallelismo fra Maria e la Chiesa, i suoi privilegi vanno compresi alla luce delle proprietà della Chiesa. Ad esempio, la sua divina maternità è un prototipo per la Chiesa e costituisce il momento della formazione della Chiesa. Maria non è al di

---

[28] Cf. G. FLOROVSKY, *The Ever-Virgin of God*, in: *Creation and Redemption*. Volume terzo delle opera complete *di Georges Florovsky* (Belmond, Mass. 1976), p. 176.

[29] Per maggiori informazioni sul tema di Maria Madre della Chiesa, vedi il cap. 9 sotto. Per una ulteriore elaborazione (con riferimenti scritturistici, patristici e magisteriali) della dottrina mariologica della Corredenzione e della Mediazione universale vedi rispettivamente di seguito il capitolo 7, pp. 241-272, e il capitolo 9, pp. 338-358.

sopra della Chiesa ma parte di essa. Ella è il primo e preminente membro della Chiesa, ma come tutti i suoi membri è redenta da Cristo. Uno dei problemi di questa tendenza è che sottovalutò la partecipazione attiva di Maria alla storia della salvezza. Queste due tendenze, la cristologica e l'ecclesiologica, non sono opposte l'una all'altra ma piuttosto mutuamente complementari.

In questi ultimi anni è stato anche necessario far fronte alle pretese femministe riguardanti la Mariologia. Un piccolo gruppo di femministe nella Chiesa sostiene che «la Chiesa è venuta meno nella comprensione o promozione della donna in generale, venerando invece Maria in particolare.»[30] Le femministe proposero di liberare Maria dalle proiezioni di una gerarchia dominata da maschi, e allo stesso tempo le donne dovevano essere liberate da quelle immagini della Beata Vergine da cui pretendevano d'essere dominate. L'immagine di Maria deve prendere in considerazione l'esperienza femminile. Le femministe spesso prendono in considerazione soltanto l'approccio kenotico a Cristo e a Maria, un approccio orizzontale, senza una sufficiente consapevolezza degli altri aspetti più divini e trascendentali.

Quest'opera respinge anche un approccio di tipo modernista alla Mariologia. I modernisti basarono il loro pensiero sul soggettivismo kantiano e su un concetto evoluzionistico di verità. Con il loro approccio liberale al criticismo biblico, tentarono di minare la dottrina dell'ispirazione divina della Scrittura. Essi tesero a negare gli aspetti divino e soprannaturale della rivelazione e la sua trasmissione nella Chiesa. Invece, dal momento che uno dei principi fondamentali del modernismo fu lo

---

[30] J. ROBINSON, *The Inner Goddess* (Leominster: Gracewing, 1998), p. 61.

sviluppo storico, spesso considerarono la dottrina cristiana come un prodotto di idee pagane, secondo fattori sociali e puramente umani. Così un tipo d'idea neomodernista sarebbe quella secondo cui la figura di Maria sia connessa, in qualche modo, a radici sia pagane che cristiane, come ad esempio gli antichi culti delle dee pagane.[31] Un ulteriore errore rigettato da questo lavoro è l'erronea idea, seguendo la psicologia di Jung, per cui Maria sia semplicemente espressione di una necessità del femminile nella teologia, o anche un tentativo di proiettare o ritrovare la dimensione della femminilità divina.[32] Accanto a queste false nozioni giace anche l'idea di considerare Maria quale semplice espressione dell'eterno principio femminile all'interno del cosmo, sulla linea di Teilhard de Chardin.[33] Nella sfera ecumenica è chiaro che fra la Chiesa Ortodossa e quella Cattolica vi è molto consenso sulle dottrine mariane. Con le comunità risultanti dalla Riforma tale consenso non esiste ancora. Comunque, molti dei teologi di queste comunità sostengono la dottrina mariana. Ad esempio, l'anglicano Eric Mascall affermò:

> La relazione di Maria alla Chiesa (come direbbero i moderni logici) è il prodotto relativo di due ulteriori relazioni fondamentali. La prima delle due è la relazione fra Maria e suo Figlio; Egli è ancora uomo e ella è ancora sua Madre. La seconda è la sua relazione con noi e con la Chiesa; noi siamo suoi membri e la Chiesa il suo corpo. Pertanto, Maria è madre nostra e noi siamo suoi figli per adozione in suo Figlio. Questa non è un'esuberanza devozionale,

---

[31] Vedi S. BENKO, *The Virgin Goddess. Studies in the pagan and Christian roots of Mariology* (Leiden: Brill, 1993).

[32] Vedi V. WHITE, *Soul and Psyche* (London: 1960).

[33] Vedi H. DE LUBAC, *L'Eternel Féminin. Etude sur un texte du Père Teilhard de Chardin* (Paris: Aubier-Montaigne, 1968).

ma un fatto della teologia.³⁴

Charles Dickson, uno studioso luterano, fece notare che Lutero si riferì a Maria come «officina di Dio» e continuò dicendo:

> «Quale Madre di Dio, ella è innalzata al di sopra di tutto il genere umano» e «non ha eguali». Si ponga in contrasto ciò con l'atteggiamento protestante moderno che critica la devozione mariana credendo che detrae alla centralità e all'unicità della posizione che Cristo occupa nella salvezza umana e così comincia ad emergere un quadro della crisi attuale di divisione. Ciò che i Protestanti hanno avuto difficoltà a comprendere sono le intenzioni della dottrina cattolica su Maria. Nella dottrina dell'Immacolata Concezione e dell'Assunzione non è stata intenzione della Chiesa Cattolica elevare la Beata Vergine Maria alla condizione di divinità, ma piuttosto presentarla come modello splendente di genuina speranza cristiana. È la speranza di tutto il genere umano. Tale rilettura e illuminata comprensione da parte della comunità protestante aiuterà a rifocalizzare l'attenzione dell'intero mondo cristiano su Maria, non come punto di divisione, ma quale vero ponte per l'unione di noi tutti.³⁵

Il dialogo ecumenico recente con i Cristiani Riformati ha destato una grande apertura da parte dei Protestanti ad accettare il dogma dell'Immacolata Concezione, e quella

---

[34] E. L. MASCALL, «The Dogmatic Theology of the Mother of God» in E.L. MASCALL (ed.) *The Mother of God*, (London: Dacre Press, 1949), p. 43.

[35] C. DICKSON, *A Protestant Pastor Looks at Mary* (Huntington, Indiana: Our Sunday Visitor, 1996), pp. 109-110.

dell'Assunzione come parte integrale del Vangelo della salvezza.[36]

Relazione fra la Mariologia e le altre tematiche

La Mariologia è un tema centrale all'interno della teologia ed è organicamente correlata ad altre aree di questa scienza sacra. La Mariologia è anche un campo di ricerca teologica particolare: in essa l'amore del popolo cristiano per Maria ha intuito non di rado con anticipo alcuni aspetti del mistero della Vergine, richiamando su di essi l'attenzione dei teologi e dei pastori.[37] La Madre di Dio è coinvolta nei misteri centrali della salvezza. Ella è intimamente legata all'incarnazione del Verbo (Lc 1,26-28; Mt 1,18-25), alla manifestazione di Gesù Cristo ai pastori (Lc 2,8-14) e alla sua epifania ai Magi (Mt 2,9-10), che rappresentano rispettivamente i Giudei ed i Gentili. Maria è attivamente presente nella rivelazione messianica di Gesù nel tempio a Simeone e Anna (Lc 2,22-38), e all'inizio della vita pubblica e del ministero del Signore (Gv 2,1-12). Ella accompagnò suo Figlio alla Sua morte sulla Croce (Gv 19,25-27), e partecipò alla venuta dello Spirito Santo a Pentecoste (At 1,12-14; 2,1-4).

Mariologia e Protologia

La protologia è lo studio teologico delle origini, le origini del cosmo, dell'uomo e della donna, della salvezza umana e dell'antropologia cristiana. Maria è la Madre del

---

[36] Vedi J. WICKS, «The Virgin Mary in Recent Ecumenical Dialogues» in *Gregorianum* 81 (2000), pp. 25-57.
[37] Vedi Papa GIOVANNI PAOLO II, *Discorso all'Udienza Generale* (8 novembre 1995), 1.

Creatore. In Maria, Madre di Dio, preservata dalla macchia del Peccato Originale, vi è rivelato che la nuova creazione è ancor più meravigliosa dell'antica:

> È un errore pensare che il giorno della redenzione possa essere comparato al giorno della creazione. All'inizio fu creata la terra, oggi viene rinnovata; all'inizio il suo prodotto fu maledetto attraverso il peccato di Adamo, ma oggi vi vengono restaurate pace e sicurezza. All'inizio la morte fu trasmessa a tutti gli uomini a causa del peccato dei progenitori; ma oggi, attraverso Maria, siamo passati dalla morte alla vita.[38]

In Maria, Madre del Creatore, il mistero della grazia giunge al suo culmine. Ella è il fiore di tutta la creazione, la Rosa senza spine che portò il suo Creatore. In lei è focalizzata tutta la bontà della creazione, tutta la perfezione della natura. Allo stesso tempo, ella è la piena di grazia e nella sua risposta a Dio, grazia e natura si ritrovano perfettamente e formano un vero matrimonio. Ella è la Sede della Sapienza che racchiuse nel suo grembo Colui che il mondo non può contenere nei suoi confini. Ella diede alla luce Colui che dispensa verità, bontà, unità e bellezza a tutte le realtà create. Cristo è «ad un tempo Signore e Figlio di Maria, ad un tempo Creatore e creatura di Maria.»[39] Maria è la Nuova Eva, la Madre della Nuova Creazione e la speranza della creazione nel suo pellegrinaggio terreno. Attraverso la sua gloriosa assunzione ella è anche la speranza dei cieli nuovi e della terra nuova, terra ove Cristo sarà «tutto in tutti» (Col 3,11). Ella aiuta tutta l'umanità a rinnovarsi costantemente ad

---

[38] S. EFREM SIRO, diacono, *Sermo III de diversis* in *EM* 325.
[39] S. AGOSTINO *In Ioannis Evangelium Tractatus*, 8, 9 in *PL* 35, 1456: «ipse creator Mariae, ipse creatus ex Maria.»

immagine di Colui che è il Creatore dell'uomo (cfr. Col 3,10).

Maria fu predestinata sin da tutta l'eternità ad essere la Madre di Dio, e questa predestinazione fu associata all'Incarnazione del Verbo Divino.[40] La tradizione teologica ha visto la scelta divina di Maria in qualche modo collegata con l'atto creativo; la tradizione liturgica ha illustrato tale idea nella sua scelta del seguente passo, tratto dalla letteratura sapienziale dell'Antico Testamento, per la Messa in onore della Beata Vergine:

Il Signore mi ha creato all'inizio della sua attività,
prima di ogni sua opera, fin d'allora.
Dall'eternità sono stata costituita,
fin dal principio, dagli inizi della terra.
Allora io ero con lui come architetto
ed ero la sua delizia ogni giorno,
dilettandomi davanti a lui in ogni istante;
dilettandomi sul globo terrestre,
ponendo le mie delizie tra i figli dell'uomo. (Prv 8,22-23, 30-31)

La chiave ermeneutica di tale brano sta nel rendersi conto che esso si riferisce alla predestinazione eterna sia di Cristo che della Beata Vergine in modo tale che il ruolo della Beata Vergine è chiaramente subordinato a quello di Cristo. In tal modo, nel mistero di Cristo ella è presente già «prima della creazione del mondo», come colei che il Padre «ha scelto» come Madre del suo Figlio nell'incarnazione.[41]

Lo sposo del Cantico dei Cantici chiama la sua sposa «giardino chiuso» e «fontana sigillata» (Ct 4,12). La tradizione ha applicato tali espressioni a Maria, Madre di Dio. La Beata Vergine è un «giardino chiuso» e una

---

[40] Vedi VATICANO II, *Lumen Gentium*, 61.
[41] Vedi Papa GIOVANNI PAOLO II, Lettera enciclica *Redemptoris Mater*, 8.5.

«fontana sigillata» in forza della sua verginità perpetua e allo stesso tempo della sua fruttuosa maternità. Maria accolse nel suo grembo il Dio che la creò e così, in un certo senso, ella divenne un nuovo giardino di paradiso, in cui fu piantato Cristo, il vero Albero della Vita: «O beata e più che beata Vergine, attraverso la tua benedizione tutta la creazione è benedetta... Dio stesso, che fece tutte le cose. Fece se stesso da Maria. In tal modo, Egli rifece tutto quanto aveva gia fatto.»[42] La Beata Vergine non soltanto è davvero il Modello della Nuova Creazione, ma esercita anche un ruolo attivo e dinamico nella restaurazione della creazione. La Madre di Dio fu associata in modo speciale alla vita e al ministero di suo Figlio, ad esempio alle nozze di Cana (Gv 2,1-12), ove i poteri miracolosi di Cristo sulla creazione furono manifestati quando trasformò l'acqua in vino. Il miracolo prefigura l'ancor più grande meraviglia della Santissima Eucarestia. L'intimo legame fra Cristo e sua Madre persistette sino al momento della crocifissione e continuò anche dopo (Gv 19,26-27). Maria, in un modo del tutto subordinato a Cristo, è la Mediatrice di tutte le grazie.[43] Così tutte le grazie che lo Spirito elargisce per restaurare e ricreare il cosmo vengono a noi attraverso le mani di Maria Vergine. La molteplice opera di Maria è ben espressa dall'inno Akatistos della tradizione bizantina:

Ave, o tralcio di santo Germoglio;
Ave, o ramo di Frutto illibato.
Ave, coltivi il divino Cultore;
Ave, dai vita all'Autor della vita.

---

[42] S. ANSELMO, *Oratio 52* in *PL* 158, 955-956.
[43] Per una ulteriore elaborazione della dottrina su Maria, Mediatrice di tutte le grazie, comprendente i riferimenti scritturistici, patristici e magisteriali, vedi il cap. 9, pp. 338-358 sotto.

Ave, Tu campo che frutti ricchissime grazie;
Ave, Tu mensa che porti pienezza di doni.
Ave, un pascolo ameno Tu fai germogliare;
Ave, un pronto rifugio prepari ai fedeli.
Ave, di suppliche incenso gradito;
Ave, perdono soave del mondo.
Ave, clemenza di Dio verso l'uomo;
Ave, fiducia dell'uomo con Dio.[44]

È significativo come tale inno adoperi immagini di realtà create per illustrare la funzione di Maria nella restaurazione della creazione compiuta da suo Figlio. Il ruolo di Maria nella creazione è intimamente connesso con il suo ruolo nell'economia salvifica:

> Maria è il giardino di paradiso di Dio e il suo mondo ineffabile, in cui il Figlio di Dio è entrato per operarvi meraviglie, per custodirlo e compiacersi. Ha fatto un mondo per l'uomo pellegrino: è il nostro; ha fatto un mondo per l'uomo beato, il paradiso; ma ne ha fatto un altro per sé e gli ha dato il nome di Maria. Questo è un mondo sconosciuto a quasi tutti i mortali della terra e incomprensibile a tutti gli angeli e i beati del cielo, che per l'ammirazione che provano nel vedere Dio così elevato e distante da loro, così segregato e nascosto nel suo mondo, la divina Maria, gridano giorno e notte: «Santo, Santo, Santo!»[45]

Il piano del Padre per il genere umano fu portato a compimento in modo eminente nella sacra umanità di Cristo, l'Uomo Nuovo. Maria quale Donna Nuova gode anche di una posizione speciale nell'economia salvifica divina. Maria fu ripiena di grazia dal primo istante della sua esistenza nell'Immacolata Concezione, mentre alla fine

---

[44] *Inno Akathistos*, Canto V.
[45] S. LUIGI GRIGNON DA MONTFORT, *Il Segreto di Maria*, 19.

della sua esistenza terrena fu completamente trasfigurata in Cristo nella gloria della sua Assunzione. Pertanto, in ella prima di tutti e più perfettamente che in tutti gli altri, fu compiuto il processo di predestinazione, elezione, giustificazione e glorificazione in Cristo (Rm 8,29-30), nel quale ogni essere umano è chiamato (Ef 3,1-14). Maria appare come la creatura in cui si ritrovano piena libertà e obbedienza completa; le aspirazioni dell'anima sono perfettamente armonizzate con i valori del corpo e l'attività umana completamente congiunta alla grazia divina.

Mariologia e Cristologia

Gesù Cristo, il Figlio di Dio fatto uomo, è nato da Maria, è carne della sua carne, perché ella Lo ha concepito, Lo ha dato alla luce, Lo ha allattato al suo seno verginale, e Lo ha educato insieme a S. Giuseppe. Maria, dunque, è davvero la Madre di Gesù, e pertanto fra lei e il Verbo incarnato esiste un vincolo indissolubile. La Persona e la missione del Figlio gettano una chiara luce sul profilo di Sua Madre. In tal modo la cristologia esercita un certo impatto sulla Mariologia; comunque, allo stesso tempo, la Mariologia reca il suo contributo alla cristologia perché la conoscenza della vera dottrina cattolica sul mistero di Maria fornisce la chiave per la comprensione del mistero di Cristo e della sua Chiesa. Un esempio illustrativo è come l'espressione Madre di Dio (*Theotokos*) sia una garanzia di ortodossia cristiana.[46] Attraverso Maria, eccezionale testimone del

---

[46] S. Gregorio Nazianzeno nella sua *Epistola 101* fece del titolo *Theotokos* la colonna portante dell'ortodossia. Il suo argomento si dispiega come segue: se vi erano due persone in Cristo, Maria sarebbe la madre della sola persona umana. Se

mistero di Cristo, la Chiesa ha approfondito il mistero della *kenosis* del Figlio di Dio, divenuto in ella «Figlio di Adamo». La Chiesa così è divenuta consapevole delle radici storiche del «Figlio di Davide», il suo inserimento nel popolo ebreo e la sua appartenenza al gruppo dei piccoli e poveri del Signore (*anawim*).

Mariologia e Soteriologia

Maria fu redenta in un modo più sublime di quello di tutti gli altri uomini e donne, in vista dei meriti di suo Figlio, e pertanto ella è il primo e più grande frutto della redenzione. Quale Madre del Redentore e sua generosa discepola, ella ha anche collaborato in modo specialissimo all'opera del Salvatore. Con il consenso prestato all'incarnazione redentrice del Verbo, con il suo servizio amoroso alla persona e all'opera del Figlio, con la sua incessante intercessione celeste e con la sua presenza materna nella vita della Chiesa, la Beata Vergine ha cooperato e coopera sempre, secondo il beneplacito di Dio, alla salvezza del genere umano.

---

vi era solo una natura in Cristo, e quella umana, lei non sarebbe la Madre di Dio. Pertanto la dottrina della *Theotokos* implica una persona, una Persona divina, e due nature, la divina e l'umana. Allo stesso modo, S. Cirillo di Alessandria, nella sua *Omelia 15 sull'Incarnazione*, considera la dottrina della *Theotokos* una garanzia dell'ortodossia. Gli scritti di Cirillo si pronunciavano chiaramente ed inequivocabilmente circa la presenza reale di Cristo nell'Eucarestia e circa la posizione di Maria, la *Theotokos*, nella dottrina dell'Incarnazione di suo Figlio.

Mariologia e Pneumatologia

Maria la Tuttasanta (*Panaghia*) è la prima creatura plasmata completamente dallo Spirito Santo, e allo stesso tempo è la prima portatrice dello stesso Spirito Santo. La sua vita è stata animata e guidata dallo Spirito Santo, cosicché ella può essere davvero ritenuta icona dello Spirito. Secondo la tradizione contemplativa della Chiesa, lo Spirito Santo rese Maria capace di pronunciare il suo «si» o «fiat» salvifico (Lc 1,38) e di proclamare il suo inno di ringraziamento, il Magnificat (Lc 1,46-55). Lo stesso Spirito suggerì alla madre di Cristo una attitudine cultuale che trasformò il rito della redenzione del primogenito in una prefigurazione e preludio dell'offerta sacrificale dell'Agnello di Dio (Lc 2,22-24). Lo Spirito ispirò la supplica materna al Figlio a favore degli sposi di Cana in Galilea (Gv 2,3) e l'esortazione ai servi di eseguire quanto da Lui ordinato (Gv 2,5). Il Consolatore sostenne la Beata Vergine Maria nel suo immenso dolore presso la croce di Cristo e dilatò il suo cuore immacolato perché accogliesse il testamento del suo Figlio morente, che che la costituiva Madre dei suoi discepoli (Gv 19,26).

Mariologia ed Ecclesiologia

Maria è presente in modo attivo e determinante nelle varie fasi di formazione della Chiesa. Primo, a Nazaret e Betlemme alla concezione e nascita di Cristo, perché tali momenti riguardano sia le membra che il Capo del Corpo Mistico. Già alla festa di nozze a Cana, i Suoi discepoli credettero in Lui e con Sua Madre formarono una comunione di fede con il loro Signore e Maestro (Gv 2,11). Poi a Gerusalemme il sacramento dell'intera Chiesa fu generato nell'acqua e nel sangue dal costato squarciato di Cristo mentre Egli pendeva dalla croce alla presenza di Maria. Ed infine, a Pentecoste fu formata la comunità di tutti i seguaci di Gesù, nella nascita della Chiesa, aperta alla sua missione universale (At 1,1-40). La relazione fra Maria e la Chiesa è evidenziata dal fatto che ella è il membro sovreminente della Chiesa, l'amorosissima Madre della Chiesa, l'Immagine compiuta della Chiesa, il Tipo profetico e Figura della Chiesa, ed anche la sua Icona escatologica. La Chiesa possiede una intrinseca «dimensione mariana» nella sua struttura ontologica; i suoi lineamenti sono anticipati nel volto della Beata Vergine di Nazaret.[47]

Mariologia ed Escatologia

La liturgia bizantina nel Kontakion per la solennità della Dormizione, saluta Maria come «nostra ferma speranza e protezione.»[48] Proprio come la Madre di Gesù, glorificata in anima e corpo in cielo, «costituisce l'immagine e l'inizio della Chiesa che dovrà avere il suo compimento nell'età futura, così ora sulla terra brilla innanzi al peregrinante popolo di Dio quale segno di sicura speranza e di consolazione, fino a quando non verrà il giorno del Signore».[49] La Chiesa, pertanto, contempla in Maria l'immagine purissima di ciò che essa tutta desidera e spera

---

[47] B. LEAHY, *The Marian Principle in the Church according to Hans Urs von Balthasar* (Frankfurt am Main: Peter Lang, 1996).

[48] J. RAYA and J. DE VINCK, *Byzantine Daily Worship* (Allendale, NJ: Alleluia Press, 1969), p.756.

[49] VATICANO II, *Lumen Gentium*, 68. La prefazione della Messa dell'Assunzione si riferisce alla Beata Vergine anche quale «segno di speranza e conforto.»

di essere. In ella il tempo si condensa e il passato, il presente ed il futuro si illuminano reciprocamente: l'*ieri* di Israele e della Chiesa diventa presente in virtù del memoriale liturgico; l'*oggi* è segnato dalla costante presenza operante di Maria nel cammino della Chiesa verso le ultime realtà; il *domani* è realtà già acquisita che infonde fiducia e speranza. In Maria, assunta alle glorie celesti, la paura del futuro è stata superata, l'enigma della morte è stato sconfitto, ed il vero destino dell'uomo e della donna è stato svelato nel Cristo Risorto.

La Mariologia offre una sintesi teologica

Gli esempi offerti sopra illustrano chiaramente come la Mariologia sia strettamente legata con le altre discipline teologiche e sia, per tal motivo, non un tema isolato, ma una parte integrante della teologia. La teologia fondamentale che esamina le basi della fede in relazione alla ragione ed il rapporto fra Scrittura, Tradizione e Magistero, come pure lo sviluppo dei dogmi, non può venire meno nel prendere in considerazione i molteplici e svariati esempi di discorso mariologico. Nella teologia dogmatica la Mariologia rappresenta un punto d'incontro per le altre discipline teologiche, come pure spazio di sintesi. La Mariologia è un punto d'incontro, poiché in Maria tutto è orientato a Dio Padre di cui è la serva e figlia prediletta, a Dio Figlio di cui è la vera Madre e la generosa socia e devota discepola, ed infine allo Spirito Santo che l'ha ricolmata di ogni grazia dal primo istante della sua immacolata concezione, l'ha adombrata perché dal suo grembo verginale germogliasse il Salvatore e l'ha l'accompagnata sino all'assunzione in cielo. Maria è legata al suo proprio popolo d'Israele, del quale è la personificazione, l'apice e la più pura espressione, e anche alla Chiesa, di cui ella è primizia e compimento escatologico. L'umanità di di ogni luogo e di ogni tempo dev'essere vista nella sua luce, dal momento che ella è la più pregiata e perfetta realizzazione di tutti i popoli. Ella deve essere vista anche come il sommo e più incantevole ornamento del cosmo.

La Mariologia in tal modo presenta molteplici opportunità per delle sintesi teologiche. L'economia e la storia della salvezza, dalla predestinazione *ab aeterno* del Verbo Incarnato, alla seconda venuta del Signore, dalla Genesi all'Apocalisse, si riassume nella Madre di Dio. Maria è in un certo senso il Crocevia della teologia, ove si incontrano tutte le varie strade; ella è il microcosmo dell'economia della salvezza e della creazione. Maria, «per la sua intima partecipazione alla storia della salvezza, riunisce per così dire e riverbera le esigenze supreme della fede, quando è fatta oggetto della predicazione e della venerazione chiama i credenti al Figlio suo, al suo sacrificio e all' amore del Padre.»[50]

Da ciò si può concludere che lo studio della Beata Vergine Maria è centrale alla fede e alla teologia. È una via che porta direttamente al cuore del mistero cristiano e in ciò giace il segno della sua fruttuosità.[51] In tal modo è inaccettabile la posizione di coloro che desiderano relegare tale studio al margine del mistero cristiano. Non è possibile al cristiano considerare marginale l'Incarnazione del Verbo, che cambiò la storia umana, e alla quale Maria acconsentì e in cui ella collaborò attivamente; né le parole indirizzate da Cristo a Sua Madre ai piedi della Croce sono

---

[50] VATICANO II, *Lumen Gentium*, 65.
[51] H. DE LUBAC, «Preface» in *Maria: Etudes sur la Sainte Vierge* (Paris: Beauchesne, 1961), vol. 6, p. 11.

da ritenersi periferiche; l'evento della Pentecoste, in cui la Beata Vergine fu attivamente coinvolta, non è da collocarsi al margine della fede cristiana. È necessario, in tal modo, che tutta la riflessione teologica tenga dovutamente conto della presenza di Maria e della relazione di tutta la teologia col mistero mariano. Si vedrà, dall'altro lato, con lo sviluppo di ogni capitolo di questo libro, come i vari aspetti della Mariologia siano legati con gli altri temi teologici e radicati nell'insieme del mistero cristiano.

Capitolo 2

La Figlia di Sion

La sua presenza in mezzo a Israele – così discreta da passare quasi inosservata agli occhi dei contemporanei – splendeva ben palese davanti all'Eterno, il quale aveva associato questa nascosta «Figlia di Sion» al piano salvifico comprendente tutta la storia dell'umanità.

Papa Giovanni Paolo II, Redemptoris Mater, 3

Nell'Antico Testamento, l'economia salvifica di Dio si dischiude progressivamente verso la venuta di Cristo Salvatore, nato dalla Vergine Maria. Nella misura in cui l'Antico Testamento è una preparazione, prefigurazione e predizione profetica della venuta di Cristo, esso adempie la stessa funzione anche nei riguardi di Sua Madre. La Madre di Dio è prefigurata e profeticamente predetta nell'Antico Testamento attraverso le persone, gli eventi e gli oggetti: «Il Nuovo Testamento è nascosto nell'Antico, e l'Antico diventa chiaro nel Nuovo.»[1] Tale idea è legata al *senso tipico* del testo biblico che è il significato più profondo contenuto in alcuni elementi (persone, luoghi, oggetti, eventi) della Bibbia, perché Dio, l'autore divino della Bibbia, volle che tali elementi adombrassero o prefigurassero ulteriori realtà. Originariamente un tipo (*tupos*) significava un «modello», «impressione» oppure un «timbro» in cui l'argilla o cera veniva pressata, così da poter assumere l'immagine o forma esatta del timbro. Nel discorso biblico un tipo significa una persona, luogo, oggetto o evento dell'Antico Testamento che prefigura una persona, luogo, oggetto o evento del Nuovo Testamento chiamato antitipo.[2] Il senso tipico è un'indicazione dell'ispirazione divina del testo. Dall'altro lato la profezia biblica implica l'uso di parole piuttosto che opere. Questa profezia è un insegnamento correlato all'Alleanza fra Dio e il Suo popolo che risale alle origini della loro storia quale nazione. I profeti indicarono spesso eventi futuri che Dio avrebbe portato a compimento, talvolta durante la loro vita ed altre volte nel lontano futuro. Soprattutto, questi eventi futuri erano connessi con la venuta di Gesù il Messia.

Nell'accostarsi alle Sacre Scritture è importante rendersi conto che la fede è basata su una comprensione realista

---

[1] S. AGOSTINO, *Quaestionum in Heptateuchum* cap. 2, 73, in *PL* 34, 623: «Novum Testamentum in Vetere latet, Vetus in Novo patet». L'adagio lo si può formulare anche: «Il Nuovo è contenuto nel Vecchio; il Vecchio è spiegato nel Nuovo,» oppure «Il Nuovo è racchiuso nel Vecchio; il Vecchio è rivelato nel Nuovo.» Vedi anche il VATICANO II, *Dei Verbum* 16.

[2] Vedi 1 Cor 10,6 per la base scritturistica dell'idea di tipo: «Ora questi eventi erano esempi (τύποι) per il nostro bene, cosicché noi non volgessimo mai il nostro cuore, come fecero loro, al male.»

della storia.³ La tendenza iniziata nel liberalismo e nel modernismo, che riduce la fede ad una mera idea, ebbe il suo culmine nell'approccio di Bultmann. L'influsso ancora attivo di M. Dibelius e R. Bultmann, i principali fondatori della fase critico-formale dell'interpretazione storico-critica, continua ad esercitare un'enorme impatto sull'esegesi moderna. Le conclusioni di Bultmann non sono il risultato scientifico di rinvenimenti storici ma emergono da un substrato di presupposti sistematici, implicanti l'uso di un modello evoluzionistico della scienza naturale all'interno della teologia biblica e di una filosofia esistenzialistica.⁴ L'approccio liberale o modernista all'interpretazione scritturistica esagera il ruolo della tecnica umana nella formazione della Bibbia e nella sua esegesi. In modo razionalistico, questi cerca di ridurre a significati puramente simbolici o mitici quanto, di fatto, la Scrittura insegna come vero ad un livello più profondo. Sia teologi cattolici che protestanti hanno sofferto diverse volte i danni del riduzionismo modernista.

Prefigurazione

L'Antico Testamento nel suo complesso prefigura il Nuovo Testamento. In particolare, la tipologia di una storia veterotestamentaria serve da preludio ad un evento del Nuovo Testamento. Un ovvio esempio di tipologia è il passaggio del Mar Rosso dalla schiavitù dell'Egitto alla Terra Promessa, prefigurante l'acqua del battesimo che

---

3 Vedi la PONTIFICIA COMMISSIONE BIBLICA, *Instructio de historica Evangeliorum veritate* in AAS 56 (1964), pp. 712-718.
4 Vedi J. RATZINGER, «L'interpretazione della Bibbia in conflitto» in I. DE LA POTTERIE (ed.), *L'esegesi cristiana oggi* (Casale Monferrato: Piemme, 1991), pp. 104-111.

trasforma una persona facendola passare dalla schiavitù del peccato originale alla nuova vita in Cristo. La vita di Gesù Cristo fu adombrata nell'Antico Testamento, come lo furono i Suoi apostoli, la Sua Chiesa, i Suoi sacramenti e soprattutto Sua Madre. Maria è prefigurata in alcune delle più eminenti donne dell'Antico Testamento allo stesso modo in cui Adamo, Mosè e Davide prefigurano in qualche modo Cristo. Come sottolineò Ronald Knox:

> Ma attraverso questo groviglio corre un'unico filo d'oro; in queste pagine macchiate si rinviene di tanto in tanto un fiore schiacciato che non ha perso né il suo colore né la sua fragranza. Quel filo, quel fiore, è la menzione per tipo e analogia di colei che tutte le generazioni della cristianità hanno chiamato beata, la Vergine delle vergini, la Regina del cielo, la Santa Madre di Dio.... Infatti la Beata Vergine è, dopo tutto, il culmine di quel lungo processo di selezione, di scegliere qui e di rigettare lì uno strumento umano adatto al Suo fine, così tipico del modo di Dio di rapportarsi col suo popolo.[5]

Una delle più vive immagini della Scrittura è quella della Figlia di Sion. L'espressione linguistica ebbe la sua origine nel Regno del Nord (Israele) e di solito la si applicava ad una piccola cittadina o colonia dipendente da una città più grande ed importante (cfr. Nm 21,25; 32,42; Gs 15,45-47). Il suo uso si estese al sud dopo l'esilio in Babilonia (Ne 11,25) ed è rinvenuto anche nel libro delle Cronache (1 Cr 5,16; 2 Cr 13,19). Il profeta Michea fu il primo ad applicare l'esatta espressione figlia di Sion a Gerusalemme (Mi 1,13; 4,10.13). Gli studi dimostrano che la Figlia di Sion è il nuovo

---

[5] R. KNOX, «Esther as a Type of Our Lady» in F. J. SHEED, *The Mary Book* (London and New York: Sheed and Ward, 1950), pp. 15-16.

quartiere di Gerusalemme, a nord della città di Davide, dove i rifugiati provenienti dal nord giunsero, il «piccolo resto d'Israele». Intorno all'anno 640 a.C., Gerusalemme ebbe un governo favorevole agli Assiri. Il profeta Sofonia proclamò la speranza che la liberazione del popolo cominciasse dal resto d'Israele, un popolo umile ed amabile, la figlia di Sion rinnovata dall'amore per il Signore (Sof 3,12.14.17).[6] Nell'Antico Testamento, Sion o Gerusalemme è raffigurata come Sposa e Figlia, Vergine e Madre, come lo è Maria nel Nuovo. La figlia Sion è la sposa di Iavè, madre del popolo di Dio (Madre Sion), la Vergine Israele. La Figlia di Sion quale rappresentazione di Maria è evidente nel parallelismo fra un gran numero di testi dell'Antico e Nuovo Testamento. Maria «primeggia tra quegli umili e quei poveri del Signore che con fiducia attendono e ricevono da lui la salvezza. E infine con lei, la figlia di Sion per eccellenza, dopo la lunga attesa della promessa, si compiono i tempi e si instaura la nuova «economia».»[7] Molti dei testi dell'Antico Testamento descriventi la Figlia di Sion sono applicati facilmente a Maria nel Nuovo Testamento. La donna Maria, la Madre di Dio, è la realizzazione storica della figura simbolica designata dall'espressione Figlia di Sion. L'attesa salvezza di Israele fu proiettata su questa figura simbolica. La Figlia Messianica di Sion, descritta dai profeti, diventa concreta in una figlia di Israele, Maria, che diviene così la personificazione del popolo messianico nei tempi escatologici.[8]

---

6   Vedi H. CAZELLES, «Fille de Sion et théologie mariale dans le Bible»in *Bulletin de la Societé Française d'Études Mariales* 21 (1964), pp. 51-71.
7   VATICANO II, *Lumen Gentium*, 55.
8   Vedi I. DE LA POTTERIE, *Maria nel mistero dell'alleanza* (Genova:

In Maria, l'esaltata Figlia di Sion, «dopo la lunga attesa della promessa, si compiono i tempi e si instaura la nuova "economia", quando il Figlio di Dio assunse da lei la natura umana per liberare l'uomo dal peccato coi misteri della sua carne.»[9] La struttura e lo stile del seguente passaggio tratto dal libro di Zaccaria ne è un chiaro esempio: «Gioisci, esulta, figlia di Sion, perché, ecco, io vengo ad abitare in mezzo a te - oracolo del Signore -.» (Zc 2,14).[10] Questi è rispecchiato nel resoconto dell'annunciazione fornito dall'evangelista S. Luca: «Ti saluto, o piena di grazia, il Signore è con te. Non temere, Maria, perché hai trovato grazia presso Dio. Ecco concepirai un figlio, lo darai alla luce e lo chiamerai Gesù» (Lc 1,28.30.31).

In tre momenti decisivi nella storia della salvezza, nel giardino dell'Eden, all'esodo dall'Egitto e all'instaurazione del regno davidico, Dio dischiuse un prossimo adempimento incentrato su Cristo, ma con una definita e discernibile dimensione mariana. I tre momenti decisivi implicano una prefigurazione della Beata Vergine quale Nuova Eva, Arca dell'Alleanza, e Regina Madre. Questi titoli corrispondono alle tre realtà veterotestamentarie naturalmente, ma allo stesso tempo additano un glorioso adempimento espresso nelle tre principali dottrine:

Marietti, 1992), p. 220.

[9] VATICANO II, *Lumen Gentium*, 55.

[10] Molti altri brani dall'Antico Testamento sono simili nello stile e struttura, ad esempio: «Gioisci, figlia di Sion, esulta, Israele, e rallegrati con tutto il cuore, figlia di Gerusalemme! In quel giorno si dirà a Gerusalemme: «Non temere, Sion, non lasciarti cadere le braccia! Il Signore tuo Dio in mezzo a te è un salvatore potente»» (*Sof* 3,14. 16-17). «Esulta grandemente figlia di Sion, giubila, figlia di Gerusalemme! Ecco, a te viene il tuo re» (*Zc* 9,9).

l'Immacolata Concezione di Maria, la sua Assunzione e la sua Regalità.

Quando Dio parla al serpente dopo la caduta di Adamo ed Eva, il libro della Genesi ci istruisce circa la promessa di un Redentore dalla *donna*: «Io porrò inimicizia tra te e la donna, tra la tua stirpe e la sua stirpe: questa ti schiaccerà la testa e tu le insidierai il calcagno» (Gn 3,15). La presente, strettamente parlando, è una profezia su Maria che verrà esaminata in seguito. Comunque, Eva stessa, la Madre di tutti i viventi (Gn 3,20), prefigura Maria che è la Madre di tutti i viventi nell'ordine della grazia.[11]

Maria è il ponte fra l'Antico e il Nuovo Testamento, e ciò è illustrato in modo del tutto chiaro nel considerare la Madre di Dio quale Arca dell'Alleanza. La caratterizzazione iniziale, da parte di Luca, di Maria come Figlia di Sion conduce alla sua magnifica visione di Maria come Arca dell'Alleanza (Lc 1,26-28), visione che è continuata sia nel Vangelo di Giovanni che nel libro dell'Apocalisse. Studi sul Vangelo di Luca hanno indicato come il suo modo d'introdurre tematiche veterotestamentarie o profezie avviene attraverso allusioni piuttosto che asserzioni dirette di «adempimento profetico». Nell'introdurre Maria quale Arca, Luca si serve di testi dell'Antico Testamento che qualsiasi lettore giudeo avrebbe potuto comprendere e identificare con l'Arca. Un efficace esempio ne è la somiglianza fra la presenza di Dio nella tenda del convegno nell'Antico Testamento e il suo adempimento nell'episodio neotestamentario dell'annunciazione. L'adombramento divino, designato dalla

---

[11] Vedi i testi patristici citati nel capitolo 1, nota 8 a p. 7 sopra. Vedi pure J. H. NEWMAN, *Certain Difficulties felt by Anglicans in Catholic Teaching*, vol II (London: Longmans, Green and Co., 1910), p. 36.

caratteristica parola *episkiasei*, evocava la nube che era segno della presenza di Dio. La nuvola ricopriva l'Arca dell'Alleanza con la sua ombra, mentre la gloria di Dio la ricolmava dall'interno: «Allora la nube coprì la tenda del convegno e la Gloria del Signore riempì la Dimora.» (Es 40,34). A suo tempo, Maria fu oggetto di questa duplice teofania: una presenza dall'alto che significa trascendenza e una presenza del Signore dall'interno: «Lo Spirito Santo scenderà su di te, su te stenderà la sua ombra la potenza dell'Altissimo. Colui che nascerà sarà dunque Santo e chiamato Figlio di Dio.» (Lc 1,35).[12]

Sussistono dei paralleli significativi e profondi anche fra la visita di Maria a S. Elisabetta e il trasporto dell'Arca dell'Alleanza dalla casa di Abinadab a quella di Obed-Edom e a Gerusalemme. I due «viaggi» ebbero luogo in Giudea. In ambedue i casi vi è espressa sorpresa. Nell'Antico Testamento, che l'Arca di Dio debba andare da Obed-Edom: «Come potrà venire da me l'arca del Signore?"(2 Sam 6,9). Nella visita di Maria, Elisabetta fa una domanda simile: «A che debbo che la madre del mio Signore venga a me?»(Lc 1,43). L'Arca fu accompagnata da esultanza quando venne a Gerusalemme: «Davide danzava con tutte le forze davanti al Signore. Ora Davide era cinto di un efod di lino. Così Davide e tutta la casa d'Israele trasportavano l'arca del Signore con tripudi e a suon di tromba.» (2 Sam 6,14-15). Ciò prefigurava l'arrivo della Nuova Arca, e la gioia di Giovanni Battista nel grembo di sua madre: «Ecco, appena la voce del tuo saluto è giunta ai miei orecchi, il bambino ha esultato di gioia nel mio grembo.» (Lc 1,44). Vi sono grida di gioia da parte del popolo e da parte di Elisabetta e sia Davide che Giovanni

---

[12] R. LAURENTIN, *Breve Trattato sulla Vergine Maria* (Milano: Edizioni Paoline, 1987), pp. 36-39.

il Battista «esultano di gioia». Sulle persone che ricevettero l'Arca nelle loro case furono riversate delle benedizioni: «L' arca del Signore rimase tre mesi in casa di Obed-Edom di Gat e il Signore benedisse Obed-Edom e tutta la sua casa.» (2 Sam 6,11). Ai tempi dell'Antico Testamento la fertilità era associata alla benedizione di Dio. Elisabetta nel Nuovo testamento fu benedetta con la nascita di Giovanni il Battista: «Per Elisabetta intanto si compì il tempo del parto e diede alla luce un figlio.» (Lc 1,57). Il tempo che l'Arca rimase nella casa di Obed-Edom fu di tre mesi: «L'arca del Signore rimase tre mesi in casa di Obed-Edom di Gat.» (2 Sam 6,11). Ciò è chiaramente anche una prefigurazione del tempo trascorso da Maria con Elisabetta: «Maria rimase con lei circa tre mesi, poi tornò a casa sua.» (Lc 1,56).[13]

Il tema dell'Arca è ripreso alla fine del vangelo dell'infanzia per l'evento della presentazione di Gesù al Tempio:

> Simeone saluta Gesù che entra nel tempio, come la Gloria di Israele (Lc 2,32). Si tratta qui di un titolo divino. La Gloria di Jahvé, che aveva abbandonato il tempio privo dell'arca dell'alleanza, vi ritorna quando Maria viene a portarvi Gesù. È per questo che Simeone può morire: può «vedere la morte», dopo che «ha visto la gloria». I tempi sono compiuti. Qui, Maria, figlia di Sion escatologica e nuova arca dell'alleanza, completa in un certo senso la sua missione portando al tempio colui il cui luogo è il tempio. È ciò che Gesù stesso affermerà nell'ultimo episodio del Vangelo dell'infanzia, l'episodio del ritrovamento: «Io mi devo occupare di quanto riguarda mio Padre» (Lc 2,49).[14]

---

[13] Vedi S. MANELLI, *Mariologia Biblica* (Frigento: Casa Mariana Editrice, 2005²), p. 195.

Vi sono anche paralleli fra la narrativa dell'infanzia in Luca ed il prologo del Vangelo di Giovanni. V'è ragione di credere che in questo prologo Giovanni faccia riferimento sia al parto verginale che al simbolo dell'Arca. Il simbolo dell'Arca e la sua relazione con Maria continuano nel libro dell'Apocalisse, nei capitoli 11 e 12, dove la casa di Dio o «Arca» è anche una «Donna»: «Allora si aprì il santuario di Dio nel cielo e apparve nel santuario l'arca dell'alleanza. Ne seguirono folgori, voci, scoppi di tuono, terremoto e una tempesta di grandine. Nel cielo apparve poi un segno grandioso: una donna vestita di sole, con la luna sotto i suoi piedi e sul suo capo una corona di dodici stelle. Era incinta» (Ap 11,19-12,2). In un significativo versetto posteriore, intimamente connesso con questo passaggio, viene indicata ancora la vicina relazione fra l'Arca e la Donna: «Vidi anche la città santa, la nuova Gerusalemme, scendere dal cielo, da Dio, pronta come una sposa adorna per il suo sposo. Udii allora una voce potente che usciva dal trono: «*Ecco la dimora* di Dio con gli uomini! *Egli dimorerà tra di loro ed essi saranno suo popolo ed egli sarà il "Dio-con-loro"*. (Ap 21,2-3). L'identificazione dell'Arca dell'Alleanza con Maria, così chiara ai lettori giudei di Luca e Giovanni, fu afferrata dalla prima comunità cristiana, come confermato dai riferimenti di antiche liturgie, litanie, inni come *l'Akathistos* e dagli scritti dei Padri (ad esempio, Atanasio). Così l'identificazione di Maria con l'Arca dell'Alleanza, derivante dalla scrittura, divenne parte della fede apostolica. L'Arca si colloca al centro dell'Antica Alleanza ed il suo proseguimento nella Nuova Alleanza nella persona di Maria è un invito ad una sublime riflessione sul ruolo della Beata Vergine nell'economia salvifica.

---

[14] R. LAURENTIN, *Breve Trattato sulla Vergine Maria*, pp. 37-38.

Il ruolo di Maria accanto al Figlio re è prefigurato nell'Antico Testamento dall'immagine della Regina Madre. Il titolo di Regina Madre o *Gebirah* in ebraico era ben conosciuto ai tempi dell'Antico Testamento, e lei svolgeva un ruolo di grande influenza negli affari nazionali e faceva da reggente quando il re era assente o morto. Dal momento che l'importanza della Regina Madre era riconosciuto dagli antichi ebrei, i primi cristiani onorarono la Madre del Re in questo modo. Le regine madri occupavano una posizione importante nelle corti reali dell'antico Medio Oriente e specialmente in Israele. I loro nomi sono stati fedelmente riportati nei Libri dei Re (1 Re 14,21; 15,2; 22,42; 2 Re 9,6; 12,2; 14,2; 15,2,33; 18,2; 22,1; 23,31,36; 24,18). Essi erano intimamente associati all'onore e alla posizione del monarca (Ger 13,18; 22,6). A volte era evidente che la posizione della Madre del Re era più importante di quella di sua moglie, come si può vedere paragonando 1Re 1,16,31 e 2,19, ove Betsabea si prostra dinnanzi al re Davide, suo marito, mentre Salomone, suo figlio, dopo essere divenuto re, si prostra lui dinnanzi a lei e la fa sedere alla sua destra. Pertanto, i testi profetici prefigurativi sopra riportati fanno intravedere Maria quale Regina Madre del Re escatologico, coinvolta come tale nell'onore tributato al regno di Lui. In tal modo l'Antico Testamento fornisce il contributo positivo di una fonte per la dottrina della Regalità di Maria.[15]

La figura veterotestamentaria della Regina Madre fornisce un'autentica prefigurazione del ruolo della Madre di Gesù quale Regina e Avvocata per il popolo di Dio.[16]

---

[15] Vedi R. LAURENTIN, *Breve Trattato sulla Vergine Maria*, pp. 267-268, 270.

[16] Questo tema verrà approfondito ulteriormente nel capitolo 8, pp. 306-311 sotto, e nel capitolo 9, pp. 338-358 sotto.

L'ufficio e l'autorità della Regina Madre nel suo stretto legame con il re la rendeva la più potente avvocata presso il re per il popolo del regno. L'idea veterotestamentaria di avvocata è quella di una persona chiamata in causa perché interceda per un'altra in necessità e specialmente presso la corte; e nessun altro aveva un potere di intercessione superiore a quello della Regina Madre, che a volte sedeva sul trono alla destra del re (1Re 2,19-20). La Regina Madre aveva anche il ruolo di consigliera del re per ciò che riguardava il regno (cfr. Pr 31,8-9; 2 Cr 22,2-4). Il riconosciuto ruolo, da parte della Regina Madre, di avvocata, insieme a suo figlio, dei membri del regno, è palesato nell'immediata risposta del re Salomone a sua madre Betsabea, in questa richiesta della Regina Madre in favore di un membro del regno: «« Ho una piccola grazia da chiederti; non me la negare». Il re le rispose: «Chiedi, madre mia, non ti respingerò»». (1 Re 2,19-20).[17]

Attraverso tutta l'Antica Alleanza molte donne sante prepararono la strada e prefigurarono Maria. All'inizio vi era Eva che nonostante la sua disobbedienza ricevette la promessa di una posterità vittoriosa contro il male e la promessa che lei sarebbe stata la madre dei viventi (Gn 3,15-20). In virtù della promessa Sara concepì, nonostante l'età avanzata (Gn 18,10-14; 21,1-2). Le nascite miracolose prefigurarono la nascita di Cristo. Contro ogni umana aspettativa Dio scelse coloro che erano considerati senza potere e deboli per mostrare la fedeltà alle sue promesse: Anna, la madre di Samuele; Debora, Rut, Giuditta, Ester e molte altre donne.[18] In particolare Giuditta è considerata figura della Beata Vergine Maria: «Appena furono entrati

---

[17] Vedi M. I. MIRAVALLE, *Mary: Coredemptrix, Mediatrix, Advocate* (Santa Barbara, CA: Queenship Publishing, 1993), pp. 58-59.
[18] Vedi CCC 489.

in casa sua, tutti insieme le rivolsero parole di benedizione ed esclamarono al suo indirizzo: «Tu sei la gloria di Gerusalemme, tu magnifico vanto d'Israele, tu splendido onore della nostra gente. Tutto questo hai compiuto con la tua mano, egregie cose hai operato per Israele, di esse Dio si è compiaciuto. Sii sempre benedetta dall'onnipotente Signore». Tutto il popolo soggiunse: «Amen!»» (Gdt 15,9-10).

Le matriarche dell'Antico Testamento prefigurarono anche Maria ed Elisabetta insieme nel Nuovo Testamento, come nell'esempio di Sara e Agar, Rachele e Lia, Anna e Peninna. Agar, la serva egiziana, ebbe Ismaele da Abramo (Gn 16,15), e Sara ebbe Isacco (Gn 21,2) da Abramo, dopo che Dio strinse la sua alleanza con lui, rendendolo padre di una moltitudine di nazioni. Rachele e Lia erano figlie di Labano e Lia ebbe sei dei dodici figli di Giacobbe, ma fu Rachele che ricevette il suo undecimo figlio Giuseppe (Gn 30,24). Peninna ebbe molti figli da Elcana, ma soltanto la sterile Anna generò Samuele (1Sam 1,20). L'inno di Anna nel primo Libro di Samuele 2,1-10 è chiaramente una fonte per il Magnificat di Maria. Il libro di Ester e Giuditta ritrae due eroine di Israele. Ognuna di queste donne, con il suo spirito di sacrificio e indistruttibile resistenza spirituale, personifica lo stesso Israele. Di fatto, donna ed Israele diventano interscambiabili nel libro di Osea. Ove il matrimonio di Osea alla sua donna infedele simbolizza l'alleanza d'amore di Dio con l'infedele popolo d'Israele (Os 11,1-9).

Il tema della Sapienza divina presente in tutto l'Antico Testamento fornisce ancora un'altra base per la prefigurazione teologica di Maria. La Sapienza non è semplicemente un risultato della mera esperienza, frutto della riflessione umana. Il saggio re Salomone si rese conto che la vera sapienza può venire soltanto da Dio attraverso la preghiera, comprendendo i suoi piani divini. Un passo tratto dal libro dei Proverbi (Pr 8,22-31) mostra che la Sapienza non è soltanto il piano eterno di Dio, ma è una persona, la compagna di Dio sin dall'inizio. Il ricco sfondo nell'Antico Testamento predispone a comprendere come tutta la storia d'Israele miri al suo compimento nel Messia. Maria, la giovane vergine giudea, diventa un simbolo per Israele stesso, colei che generò Gesù, il Messia. I passaggi in Proverbi 8 e in Ecclesiastico 24 che parlano della Sapienza sono stati applicati anche a Maria quale *sede della sapienza*:

> La sapienza loda se stessa, si vanta in mezzo al suo popolo. Nell' assemblea dell' Altissimo apre la bocca, si glorifica davanti alla sua potenza. Ho officiato nella tenda santa davanti a lui, e così mi sono stabilita in Sion. Nella città amata mi ha fatto abitare; in Gerusalemme è il mio potere. (Sir 24,1-2; 10-12)

Inoltre, alle prefigurazioni già discusse, il principio «la norma della preghiera è la norma della fede» fornisce molte altre allusioni nelle preghiere e liturgie della Chiesa.[19] In tal senso, molti dei titoli conferiti alla Beata Vergine nelle sue litanie e nell'«Ave maris stella» hanno valore prefigurativo. Le antifone ed i responsori adoperati nell'Ufficio Divino, recitati per varie festività della Beata Vergine suggeriscono un numero consistenti di tipi mariologici. Ad esempio, la liturgia per la solennità di Maria Madre di Dio vede nel rovo ardente che brucia senza consumarsi (Es 3,2) una figura di Maria che concepisce suo Figlio senza perdere la verginità. Anche nel vello di

---

[19] L'espressione Latina è *lex orandi lex credendi*. Vedi PROSPERO DI AQUITANIA, *Indiculus*, c. 8 in *PL* 51, 209.

Gedeone che era bagnato dalla brina mentre tutto il terreno intorno rimaneva asciutto (Gdc 6,37-38) i Padri della Chiesa vedono un tipo di Maria che riceve nel grembo il Verbo Incarnato.[20]

La figura presente nel salmo 45, il canto delle nozze del Re Messia, è stata anch'ella vista quale prefigurazione di Maria, Madre di Dio. Dopo l'introduzione, si divide in due parti. La prima canta le lodi del re, la seconda della sua sposa. Benché questo passaggio si riferisca ad un re storico, nel senso più pieno delle Scritture si riferisce al Messia. Alcuni hanno proposto che la regina è una figura di Maria, ma tale proposta deve essere valutata attentamente.

> Figlie di re stanno tra le tue predilette;
> alla tua destra la regina in ori di Ofir.
> Ascolta, figlia, guarda, porgi l'orecchio,
> dimentica il tuo popolo e la casa di tuo padre;
> al re piacerà la tua bellezza.
> Egli è il tuo Signore: pròstrati a lui.
> Da Tiro vengono portando doni,
> i più ricchi del popolo cercano il tuo volto.
> La figlia del re è tutta splendore,
> gemme e tessuto d'oro è il suo vestito. (Sal 45,10-14)

Il salmo sembra riferirsi alle nozze fra il Messia e Israele in seguito alla rottura del suo legame col paganesimo (dimentica il tuo popolo e la casa di tuo padre). Questo presuppone un' infedeltà nel passato che non può applicarsi a Maria. Ciò nondimeno il salmo è adottato nella liturgia per l'assunzione della Beata Vergine.

---

[20] Vedi S. AMBROGIO, *De Spiritu Sancto*, I, 8-9, in *PL* 16, 705; S. GIROLAMO, *Epistula*, 108, 10 in *PL* 32, 886.

Profezia

Anche nelle profezie veterotestamentarie la persona di Maria si presenta quale ponte fra l'Antica e la Nuova Alleanza. S. Andrea di Creta scrisse una volta che la Beata Vergine è «il sigillo dell'Antico e del Nuovo Testamento; lei è chiaramente l'adempimento di ogni profezia.»[21] L'Antico Testamento si riferisce direttamente a Maria in tutte quelle profezie che predicono l'incarnazione del Verbo di Dio. In particolare, vi sono almeno tre profezie chiare e dirette di Maria nell'Antico testamento, cioè Genesi 3,15, Isaia 7,14 e Michea 5, 1-3, che tutte, benché in grado diverso, pongono in particolare rilievo un'«ancella», una «regina», una che «doveva dare alla luce» nei tempi escatologici un «figlio di Davide» che sarebbe stato Figlio di Dio (2 Sam 7,14; Sal 2 e 110).[22]

La prima profezia facente riferimento a Maria la si rinviene proprio nel primo capitolo del libro della Genesi: «Io porrò inimicizia fra te e la donna, fra la tua stirpe e la sua; essa ti schiaccerà la testa e tu le insidierai il calcagno» (Gn 3,15). Questa versione, basata sulla Vulgata, appare differire in due aspetti dall'originale testo ebraico. Primo, il testo ebraico impiega lo stesso verbo per le due traduzioni «schiacciare» e «insidiare» mentre il greco dei Settanta ambedue le volte rende i verbi con l'espressione «insidiare». Alcuni traduttori, come ad esempio S. Girolamo, interpretano il verbo ebraico con espressioni che

---

[21] S. Andrea di Creta, *Oratio IV in Nativitatem praesanctae Dei Genitricis* in *PG* 97, 865-866: «Salve, legis ac gratiae mediatrix, veteris novique testamenti obsignatio, totius prophetiae perspicua plenitudo.»

[22] Vedi R. Laurentin, *Breve Trattato sulla Vergine Maria*, pp. 278-279, 281.

significano schiacciare o colpire piuttosto che insidiare o giacere in attesa.[23] Ciò nondimeno, nella sua traduzione latina Vulgata, egli impiega il verbo «schiacciare» (*conterere*) nel primo luogo, e «giacere in attesa» (*insidiari*) nel secondo. Pertanto la punizione inflitta al serpente e la vendetta del serpente sono rese dallo stesso verbo ebraico: ma nella Vulgata la ferita del serpente è mortale, dal momento che riguarda la sua testa, mentre la ferita inflitta dal serpente non è mortale, essendo inflitta al tallone.

La seconda differenza fra il testo ebraico, il greco e le versioni latine riguarda l'agente che infligge la ferita mortale al serpente. Il testo ebraico recita *hu'* (*autos, ipse*) che si riferisce al seme della donna. «Esso» si riferisce alla stirpe che in ebraico e maschile, e la tradizione cristiana lo vede come un riferimento a Cristo.[24] Il genere umano è in tal modo opposto al diavolo e al suo «seme», e viene dato un segno della futura vittoria dell'umanità in una fugace visione di salvezza; da ciò l'appellativo attribuito a tale passaggio di *Proto-Evangelo*. La versione greca ha un pronome maschile, che attribuisce la vittoria ad uno dei discendenti in particolare, piuttosto che alla stirpe in generale. Tale allusione a Cristo è consona all'interpretazione messianica di molti Padri della Chiesa. La Vulgata legge «lei» (*ipsa*) che si riferisce alla donna. Pertanto, secondo la lettura della Vulgata, la donna stessa vincerà; secondo il testo ebraico, lei sarà la vittoriosa fra tutta la sua discendenza, resa con «essa». La lettura «lei» (*ipsa*) non è né una corruzione intenzionale del testo

---

[23] Vedi S. GIROLAMO, *Hebraicae quaestiones in Genesim* in *PL* 23, 943.
[24] Vedi R. J. CLIFFORD and R. E. MURPHY, «Genesis» in R. E. BROWN, J. A. FITZMEYER, R. E. MURPHY, *The New Jerome Biblical Commentary* (Englewood Cliffs, N.J: Prentice-Hall, 2000), p. 12.

originale, né un errore accidentale; ma è piuttosto una traduzione esplicativa esprimente in modo chiaro il ruolo della Beata Vergine nella vittoria sul serpente, contenuta implicitamente nell'originale ebraico.

Come comunemente ammesso, il giudizio divino è diretto non solo contro il serpente in quanto causa del peccato, ma anche contro il seme del serpente riguardante i suoi seguaci, la «genia di vipere», la «razza di vipere», coloro il cui padre è il Diavolo, i figli del Diavolo.[25] La stirpe o seme della donna potrebbe essere intesa nello stesso senso collettivo, così da abbracciare tutti coloro che sono nati da Dio. Comunque, il seme denota una persona particolare nella teologia biblica, se il contesto lo permette. S. Paolo dà la spiegazione della parola discendenza o «progenie» come avviene nelle promesse patriarcali: «Ora è appunto ad Abramo *e alla sua discendenza* che furono fatte le promesse. Non dice la Scrittura: «e ai tuoi discendenti», come se si trattasse di molti, ma e alla tua discendenza, come a uno solo, cioè Cristo» (Gal. 3,16). Infine l'espressione «la donna» nella clausola «Porrò inimicizia fra te e la donna» è una versione letterale del testo ebraico. Tipico della lingua ebraica è l'uso dell'articolo per indicare una persona o cosa che è ancora ignota e da descriversi con maggior chiarezza più tardi, o come presente o da prendersi in considerazione nel contesto.[26] Dal momento che il nostro articolo indeterminativo è utile al nostro proposito, si potrebbe tradurre: «Io porrò inimicizia fra te e una donna.» Pertanto la profezia promette una donna, la Beata Vergine, che sarà il nemico del serpente ad un alto grado; inoltre, la stessa donna sarà vittoriosa sul Diavolo,

---

[25] Cf. Sap 2,25; Mt 3,7; 23,33; Gv 8:, 4; 1 Gv 3,8-12.
[26] Vedi F. H. W. GESENIUS and E. KAUTZSCH, *Hebräische Grammatik* (Leipzig: F.C.W. Vogel, 1909), p. 402.

almeno attraverso la sua stirpe. La completezza della vittoria è enfatizzata dalla frase contestuale «e polvere mangerai per tutti i giorni della tua vita» (Gn 3,14), che è un' espressione comune nel vicino oriente per denotare la più profonda umiliazione.[27]

La seconda profezia che fa riferimento a Maria si trova in Isaia 7, 1-17. Gli studiosi sono dell'opinione che questo passaggio faccia parte di una serie di eventi e detti tratti dalla vita del profeta, noti come sue memorie, probabilmente raccolte da Isaia stesso.[28] Secondo 2 Re 16,1-4 e 2 Cr 28,1-5, Acaz, che diede inizio al suo regno nel 736 a.C., professò aperta idolatria, cosicché Dio lo abbandonò nelle mani dei re di Siria ed Israele. Sembra che un'alleanza sia stata conclusa fra Pekach, re d'Israele e Razon, re di Aram, per opporsi agli aggressori assiri. Acaz, contro le raccomandazioni di Isaia, si sottomise agli assiri, il cui re Tiglat-Pileser III mosse contro gli assiri e Israele (2 Re 16,7-9).[29] Gli alleati invasero il territorio, intendendo sostituire Acaz con un sovrano più accondiscendente. Erano necessarie più immediate preparazioni per un assedio prolungato ed Acaz era molto impegnato presso la vasca superiore dalla quale la città riceveva la maggior parte delle sue forniture idriche. Pertanto, il Signore dice ad Isaia «Và incontro ad Acaz, tu e tuo figlio Seariasùb, fino al termine del canale della piscina superiore sulla

---

[27] Cf. A. JEREMIAS, *Das Alte Testament im Lichte des alten Orients* (Leipzig: J. C. Hinrichs, 1916), p. 216. Vedi anche S. GIUSTINO, *Dialogus cum Trypho*, 100 in *PG* 6, 712; S. IRENEO, *Adversus haereses*, III, 23 in *PG* 7, 964; S. EPIFANIO, *Haereses*, III, ii, 18 in *PG* 42, 729.

[28] Vedi J. JENSEN and W. H. IRWIN, «Isaiah 1-39» in R. E. BROWN, J. A. FITZMEYER, R. E. MURPHY, *The New Jerome Biblical Commentary* (Englewood Cliffs, N.J: Prentice-Hall, 2000), p. 234.

[29] *Ibid.*, p. 235.

strada del campo del lavandaio» (Is 7,3). La raccomandazione del profeta era di natura estremamente consolante: «Fa attenzione e sta tranquillo, non temere e il tuo cuore non si abbatta per quei due avanzi di tizzoni fumanti, per la collera di Rezìn degli Aramei e del figlio di Romelia» (Is 7,4). Il piano dei nemici non sarà portato a compimento: «Ciò non avverrà e non sarà! Perché capitale di Aram è Damasco e capo di Damasco è Rezìn. Ancora sessantacinque anni ed Efraim cesserà di essere un popolo»(Is 7,7-8). Acaz aveva abbandonato il Signore per Moloch, e posto la sua fiducia in un'alleanza con gli Assiri; perciò la profezia condizionale riguardante Giuda, «Ma se non crederete, non avrete stabilità» (Is 7,9). La prova di fede segue immediatamente: «Chiedi un segno dal Signore tuo Dio, dal profondo degli inferi oppure lassù in alto». (Is 7,11). Acaz ipocritamente rispose: «Non lo chiederò, non voglio tentare il Signore». (Is 7,12), rifiutando così d'esprimere la sua fede in Dio, e preferendo la politica assira. Il re preferisce l'Assiria a Dio e l'Assiria verrà: «Il Signore manderà su di te, sul tuo popolo e sulla casa di tuo padre giorni quali non vennero da quando Efraim si staccò da Giuda» (Is 7,17). La casa di Davide ha peccato non solo contro gli uomini, ma soprattutto contro Dio con la sua mancanza di fede; perciò non sarà stabile e, per un'ironia della punizione divina, sarà distrutta proprio da quegli uomini in cui ripose la sua fiducia invece che in Dio.

Tuttavia, nel contesto, la generale promessa messianica fatta alla casa di Davide non può essere vanificata: «Pertanto il Signore stesso vi darà un segno. Ecco: la vergine concepirà e partorirà un figlio, che chiamerà Emmanuele. Egli mangerà panna e miele finché non imparerà a rigettare il male e a scegliere il bene. Poiché prima ancora che il bimbo impari a rigettare il male e a scegliere il bene, sarà abbandonato il paese di cui temi i due re» (Is 7,14-16). Nonostante il fatto che alcuni studiosi considerano la giovane donna quale moglie di Acaz,[30] la tradizione cristiana ha sempre accettato che la giovane donna menzionata dal profeta è una vergine, Maria, la Madre di Cristo. La prova poggia sulle promesse che la vergine del profeta è la madre dell'Emmanuele e che l'Emmanuele sia Cristo. La relazione della vergine all'Emmanuele è espressa chiaramente nelle parole ispirate; lo stesso indica anche l'identità dell'Emmanuele con Cristo. La connessione dell'Emmanuele con lo straordinario segno divino che doveva essere dato ad Acaz predispone a vedere nel bambino più di un ragazzo comune. In Isaia 8,8 il profeta gli attribuisce la proprietà della terra di Giuda: «Le sue ali distese copriranno tutta l'estensione del tuo paese, Emmanuele.» Più tardi il governo della casa di Davide si dice che trova sulle sue spalle, e nella descrizione gli vengono riconosciute qualità più che umane: «Poiché un bambino è nato per noi, ci è stato dato un figlio. Sulle sue spalle è il segno della sovranità ed è chiamato: Consigliere ammirabile, Dio potente, Padre per sempre, Principe della pace» (Is 9,5). Infine, il profeta chiama l'Emmanuele «Un germoglio spunterà dal tronco di Iesse» al quale sono concessi «lo spirito del Signore, spirito di sapienza e di intelligenza, spirito di consiglio e di fortezza, spirito di conoscenza e di timore del Signore» la sua venuta sarà seguita dai segni

---

[30] *Ibid.*, p. 235. Gli autori sostengono che l'espressione *hâ'almâ* non è un termine tecnico per vergine, *bĕtûlâ*. Per un panorama generale dell'interpretazione di Isaia 7, 14, vedi R. E. BROWN, *The Birth of the Messiah* (New York: Doubleday, 1977), pp. 147ss.

generali dell'era messianica, e il resto del popolo eletto sarà di nuovo il popolo di Dio (Is 11, 1-11).

Potrebbe sorgere un'obbiezione: «Come può Acaz verificare il «segno» offerto dal profeta se il segno giungerà a compimento soltanto otto secoli dopo?» La difficoltà può essere risolta in questo modo. Isaia nel profetizzare non si rivolge soltanto ad Acaz, ma a tutta la «casa di Davide» (Is 7,13), perché la profezia fu intesa per un fine molto più ampio ed importante e cioè, acciocché il Signore mantenesse la sua promessa di preservare la discendenza di Davide, e consolidare il trono di Davide per sempre con l'avvento di Cristo, l'Emmanuele. Qualsiasi oscurità o ambiguità vi possa essere nel testo profetico è rimossa da S. Matteo. Dopo aver narrato il dubbio di S. Giuseppe e la rassicurazione dell'angelo, «quanto da lei concepito è opera dello Spirito Santo», l'Evangelista procede: «Tutto questo avvenne perché si adempisse ciò che era stato detto dal Signore per mezzo del profeta: Ecco, la vergine concepirà e partorirà un figlio che sarà chiamato Emmanuele, che significa Dio con noi»(Mt 1,22-23). Da tutto ciò si può dedurre che Maria è menzionata nella profezia di Isaia quale Madre di Gesù Cristo; alla luce del riferimento di S. Matteo alla profezia ci è possibile aggiungere che la profezia predisse anche la concezione verginale dell'Emmanuele da parte di Maria. La tradizione cattolica sostiene che la profezia è messianica.[31] Inoltre, l'esegesi tradizionale sosterrebbe che nella profezia vi si trova almeno la probabilità che Isaia faccia riferimento

---

[31] Vedi E. MAY, «Mary in the Old Testament» in J. B. CAROL, *Mariology*, vol. 1 (Milwaukee: The Bruce Publishing Company, 1955), pp. 50-56, 62-65. Vedi anche J. COPPENS, «La Prophétie de la 'Almah» in *Ephemerides Theologicae Lovaniensis* 28 (1952), pp. 649-682.

anche al parto verginale di Cristo, cioè non solo che la vergine concepirà ma anche darà alla luce l'Emmanuele.

Una terza profezia riferendo alla Beata Vergine è contenuta in Michea 5,1-3:

> E tu, Betlemme di Efrata così piccola per essere fra i capoluoghi di Giuda, da te mi uscirà colui che deve essere il dominatore in Israele; le sue origini sono dall'antichità, dai giorni più remoti. Perciò Dio li metterà in potere altrui fino a quando colei che deve partorire partorirà; e il resto dei tuoi fratelli ritornerà ai figli di Israele. Egli starà là e pascerà con la forza del Signore, con la maestà del nome del Signore suo Dio. Abiteranno sicuri perché egli allora sarà grande fino agli estremi confini della terra.

Il testo ebraico identifica la città di Efrata con Betlemme, la città di Iesse e di suo figlio Davide.[32] Benché il profeta Michea (fra il 750-660 a.C. circa) era un contemporaneo di Isaia, la sua attività profetica iniziò un po' più tardi e finì un po' prima di quella di Isaia. Non vi può essere dubbio che i giudei consideravano la precedente profezia in riferimento al Messia. Il Vangelo di S. Matteo mostra come questa veniva interpretata. Secondo S. Matteo (Mt 2,6) i sommi sacerdoti e scribi, quando venne loro chiesto dove sarebbe nato il Messia, risposero ad Erode con le parole del Profeta, «E tu Betlemme, terra di Giuda...» Secondo S. Giovanni, il popolo ebraico convenuto a Gerusalemme per la celebrazione della festa pose la domanda retorica: «Non dice la scrittura che il Cristo deve discendere dalla stirpe di Davide e venire da Betlemme, il villaggio dove si trovava Davide?» (Gv 7, 42).

---

[32] Vedi L. LABERGE, «Micah» in R. E. BROWN, J. A. FITZMEYER, R. E. MURPHY, *The New Jerome Biblical Commentary* (Englewood Cliffs, N. J: Prentice-Hall, 2000), p. 253.

La domanda è dunque come la profezia possa riferirsi alla Vergine Maria. La Beata Vergine è menzionata dalla frase, «sino a quando colei che deve partorire partorirà». È vero che «colei che si trova nel travagliò» è stata intesa ora in riferimento alla Chiesa, ora ai Gentili uniti a Cristo, o ancora a Babilonia. Comunque, da una parte vi è appena una qualche connessione sufficiente fra alcuno di questi eventi e il Redentore promesso e, dall'altra parte, il passaggio dovrebbe essere letto: «sino a quando colei che è incinta partorirà» se il Profeta intese far riferimento ad alcuno di questi eventi. E «colei che si trova ne travaglio» non può riferirsi neppure a Sion: si parla di Sion, ma non in termini figurativi, prima e dopo del presente passaggio sicché non possiamo aspettarci che il profeta passi all'improvviso al linguaggio figurativo. Inoltre, il senso della profezia, inteso in tal modo, non sarebbe soddisfacente. Le frasi contestuali «il dominatore in Israele», «da te mi uscirà», che in ebraico implica una nascita, e «il resto dei tuoi fratelli ritornerà ai figli di Israele», fanno riferimento ad un individuo, non ad una nazione; pertanto, ne deduciamo che le frasi debbano riferirsi alla stessa persona. Inoltre, vi è un legame fra l'uso del verbo «uscire» applicato alla legge in Michea 4,2 («da Sion uscirà la legge e da Gerusalemme la parola del Signore») e la nascita del Re messianico.[33] La persona del dominatore è in tal modo il Messia; pertanto «colei che deve partorire» deve denotare la Madre di Cristo, o la Beata Vergine. Così spiegato, tutto il passaggio diventa chiaro: il Messia deve nascere in Betlemme, un villaggio insignificante di Giuda: la Sua famiglia deve ridursi a povertà ed oscurità prima del tempo della sua nascita; dal momento che ciò non può avvenire se la teocrazia rimane

---

[33] *Ibid.*

intatta, se la casa di Davide continua a fiorire, perciò il Signore abbandonerà loro soltanto sino a quando colei che deve partorire partorirà il Cristo.

Le profezie di Michea 5,1-3, e quelle di Genesi 3,15 e Isaia 7,14 sono correlate. In tutti e tre i casi la figura della madre è presentata da sola con suo figlio. Non vi è menzionato alcun padre terreno del Messia-Salvatore in nessuna di queste tre grandi profezie veterotestamentarie. Se guardiamo a queste profezie dal punto di vista del loro adempimento, la madre appare sempre come vergine madre. La verginità della madre è l'onnipresente, luminosa tela per l'evento dell'Annunciazione e quello della nascita del Messia. Questa verginità è un segno evidente che il Messia è davvero una nuova creazione, la nuova umanità, l'inizio dell'era salvifica: la redenzione.[34]

Una quarta profezia riguardante Maria la si rinviene in Geremia 31,22; «Poiché il Signore crea una cosa nuova sulla terra: la donna cingerà l'uomo!» Il testo del profeta Geremia offre delle difficoltà sostanziali agli esegeti. Molti interpreti protestanti conservatori pretendono che il passaggio significhi «una donna proteggerà un uomo»; ma tal motivo non indurrebbe gli uomini d'Israele a ritornare a Dio. La spiegazione «una donna cercherà un uomo» si concilia difficilmente col testo; inoltre, tale inversione dell'ordine naturale è presentata in Isaia 4,1 quale segno della più grande sciagura. Un'altra versione che legge «una donna si cambierà in un uomo» è difficilmente fedele al testo originale. Altri chiosatori vedono nella donna un tipo della comunità d'Israele o della Chiesa, nell'uomo il tipo di Dio, cosicché spiegano la profezia come avente questo significato: «Dio dimorerà nuovamente fra il suo popolo Israele» oppure «la Chiesa proteggerà la terra con i

---

[34] Vedi S. MANELLI, *Mariologia Biblica*, pp. 111-113.

suoi uomini valorosi.» In ogni caso il testo ebraico non suggerisce tale significato; inoltre, tale spiegazione rende il passaggio tautologico: Israele ritornerà a Dio, poiché Israele amerà il suo Dio». Alcuni scrittori recenti rendono il testo ebraico originale con: «Dio crea una nuova realtà sulla terra: la donna (moglie) ritornerà all'uomo (suo marito)». Secondo l'antica legge (Deuteronomio 24,1-4; Geremia 3,1) il marito non potrebbe riprendere la moglie una volta da lui ripudiata; ma il Signore farà qualcosa di nuovo permettendo alla moglie senza fede, cioè la nazione colpevole, di ritornare all'amicizia con Dio. Tale spiegazione si basa su d'una correzione congetturale del testo; inoltre, non reca necessariamente il significato messianico che ci si attende dal passaggio.

I Padri Greci in genere seguono la versione dei Settanta, «Il Signore ha creato la salvezza in una nuova piantagione, gli uomini avranno sicurezza.» In modo particolare, S. Atanasio sostiene che la nuova piantagione è Gesù Cristo e la nuova realtà creata nella donna è il corpo del Signore, concepito nella Vergine senza concorso d'uomo.[35] Anche S. Girolamo interpreta il testo in riferimento alla Vergine che concepisce il Messia.[36] Questo significato del passaggio soddisfa il testo e il contesto. Il testo ebraico letteralmente significa «una donna avvolge un uomo.»[37] Dal momento che il Verbo Incarnato possedeva sin dal primo istante

---

[35] Vedi S. ATANASIO *Expositio Fidei*, 3 in *PG* 25, 205-206; Idem, *Sermo maior de Fidei*, 22 in *PG* 26, 1275-1276.

[36] Vedi S. GIROLAMO, *Commentarium in Jeremiam Prophetam*, Liber 6, cap. 31 in *PL* 24, 880-881.

[37] Vedi G.P. COUTURIER, «Jeremiah» in R. E. BROWN, J. A. FITZMEYER, R. E. MURPHY, *The New Jerome Biblical Commentary* (Englewood Cliffs, N.J: Prentice-Hall, 2000), p. 289. L'ebraico è *něqēbâ tesôbēb gāber*.

della Sua concezione tutte le sue perfezioni ad eccezione di quelle connesse con il Suo sviluppo corporeo, si dice giustamente che Sua madre «avvolge un uomo.» La condizione del bimbo neoconcepito è giustamente chiamata «una nuova realtà sulla terra.» Il contesto della profezia descrive, dopo una breve introduzione generale (Ger 30,1-3), la futura libertà d'Israele e la restaurazione in quattro versi: 30,4-11, 12-22; 30,23; 31,14, 15-26; i primi tre versi terminano con la speranza del tempo messianico. Dal quarto verso, allo stesso modo, ci si aspetta una simile fine. Inoltre, la profezia di Geremia, pronunciata intorno al 589 a.C. ed intesa nel senso ora spiegato, conviene con le aspettative messianiche contemporanee basate su Isaia 7,14; 9,6 e Michea 5,3. Secondo Geremia, la Madre di Cristo la si suppone differire dalle altri madri nel fatto che il suo bimbo, benché nel suo grembo, possiederà tutte quelle qualità tipiche di un vero adulto.

Una quinta profezia che gode dei legami mariologici è Ezechiele 44,2: «Questa porta rimarrà chiusa: non verrà aperta, nessuno vi passerà, perché vi è passato il Signore, Dio d'Israele. Perciò resterà chiusa.» Data l'analogia fra il Tempio dell'Antica Legge e la Beata Vergine Maria fornita dalla prefigurazione, tale passaggio può essere interpretato come allusione profetica al grembo della Beata Vergine Maria. Il suo grembo rimase chiuso dopo che Gesù Cristo vi passo attraverso. Questo brano stabilisce un legame fra prefigurazione e profezia nei confronti della Beata Vergine Maria, che verrà reso più chiaro da una considerazione del Nuovo Testamento nel prossimo capitolo.

3

L'Ancella del Signore

Osiamo dire che i Vangeli sono le primizie di tutte le Scritture e primizia dei Vangeli è quello secondo Giovanni. Il suo senso lo può cogliere solo chi ha poggiato il capo sul petto di Gesù e da lui ha ricevuto Maria, che è diventata anche sua madre.

Origene, Commentario sul Vangelo di Giovanni

Maria adempie l'Antico Testamento

A prima vista la Sacra Scrittura sembra offrire relativamente pochi dettagli nei riguardi di Maria. Una delle ragioni potrebbe essere l'attenzione data a Gesù Cristo, Figlio di Dio. Comunque, uno sguardo più approfondito alle Scritture rivela che al di sotto della superficie, oltre il senso puramente letterale, è possibile rinvenire abbondanti indicazioni circa la Madre di Dio. Maria fa da tramite fra le due Alleanze non soltanto attraverso paralleli o versi profetici, ma personificando temi comuni. Lei è un ponte fra l'Antico e il Nuovo

Testamento perché le Scritture mostra come ella rappresenti sia il popolo d'Israele che la Chiesa fondata da suo Figlio:

> Un'acquisizione molto importante dell'esegesi moderna è quella di aver messo in luce che il mistero di Maria forma in qualche modo la sintesi di tutta la rivelazione precedente sul popolo di Dio, su tutto ciò che Dio attraverso la sua azione salvifica vuol realizzare per il suo popolo. In Maria si compiono tutti gli aspetti delle promesse dell'Antico Testamento alla Figlia di Sion, e nella sua persona concreta si trova anticipato ciò che si realizzerà per il nuovo popolo di Dio, che è la Chiesa. Ora, la storia della rivelazione riguardo al tema della Donna Sion, concretizzata nella persona di Maria e prolungata nella Chiesa, costituisce un bastione dottrinale, un insieme strutturato incrollabile per la comprensione della storia della salvezza, dalle origini fino alla escatologia. Una visione sul mistero di Maria biblicamente fondata, ecclesiologicamente integrata e strutturalmente sviluppata, ci permette dunque di formare una immagine completa della realizzazione concreta di tutto il mistero dell'Alleanza.[1]

Diversi schemi di teologia biblica, che tentano di organizzare il materiale contenuto nella Scrittura, possono applicarsi a Maria quale adempimento dell'Antico Testamento. La teologia negativa (o *apofatica*) ritiene che, benché Dio si sia rivelato all'uomo, Egli rimane ancora un mistero. Secondo tale approccio, in qualche modo tipico della cristianità orientale, Dio è meglio compreso nel silenzio che in un ragionamento su di Lui. All'interno di

---

[1] I. DE LA POTTERIE, *Maria nel mistero dell'alleanza* (Genova: Marietti, 1992), p. 276.

tale prospettiva, Maria si presenta all'apice del tempo della rivelazione, quale punto di incrocio dell'adempimento delle vie di Dio. Poiché Dio, nonostante la Sua rivelazione, rimane nascosto, anche la via di Maria rimane celata nel mistero; esso rivela e tuttavia cela la rivelazione di Dio. La teologia biblica può essere organizzata anche secondo la teologia positiva (o *catafatica*). Un esempio in tal direzione è l'approccio, tipico della cristianità occidentale, ove sono prese in considerazione tematiche specifiche quali l'Alleanza, il Regno di Dio, il Nome di Jahvé, l'elezione e la redenzione. La Beata Vergine è la donna dell'Alleanza che è la realizzazione delle profezie circa la Figlia di Sion, in vista dell'indissolubile unione tra Dio e l'uomo.

Un ulteriore approccio implica il metodo narrativo. Qui l'Antico Testamento descrive un'economia di salvezza portata a compimento nel Nuovo Testamento. Le Scritture tracciano il modo d'agire di Dio e scopre i principi che lo guidano. L'evento-Cristo è il principio fondamentale della Bibbia. Secondo lo schema promessa-adempimento, l'Antico Testamento è intrinsecamente aperto al futuro e Cristo è la causa finale dell'intera Antica Alleanza. Qui, il principio di elezione-sostituzione consiste nell'elezione di una minoranza per la redenzione della totalità. La storia della salvezza comprende due momenti. Uno procede dalla totalità all'unità: Israele è eletto per la salvezza del mondo; il resto fedele sostituisce il popolo nella totalità; questo resto è ridotto ad un solo uomo, il Servo di Jahvé o Figlio di Dio; Gesù adempie tale missione divenendo il Centro della storia. Maria sta accanto a suo Figlio quale resto fedele. Il secondo movimento comincia con Cristo e procede dall'unità alla pluralità nella Chiesa, applicando la salvezza da Lui conquistata. Qui, inoltre, Maria collabora alla distribuzione degli effetti della salvezza di Cristo nella Chiesa.[2]

Un ulteriore schema della teologia biblica riguarda l'evento di un dialogo. La rivelazione biblica si basa non solo su concetti quali elezione, salvezza, alleanza, ma soprattutto su azioni. La teologia dell'Antico Testamento come è adempiuta nel Nuovo è basata sulle azioni e parole di Dio e sulla risposta dell'uomo. L'incontro con Dio assume la forma di un'esperienza salvifica (pericolo, invocazione, ascolto di Dio, salvezza, risposta). I concetti di elezione e alleanza dipendono da questa relazione di dialogo, che comunque non ha luogo fra due individui eguali. La persona che prende parte al dialogo con Dio in modo eminente è Maria, la donna che fa esperienza della benedizione e della salvezza di Dio. In un certo senso lei è una «microstoria della salvezza», dal momento che i piani di Dio convergono in lei e di nuovo in lei può rinvenirsi la risposta esemplare all'economia salvifica di Dio. Ciò lo si può vedere, ad esempio, nella sua risposta all'annunciazione: «Eccomi, sono la serva del Signore, avvenga di me quello che hai detto» (Lc 1,38). Le diverse categorie dell'Antico Testamento di cui abbiamo parlato sono in tal modo adempiute nel Nuovo, in Maria.

---

[2] Queste idee sono riprese in seguito. La collaborazione di Maria con l'atto di redenzione di Cristo e poi con la distribuzione degli effetti di questo atto sono trattate rispettivamente nel capitolo 7, pp. 241-272 e nel capitolo 9, pp. 338-358.

Maria nei Vangeli Sinottici

Il Vangelo secondo Marco

Vi sono tre brani nel Vangelo di Marco che pongono alcune domande alla mariologia. Tali passaggi sono rispettivamente Marco 3,20-21, Marco 3,31-35 e Marco 6,1-6.[3] La prima questione concerne la relazione di Gesù con la sua famiglia; la seconda, il non comune titolo di *Figlio di Maria*;

---

[3] Per agevolare il lettore riportiamo qui i tre passaggi.
1) «Entrò in una casa e si radunò di nuovo attorno a lui molta folla, al punto che non potevano neppure prendere cibo. Allora i suoi, sentito questo, uscirono per andare a prenderlo; poiché dicevano: «È fuori di sé»» (Mc 3,20-21).
2) «Giunsero sua madre e i suoi fratelli e, stando fuori, lo mandarono a chiamare. Tutto attorno era seduta la folla e gli dissero: «Ecco tua madre, i tuoi fratelli e le tue sorelle sono fuori e ti cercano». Ma egli rispose loro: «Chi è mia madre e chi sono i miei fratelli?». Girando lo sguardo su quelli che gli stavano seduti attorno, disse: «Ecco mia madre e i miei fratelli! Chi compie la volontà di Dio, costui è mio fratello, sorella e madre»» (Mc 3,31-35).
3) «Partito quindi di là, andò nella sua patria e i discepoli lo seguirono. Venuto il sabato, incominciò a insegnare nella sinagoga. E molti ascoltandolo rimanevano stupiti e dicevano: «Donde gli vengono queste cose? E che sapienza è mai questa che gli è stata data? E questi prodigi compiuti dalle sue mani? Non è costui il carpentiere, il figlio di Maria, il fratello di Giacomo, di Ioses, di Giuda e di Simone? E le sue sorelle non stanno qui da noi?». E si scandalizzavano di lui. Ma Gesù disse loro: «Un profeta non è disprezzato che nella sua patria, tra i suoi parenti e in casa sua». E non vi potè operare nessun prodigio, ma solo impose le mani a pochi ammalati e li guarì. E si meravigliava della loro incredulità» (Mc 6,1-6).

e terzo, la questione dei fratelli di Gesù. Per quanto riguarda il primo punto, Marco non dice mai esplicitamente che Maria si oppose a Gesù, ma piuttosto soltanto i suoi concittadini, i parenti e la famiglia. Il passaggio pone una distinzione fra la famiglia biologica di Gesù e la sua famiglia escatologica, la Chiesa. Ciò implicherebbe anche che Maria aveva una conoscenza sempre più profonda della missione salvifica di Gesù, anche se all'inizio quella conoscenza era parziale. Secondo, il titolo di *Figlio di Maria* può essere parzialmente spiegato con la morte di S. Giuseppe. Tuttavia, il suo significato dipende dal fatto che Marco sapeva del concepimento verginale e voleva evitare ogni confusione che sarebbe sorta dal chiamarlo figlio di Giuseppe. In tal modo, l'espressione di Marco sottolinea in modo speciale la concezione verginale e la nascita di Cristo.[4] Terzo, per quanto riguarda la questione dei fratelli di Gesù, tali fratelli non sono mai chiamati figli di Maria. Inoltre, due dei quattro figli (Giacomo e Ioses) sono figli di un'altra Maria, come si può vedere da un brano successivo dello stesso vangelo: «C'erano anche alcune donne, che stavano ad osservare da lontano, tra le quali Maria di Magdala, Maria madre di Giacomo il minore e di Ioses, e Salome» (Mc 15,40, vedi 15,47). Inoltre, nel linguaggio semitico «fratello» è il titolo adoperato per riferirsi a dei parenti più distanti come nipoti o cugini.[5] Così, questi brani non presentano alcun problema per la dottrina sulla verginità di Maria. Piuttosto, testimoniano la sua cura materna e la

---

[4] Vedi R. LAURENTIN, *La Vergine Maria* (Roma: Edizioni Paoline, ³1983), p. 22, nota 4.

[5] Esamineremo la questione più dettagliatamente a proposito della Verginità di Maria. Vedi pp. 211-222 sotto.

sua crescita nella fede; però non dall'incredulità alla fede, ma da una fede giudaica ad una fede in Cristo.

Il Vangelo secondo Matteo

Benché i primi due capitoli del Vangelo di S. Matteo siano scritti in una forma popolare tipica del tempo e non secondo i criteri della storia moderna, la loro testimonianza appartiene ad una fede cristiana matura e trasmettono degli eventi storici. Il testo rivela uno sviluppo teologico nei circoli giudeo-cristiani. Secondo Matteo, Maria fa parte del piano salvifico annunciato nell'Antico Testamento e pienamente realizzato nel Nuovo.

Matteo comincia il suo Vangelo con la genealogia di Gesù. Egli fa ciò per tre ragioni. Primo, per richiamare l'attenzione sull'identità di Gesù col mostrare che Egli appartiene al popolo d'Israele quale *Figlio di Davide* e *Figlio di Abramo*. Secondo, egli desidera sottolineare il ruolo speciale di Gesù quale Messia davidico atteso. Terzo, Matteo vuole presentare Gesù quale vertice e sintesi della storia. Questa genealogia mostra come Dio opera nella storia o economia salvifica. Matteo presenta la concezione verginale e nascita nello schema profezia-adempimento:

> Mentre però stava pensando a queste cose, ecco che gli apparve in sogno un angelo del Signore e gli disse: «Giuseppe, figlio di Davide, non temere di prendere con te Maria, tua sposa, perché quel che è generato in lei viene dallo Spirito Santo. Essa partorirà un figlio e tu lo chiamerai Gesù: egli infatti salverà il suo popolo dai suoi peccati.» Tutto questo avvenne perché si adempisse ciò che era stato detto dal Signore per mezzo del profeta: Ecco, la vergine concepirà e partorirà un figlio che sarà chiamato Emmanuele, che significa Dio con noi. (Mt 1,20-23)

In Matteo 1,25 si afferma che Giuseppe non aveva avuto rapporti coniugali con Maria quando lei diede alla luce un Figlio e Lo chiamò Gesù. Alcune traduzioni sono più fedeli al greco e dicono che Giuseppe «senza che egli la conoscesse, partorì un figlio, che egli chiamò Gesù.» L'espressione «finché», nel linguaggio biblico, nega un'azione nel passato, ma non implica che essa accadde nel futuro.[6] Ciò indica che Matteo si preoccupa di sottolineare che S. Giuseppe non ebbe alcun ruolo nella concezione di Gesù.

Nell'episodio dei Magi e della fuga in Egitto, S. Matteo asserisce ripetutamente che Cristo è il Figlio di Maria e non di Giuseppe, e presenta Giuseppe quale semplice guardiano e loro protettore. Nell'esempio dell'adorazione dei Magi leggiamo: «Entrati nella casa, videro il bambino con Maria sua madre, e prostratisi lo adorarono. Poi aprirono i loro scrigni e gli offrirono in dono oro, incenso e mirra» (Mt 2,11). Più tardi scopriamo che un angelo apparve a S. Giuseppe: «Essi erano appena partiti, quando un angelo del Signore apparve in sogno a Giuseppe e gli disse: "Alzati, prendi con te il bambino e sua madre e fuggi in Egitto, e resta là finché non ti avvertirò, perché Erode sta cercando il bambino per ucciderlo» (Mt 2,13). La risposta di S. Giuseppe fu che egli «destatosi, prese con sé il bambino e sua madre nella notte e fuggì in Egitto.» (Mt 2,14). Più tardi un angelo incoraggiò S. Giuseppe a ripartire dall'Egitto: «Alzati, prendi con te il bambino e sua madre e và nel paese d'Israele; perché sono morti coloro che insidiavano la vita del bambino» (Mt 2,20). È degno di nota che in tutti questi passaggi l'angelo che parla a S. Giuseppe di Nostro Signore, non fa mai riferimento a Lui con

---

[6] L'espressione greca è ἕως. Per confermarne l'uso vedi il Salmo 110,1 a 2 Sam 6,23.

l'espressione «tuo figlio». Secondo Matteo, Maria è non solo la «Madre di Dio» ma anche «la Vergine» che concepisce in modo straordinario. Mentre la paternità legale adottiva di S. Giuseppe assicura la discendenza davidica di Gesù, la Verginità di Maria garantisce la sua divina origine. La sua verginità, pertanto, ha una funzione cristologica in quanto rivela la vera identità di Cristo.

Nel Vangelo di S. Matteo molti brani trattano della relazione fra Gesù e la sua famiglia, e perciò con Sua Madre. Comunque, tali passaggi sottolineano soprattutto l'intima relazione con la Sua nuova e più ampia famiglia costituita dai suoi discepoli, con caratteri ecclesiologici. Tali passaggi adottano una specifica struttura semitica che sembra negare una realtà, così da poterne affermare un'altra:

> Mentre egli parlava ancora alla folla, sua madre e i suoi fratelli, stando fuori in disparte, cercavano di parlargli. Qualcuno gli disse: «Ecco di fuori tua madre e i tuoi fratelli che vogliono parlarti». Ed egli, rispondendo a chi lo informava, disse: «Chi è mia madre e chi sono i miei fratelli?» Poi stendendo la mano verso i suoi discepoli disse: «Ecco mia madre ed ecco i miei fratelli; perché chiunque fa la volontà del Padre mio che è nei cieli, questi è per me fratello, sorella e madre.» (Mt 12,46-50)

Questo passaggio, dunque, non nega in alcun modo che Gesù è il solo Figlio di Maria Vergine, ma cerca piuttosto di estendere la sua famiglia umana in senso ecclesiologico ed escatologico, come avviene quando Gesù affidò sua Madre a Giovanni alla crocifissione.

Nel capitolo successivo del Vangelo di S. Matteo, vi è un passaggio che è stato spesso discusso in relazione alla verginità di Maria:

Terminate queste parabole, Gesù partì di là e venuto nella sua patria insegnava nella loro sinagoga e la gente rimaneva stupita e diceva: «Da dove mai viene a costui questa sapienza e questi miracoli? Non è egli forse il figlio del carpentiere? Sua madre non si chiama Maria e i suoi fratelli Giacomo, Giuseppe, Simone e Giuda? E le sue sorelle non sono tutte fra noi? Da dove gli vengono dunque tutte queste cose?». E si scandalizzavano per causa sua. Ma Gesù disse loro: «Un profeta non è disprezzato se non nella sua patria e in casa sua». E non fece molti miracoli a causa della loro incredulità (Mt 13,53-58).

Il passaggio fa menzione dei seguenti «fratelli» di Gesù: Giacomo, Giuseppe, Simone e Giuda.[7] Comunque, Matteo 27,56 indica che Maria, la madre di Giacomo e Giuseppe, si trovava ai piedi della croce. Dall'altro lato, Marco 15,40 afferma che Maria la Madre di Giacomo il minore e Ioses si trovava lì. Così, benché la prova non sia definitiva, sembra che (ammenoché non sosteniamo che costoro erano degli altri con gli stessi nomi) i primi due, Giacomo e Giuseppe (Ioses) avessero una madre diversa da quella di Gesù. Pertanto, il termine «fratello» fu impiegato per coloro che non erano figli di Maria, la Madre di Gesù. Così lo stesso uso del linguaggio potrebbe benissimo essere stato applicato agli altri due, Simone e Giuda. Inoltre, se Maria avesse partorito anche altri figli e figlie naturali, al tempo della Croce sarebbe stato strano per Gesù chiedere a Giovanni di prendersi cura di lei, piuttosto che a uno dei

---

[7] I manoscritti offrono diverse versioni di almeno uno di questi, cioè Giuseppe, che in Marco 6,3 è presentato come Joses: «Non è costui il carpentiere, il figlio di Maria, il fratello di Giacomo, di Joses, di Giuda e di Simone? E le sue sorelle non stanno qui da noi?»

Suoi ipotetici fratelli di sangue. In modo particolare, secondo la lettera di S. Paolo ai Galati (Gal 1,19), Giacomo il «fratello del Signore» era vivo nel 49 d.C. Egli si sarebbe dovuto prendere cura di Maria, se fosse stato suo figlio. Quest'uso dell'espressione «fratello» e «sorella» per denotare un parente stretto che non è un fratello o una sorella secondo l'uso moderno, è comune nell'antica cultura semitica, come si può vedere nell'Antico Testamento. Un esempio ne è Lot, che benché fosse un nipote di Abramo (cfr. Gn 11,27,31) viene chiamato suo fratello (Gn 13,8 e 14,14-16). L'espressione ebraica ed aramaica «ah» fu adottata per diversi tipi di relazioni.[8] L'Ebraico non aveva parole per cugino. Loro potevano dire «ben-dod» che significa figlio di uno zio paterno, ma per altri tipi di cugini essi avevano bisogno di una frase complessa, quale ad esempio «il figlio del fratello di sua madre» oppure, «il figlio della sorella di sua madre.»[9]

Il Vangelo secondo Luca e gli Atti

Luca nel suo Vangelo adotta lo schema «promessa-adempimento» e presenta Maria quale parte del coronamento dell'economia salvifica. Per Luca, Giovanni il Battista adempie il tempo della preparazione e Gesù inaugura l'era escatologica.

L'annunciazione in Luca 1,26-38 è uno dei passi mariologici chiave più notevoli del Nuovo Testamento, ed è stato rappresentato sia nell'arte che nella letteratura.[10]

---

[8] Cf. M. SOKOLOFF, *A Dictionary of Jewish Palestinian Aramaic of the Byzantine period* (Ramat-Gan, Israel: Bar Ilan University Press, 1990), p. 45.

[9] Vedi *ibid.*, pp. 111, 139.

[10] Fra gli artisti famosi che hanno dipinto l'Annunciazione vi sono Leonardo da Vinci, Carolo Crivelli, fra Angelico e

Quattro diversi schemi interpretativi possono essere proposti a proposito delle meraviglie dell'Annunciazione. Primo, la considerazione di uno schema della nascita verginale. L'Annunciazione condivide la stessa struttura delle altre scene di nascite verginali dell'Antico e Vecchio Testamento (Gen 18,1-15; Gdc 13,3-22; Lc 1,5-25). Lo schema si articola in questo modo: apparizione – perturbazione – primo messaggio – difficoltà – secondo messaggio – segno – consenso. Maria risponde ad una chiamata divina. Un terzo possibile schema è quello apocalittico, ove tutto comincia dall'alto, da Dio, e conduce ad un nuovo inizio. Infine, anche lo schema di Alleanza è

Sandro Botticelli. Paul Claudel scrisse *L'annonce faite a Marie* (Paris: Gallimard, 1950). Il passaggio in questione dice: «Nel sesto mese, l'angelo Gabriele fu mandato da Dio in una città della Galilea, chiamata Nàzaret, a una vergine, promessa sposa di un uomo della casa di Davide, chiamato Giuseppe. La vergine si chiamava Maria. Entrando da lei, disse: «Ti saluto, o piena di grazia, il Signore è con te». A queste parole ella rimase turbata e si domandava che senso avesse un tale saluto. L'angelo le disse: «Non temere, Maria, perché hai trovato grazia presso Dio. Ecco, concepirai un figlio, lo darai alla luce e lo chiamerai Gesù. Sarà grande e chiamato figlio dell'Altissimo; il Signore Dio gli darà il trono di Davide suo padre e regnerà per sempre sulla casa di Giacobbe e il suo regno non avrà fine». Allora Maria disse all'angelo: «Come è possibile? Non conosco uomo». Le rispose l'angelo: «Lo Spirito Santo scenderà su di te, su te stenderà la sua ombra la potenza dell'Altissimo. Colui che nascerà sarà dunque Santo e chiamato Figlio di Dio. Vedi: anche Elisabetta, tua parente, nella sua vecchiaia, ha concepito un figlio e questo è il sesto mese per lei, che tutti dicevano sterile: nulla è impossibile a Dio». Allora Maria disse: «Eccomi, sono la serva del Signore, avvenga di me quello che hai detto». E l'angelo partì da lei» (Lc 1, 26-38).

d'aiuto nell'illustrare l'Annunciazione. Lo schema consiste di un discorso riguardante un mediatore ed una risposta di una persona. Nel proclamare se stessa serva del Signore, Maria entra nell'opera di salvezza in totale disponibilità. Il suo «fiat» è una cooperazione positiva ed immediata all'Incarnazione redentiva. Senza di ciò l'Incarnazione non sarebbe avvenuta.

Il saluto dell'angelo a Maria («Rallegrati, o piena di grazia, il Signore è con te» Lc 1,28), ricorda le espressioni usate dalla Figlia di Sion nell'Antico Testamento, che gioisce perché il tempo del Messia è vicino. L'angelo Gabriele, rivolgendosi alla Vergine di Nazaret adopera il saluto *chaire* (rallegrati in greco) e poi la chiama *kecharitomene* (piena di grazia). Le parole del testo greco, *chaire* e *kecharitomene*, sono essenzialmente connesse: Maria è invitata a gioire prima di tutto perché Dio l'ama e l'ha riempita di grazia in vista della sua divina maternità.[11] Tale pienezza di grazia indica una condizione o uno stato d'essere, un dono che è segno del favore divino. Esso implica una scelta divina o elezione in relazione all'Alleanza. L'espressione «Piena di grazia» e «tu che godi del favore divino» sono dei modi di rendere la parola greca *kecharitomene*, che è un participio passivo. Il verbo qui utilizzato da Luca (*charitoo*) è molto raro in greco. È presente soltanto due volte nel Nuovo Testamento: nel testo di Luca all'annunciazione (Lc 1,28) «kecharitomene», e nell'Epistola agli Efesini (Ef 1,6) «echaritosen.» Questi verbi convogliano l'idea di un cambio di qualcosa nella persona o cosa influenzata. Così, dal momento che la radice del verbo «charitoo» è «charis» o grazia, l'idea

---

[11] Vedi Papa GIOVANNI PAOLO II, *Discorso all'udienza generale* (8 gennaio 1986), 1. Vedi il capitolo 4, pp. 89-90 e il capitolo 5, pp. 133-134, 159-161 sotto.

espressa è quella di una modifica effettuata dalla grazia. Inoltre, il verbo usato da Luca è la forma al participio passato. «Kecharitomene» significa allora, nella persona al quale il verbo si riferisce, cioè Maria, che l'azione della grazia di Dio ha già effettuato una modifica. Esso non ci dice come avviene. Ciò che è essenziale è l'affermazione che Maria è stata trasformata dalla grazia di Dio. Il participio perfetto passivo è usato da Luca per indicare che la trasformazione ad opera della grazia ha già avuto luogo in Maria, ben prima del momento dell'annunciazione.

In cosa consiste dunque tale trasformazione della grazia? Secondo il testo della lettera agli Efesini, i cristiani sono stati trasformati dalla grazia nel senso che secondo la ricchezza della Sua grazia, essi trovano la redenzione ad opera del suo sangue, la remissione dei peccati (cfr. Ef 1,7). Questa grazia, in realtà, libera dal peccato. Ciò fa luce sul caso di Maria, che è «trasformata dalla grazia», perché è stata santificata dalla grazia di Dio. Maria è stata trasformata dalla grazia di Dio in vista della missione da ella attesa, quella di divenire la Madre del Figlio di Dio, pur rimanendo vergine. Vi è un doppio annuncio da parte dell'angelo: Maria quale Madre reca al mondo il Figlio dell'Altissimo (v. 33), ma questi avrà luogo ad opera dell'Altissimo (v. 35), cioè verginalmente. Dio aveva preparato Maria a tutto ciò ispirandole il desiderio della verginità.[12]

Pertanto, per convogliare con maggiore precisione la sfumatura del termine greco, non si dovrebbe dire soltanto «piena di grazia», ma «resa piena di grazia», o addirittura «ripiena di grazia», che indicherebbe chiaramente come ciò sia un dono concesso da Dio alla Beata Vergine. Questo

---

[12] Vedi I. DE LA POTTERIE, *Maria nel mistero dell'alleanza* (Genova: Marietti, 1992), pp. 47-50.

termine, nella forma del participio perfetto, reca l'immagine di una grazia perfetta e duratura che implica pienezza. Lo stesso verbo, nel senso di «conferire grazia», è usato dalla lettera di S. Paolo agli Efesini per indicare l'abbondanza delle grazie concessaci dal Padre nel suo diletto Figlio (Ef 1,6), e che Maria riceve quale primo frutto della redenzione.[13] Il saluto «il Signore sia con te» usato dall'angelo è tipico nel contesto di resoconti di vocazioni nella Bibbia, e sottolinea la vocazione speciale di Maria nella nuova alleanza di Dio. L'invito dell'angelo «Maria, non temere; hai trovato grazia presso Dio», provvede l'assicurazione che è Dio ad operare. Esso enfatizza che Maria è il recipiente di un singolare favore e privilegio nella storia della salvezza, cioè dare alla luce il Figlio di Dio. L'annunciazione mostra che Dio sceglie l'umile.

Le parole dell'angelo, «tu concepirai un figlio, lo darai alla luce e lo chiamerai Gesù» riflettono la struttura delle parole della promessa nel libro di Isaia: «la vergine concepirà e partorirà un figlio, che chiamerà Emmanuele» (Isaia 7,14). In tal modo la promessa profetica e il suo adempimento sono intimamente legati. Inoltre, l'espressione dell'angelo a Maria, «Sarà grande e chiamato Figlio dell'Altissimo» richeggia la profezia di Natan a Davide a proposito della dinastia davidica, e così la frase enfatizza l'adempimento della profezia messianica. Le parole timorose di Maria «Come è possibile? Non conosco uomo» recano varie possibili interpretazioni. L'opinione più probabile è che ella avesse fatto un voto di verginità, perché quando ricevette il saluto dell'angelo ella era già promessa sposa di Giuseppe, e pertanto, nell'ordinario

---

[13] Vedi Papa GIOVANNI PAOLO II, *Discorso all'udienza generale* (8 gennaio 1986), 2.

corso degli eventi, ci si aspetterebbe un concepimento con lui, ammenoché ella non avesse già fatto un voto.[14]

L'annunciazione accosta alcuni resoconti biblici che legano la comunicazione di una nascita straordinaria ad una donna senza figlio. Quei casi riguardavano donne sposate che erano naturalmente sterili, alle quali Dio concesse il dono di un figlio attraverso la tipica vita coniugale (1 Sam 1,19-20), in risposta alle loro angustiate preghiere (cfr. Gn 15,2; 30,22-23; 1 Sam 1,10; Lc 1,13). Maria riceve il messaggio dell'angelo in una situazione diversa. Ella non è una donna sposata con problemi di fertilità; ella sceglie di rimanere una vergine per una decisione volontaria. Pertanto, il suo desiderio di verginità, frutto del suo amore per il Signore, appare come un ostacolo alla maternità annunciatale. A prima vista, le parole di Maria sembrano esprimere meramente il suo presente stato di verginità: Maria affermerebbe di non «conoscere» uomo, cioè, che lei è una vergine. Ciò nonostante, il contesto in cui è posta la domanda: «Come può avvenire ciò?», e l'affermazione che la segue: «dal momento che non conosco uomo», enfatizza sia il presente stato di verginità di Maria, sia la sua intenzione di rimanere vergine.

---

[14] Vedi S. AGOSTINO, *De sancta virginitate*, I, 4, in *PL* 40, 398: «La verginità di Maria fu certamente molto gradita e cara [al Signore]. Egli non si contentò di sottrarla – dopo il suo concepimento – a ogni violazione da parte dell'uomo, e così conservarla sempre incorrotta. Già prima d'essere concepito volle scegliersi, per nascere, una vergine consacrata a Dio, come indicano le parole con le quali Maria replicò all'Angelo che le annunziava l'imminente maternità. Come potrà accadere una tal cosa – disse – se io non conosco uomo? E certo non si sarebbe espressa in tal modo se prima non avesse consacrato a Dio la sua verginità.» Vedi anche sotto, p. 188.

L'espressione da lei usata, con il verbo al presente, rivela la permanenza e continuità del suo stato.[15]

L'angelo rispose: «Lo Spirito Santo scenderà su di te, su te stenderà la sua ombra la potenza dell'Altissimo. Colui che nascerà sarà dunque Santo e chiamato Figlio di Dio.» (Lc 1,35). L'espressione adoperata dall'angelo è tipica della consacrazione del tempio. La risposta di Maria è di una aderenza totalmente libera alla volontà di Dio: «Eccomi, sono la serva del Signore, avvenga di me quello che hai detto» (Lc 1,38).

Il Magnificat

La visitazione è ricca sia da una prospettiva cristologica che mariologica. Essa segue la stessa struttura della narrazione del trasporto dell'arca a Gerusalemme (2 Sam 6, 2-15). Ambedue hanno luogo nella regione di Giuda ed implicano espressioni di gioia e acclamazione.[16] Attraverso tali parallelismi, Luca espresse la verità che Maria, Madre del Signore è la dimora di Dio e l'Arca della Nuova Alleanza, che porta a compimento e perfeziona l'Antica. Inoltre, l'acclamazione di Elisabetta «Benedetta tu fra le donne e benedetto il frutto del tuo grembo» può essere paragonata a due altri passaggi significativi, ambedue dall'Antico Testamento. Il primo è la benedizione di Abramo da parte di Melchisedek: «Sia benedetto Abram dal Dio altissimo, Creatore del cielo e della terra, e benedetto sia il Dio altissimo, che ti ha messo in mano i tuoi nemici.» (Gn 14,19). Il secondo passaggio riporta la benedizione impartita da Ozia su Giuditta: «Benedetta sei

---

[15] Vedi Papa GIOVANNI PAOLO II, *Discorso all'udienza generale* (8 luglio 1996), 1.

[16] Vedi il capitolo 2, pp. 38-40 sopra, dove i paralleli sono trattati in dettaglio.

tu, figlia, davanti al Dio altissimo più di tutte le donne che vivono sulla terra e benedetto il Signore Dio che ha creato il cielo e la terra e ti ha guidato a troncare la testa del capo dei nostri nemici.» (Gdt 13,18). Questi paralleli evidenziano il fatto che le benedizioni impartite da Dio ad Abramo, Giuditta e Maria, fanno parte di un'economia di salvezza, in cui la persona benedetta dovrà essere un mediatore dell'amabile gentilezza di Dio. Comunque, nel caso di Maria, vi è qualcosa di diverso: Maria e suo Figlio Gesù sono uniti insieme nell'essere benedetti, la qual cosa li unisce al culmine dell'economia di Dio.

Il saluto di Maria ad Elisabetta fece sì che Giovanni, ripieno di Spirito Santo, sussultasse di gioia. Elisabetta riconosce chi è Maria e la saluta con tre titoli: Benedetta fra le donne, la madre del mio Signore, e «beata colei che ha creduto nell'adempimento delle parole del Signore». Maria risponde con uno speciale canto di ringraziamento. Questo cantico, conosciuto col titolo di *Magnificat* (Latino) o *Megalynei* (Bizantino), è il canto sia della Madre di Dio che della Chiesa; il canto della Figlia di Sion e del nuovo Popolo di Dio; il canto di ringraziamento per la pienezza di grazie riversate nell'economia salvifica e il canto del «povero» o «dei piccoli» (*anawim*) alla cui speranza va incontro l'adempimento delle promesse fatte ai nostri antenati, ad Abramo e alla sua discendenza per sempre.[17]

Il canto di ringraziamento di Maria si rifà molto da vicino al canto di Anna, la madre di Samuele, in 1 Samuele 2,1-10, con alcune specifiche somiglianze nei dettagli. Ad esempio, Anna proclama: «Il mio cuore esulta nel Signore, la mia fronte s'innalza grazie al mio Dio» (1 Sam 2,1). Ciò è molto simile alla formulazione di Maria: «il mio spirito esulta in Dio mio salvatore... ha disperso i superbi nei

---

[17] Vedi *CCC* 2619.

pensieri del loro cuore» Lc 1,47,51). Anna ritrae se stessa per tre volte quale «ancella» del Signore (1 Sam 1,11; 16), cosa che Maria fa due volte (Lc 1,38; 48). La madre di Samuele proclama: «Il Signore rende povero e arricchisce, abbassa ed esalta. Solleva dalla polvere il misero, innalza il povero dalle immondizie, per farli sedere insieme con i capi del popolo e assegnar loro un seggio di gloria.» (1 Sam 2,7-8). Maria esclama: «Ha spiegato la potenza del suo braccio, ha disperso i superbi nei pensieri del loro cuore; ha rovesciato i potenti dai troni, ha innalzato gli umili; ha ricolmato di beni gli affamati, ha rimandato a mani vuote i ricchi.» (Lc 1,51-3). Inoltre, la relazione fra Maria e Anna continua dal Magnificat al secondo capitolo di Luca. Anna portò il suo figlio Samuele nel tempio del Signore a Siloa (1 Sam 1,24). Allo stesso modo, Maria presenta suo figlio, Gesù, al Signore nel tempio a Gerusalemme (Lc 2,22-27).

Il Magnificat contiene, in un certo senso, la più antica mariologia. La prima parte fa riferimento all'azione di Dio per aver guardato all'umiliazione della sua serva. Ciò si riferisce all'atteggiamento spirituale dei poveri di Iavè. La lode di Maria è basata sia sulla sua umiltà che sulle grandi cose che l'Onnipotente ha fatto per lei. La proclamazione «Grandi cose ha fatto in me l'Onnipotente, Santo è il suo nome» contiene l'espressione « grandi cose» (*megala* in greco), termine tecnico che significa tutte le magnifiche azioni compiute dal Signore per il Suo popolo nella storia del Suo popolo eletto, e culminante nella venuta di Cristo attraverso Maria. Comunque, queste grandi cose possono includere anche le meraviglie operate da Dio nella Sua Chiesa, sin dai primi istanti della sua vita.

La presentazione del Signore

Quando la Beata Vergine adempì quanto richiesto dalla legge mosaica e presentò Gesù al Tempio, Simeone proclamò: «Ora lascia, o Signore, che il tuo servo vada in pace secondo la tua parola; perché i miei occhi hanno visto la tua salvezza, preparata da te davanti a tutti i popoli, luce per illuminare le genti e gloria del tuo popolo Israele». (Lc 2,29-32). Simeone inoltre disse a Sua Madre Maria: «Egli è qui per la rovina e la risurrezione di molti in Israele, segno di contraddizione perché siano svelati i pensieri di molti cuori. E anche a te una spada trafiggerà l'anima». (Lc 2,34-35). L'inno di Simeone rivela l'universalità della redenzione. Simeone annuncia anche una profezia riguardante Maria che fa da complemento al messaggio dell'angelo. La «spada» è stata interpretata variamente come la sfida alla fede di Maria dinnanzi allo scandalo della croce; la parola di Dio che penetra l'anima; la passione di Gesù che avrà il suo impatto sull'anima di Maria e la renderà intimamente partecipe di essa, al punto da conseguire la palma del martirio ai piedi della croce; l'opposizione contro Gesù condivisa da Maria.[18]

Il Ritrovamento nel Tempio

In un certo senso, la «spada» è già presente, quale stimolo alla crescita nella fede per la Beata Vergine, quando Gesù va a Gerusalemme per la festa della Pasqua, all'età di soltanto dodici anni. Gesù rimase indietro a Gerusalemme senza che i suoi genitori lo sapessero. Tre giorni dopo lo ritrovarono nel Tempio, seduto fra i dottori, mentre li ascoltava e li interrogava; e tutti coloro che lo udivano

---

[18] Vedi P. BENOIT, «Et toi-même, un glaive te transpercera l'âme» in *Catholic Biblical Quarterly* 25(1963), pp. 251-261.

erano stupiti della Sua intelligenza e delle sue risposte. Non è certamente un caso che Maria e Giuseppe Lo ritrovano tre giorni dopo, in quanto tale episodio prefigura la morte di Cristo e la Sua resurrezione al terzo giorno. Quando Gesù viene smarrito da Maria e Giuseppe prefigura la Sua morte e il ritrovamento prefigura la Sua resurrezione. «Figlio, perché ci hai fatto così? Ecco, tuo padre e io, angosciati, ti cercavamo». Ed egli rispose: «Perché mi cercavate? Non sapevate che io devo occuparmi delle cose del Padre mio?». Ma essi non compresero le sue parole.» (Lc 2,48-50). Questo momento segna una crescita nella fede di Maria e forse anche un senso di dolore, come pure di gioia, che giace nel futuro.

Durante il Suo ministero, Gesù fa un'affermazione che non pone in discussione l'importanza della relazione di sangue fra Maria e Lui, ma piuttosto la estende. «Mentre diceva questo, una donna alzò la voce di mezzo alla folla e disse: «Beato il ventre che ti ha portato e il seno da cui hai preso il latte!». Ma egli disse: «Beati piuttosto coloro che ascoltano la parola di Dio e la osservano!»» Lc 11,27-28). Questo passaggio evidenzia il fatto che Maria è la prima ascoltatrice e custode della Parola di Dio, ella ha portato il Verbo eterno nel suo grembo e Lo ha custodito, ed inoltre ella è anche la prima e più eminente discepola di Cristo.[19]

Maria e la prima Comunità Cristiana

S. Luca, nei suoi Atti degli Apostoli, racconta che con un cuor solo tutti gli Apostoli «erano assidui e concordi nella preghiera, insieme con alcune donne e con Maria, la madre di Gesù e con i fratelli di lui» (At 1,14). Questo passaggio

---

[19] I vari aspetti del discepolato di Maria saranno sviluppati di seguito nel capitolo 7.

mostra come Maria avesse un posto speciale nella comunità giudeo-cristiana della Palestina in forza della sua unione con Cristo in qualità di Madre. Inoltre, ella fa parte della comunità e prega, crede e pratica la fede con gli altri. Ella fa parte del nuovo popolo di Dio che riceve lo Spirito e proclama il Cristo risorto ma in continuità con le tradizioni. Maria è chiamata ad accedere ai piani divini con una missione speciale sua propria. Ella risponde alla chiamata di Dio con fede esemplare. Questa fede è il più importante aspetto della sua vita spirituale.

Maria negli Scritti di S. Giovanni

Vi è un ben noto passaggio di Origene sulla presenza di Maria e Giovanni al Calvario: «I Vangeli sono il primo frutto delle Scritture e il Vangelo di S. Giovanni è il primo frutto dei Vangeli: nessuno ne può afferrare il significato senza aver reclinato il suo capo sul petto di Gesù e senza aver ricevuto da Gesù Maria come Madre.»[20] È molto probabile che durante gli anni trascorsi da Maria con S. Giovanni nella casa che la tradizione vuole ad Efeso, la Beata Vergine abbia condiviso con il discepolo prediletto molte delle sue profonde osservazioni nei riguardi di suo Figlio Gesù. Nelle quiete ed umili caratteristiche della vita di Maria sulla terra, dunque, il Vangelo di Giovanni andrebbe considerato anche un Vangelo profondamente mariano. Une delle chiavi per comprendere il Vangelo di Giovanni è l'uso dell'espressone «donna», con cui Gesù si rivolge a sua madre. Lungi dall'essere un modo per distanziarsi dalla sua beata madre, l'espressione è un

---

[20] ORIGENE, *Commentario sul Vangelo di Giovanni* I, 6 in *PG* 14, 31. Vedi S. Ambrogio, *Esposizione sul Vangelo secondo S. Luca*, X, 129-131 in *CSEL* 32/4, 504f.

termine d'intimità, e allo stesso tempo di gran rispetto ed amore. «I testi veterotestamentari sulla 'Figlia di Sion' - scrive de la Potterie - sono applicati qui ad una donna concreta.... Precisamente per questa ragione, nel quarto Vangelo, sia a Cana che ai piedi della croce, Gesù si rivolge a Maria chiamandola 'Donna'».[21] In tal contesto la relazione fra la festa nuziale di Cana, Maria ai piedi della Croce e la Donna dell'Apocalisse è di capitale importanza.

Per quanto riguarda le nozze in Cana di Galilea, è altamente significativo che abbiano luogo nel terzo giorno, come la resurrezione. Vi sono dei legami fra questo passaggio e i testi riguardanti l'Alleanza sul Sinai (Es 19,3-8; 24,3.7). Adoperando lo schema dell'Alleanza, Giovanni mostra come Cana sia il nuovo Sinai. Gesù prende il posto di Jahvé e Maria quello di Mosè. Nell'Antico Testamento il popolo eletto veniva rappresentato spesso attraverso l'immagine di una donna. Le nozze vengono così inscritte in una serie di misteri teofanici, che rivelano la divinità di Cristo e la Sua economia di salvezza, di cui personaggio chiave accanto a Cristo è la Beata Vergine (Gv 2,1-11). Le figure chiavi sono pertanto Cristo e sua Madre, piuttosto che la coppia da poco sposata. L'enorme quantità di vino offerta da Gesù con la trasformazione dell'acqua nelle sei giare di pietra, ognuna della capienza di 2 o 3 barili ciascuna, indica la generosità divina. Il fatto che il miglior vino fu conservato sino alla fine, indica l'adempimento dell'economia di Dio nella Nuova Alleanza, in cui svolge un ruolo singolare. È curioso anche il fatto che i servi non vengono qualificati come *douloi*, ma come *diakonoi*, stando ad indicare un ruolo liturgico, piuttosto che uno meramente funzionale. Ciò è ancora più interessante se si

---

[21] I. DE LA POTTERIE, *Maria nel mistero dell'alleanza* (Genova: Marietti, 1992), p. 30.

considera il fatto che tale miracolo prefigura l'ancor più grande meraviglia in cui il vino verrà trasformato nel Suo prezioso sangue. Il miracolo della moltiplicazione dei pani (Gv 6,1-3) è anche una prefigurazione neotestamentaria dell'Eucaristia.[22] Alle nozze di Cana l'acqua è mutata in vino; nell'ultima cena, in cui il vino e trasformato nel sangue di Cristo, abbiamo una sorta di festa nuziale in cui è celebrato il matrimonio di Cristo con la sua Chiesa. Ciò è sostenuto dalle parole di Cristo stesso nell'ultima cena «Io vi dico che da ora non berrò più di questo frutto della vite fino al giorno in cui lo berrò nuovo con voi nel regno del Padre mio» (Mt 26,29). Le parole di Gesù indicano che l'eucaristia è una partecipazione della definitiva festa nuziale dell'Agnello.

Strettamente legata al miracolo di Cana è la scena di Maria ai piedi della Croce. «Stavano presso la croce di Gesù sua madre, la sorella di sua madre, Maria di Cleofa e Maria di Magdala. Gesù allora, vedendo la madre e lì accanto a lei il discepolo che egli amava, disse alla madre: «Donna, ecco il tuo figlio!». Poi disse al discepolo: «Ecco la tua madre!». E da quel momento il discepolo la prese nella sua casa» (Gv 19,25-27). La scena è legata a Cana. Ambedue adoperano il termine «donna» e parlano dell'«ora» di Gesù. Maria diventa la madre del discepolo prediletto. Lei ha un ruolo da adempiere nella storia della salvezza quale madre dei discepoli di Gesù. Maria è la Figlia di Sion che genera il popolo messianico. Lo stare ai piedi della croce non è un fatto meramente fisico, ma nel contesto del Vangelo di S. Giovanni si riferisce anche alla cooperazione di Maria all'opera redentiva di Cristo.[23] Il

---

[22] Vedi P. HAFFNER, *Il mistero sacramentale* (Città del Vaticano: LEV, 2002), p. 88.

[23] Questo tema verrà affrontato in seguito, in modo più

parallelismo «questo è tuo figlio» e «questa è tua madre» sottolinea il fatto che qui assistiamo non solo ad un fatto storico, ma ad una maternità spirituale di Maria nella Chiesa.[24]

Infine, i due brani appena considerati sono legati ad un terzo passaggio mariologico dell'Apocalisse di S. Giovanni. L'espressione *donna*[25], come rinvenuta alle nozze di Cana e nell'uso fattone da Gesù nei confronti di Maria ai piedi della Croce, è impiegata anche nel capitolo dodici del libro dell'Apocalisse e getta luce sul contenuto mariologico di quel capitolo. Il libro dell'Apocalisse non menziona mai Maria per nome e non parla esplicitamente di lei. La prospettiva offerta è essenzialmente ecclesiologica; comunque, l'immagine della *Donna* del capitolo dodicesimo, benché personificazione del nuovo popolo di Dio, non può essere adeguatamente spiegata se non prendendo in piena considerazione il ruolo storico della Madre di Gesù.[26] «Nel cielo apparve poi un segno grandioso: una donna vestita di sole, con la luna sotto i suoi piedi e sul suo capo una corona di dodici stelle. Era incinta e gridava per le doglie e il travaglio del parto» (Ap 12,1-2). La donna rappresenta prima di tutto il popolo messianico che diventa Chiesa. In Maria, la funzione materna della comunità del Nuovo Testamento è inaugurata. L'immagine della donna è simbolica, ma in senso polivalente, in riferimento sia alle realtà mariologi-

---

dettagliato, nel capitolo 7.
[24] Il tema della maternità spirituale di Maria nella Chiesa sarà trattato in seguito nel capitolo 9.
[25] In greco l'espressione usata γυνή.
[26] A. VALENTINI, «Il grande segno di Apocalisse 12. Una Chiesa ad immagine della Madre di Gesù» in *Marianum* 59 (1997), p. 62.

che che ecclesiologiche. Sarebbe dunque scorretto distaccare il simbolo dal suo concreto punto di riferimento storico, cioè Maria. Pertanto è del tutto unilaterale e incompleto il sottolineare soltanto l'interpretazione ecclesiologica di tale passaggio del libro dell'Apocalisse a discapito di quella mariologica. Negli scritti di S. Giovanni, Maria è progressivamente Madre di Gesù, la donna al servizio della fede degli Apostoli ed infine madre del discepolo prediletto, e dunque madre di tutti «quelli che osservano i comandamenti di Dio e sono in possesso della testimonianza di Gesù». (Ap 12,17). È molto verosimile che S. Giovanni avesse basato il suo simbolismo ecclesiologico su di un fondamento mariologico.

Una difficoltà che potrebbe essere sollevata è come la Donna della Rivelazione possa riferirsi a Maria se lei soffrì le doglie del parto. Tale difficoltà può essere eliminata dalla presente considerazione. In Apocalisse 5,6 Cristo appare nel cielo in forma di agnello immolato (cfr. Gv 19,36). La sofferenza della donna che anche appare in cielo (Ap 12,2) si colloca accanto all'*immolazione* dell'Agnello celeste (Ap 12,11). Così, nel capitolo dodicesimo dell'Apocalisse, il riferimento non è al parto di Betlemme, ma alle pene della redenzione, riecheggiate nelle parole di Cristo sulla Croce: «Figlio, ecco tua Madre» (Gv 19,17). In tal modo, qui Giovanni si sta riferendo ad un diverso tipo di sofferenza, che è rinvenuta anche in altre parti del Nuovo Testamento. Ad esempio, rivolgendosi ai Galati, Paolo subì le pene del parto sin quando Cristo non si fosse formato nei suoi lettori (vedi Gal 4,19). Inoltre, la Lettera ai Romani afferma: «Sappiamo bene infatti che tutta la creazione geme e soffre fino ad oggi nelle doglie del parto» (Rm 8,22). Ciò che viene descritto è la maternità spirituale di Maria e la compassione con cui la Madre di Gesù condivide la sofferenze dell'Agnello immolato. La donna della crocifissione e la donna dell'Apocalisse sono intimamente legate. In ogni passaggio, la maternità di Maria *in relazione ai discepoli* implica un contesto di sofferenza.[27]

Gli scritti di S. Paolo

Gli scritti di S. Paolo presentano la grande economia salvifica di Dio in cui Egli offre a tutti, sia Giudei che pagani, il dono della vita eterna in Gesù che è morto e risorto dai morti. Il cristiano partecipa di questo dono di salvezza con l'essere unito a Cristo per mezzo della fede, morendo in Lui al peccato e condividendo il potere della Sua resurrezione. Tale salvezza è ancora da completarsi nel Suo corpo la Chiesa, sino alla Sua nuova venuta nella gloria (vedi Col 1,24). Paolo presenta la morte di Cristo e la Sua resurrezione come un sacrificio d'espiazione che porta a compimento i sacrifici dei Giudei (Rm 3,24-25; 1 Cor 15,3; 2 Cor 5,21). I cristiani partecipano di questo mistero attraverso il battesimo e l'Eucaristia. In tale contesto, si rinviene il solo riferimento a Maria dato da S. Paolo, ma è molto importante a causa della sua antichità e della sua relazione alla storia della salvezza. Anche se la persona di Maria rimane anonima, la sua funzione è indispensabile per l'incarnazione kenotica e salvifica del Figlio di Dio: «Ma quando venne la pienezza del tempo, Dio mandò il suo Figlio, nato da donna, nato sotto la legge, per riscattare coloro che erano sotto la legge, perché ricevessimo l'adozione a figli (Gal 4,4-5). In quest'unico riferimento diretto a Maria, Paolo si riferisce a lei quale «donna». Così

---

[27] Vedi Gv 19,25 e Ap 12,2 ed anche S. MANELLI, *Mariologia Biblica* (Frigento: Casa Mariana Editrice, 2005²), pp. 448-449.

Maria è di nuovo definita «donna», anche al di fuori del contesto giovanneo. Questa fraseologia di «una donna» legata a Maria è stata evidentemente tramandata a Paolo il quale la trasmette ai lettori. Qui egli indica implicitamente il fatto della concezione verginale di Gesù. Ciò è evidenziato dall'espressione «nato da donna» in una società semitica dove la comune espressione sarebbe «nato da Jesse» o chiunque ne fu il padre. Il riferimento a Gesù come nato da una «donna» invece che da un «uomo» indica l'unicità della concezione verginale e pertanto dell'Incarnazione.

Conclusione

Benché le citazioni della Scrittura che si riferiscono a Maria possano sembrare poche in numero, tuttavia esse sono cariche di grande significato. Passaggi che di primo acchito sembrano piuttosto aridi convogliano una ricca tradizione. Ciò che è importante non è la quantità ma la qualità e la profondità dei testi. La ricchezza potrebbe non sembrare chiara ad una lettura rapida e superficiale, ma lo diventa attraverso una profonda analisi che rivela come Maria è presente e gioca un ruolo importante nei momenti decisivi della storia della salvezza.

La Scrittura presenta una serie di immagini armoniche di Maria. Vi è forse uno sviluppo nel ritratto di Maria nel Nuovo testamento. Prima di tutto, in Matteo e Luca, i quali parlano della sua pienezza di grazia, una presentazione storica di Maria delinea la sua maternità verginale e la sua relazione con Gesù quale discepola. Giovanni propone una matura riflessione teologica su Maria in cui lei riconosce la trascendenza messianica di suo Figlio e riceve da Lui la sua materna missione. La Scrittura presenta sempre Maria in unione col mistero di Cristo. La storia della salvezza è il contesto di questa presentazione in tutti i suoi stadi. Maria appare nelle profezie e prefigurazioni dell'Antico Testamento ed è quindi unita a Cristo nei misteri della Sua infanzia. Ella è presente all'inizio del ministero pubblico di suo Figlio. Ella partecipa al mistero pasquale ed è presente agli albori della Chiesa. Maria non può essere separata da questa economia salvifica e tale economia non può comprendersi prescindendo da Maria. È nostro dovere ora dare inizio alla disamina del ruolo di Maria nell'economia salvifica, cominciando con la sua pienezza di grazia.

4

Piena di Grazia

Piena di grazia Tu sei, Maria, colma dell'amore divino dal primo istante della tua esistenza, provvidenzialmente predestinata ad essere la Madre del Redentore, ed intimamente associata a Lui nel mistero della salvezza. Nella tua Immacolata Concezione rifulge la vocazione dei discepoli di Cristo, chiamati a diventare, con la sua grazia, santi e immacolati nell'amore.

Papa Benedetto XVI, Festa dell'Immacolata 2006

I primi secoli

L'angelo Gabriele salutò Maria con le parole «Ti saluto, o piena di grazia» (Lc 1,28), in greco *«chaire kecharitomene»*. Proprio come Maria meditò il significato di tale saluto (Lc 1,29), così anche la Chiesa ha approfondito la sua comprensione della pienezza di grazia di Maria. Si è già visto che Luca presenta il saluto con un gioco di parole di allitterazione. La stessa radice base (*charis* o «grazia») è presente in ambedue le espressioni per «Ti saluto» e anche «piena di grazia», per evidenziare la natura speciale del dono divino della grazia concessa a Maria.[1] Inoltre, la forma participiale del passato perfetto del verbo *charitoo* presente in *kecharitomene* è causativa, ed indica un cambiamento o trasformazione nel ricevente, precedente la grazia della maternità. In tal modo, prevista dal tutta l'eternità, Dio aveva preparato Maria onde essere la Madre di Gesù Cristo nella pienezza di grazia, una «grazia su grazia» (Gv 1,16). Nella Lettera di S. Paolo agli Efesini 1,3-8), riveniamo la seconda ed unica occorrenza nel Nuovo Testamento del significato trasformativo del verbo *charitoo* (Ef 1,6), quale grazia che ci rende «santi e immacolati». L'idea che Dio «in Lui (Cristo) ci ha scelti prima della creazione del mondo, per essere santi e immacolati al suo cospetto nella carità, predestinandoci a essere suoi figli adottivi per opera di Gesù Cristo» può essere applicata al mistero della preparazione di Maria per essere la Madre di Dio. Nel saluto dell'angelo l'espressione «piena di grazia» serve quasi come nome: è il nome di Maria agli occhi di Dio. Nell'uso semitico, un nome esprime la realtà della persona alla quale si riferisce. Di conseguenza, il titolo «piena di grazia» esprime la più profonda dimensione della personalità della giovane donna di Nazaret come modellata dalla grazia e quale oggetto del favore divino.[2]

Nei primi secoli vi fu una progressiva consapevolezza e comprensione della santità di Maria. Molti rifletterono sul significato dell'espressione biblica «piena di grazia».[3] I

---

[1] Vedi capitolo 3, pp. 69-73 sopra.
[2] Vedi il Papa GIOVANNI PAOLO II, *Discorso all'udienza generale* (15 maggio 1996), 2.
[3] Nella tradizione patristica vi è un'ampia e variegata

Padri della Chiesa si concentrarono prima di tutto sulla fede cristologica della Chiesa e, in relazione a ciò, andarono oltre affrontando la santità della Madre di Cristo. Le preoccupazioni teologiche di questo primo periodo patristico erano diverse da quelle dello sviluppo successivo, ma nondimeno, la dottrina circa la santità di Maria era già presente in una forma che richiedeva ulteriore elaborazione. Nella cristianità orientale, la consapevolezza che Maria fu la prima a partecipare pienamente della grazia del mistero pasquale di Cristo era espressa nella parola greca *Panagia,* significante «la Tuttasanta». Sembra che il primo Padre ad impiegare tale espressione fu il pensatore alessandrino Origene, nel suo commento al saluto dell'angelo a Maria: «Tale saluto doveva essere riservato soltanto a Maria. Se infatti Maria avesse saputo che una formula di tal genere fosse stata indirizzata a qualcuno (ella possedeva infatti la conoscenza della Legge, era santa, e conosceva bene, per le sue quotidiane

---

interpretazione di questa espressione. Vedi ad esempio Origene, *In Lucam homiliae,* VI, 7 in *SC* 87, 148; SEVERIANO DI GABALA, *In mundi creationem,* Oratio VI, 10 in *PG* 56, 497f.; BASILIO DI SELEUCIA, *Oratio 39, In Sanctissimae Deiparae Annuntiationem,* 5 in *PG* 85, 441-46; S. SOFRONIO DI GERUSALEMME, *Oratio 11, In Sanctissimae Deiparae Annuntiationem,* 17-19 in *PG* 87/3, 3235-3240; S. GIOVANNI DAMASCENO, *Homilia in Dormitionem,* 1, 70: *SC* 80, 96-101; S. GIROLAMO, *Epistola 65,* 9 in *PL* 22, 628; S. AMBROGIO, *Expositio Evangelii secundam Lucam,* II, 9 in *CSEL* 32/4, 45f.; S. AGOSTINO, *Sermo 291,* 4-6 in *PL* 38, 131 8f.; IDEM, *Enchiridion,* 36, 11 in *PL* 40, 250; S. PIETRO CRISOLOGO, *Sermo 142* in *PL* 52, 579f.; IDEM, *Sermo 143* in *PL* 52, 583; S. FULGENZIO DI RUSPE, *Epistola 17,* VI 12 in *PL* 65 458; Più tardi, nel Medioevo, questi Padri furono seguiti, ad esempio, da S. BERNARDO, *In laudibus Virginis Matris, Homilia III,* 2-3 in *S. Bernardi Opera,* IV, 1966, 36-38.

meditazioni, gli oracoli dei profeti) non si sarebbe certo spaventata per quel saluto che le apparve così insolito.»[4]

La fede dei primi cristiani associava sempre Maria con Gesù nel piano divino. Gli scrittori patristici orientali e occidentali si rivolgevano a Maria quale «Nuova Eva» che cooperò con Cristo, il «Nuovo Adamo». Maria, la Nuova Eva, fu concepita immacolata, proprio come il primo Adamo ed Eva furono creati immacolati. I Padri posero in contrasto la disobbedienza della prima Eva con l'obbedienza offerta da Maria, la seconda Eva. Perché Nuova Eva, lei condivide la sorte del Nuovo Adamo. Mentre Adamo ed Eva, il primo uomo e la prima donna, morirono e ritornarono in polvere, il Nuovo Adamo e la Nuova Eva furono innalzati fisicamente al cielo. Negli scritti di Giustino martire (165 d.C.), troviamo la più primitiva illustrazione di Maria quale Nuova Eva:

> [Gesù] si è fatto uomo dalla Vergine, affinché per quella via dalla quale ebbe principio la disobbedienza provocata dal serpente, per la stessa via fosse annientata. Eva infatti, quand'era ancor vergine e incorrotta, concepì la parola del serpente e partorì disobbedienza e morte. Invece Maria, la Vergine, accolse fede e gioia, quando l'angelo Gabriele le recò il lieto annuncio che lo Spirito del Signore sarebbe venuto su di lei e che la Virtù dell'Altissimo l'avrebbe adombrata, e che per questo motivo il Santo nato da lei sarebbe Figlio di Dio; e rispose: «Sia fatto di me secondo la tua parola».»[5]

Anche Tertulliano sviluppò tale tema un po' più tardi, intorno all'anno 210:

---

[4] ORIGENE, *Commentario su Luca*, 6 in *PG* 13, 1816.
[5] S. GIUSTINO MARTIRE, *Dialogo con Trifone*, 100 in *PG* 7, 710-711.

E di nuovo, concentrandomi sulla mia argomentazione circa il nome di Adamo: Perché Cristo è chiamato Adamo dall'apostolo [Paolo], se come uomo egli non aveva origine terrena? Ma anche la ragione difende la conclusione, che con un'emula azione Dio ha recuperato la sua immagine e somiglianza (nell'uomo) che era stata persa dal diavolo. In Eva, ancor vergine, si era insinuata la parola, artefice di morte; anche in una Vergine doveva incarnarsi il Verbo di Dio, costruttore di vita, cosicché dallo stesso sesso da cui era venuta la rovina potesse venir anche la salvezza. Eva credette al serpente, Maria credette a Gabriele. Il peccato che la prima commise con la sua incredulità, la seconda lavò con la sua fede.[6]

Ancor più tardi, intorno all'anno 200, in S. Ireneo Maria è ritratta nel suo recare al mondo Cristo che è la vita, mentre Eva recò morte, e l'umiltà di Maria e la sua obbedienza è posta in contrasto con la superbia e la disobbedienza di Eva:

> Parallelamente si trova anche la Vergine Maria obbediente quando dice «Ecco la tua serva, avvenga di me quello che hai detto». Eva disobbedì, e fu disobbediente mentre era ancora vergine. Come Eva, che pur avendo come marito Adamo era ancora vergine... disobbedendo divenne causa di morte per sé e per tutto il genere umano, così Maria, che pur avendo lo sposo che le era stato assegnato era ancora vergine, obbedendo divenne causa di salvezza per sé e per tutto il genere umano... Così dunque il nodo della disobbedienza di Eva fu sciolto dall'obbedienza di Maria. Ciò che Eva aveva legato per la sua incredulità, Maria l'ha sciolto per la sua fede.[7]

---

[6] TERTULLIANO, *De carne Christi* 17, 4 in *PL* 2, 782.
[7] S. IRENEO, *Adversus haereses* Libro 3, cap. 22, n. 4 in *PG* 7,

L'immacolatezza di Maria fu espressa nei termini di un privilegio accordatole, di essere esente dalle pene del parto. Questo privilegio fu registrato presto, prima del 100 d.C., in alcuni scrittori apocrifi. Ad esempio, l'autore dell'*Ascensione di Isaia* scrive che: la notizia riguardante il bambino si sparse in Gerusalemme. Alcuni dissero: «La Vergine Maria ha partorito prima del secondo mese di matrimonio». E molti dissero: «Lei non ha partorito; la levatrice non le è andata incontro e noi non abbiamo udito grida di pena».[8] Inoltre, lo scrittore de *Le Odi di Salomone*,

---

958-959. Tale idea è rinvenuta anche nel contesto del tema di Ireneo della ricapitolazione: «Il Signore abbracciò la condizione umana e si manifestò nel mondo che era suo. La natura umana portava il Verbo di Dio, ma era il Verbo che sosteneva la natura umana. Nel Cristo c'era quell'umanità che aveva disubbidito presso l'albero del paradiso terrestre, ma in lui la stessa umanità con l'ubbidienza, compiuta sull'albero della croce, distrusse l'antica ribellione. Nel medesimo tempo annullò la seduzione con la quale era stata maledettamente sedotta Eva, la vergine destinata al primo uomo. Ma tutto ciò fu in grazia di quel messaggio di benedizione che l'angelo portò a Maria, la vergine già sottomessa a un uomo... Infatti mentre Eva, sviata dal messaggio del diavolo, disobbedì alla parola divina e si alienò da Dio, Maria invece, guidata dall'annuncio dell'angelo, obbedì alla parola divina e meritò di portare Dio nel suo grembo. Quella dunque si lasciò sedurre e disobbedì, questa si lasciò persuadere e ubbidì. In tal modo la vergine Maria poté divenire avvocata della vergine Eva. E così, come il genere umano cadde nelle spire della morte per mezzo di una vergine, così fu salvato da una vergine. La disobbedienza verginale fu controbilanciata dall'obbedienza verginale. Allo stesso modo infatti, il peccato del primo uomo creato fu riparato dall'opera del Primogenito» (*ibid.*, Libro 5, cap. 19, n. 1 in *PG* 7, 1175-1176).

una collezione di antichi inni cristiani, sottolinea: «Così la Vergine divenne Madre con grandi grazie. E lei portò nel grembo e diede alla luce il Figlio, ma senza pena, perché ciò non fu senza motivo. E lei non cercò una levatrice, perché Egli fece sì che lei desse vita.»[9] Diversi altri scrittori cristiani dei primi secoli suggerirono in termini generici che Maria fosse immacolata. Anche prima che le espressioni «peccato originale» e «Immacolata Concezione» fossero definiti, alcuni passi patristici precedenti già implicavano tali dottrine. Prima del 250 Ippolito fece delle allusioni con termini bellissimi alla santità di Maria: «Il Signore fu senza peccato, fatto da legno incorruttibile per quanto riguarda la sua umanità; cioè, dalla Vergine e dallo Spirito Santo internamente, ed esternamente dalla parola di Dio, come un'arca ricoperta di oro purissimo.»[10]

Intorno all'anno 390 S. Ambrogio osservò: «Vieni, dunque, e cerca fra le tue pecore, non attraverso i tuoi servi o persone assunte, ma da te stesso. Sollevami corporalmente e nella carne, che è caduta in Adamo. Sollevami non da Sara ma da Maria, una vergine non solo illibata, ma una vergine che la grazia aveva reso inviolata, libera da ogni macchia di peccato».[11] Verso l'anno 400 anche S. Agostino si fece notare per la sua fede nell'innocenza della Beata Vergine: «Dobbiamo fare eccezione per la SS. Vergine Maria, a proposito della quale non voglio sollevare dubbi in materia di peccato a causa dell'onore dovuto al Signore; infatti, grazie a Lui siamo a conoscenza dell'abbondanza di grazia a lei concessa

---

[8] *Ascensione di Isaia*, 11.
[9] *Odi di Salomone*, 19.
[10] S. IPPOLITO, *Homilia in psalmum* 22 in *PG* 10, 863.
[11] S. AMBROGIO, *Expositio in psalmum* 118, *Sermo* 22, 30 in *PL* 15, 1521.

acciocché vincesse il peccato in ogni suo aspetto; colei che ebbe il merito di concepire e portare Colui che indubbiamente era senza peccato.»[12] Mentre non aveva dubbi sulla santità personale di Maria in termini di assenza di peccato personale, S. Agostino non è altrettanto chiaro nell'affermare la sua totale libertà dal peccato originale. Ciò è dovuto in parte al fatto che egli si oppose strenuamente ai pelagiani, i quali sostenevano la santità di Maria, che per loro era il risultato dei suoi propri sforzi. S. Agostino sostenne che Maria era santa soltanto nella misura in cui era redenta da suo Figlio, cosicché ella fu «liberata per grazia in virtù della sua rinascita.»[13]

Alcuni Padri orientali riconobbero una purificazione in Maria ad opera della grazia prima dell'Incarnazione, ma molti scrittori non erano del tutto d'accordo nel determinare quando ciò fosse accaduto. S. Cirillo di Gerusalemme legò la liberazione della Beata Vergine dal peccato all'evento dell'annunciazione, quando «lo Spirito Santo adombrandola la santificò, così da renderla capace di ricevere Colui attraverso il quale tutte le cose furono fatte.»[14] S. Gregorio Nazianzeno sembra collocare la santificazione di Maria in qualche punto precedente l'incarnazione di suo Figlio: «Concepito dalla Vergine, che per prima fu purificata in anima e corpo ad opera dello Spirito Santo, poiché era necessario che fosse onorata la gravidanza e la stessa Vergine ricevesse un più alto onore.»[15] Altri Padri Orientali, come S. Efrem Siro (350 c.a.)

---

[12] S. AGOSTINO, *De Natura et Gratia* 36, 42 in *PL* 44, 267.
[13] S. AGOSTINO, *Opus Imperfectum contra Julianum* Libro 4, n. 122 in *PL* 45, 1418: «quia ipsa conditio solvitur gratia renascendi.»
[14] S. CIRILLO DI GERUSALEMME, *Catechesis*, 17, 6 in *PG* 33, 976.
[15] S. GREGORIO NAZIANZENO, *Oratio* 38, n. 13 in *PG* 36, 325. Vedi pure IDEM, *Oratio* 45, n. 9 in *PG* 36, 63.

sembrano aver indicato una precedente purificazione di Maria ad opera dello Spirito Santo: «Signora Santissima, Madre di Dio, sola purissima in anima e corpo, sola ad eccellere in ogni perfezione di purezza..., sola resa interamente dimora di tutte le grazie dello Spirito Santissimo e quindi eccelsa oltre ogni misura anche al di sopra delle virtù angeliche in purezza e santità di anima e di corpo... Pertanto tu sei del tutto Immacolata.»[16] S. Efrem si rivolge a Maria come Immacolata in molti testi: «Mia Signora Santissima, manto immacolato tutto puro, tutto immacolato, tutto senza peccato, tutto incorrotto, tutto inviolato di Colui che si rivestì di luce come di veste... rosa dal dolce profumo, fiore inessiccabile, giglio di candore smagliante, sola tutta immacolata.»[17] Comunque, altrove Efrem sembra aver proposto che Cristo rigenerò Sua Madre con il battesimo.[18] In ogni caso, la santificazione e purificazione della Beata Vergine di cui parlano questi

---

[16] S. EFREM SIRO, *Precationes ad Deiparam* 1-2 in *EM* 338-339. Vedi pure *Carmina Nisibena* 27, 8 in *EM* 429: «Soltanto tu e tua Madre siete più belli di tutti gli altri, poiché non vi è colpa in te né alcuna macchia su tua Madre.» Vedi pure *Inni alla Vergine* 2, 9: «la madre che era caduta, fu sorretta dalla Figlia sua, e poiché quella si era rivestita delle foglie della nudità, questa intessé e dette a lei una stola di gloria.»

[17] S. EFREM SIRO, *Oratio ad Deiparam* in *EM* 341.

[18] S. EFREM SIRO, *Inno 11 sulla Natività di Cristo nella carne* in S. EFREM SIRO, *Opera omnia quae extant graece, syriace, latine* vol. 2 (Roma: Vaticano, 1740), pp. 429-430, ove leggiamo di come Maria si rivolga a Cristo con le seguenti parole: «Poiché io sono tua sorella, della casa di Davide padre di noi due. Di nuovo, io sono tua Madre a causa della tua concezione, e sono tua Sposa a causa della sua santificazione. Io sono la tua ancella e tua figlia, in forza del sangue e dell'acqua con cui mi hai acquistato e battezzato.»

Padri non deve avere alcun legame col peccato, sia originale che attuale. Teologicamente tali descrizioni potrebbero classificarsi come un aumento di grazia concesso a Maria in vista della sua Maternità. La santificazione avrebbe dunque come suo oggetto non il perdono, ma piuttosto una intima unione con Dio.[19]

In Oriente, dunque, divenne più chiaro che l'innocenza della Madre di Dio precedeva di molto l'incarnazione. Questa progressiva chiarezza è legata al Concilio di Efeso del 431, che, come si vedrà, è un evento di capitale importanza per la comprensione della Maternità divina.[20] Ad esempio, intorno all'anno 450 Teodoto di Ancira dichiarò che Maria era una «vergine innocente, senza macchia, libera da ogni difetto, inviolata, santa nell'anima e nel corpo, come un giglio che sboccia fra le spine, ignara dei vizi di Eva.»[21] Inoltre, verso la metà del quinto secolo, S. Proclo di Costantinopoli scrisse: «Come egli la formò senza macchia alcuna, così da lei procedette senza contrarre alcuna macchia.»[22] Proclo diede anche una incantevole descrizione di Maria quale astro celeste, «in cui il sole di giustizia dallo splendore eterno ha messo in fuga dalla sua intera anima ogni tenebra di peccato.»[23] La riflessione dottrinale sulla perfetta santità di Maria in relazione a suo Figlio riteneva che tale perfezione risalisse agli albori della sua esistenza. Il punto nodale si rivelò

---

[19] Vedi W. J. BURGHARDT, «Mary in Eastern Patristic Thought» in J. B. Carol (ed.), *Mariology* vol. 2 (Milwaukee: The Bruce Publishing Company, 1955), p.135.

[20] Vedi cap. 5, pp. 147-149 sotto.

[21] TEODOTO DI ANCIRA, *Omelia* 6, 11 (*In sanctam Mariam Dei genitricem et in sanctam Christi nativitatem*) in *PG* 77, 1427.

[22] S. PROCLO DI COSTANTINOPOLI, *Omelia* 1, 3 in *PG* 65, 683.

[23] Idem, *Homilia* 6, 17 in *PG* 65, 758.

quando il vescovo Teotecno di Livia in Palestina, che visse fra il 550 e il 650, si mosse in direzione di questa purezza originale. Nel presentare Maria come «santa e tutta giusta», «pura e senza macchia», egli si riferì alla sua nascita con queste parole: «Ella è generata come un cherubino, ella che è di argilla pura e immacolata.»[24] Quest'ultima espressione, richiamando la creazione del primo uomo, plasmato da argilla non macchiata dal peccato, attribuisce le stesse caratteristiche alla nascita di Maria: l'origine della Vergine era anche «pura ed immacolata», cioè, senza alcun peccato. Il paragone con il cherubino enfatizza anche l'eminente santità che caratterizzò la vita di Maria sin dall'inizio della sua esistenza.

Nell'ottavo secolo, S. Andrea di Creta fu il primo teologo a mettere in relazione la nuova creazione con la nascita di Maria:

> L'umanità di oggi, in tutto lo splendore della sua immacolata nobiltà, riceve la sua antica bellezza. La vergogna del peccato ha ottenebrato lo splendore e l'attrazione della natura umana; ma quando la Madre del Giusto per eccellenza è generata, questa natura riacquista nella sua persona i suoi antichi privilegi ed è plasmata secondo un modello perfetto veramente degno di Dio... La riforma della nostra natura inizia oggi e il mondo invecchiato, soggetto ad una trasformazione tutta divina, riceve i primi frutti della seconda creazione.[25]

---

[24] TEOTECNO DI LIVIA, *Encomium in Assumptionem Beatae Mariae Virginis*, 5-6 come trovato in A. WENGER, *L'Assomption de la Très Sainte Vierge dans la tradition byzantine du VIe au Xe siècle* (Paris: Institut Français d'Etudes Byzantines, 1955), pp.272-291.

[25] S. ANDREA DI CRETA, *In nativitatem B. Mariae* in *PG* 97, 810.

La sua immagine della nuova creazione è ulteriormente rafforzata in un altro passo: «Il corpo della Vergine è il terreno coltivato da Dio, i primi frutti del suolo di Adamo divinizzato da Cristo, l'immagine davvero simile alla bellezza primitiva, l'argilla plasmata dall'Artista divino.»[26] S. Giovanni Damasceno, anch'egli nell'ottavo secolo, espresse la sua fede nella libertà di Maria dal peccato originale in un modo che si accosta molto alla dottrina dell'Immacolata Concezione: «O figlia santissima di Gioacchino ed Anna, nascosta dai principati e dalle potenze, e dalle frecce infuocate del Maligno. Tu fissasti la tua dimora nella camera nuziale dello Spirito Santo e fosti conservata senza macchia quale sposa di Dio, perché con questa tua natura tu divenisti la Madre di Dio.»[27] S. Giovanni Damasceno sottolineò anche l'azione soprannaturale di Dio sulla generazione di Maria da parte dei sui parenti S. Gioacchino e S. Anna. Egli sostenne che, durante la generazione, essi furono ripieni di Spirito Santo, purificati e liberati dalla concupiscenza: «O lombi beatissimi di Gioacchino da cui ci provenne il seme senza macchia! O glorioso grembo di Anna in cui crebbe una prole santissima.»[28] Di conseguenza, secondo S. Giovanni Damasceno, anche l'elemento umano della sua origine, il materiale di cui lei fu fatta, era puro e santo.

---

[26] S. ANDREA DI CRETA, *In nativitatem B. Mariae* in *PG* 97, 1067.
[27] S. GIOVANNI DAMASCENO, *Homilia in nativitatem B. V. Mariae*, 7 in *PG* 96, 671.
[28] S. GIOVANNI DAMASCENO, *Homilia in nativitatem B. V. Mariae*, 7 in *PG* 96, 663: «O lumbos Ioachim beatissimos, ex quibus mundissimum semen iactus est! O praeclaram Annae vulvam, in qua tacitis accrementis ex ea auctus atque formatus fuit fetus sanctissimus.»

Inoltre, in oriente, dopo il Concilio di Efeso, vi fu una progressiva chiarezza circa l'innocenza originale di Maria. S. Massimo di Torino, che scrive intorno alla metà del quinto secolo, affermò: «In lei non vi germoglia alcun rovo di peccato, perché lei fu il virgulto nato non da rovo, ma da tronco, come afferma il profeta: «Un germoglio spunterà dal tronco di Iesse, un virgulto germoglierà dalle sue radici» (Is 11,1); e questo tronco fu Maria, puro, eccellente e verginale, che diede alla luce Cristo quale fiore dall'integrità del suo corpo.»[29] Più tardi, circa un secolo dopo il Concilio di Efeso, S. Fulgenzio di Ruspe (468-533) lesse l'innocenza di Maria in chiave cristologica:

> L'uomo ignorò Dio e Lo abbandonò; Dio, amando l'uomo, venne incontro all'uomo... Una donna con un'anima corrotta ingannò il primo uomo; una vergine illibata concepì il Secondo. Attraverso la moglie del primo uomo, la malizia del diavolo depravò la sua anima dopo averla sedotta; nella Madre del secondo uomo, la grazia di Dio conservò l'integrità del suo corpo e della sua anima: egli dotò la sua anima di una fede solida e sradicò completamente dal suo corpo ogni concupiscenza.[30]

Durante il periodo patristico i Padri orientali videro Maria piuttosto quale inizio della nuova stirpe, mentre i Padri occidentali quale recinto protetto dalla contaminazione di peccato.

---

[29] S. Massimo di Torino, *Homilia 38* in *PL* 57, 310.
[30] S. Fulgenzio di Ruspe, *Sermo II de duplice nativitate Christi*, 6 in *PL* 65, 728.

L'Immacolata Concezione

Seguendo S. Agostino in occidente, molti Padri e dottori credettero nella perfetta santità di Maria e nell'assenza in lei di ogni peccato personale in forza della sua dignità di Madre del Signore. Malgrado ciò essi non riuscirono a capire come l'affermazione di una concezione immacolata potesse quadrare con la dottrina dell'universalità del peccato originale e la necessità di una redenzione per tutti i discendenti di Adamo. Una festa della Concezione di Maria (o Concezione ad opera di S. Anna), che ebbe inizio nei monasteri della Palestina almeno nel settimo secolo, non era basata sulla piena comprensione della libertà della Beata Vergine dal peccato espressa nella posteriore festa dell'Immacolata Concezione. Questa festa nel corso dei secoli divenne la festa dell'Immacolata Concezione, dal momento che la precisione teologica fornì delle idee chiare circa la preservazione di Maria da ogni macchia di peccato originale. La primitiva festa apparve anche durante il sesto ed il settimo secolo nella Chiesa Greca quale celebrazione in onore della concezione della Beata Vergine ad opera di S. Gioacchino e S. Anna il 9 dicembre, e sin dai secoli X-XI si affermò quale giorno festivo.[31]

Probabilmente la festa si trasferì a Napoli, che si trovava su di un importante rotta commerciale proveniente dalla Grecia. Un calendario di marmo risalente al IX secolo testimonia che la festa veniva celebrata a Napoli. La festa passò attraverso Napoli all'occidente, dove affondò le sue prime radici in Irlanda. Intorno all'anno 800 si ha

---

[31] S. ANDREA DI CRETA, *In conceptionem Sanctae Annae* in PG 97, 1307. Questo testo per la festa della concezione della Beata Vergine probabilmente porta la data fra il settimo e l'ottavo secolo.

testimonianza di una festa della Concezione della Beata Vergine celebrata in Irlanda. La prima conoscenza definitiva in occidente ci proviene dall'Inghilterra, da un calendario di Old Minster, Winchester, che risale al 1030, e da un altro calendario di New Minster, composto fra 1035 e il 1056. La festa era celebrata anche a Worcester, Exeter, Canterbury, e nelle località circostanti. La festa fu stabilita dall'autorità episcopale e fu osservata dai monaci sassoni con parecchia solennità. L'affermazione della festa ebbe luogo in Inghilterra prima della conquista normanna del 1066. I Normanni, nel giungere in Inghilterra, tesero ad opporsi ed a cambiare le usanze inglesi, e così la festa della Concezione della Beata Vergine, che appariva agli invasori una tipica devozione sassone, fu in molti luoghi abolita. Comunque, essa sopravvisse nei cuori e nelle menti dei fedeli e alla prima occasione favorevole la festa fu ristabilita in ambito monastico.

Ad aprire il cammino teologico fu S. Anselmo, Arcivescovo di Canterbury (1033-1109), di cui si dice che abbia scritto uno specifico trattato *De Conceptu virginali et originali peccato*[32], che delineò dei principi teologici per una più profonda comprensione della dottrina dell'Immacolata Concezione. S. Anselmo per primo fece notare che il seme non potrebbe «contenere» il peccato, ma soltanto la volontà potrebbe causarlo.[33] Egli poi traccia un parallelo fra la

---

[32] S. ANSELMO DI CANTERBURY, *De conceptu virginali et de originali peccato*, in *Opera Omnia*, ed. F. SCHMITT (Stuttgart: Frommann, 1946), pp. 137-173. Questo trattato fu composto probabilmente dal suo amico e discepolo, il monaco sassone Eadmero di Canterbury.

[33] Vedi S. ANSELMO DI CANTERBURY, *De conceptu virginali et de originali peccato*, capitolo 7 in *Opera Omnia*, pp. 149: «Nam et si uitiosa concupiscentia generetur infans, non tamen magis est in semine culpa, quam est in sputo uel sanguine, si quis

creazione di Eva da Adamo e l'incarnazione di Cristo da Maria.[34] Pertanto è chiaro che la macchia del peccato non poteva essere assolutamente presente nella carne che il Figlio di Dio prese per Se stesso dalla Vergine Maria.[35] S. Anselmo era a conoscenza della festa attraverso i monaci sassoni di Canterbury e i Greci con cui venne a contatto durante l'esilio in Campania e in Puglia (1098-99). Comunque, S. Anselmo probabilmente non ebbe alcun ruolo nell'introduzione della festa in Inghilterra. Dopo la conquista normanna fu Anselmo il Giovane, il nipote di S. Anselmo, a reintrodurre la festa.

Un importante sviluppo teologico ebbe luogo intorno all'anno 1120, quando Eadmero, un monaco di Canterbury, scrisse il primo trattato sull'Immacolata Concezione e protestò contro la soppressione della sua celebrazione liturgica. Desiderando promuovere la restaurazione di tale festa, il devoto monaco rigettò l'obbiezione agostiniana scrivendo che lo Spirito Santo non potrebbe essere assente dalle speciali origini di Maria: «Dove è lo Spirito, vi è libertà dal peccato.»[36] Eadmero

---

male uoluntate exspuit aut de sanguine suo aliquid emittit. Non enim sputum aut sanguis, sed male uoluntas arguitur.»

[34] Vedi S. ANSELMO DI CANTERBURY, *De conceptu virginali et de originali peccato*, capitolo 7 in *Opera Omnia*, pp. 153: «Sicut namque limus terrae non acceperat naturam aut uoluntatem, qua operante uir primus de illo ieret, quamuis esset de quo a deo fieri posset: sic non est facta mulier de costa uiri aut uir de sola muliere operante natura aut uoluntate hominis, sed deus propria potestate et uoluntate fecit uirum unum de limo et alterum de sola femina, et feminam de solo uiro.»

[35] Vedi S. ANSELMO DI CANTERBURY, *De conceptu virginali et de originali peccato*, capitolo 7 in *Opera Omnia*, pp. 149.

[36] EADMERO, *Tractatus de conceptione Beatae Mariae Virginis*, 9, in *PL* 159, 305.

propose che Dio scelse Maria sin dall'eternità per essere la Sua dimora. Basandosi sull'idea della casa costruita dalla Sapienza per se stessa (Pr 9,1-16), Eadmero fece notare che Dio non potrebbe aver permesso che Maria fosse macchiata dal peccato. «Le fondamenta» del Suo palazzo «sarebbero deboli se la concezione di Maria fosse in alcun modo corrotta dalla macchia del peccato.»[37] Maria, invece, divenne un tabernacolo dello Spirito Santo. Eadmero ricorre opportunamente all'immagine della castagna «che è concepita, nutrita e formata sotto le spine, ma che tuttavia resta al riparo dalle loro punture.» Anche sotto le spine di una generazione che per sé dovrebbe trasmettere il peccato originale, argomenta Eadmero, Maria è rimasta al riparo da ogni macchia, per esplicito volere di Dio che «l'ha potuto, manifestamente, e l'ha voluto. Se dunque l'ha voluto, lo ha fatto.»[38]

Nonostante Eadmero, i grandi teologi del XIII secolo fecero ancora proprie le difficoltà di sant'Agostino, così argomentando: la redenzione operata da Cristo non sarebbe universale se la condizione di peccato non fosse comune a tutti gli esseri umani. E Maria, se non avesse contratto la colpa originale, non avrebbe potuto essere riscattata. La redenzione consiste in effetti nel liberare chi si trova nello stato di peccato. In particolare, S. Bernardo si oppose alla dottrina dell'Immacolata Concezione e alla celebrazione della festa in Francia in una forte lettera.[39] S. Bernardo sostenne, seguendo S. Agostino e S. Girolamo,

---

[37] EADMERO, *Tractatus de conceptione Beatae Mariae Virginis*, 9, in *PL* 159, 306.

[38] EADMERO, *Tractatus de conceptione Beatae Mariae Virginis*, 9, in *PL* 159, 305. La famosa espressione é: «potuit plane et voluit; si igitur voluit, fecit.»

[39] Vedi S. BERNARDO, *Epistola 174* in *PL* 182, 333-336.

che nell'unione matrimoniale vi era sempre qualche macchia di peccato, cosa che gli rese difficile il comprendere come Maria potesse essere stata concepita immacolata: «Potette la santità essere stata associata con la concezione nell'amplesso del matrimonio, cosicché lei fosse concepita e santificata allo stesso tempo? Ciò non è ragionevole. Come potrebbe esserci stata santità senza lo Spirito santificante? Come poteva lo Spirito Santo essere associato in qualunque modo al peccato? Come poteva il peccato non essere stato presente dove non mancava concupiscenza?»[40]

Riccardo di S. Vittore scrisse un trattato in risposta a S. Bernardo, facendo notare che la carne di Maria non necessitava d'alcuna purificazione dal momento che fu santificata prima della concezione. S. Alberto Magno seguì S. Bernardo nel rigettare la dottrina dell'Immacolata Concezione. Egli osservò: «Noi diciamo che la Beata Vergine non fu santificata prima dell'animazione, e l'affermazione contraria a ciò è l'eresia condannata da S. Bernardo nella lettera ai canonici di Lione.»[41] Anche S. Tommaso d'Aquino seguì questa linea. In ogni caso sia S. Alberto sia S. Tommaso non si opposero alla purificazione di Maria dopo l'animazione.

In realtà, S. Tommaso progredì nella sua visione della questione. Al tempo del suo *Commentario sulle sentenze di*

---

[40] S. BERNARDO DI CLAIRVAUX, *Epistola 174*, 7 in *PL* 182, 335: «An forte inter amplexus maritales sanctitas se ipsi conceptioni immiscuit, ut simul et sanctificata fuerit, et concepta? Nec hoc quidem admittit ratio. Quomodo namque aut sanctitas absque Spiritu sanctificante, aut sancto Spiritui societas cum peccato fuit? aut certe peccatum quomodo non fuit, ubi libido non defuit?»

[41] S. ALBERTO MAGNO, *III Sententiarum*, d. III, part I, ad 1, q. 1.

Pietro Lombardo, S. Tommaso fu incline a favorire questo privilegio per Maria.[42] Al tempo della *Summa Theologiae*, egli non trovò alcun modo per sostenerlo insieme con la dottrina della redenzione universale: «Se l'anima della Beata Vergine non fosse stata mai contagiata dal peccato originale, Cristo perderebbe la dignità di essere Salvatore universale di tutti... Al contrario la Beata Vergine contrasse il peccato originale, ma ne fu mondata prima di uscire dal seno materno.»[43] S. Tommaso trovò una soluzione per la santificazione di Maria al più presto possibile nel grembo di S. Anna, una visione che si adattava al suo concetto di animazione: «La santità della Beata Vergine non può essere concepita come anteriore alla sua animazione...perché la santificazione di cui parliamo è la purificazione dal peccato originale... Ma la colpa può essere mondata soltanto con la grazia, e il soggetto della grazia è solo la creatura razionale. Perciò prima dell'infusione dell'anima razionale la Beata Vergine non fu santificata.»[44] Così egli insegnò la purificazione della Beata Vergine nel grembo:

> Sulla santificazione della Beata Vergine nel seno materno nulla viene detto dalla Scrittura canonica, che non parla neppure della sua nascita. Ma come S. Agostino (nel trattato *De assumptione*) argomenta con ragione che ella deve essere stata assunta in

---

[42] S. TOMMASO D'AQUINO, *In I Sententiarum*, d. 44, q.1, a.3, ad 3: «Item, videtur quod nec beata virgine: quia secundum Anselmum, decuit ut virgo quam deus unigenito filio suo praeparavit in matrem, ea puritate niteret, qua major sub deo nequit intelligi. Sed nihil potest deus facere quod sibi in bonitate vel puritate aequetur. Ergo videtur quod nihil melius beata virgine facere possit.»
[43] S. TOMMASO D'AQUINO, *Summa Theologiae*, III, q. 27, a. 2.
[44] *Ibid.*

cielo con il corpo, sebbene su ciò la Scrittura taccia, così pure con ragione possiamo pensare che sia stata santificata nel seno materno. Infatti è ragionevole credere che abbia ricevuto maggiori privilegi di grazia, al di sopra di tutti gli altri, colei che generò «l'Unigenito dal Padre, pieno di grazia e di verità» (Gv 1, 14), così da essere salutata dall'Angelo con le parole: «Ave, piena di grazia» (Lc 1, 28).[45]

Alla fine della sua vita egli ritornò alla sua precedente posizione, che implicava una più solida adesione ad una dottrina della libertà dal peccato originale di Maria, ma senza specificare *quando* ella ne fu liberata.[46] Il problema di S. Tommaso e di altri autori medievali nell'affermare una dottrina dell'Immacolata Concezione è legato anche alla loro visione aristotelica (ora datata) dell'infusione dell'anima, cioè, l'idea per cui l'embrione umano riceve l'anima razionale alcune settimane dopo la concezione.

Perfino nella scuola francescana prima del Beato Giovanni Duns Scoto, grandi dottori come S. Bonaventura non sostennero la libertà di Maria dal peccato originale. Ciò nonostante, il modo di affrontare la questione costituì un avanzamento verso quella di Scoto. Egli propose che la carne della Beata Vergine fu santificata dopo che ebbe luogo il processo di animazione.[47]

---

[45] S. TOMMASO D'AQUINO, *Summa Theologiae*, III, q. 27, a. 1.
[46] S. TOMMASO D'AQUINO, *In salutationem angelicam*, a. 1: «Nam ipsa omne peccatum vitavit magis quam aliquis sanctus post Christum. Peccatum enim aut est originale, et de isto fuit mundata in utero; aut mortale aut veniale, et de istis libera fuit.»
[47] Vedi S. BONAVENTURA, *In III Sententiarum*, d. 2, a. 1, q. 1: «È necessario sostenere che la carne della Beata Vergine non era stata santificata prima dell'animazione non perché Dio non

Il grande passo avanti che condusse ad una maggiore comprensione dell'Immacolata Concezione ebbe luogo con Guglielmo di Ware e il suo discepolo, il Beato Giovanni Duns Scoto. Essi furono capaci di distinguere fra una grazia preventiva e una restaurativa, ambedue le quali frutto della redenzione. Così egli introdusse nella teologia il concetto di Redenzione per preservazione, secondo il quale Maria fu redenta in un modo anche più eccellente: non coll'essere liberata dal peccato, ma dall'esserne preservata. Scoto fece notare che «è un beneficio di maggior eccellenza preservare dal male, piuttosto che permettere la caduta di qualcuno nel male, anche se ne viene in seguito liberato. Pertanto, se Cristo meritò la grazia e la gloria per molte anime, e Cristo è il mediatore per tutti costoro, per qual motivo qualcuno non poteva essergli debitore per la di lei innocenza?»[48] Egli sostenne che la liberazione di Maria dalla macchia di peccato richiese, quale condizione, la creazione ed infusione della sua anima, ma che in termini di tempo, la santificazione e l'animazione furono simultanee.[49] Scoto risolse anche il dilemma di come accordare l'Immacolata Concezione di

---

    avrebbe potuto purificare la carne della Vergine prima di animarla, ma perché la santificazione esiste attraverso un dono gratuito e aggiuntivo, che di fatto non si colloca nella carne ma nell'anima.»

[48] B. GIOVANNI DUNS SCOTO, *Questiones in Libro III Sententiarum*, d. 3, q. 1, in *Opera Omnia* (Hildesheim: Georg Olms, 1968), vol. 7/1, p. 92-93: «imo excellentius beneficium est preservare a malo, quam permittere incidere in malum, et ab eo postea liberare. Videtur enim quod cum Christus multis animabus meruerit gratiam, et gloriam, et pro his sint Christo debitores, ut mediatori; quare nulla anima erit ei debitrix pro innocentia?»

[49] *Ibid.*, pp.94-97.

Maria con il problema dell'universalità del peccato originale. Cristo è il Mediatore perfetto e Redentore perfetto, ed in tal modo gli si addice perfettamente non solo il preservare Sua Madre da ogni macchia di peccato attuale, ma anche dall'originale.[50] Così Scoto sostenne che Cristo, il Mediatore perfetto, esercitò il più alto grado di mediazione proprio in Maria, preservandola dal peccato originale. Scoto propose la famosa formulazione riguardante il potere di Dio di preservare Maria da ogni macchia di peccato originale, popolarizzata dal suo discepolo Francesco di Mairone: «era possibile, era conveniente, dunque fu fatto.»[51]

La controversia circa l'Immacolata Concezione della Beata Vergine continuò con gli oppositori di tale dottrina soprattutto fra i domenicani. Nel 1439 la disputa fu discussa al Concilio di Basilea che nella sua trentaseiesima sessione decretò il riconoscimento dell'Immacolata Concezione quale pia dottrina, consona con l'adorazione cattolica, la fede cattolica, la retta ragione, e la Sacra Scrittura; né, essi dissero, era pertanto permesso predicare o dichiarare il contrario.[52] Questa sessione del Concilio fu sostenuta in un tempo quando il Concilio non era più in comunione con il Papa, cosicché i suoi decreti non sono

---

[50] B. GIOVANNI DUNS SCOTO, *Reportata Parisiensia*, libro 3, d.3, q. 1, in *Opera Omnia* (Hildesheim: Georg Olms, 1969), vol. 11/1, pp. 432-433, in particular p. 433: «Mediator perfectus praevenit omne peccatum actuale. Hoc concedunt omnes de beata Virgine: sed redemptio universalis est contra originale quam contra actuale: igitur ex hoc quod redemptor universalis, perfectius et immediatius praevenit originale, quam actuale.»

[51] FRANCESCO DI MAIRONE, *In III Sent.*, d. 3, q. 2, a. 1-3. «Potuit, decuit, ergo fecit».

[52] Vedi Mansi, 29, 183.

vincolanti. Sisto IV decretò il 28 febbraio del 1476 che la festa fosse adottata in tutta la Chiesa Latina e concesse un'indulgenza a tutti coloro che avessero assistito al Divino Ufficio e alla Messa della solennità.[53] Poiché vi era ancora del dissenso dopo tale decreto, nel 1483 Papa Sisto IV pubblicò una costituzione in cui puniva con la scomunica tutti coloro che tacciavano di eresia l'opinione opposta.[54] Nel 1546 il Concilio di Trento discusse la questione del peccato originale, ma affermò chiaramente che «non è sua intenzione comprendere in questo decreto, dove si tratta del peccato originale, la beata ed immacolata vergine Maria, Madre di Dio.»[55] In ogni caso, tale decreto non definì la dottrina, e così i teologi che si opponevano a tale dottrina, benché in numero molto ridotto, non si arresero. In modo particolare, furono i Giansenisti ad opporsi alla teologia dell'Immacolata Concezione. Nel 1567 Papa S. Pio V condannò un'affermazione di un autore giansenista, Michele Baio, secondo cui «nessuno, al di fuori di Cristo, è senza il peccato originale; perciò la Beata Vergine è morta a causa del peccato contratto da Adamo, e tutte le sue sofferenze in questa vita, come quelle di tutti gli altri giusti, sono state pene per il peccato attuale o per quello originale.»[56] Nondimeno, nei secoli XV e XVI, molte

---

[53] Vedi Papa SISTO IV, Costituzione *Cum Praecelsa* in ND 704.

[54] Vedi IDEM, Costituzione *Grave nimis* in DS 1425-1426.

[55] CONCILIO DI TRENTO, Sessione V, *Decreto sul peccato originale* in ND 705.

[56] Papa S. PIO V, Bolla *Ex omnibus afflictionibus* in ND [708]. Più tardi nel 1690, sotto Papa Alessandro VIII, fu condannata un'altra proposizione giansenista la quale implicava che alla presentazione al tempio di Nostro Signore, sua Madre aveva bisogno d'essere purificata dal peccato. Vedi DS 2324: «L'offerta nel tempio che è stata fatta dalla Beata Vergine Maria nel giorno della sua purificazione con due piccole

università europee ammettevano soltanto studenti che giurassero di fare del loro meglio per asserire e difendere l'Immacolata Concezione di Maria.

Nel 1617 Papa Paolo V decretò che nessuno osasse predicare pubblicamente che Maria fu concepita nel peccato originale, e cinque anni dopo Gregorio XV impose silenzio, sia scritto che orale, anche in privato, agli avversari della dottrina, sin quando la Santa Sede non avesse definito la questione. A richiesta del Re Filippo IV di Spagna, l'8 dicembre 1661 Alessandro VII promulgò il famoso Breve *Sollicitudo omnium Ecclesiarum*.[57] Egli formulò la dottrina che l'anima di Maria, «fu preservata immune dalla macchia del peccato originale fin dal primo istante della creazione e dell'infusione nel corpo, per una speciale grazia e privilegio di Dio, in considerazione dei meriti del Figlio suo Gesù Cristo, Redentore del genere umano.»[58] Egli proibì ogni ulteriore discussione contro i comuni e pii sentimenti della Chiesa circa tale dottrina. Clemente XI il 6 dicembre 1708 estendeva per legge la festa dell'Immacolata a tutta la Chiesa. Durante il secolo l'entusiasmo dei fedeli e dei dotti andò sempre crescendo, come crebbero anche le suppliche rivolte ai Romani Pontefici per la definizione dogmatica.

Infine, nel 1849 il Papa Beato Pio IX consultò i vescovi circa la fede della Chiesa nella dottrina dell'Immacolata

---

colombe, una per l'olocausto e l'altra per il peccato, testimonia in modo sufficiente che ella abbisognava di purificazione, e che il Figlio che veniva offerto, secondo le parole della Legge, era macchiato anche della macchia della Madre.»

[57] ALESSANDRO VII, Breve *Sollicitudo omnium Ecclesiarum* in DS 2015-2017.
[58] *Ibid.*, §1 in DS 2015.

Concezione, ed inoltre, l'opportunità di una definizione dogmatica a tal riguardo. La risposta fu affermativa per ambedue i punti e così l'8 Dicembre 1854, il Beato Pio IX definì solennemente la dottrina dell'Immacolata Concezione con tali parole:

> Noi dichiariamo, pronunciamo e definiamo che la dottrina la quale ritiene che la beatissima Vergine Maria, nel primo istante della sua concezione, sia stata preservata intatta da ogni macchia di peccato originale, per singolare grazia e privilegio di Dio onnipotente, in considerazione dei meriti di Gesù Cristo Salvatore del genere umano, è dottrina rivelata da Dio, e perciò va creduta fermamente e costantemente da tutti i fedeli.[59]

La riflessione teologica più recente vede l'Immacolata Concezione in chiave trinitaria quale puro dono d'amore salvifico da parte della Santissima Trinità. L'Immacolata Concezione è un segno dell'amore assolutamente gratuito e preveniente del Padre. Poi, mostra la perfezione della redenzione operata dal Figlio, il Verbo incarnato. Maria Immacolata mostra nel modo più perfetto la santificazione operata dallo Spirito Santo. Da un punto di vista cristologico, la dottrina evidenzia il fatto che la Parola di Dio, il Tutto Santo, non poteva assumere la natura umana da una creatura che fosse stata anche per un solo istante

---

[59] Papa B. Pio IX, Bolla *Ineffabilis Deus* in DS 2803: «Declaramus, pronuntiamus et definimus doctrinam quae tenet beatissimam Virginem Mariam in primo instanti suae conceptionis fuisse singulari Omnipotentis Dei gratia et privilegio, intuitu meritorum Christi Jesu Salvatoris humani generis, ab omni originalis culpae labe praeservatam immunem, esse a Deo revelatam, atque idcirco ab omnibus fidelibus firmiter constanterque credendam.»

soggiogata dal dominio del male. In tal senso, l'Immacolata Concezione è un prerequisito per Incarnazione:

> Se Maria non fosse stata preservata dal peccato originale sin dal primo istante della sua esistenza, ella sarebbe stata letteralmente squarciata dall'avere nel suo grembo l'incarnata ed infinita santità. Non solo il peccato, ma anche la semplice inclinazione al peccato, sono del tutto incompatibili con il Dio santissimo. Questa è la ragione, l'infinita santità incarnata di Dio, per cui Maria dovette essere completamente libera dal peccato originale... Dio, dunque, il Dio santissimo, deve essere in totale simbiosi non solo con la natura umana che egli assume ma anche costringe quella natura ad essere in totale simbiosi col grembo di una donna vergine quale vera matrice della sua venuta, della sua graduale crescita, e della sua finale nascita. Tale grembo deve essere assolutamente immacolato.[60]

La dottrina è soteriologica poiché porta alla luce l'universalità della Redenzione di Cristo, rivelando che Maria ne fu il frutto più speciale, in quando ella è santa e immacolata dinnanzi a Dio, in virtù del sangue di suo Figlio (Ef 1,4-70). L'Immacolata Concezione è pasquale perché l'espressione «in vista dei meriti di Gesù Cristo» si riferisce soprattutto alla Pasqua, e in tal senso l'Immacolata Concezione è un'anticipazione dei primi frutti della salvezza pasquale. La prospettiva ecclesiologica del dogma indica la realizzazione dell'economia di Dio nella sua Sposa Mistica, la Chiesa, il cui prototipo è Maria. Da una prospettiva pneumatologica, l'Immacolata

---

[60] S. L. JAKI, «The Immaculate Conception and a Conscience Immaculate» in *Catholic Dossier* 6/6 (novembre/dicembre 2000).

Concezione evidenzia la presenza santificante dello Spirito Santo nella concezione della Beata Vergine. In tale contesto, il Papa Beato Pio IX menzionò anche un'importantissima verità riguardante Maria, che cioè a lei fu concessa più grazia di quanto ne fosse necessaria per conquistare completamente il peccato.[61] È la sua libertà dal peccato attuale che ora verrà illustrata.

Maria fu libera dal peccato attuale

L'espressione dell'angelo Gabriele all'evento dell'Annunciazione «Benedetta tu fra le donne» (Lc 1,42) si colloca alla base di ogni considerazione sulla santità perpetua della Vergine Madre del Signore, sia nel suo essere che nel suo operare. L'essere di Maria è la base del suo agire e tale essere è definito come benedetto fra tutte le donne e pieno di grazia. L'opera di Maria quale perfetta discepola si basa su ciò, secondo l'assioma *agere sequitur esse*.[62] La verità della santità iniziale della Beata Vergine che si diffuse attraverso tutta la sua vita, conducendo alla libertà dal peccato attuale, appartiene alla comune consapevolezza del popolo cristiano.[63] Mentre la teologia occidentale ha spesso teso ad enfatizzare l'aspetto morale della perfezione di Maria e il suo esempio, quella orientale ha sottolineato la santità della Beata Vergine quale essere e dono.

---

[61] Papa B. Pio IX, Bolla *Ineffabilis Deus*. Vedi anche S. Agostino, *De Natura et Gratia*, c. 36.

[62] Cf. S. Tommaso d'Aquino, *Summa Theologiae*, I, q. 51, a. 2; I, q. 77, a. 3 and I, q. 80, a. 2 come alcuni esempi di questa nozione.

[63] Vedi Papa Giovanni Paolo II, *Discorso all'udienza generale* (19 giugno 1996), 1.

Mentre la maggior parte dei Padri, come S. Agostino, S. Ambrogio e S. Efrem Siro, insegnarono che Maria fu senza peccato, alcuni ebbero dei dubbi a tal proposito. Questa fu la loro personale opinione; non fu mai l'insegnamento ufficiale della Chiesa. Pochissimi scrittori patristici non ancora convinti della sua perfetta santità, attribuirono imperfezioni o difetti morali alla Beata Vergine. Origene, ad esempio, benché fosse il primo ad attribuire alla Beata Vergine l'espressione *Panagìa* e ad ascriverle alti privilegi spirituali, insegnò che, al tempo della passione di Cristo, la spada del dubbio trafisse l'anima di Maria; che ella fu colpita dal pugnale del dubbio; e che Cristo morì anche per i suoi peccati.[64] S. Basilio, nell'interpretare le parole di Simeone, allo stesso modo sotto l'influsso di Origene suggerisce che Maria si arrese alla spada del dubbio nell'assistere alla crocifissione.[65] S. Giovanni Crisostomo l'accusò di ambizione e di farsi avanti indebitamente quando cercò di parlare a Gesù a Cafarnao.[66] È chiaro che S. Giovanni Crisostomo non desiderava implicare che la Beata Vergine avesse commesso un peccato, ma piuttosto che fu istruita da suo Figlio e che andò attraverso un processo di sviluppo della sua fede. Questo tema è presentato da S. Giovanni Crisostomo nel contesto delle Nozze di Cana, ove accanto ai normali sentimenti umani, egli propone che Maria desiderò collaborare alla diffusione della gloria di suo Figlio nel mondo.[67] In ogni caso, S.

---

[64] Vedi ORIGENE, *Homilia 17 in Lucam* in *PG* 13, 1844-1845.

[65] Vedi S. BASILIO, *Epistola* 260, n. 9 in *PG* 32, 965-968.

[66] Vedi S. GIOVANNI CRISOSTOMO, *Homilia in Matthaei Evangelium*, 27, 3 and 44, 1 in *PG* 57, 347 and 464f; vedi anche Mt 12:46-50.

[67] Vedi S. GIOVANNI CRISOSTOMO, *Homilia in Ioannis Evangelium*, 21, 1 and 2 in *PG* 59, 130-131.

Tommaso d'Aquino considerò i commenti di S. Giovanni Crisostomo come limitati dalle circostanze del suo tempo e fuori luogo.[68] Anche S. Cirillo d'Alessandria parla del dubbio di Maria e dello scoraggiamento ai piedi della Croce.[69] Comunque, questi scrittori greci non si può dire che esprimano una tradizione apostolica quando riferiscono le loro opinioni private e singolari.

Alcuni particolari testi del vangelo citati dai Padri o da autori più recenti onde giustificare tali opinioni, non forniscono assolutamente alcuna base all'attribuzione di un peccato o anche di un'imperfezione morale alla Madre del Redentore. La risposta del giovane Gesù a Sua Madre: «Perché mi cercavate? Non sapevate che debbo occuparmi delle cose del Padre mio?» (Lc 2,49), è stata interpretata come un velato rimprovero. Un'attenta lettura dell'episodio, comunque, mostra che Gesù non rimproverò sua madre e Giuseppe per averlo cercato, dal momento che era loro responsabilità prendersi cura di Lui. Al ritrovamento di Gesù dopo un'estenuante ricerca, Maria chiese soltanto il «perché» del Suo comportamento: «Figlio, perché ci hai fatto così? Ecco, tuo padre e io, angosciati, ti cercavamo.» (Lc 2,48). Ciò va soltanto ad onore di Maria, dal momento che rivela il suo amore per Gesù che risponde con un altro «perché», astenendosi da ogni rimprovero e facendo riferimento al mistero della sua

---

[68] Vedi S. TOMMASO D'AQUINO, *Summa Theologiae*, III, q. 27, a. 4 «Queste parole di S. Giovanni Crisostomo vanno troppo lontano. A meno che non si intenda che il sentimento di vanagloria ripreso dal Signore non fosse in lei, ma nell'opinione che se ne potevano fare gli altri.»

[69] S. CIRILLO DI ALESSANDRIA, *Commentarius in Ioannis Evangelium*, Libro 12 in *PG* 74, 661-664.

figliolanza divina. L'episodio è pertanto una rivelazione della natura divina della missione di Cristo.

Le parole di Gesù a Cana: «Che ho da fare con te, o donna? Non è ancora giunta la mia ora» (Gv 2,4), non possono essere interpretate come un rimprovero per la Sua Santa Madre. Notando la sicura inconvenienza causata agli sposi dalla mancanza di vino, Maria si rivolge a Gesù con semplicità, affidandogli il problema. Benché consapevole che quale Messia è legato da obbedienza soltanto alla volontà del Padre, Egli soddisfa l'implicita richiesta di Sua Madre. Egli risponde soprattutto alla fede della Vergine ed in tal modo opera il primo dei Suoi miracoli, manifestando così la Sua gloria. Alcuni autori danno un'interpretazione negativa anche dell'affermazione di Gesù quando, agli inizi della sua vita pubblica, Maria e i suoi parenti chiesero di vederlo. Riportando la risposta di Gesù a colui che gli disse «Tua madre e i tuoi fratelli sono qui fuori e desiderano vederti» (Lc 8,20), l'Evangelista Luca offre la chiave interpretativa del resoconto, che deve essere compreso alla luce delle inclinazioni interiori di Maria, piuttosto diverse da coloro fra i suoi «fratelli» che «non avevano fede in Lui» (cfr. Gv 7,5). Gesù rispose: «Mia madre e miei fratelli sono coloro che ascoltano la parola di Dio e la mettono in pratica» (Lc 8,21). Nel resoconto dell'Annunciazione, Luca di fatto mostrò come Maria fosse il modello di ascolto della parola di Dio, di generosa docilità. Interpretato in tale prospettiva, l'episodio offre un'alta lode di Maria, che adempì perfettamente il piano divino nella sua propria vita. Benché le parole di Gesù possano essere interpretate come una critica dei suoi «fratelli», esse esaltano la fedeltà di Maria alla volontà di Dio e la grandezza della sua maternità, che ella visse non soltanto fisicamente ma anche spiritualmente. Con l'espressione «Mia madre e miei fratelli sono coloro che ascoltano la parola di Dio e la mettono in pratica», Gesù sottolineò la nobiltà della condotta di Maria, e mostrò più chiaramente la solidarietà della Vergine e la vicinanza all'umanità sul difficile sentiero della perfezione. Infine, le parole: «Beati piuttosto coloro che ascoltano la parola di Dio e la osservano!» (Lc 11,28), pronunciate da Gesù in risposta alla donna che aveva chiamato sua Madre beata, lungi dal mettere in dubbio la perfezione personale di Maria, portano alla luce il suo personale adempimento della parola di Dio. Il testo del Vangelo di fatto suggerisce che Egli fece tale affermazione onde rivelare che la più nobile ragione della beatitudine di Sua Madre giace proprio nella sua intima unione con Dio e nella sua perfetta sottomissione alla parola divina.

Scrittura e Tradizione convengono nell'attribuire a Maria la più alta santità personale; ella è concepita senza macchia di peccato; ella mostra la più grande umiltà e pazienza nella sua vita quotidiana (Lc 2,7, 35, 48; Gv 19:25-27). La costante tradizione della Chiesa ha considerato Maria santa e libera da ogni peccato o imperfezione morale. Il Concilio di Trento esprime la sua convinzione affermando che nessuno «può evitare per tutta la vita tutti i peccati, anche veniali, se non per speciale privilegio di Dio, come la Chiesa ritiene per la Beata Vergine».[70] Perfino al cristiano trasformato e rinnovato dalla grazia non è risparmiata la possibilità di peccare. La grazia non lo preserva da tutti i peccati per tutta la sua vita, a meno che, come asserisce il Concilio di Trento, uno speciale privilegio gli garantisca questa immunità. Questo dono speciale fu concesso a Maria. Il Concilio di Trento non desiderò

---

[70] CONCILIO DI TRENTO, Sessione VI, *Decreto sulla giustificazione* in ND 706.

definire tale privilegio ma sostenne che la Chiesa lo afferma con vigore e lo sostiene fermamente.[71] Questo insegnamento non può essere ridotto semplicemente ad una pia opinione devozionale, ma è dottrina solida, radicata nel deposito della fede in quanto sostenuto dal Popolo di Dio. Inoltre, si basa sulla grazia attribuita a Maria dall'angelo al tempo dell'Annunciazione. Chiamandola «piena di grazia», *kecharitoméne*, l'angelo la riconobbe come la donna arricchita di una perfezione stabile e pienezza di santità, senza ombra di peccato o d'imperfezione morale o spirituale.[72] In base a queste affermazioni del Magistero, della Tradizione e del senso comune del Popolo cristiano, i teologi ritengono che l'esenzione della Vergine Maria da ogni macchia di peccato attuale sia una verità prossima alla fede (*fidei proxima*).

La Beata Vergine non era soltanto libera dal peccato originale ed attuale, ma anche dalla concupiscenza. La concupiscenza consiste di tre aspetti: schiavitù al piacere dei sensi, desiderio disordinato dei beni terreni e disordinata affermazione di sé stessi contro i dettami della ragione (1 Gv 2,16).[73] Maria fu preservata da tali conseguenze del peccato originale. S. Tommaso d'Aquino applicò il brano del Cantico dei Cantici «Tutta bella tu sei, amica mia, in te nessuna macchia» (Ct 4,7) quale indicazione che la concupiscenza, seme del peccato (*fomes peccati*), che implica un difetto almeno nella carne, non era presente nella Beata Vergine Maria. Il Dottore Angelico

---

[71] Vedi Papa GIOVANNI PAOLO II, *Discorso all'udienza generale* (19 giugno 1996), 2. L'espressione usata al Concilio di Trento fu *tenet*, cioè, la Chiesa, *sostiene*, che questa dottrina sia vera.

[72] Vedi Papa GIOVANNI PAOLO II, *Discorso all'udienza generale* (19 giugno 1996), 2-4.

[73] Vedi CCC 377.

esaminò varie opinioni circa l'assenza di concupiscenza in Maria.

Secondo S. Tommaso, alcuni hanno sostenuto che nella santificazione ricevuta dalla Beata Vergine nel seno materno le fu tolto completamente la concupiscenza. Altri invece dicono che la concupiscenza le rimase come difficoltà a compiere il bene, ma le fu tolta come proclività al male. Altri ancora dicono che la concupiscenza le fu tolta come difetto personale che sospinge al male e rende difficile il bene, ma le rimase come difetto della natura, cioè come causa della trasmissione del peccato originale alla prole. Altri infine pensano che nella prima santificazione la concupiscenza rimase in lei essenzialmente, ma fu legata; e che le venne tolta completamente quando ella concepì il Figlio di Dio. S. Tommaso fece notare che la concupiscenza dei sensi è disordinata in quanto contrasta con la ragione: o inclinando al male, o suscitando difficoltà nel bene. Perciò essa consiste nell'inclinare al male e nel rendere difficile il bene. Così, dire che la concupiscenza era nella Beata Vergine Maria senza inclinazione al male, significa combinare due affermazioni contraddittorie. Allo stesso modo, è una contraddizione affermare che quella rimase quanto al difetto della natura, ma non quanto al difetto personale, poiché se fosse estinta del tutto come difetto della persona, non potrebbe sussistere più neppure come difetto della natura. Le sole possibilità sono o che la concupiscenza fu rimossa del tutto da lei sin dalla sua prima santificazione o che fu limitata. S. Tommaso sostiene che lo Spirito Santo operò una duplice purificazione nella Beata Vergine Maria. La prima fu preparatoria alla concezione di Cristo: che non la purificò dalla concupiscenza. La seconda purificazione ebbe luogo in lei ad opera dello Spirito Santo quando Egli la liberò dalla concuspiscenza. Il Dottore Angelico sostenne che come prima della Risurrezione del corpo di Cristo nessuno ebbe l'immortalità corporale, così non sarebbe stato opportuno che prima della carne di Cristo, che era immune da qualsiasi peccato, la carne della sua Vergine madre, o di chiunque altro, fosse immune dalla concupiscenza. Pertanto, sembra meglio dire che attraverso la santificazione nel grembo di sua madre, la Vergine non fu liberata dalla concupiscenza nella sua essenza, ma che rimase limitata. In seguito però, nel concepimento della carne di Cristo, in cui doveva innanzitutto risplendere l'immunità dal peccato, è da credere che la piena estinzione della concupiscenza sia ridondata dalla prole nella madre.[74] Al giorno d'oggi, grazie alle osservazioni del Beato Giovanni Duns Scoto sugli aspetti prevenienti e preventivi della Redenzione, sembra più ragionevole supporre che Maria godette della totale libertà dalla concupiscenza sin dal primo istante della sua concezione.

Possiamo anche affermare che la Beata Vergine beneficiò del dono di una certa impeccabilità, per la quale si intende indefettibilità nell'ordine morale, o inabilità al peccato. Un tipo di impeccabilità è quella di Cristo in quanto uomo, dovuta all'unione ipostatica. In Cristo vi è soltanto una Persona, quella del Verbo, alla quale tutte le azioni, sia divine che umane, sono attribuite. Cause secondarie dell'impeccabilità di Cristo sono anche la sua pienezza della grazia abituale e la visione beatifica. Pertanto, Cristo possiede un'impeccabilità *metafisica*. Dall'altro lato, gli angeli e i santi godono un'impeccabilità *fisica*, perché non possono abbandonare la visione beatifica di Dio nella Sua essenza. La Beata Vergine, nella sua vita terrena godette di un'impeccabilità *morale* perché data la

---

[74] Vedi S. TOMMASO D'AQUINO, *Summa Theologiae*, III, q. 27, a. 3.

sua personale dignità di Madre di Dio non poteva incorrere nella ruga del peccato.

La santità di Maria

Dio volle coronare l'Immacolata Concezione di Maria e la sua libertà dalla concupiscenza e dal peccato attuale con un altro dono: la pienezza di grazia, unendo così alla sua libertà dal peccato una santità positiva. La santità può essere vista da una prospettiva pneumatologica. Maria è «la Vergine nubile, sposa dello Spirito.»[75] Ella è il tempio dello Spirito Santo, un'espressione che enfatizza il carattere sacro della Vergine, ora permanente dimora dello Spirito di Dio.[76] Dal Paraclito, come da sorgente, scaturì la pienezza di grazia e l'abbondanza dei doni che adornarono Maria. Lo Spirito Santo infuse la fede, la speranza e la carità che animarono il cuore della Vergine, le comunicarono la forza che la sostenne nell'accettazione della volontà di Dio, ed il vigore che la rese salda nella sua sofferenza ai piedi della Croce. La santità positiva, opera del Paraclito, includeva anche l'infusione delle quattro virtù cardinali di Prudenza, Giustizia, Fortezza e Temperanza, insieme ai sette doni dello Spirito Santo: la Beata Vergine dovette godere di tutta la grazia che conveniva alla dignità di Madre di Dio. Comunque, questa pienezza sarebbe capace di godere un aumento, cosicché

---

[75] Vedi PRUDENZIO, *Liber Apotheosis*, versi 571-572 in *CCL* 126, p. 97.
[76] Per il titolo Tempio dello Spirito Santo, vedi S. ISIDORO, *De ortu et obitu Patrum*, cap. LXVII, 111 in *PL* 83, 148; S. ILDEFONSO, *De virginitate perpetua sanctae Mariae*, cap. X in *PL* 96, 95; S. BERNARDO, *In Assumptione B. Virginis Mariae: Sermo IV*, 4 in *PL* 183, 428.

ogni qual volta Maria cooperò liberamente e consapevolmente con la volontà di Dio, i suoi meriti, la grazia e la santità venivano aumentate.

Soltanto Cristo stesso fu pieno di grazia in senso assoluto, incapace di ricevere un ulteriore aumento, in forza dell'unione ipostatica. La Beata Vergine fu piena di grazia in modo diverso: ella fu arricchita di tutta la grazia propria alla sua speciale dignità di Madre di Dio e di socia del divin Redentore. Ella fu dotata non soltanto della grazia sufficiente, ma in modo sovrabbondante. Comunque, dal momento che questa pienezza di grazia è una pienezza relativa, fu possibile una crescita in Maria, dal momento che la sua capacità di un più intenso atto d'amore di Dio potette aumentare e di fatto aumentò.

I meriti aumentarono con la grandezza dell'opera compiuta; in Maria rinveniamo opere di gran lunga superiori a quelle di tutte le altre creature. I meriti aumentano con la dignità e il grado di grazia di colui che merita; in Maria rinveniamo sia la pienezza di grazia, sia, come si espresse Papa Pio XI, «una dignità in certo qual modo infinita, per l'infinito bene che è Dio.»[77] In ogni caso, nessuna opera, per quanto grande possa essere, può determinare una crescita dell'agente senza l'amore. Maria agiva sempre col massimo amore, senza riserve. Di conseguenza, anche le sue piccole azioni, come ad esempio le faccende domestiche, sarebbero più accette a Dio che la dolorosa morte di un martire.[78] La Beata Vergine con i suoi

---

[77] Papa Pio XI, *Lux veritatis,* 25 dicembre 1931 in *AAS* 23 (1931), p. 513, che cita S. Tommaso d'Aquino, *Summa Theologiae* I, q. 25, a. 6.

[78] Infatti non è soltanto la mera difficoltà come tale che aumenta il merito di un'opera buona. La difficoltà, comunque, spesso fornisce la misura del merito, servendo come di mezzo per

meriti crebbe, dunque, al massimo grado inteso da Dio. Mentre Maria non possedeva la visione beatifica sulla terra, lei diede inizio alla sua vita con una carità più perfetta di quella raggiunta dai grandi santi alla fine della loro. La sua crescita nella carità fu molto rapida perché lei era libera dal più piccolo attaccamento o desiderio per qualcosa non perfettamente diretta all'unione con Dio. La sua rapida crescita non fu intralciata neppure dal più piccolo ostacolo personale.

Un cristiano cresce in proporzione alla grandezza delle sue opere, in proporzione al suo grado di grazia, in proporzione al suo amore. La grandezza dell'operato di Maria, il consenso a nome di tutto il genere umano a divenire Madre del Redentore, sorpassò senza misura ogni opera che l'intera creazione abbia mai visto; la sua dignità fu quella di colei che fu scelta per essere la Madre di Dio; la sua propria grazia abituale era già stata così grande al tempo dell'Immacolata Concezione che nessuno all'infuori di Dio può comprenderla e tuttavia crebbe costantemente sin da quel momento; ed ora nel suo assenso all'Annunciazione vi è la più assoluta adesione alla volontà di Dio, un eco dell'obbedienza del Servo Sofferente, di Cristo stesso, fatta con un amore intenso e del tutto incondizionato. L'aumento della santità di Maria è riflesso anche nel suo congiungersi in preghiera agli Apostoli in preparazione alla Pentecoste. La personale Pentecoste di Maria comincia nel Vangelo con l'Annunziazione: «Lo Spirito Santo scenderà su di te» (Lc 1,35). Maria divenne la

---

suscitare l'amore; soltanto un grande amore può innalzarsi al di sopra delle grandi difficoltà, però un grande amore può elevarsi anche dove non vi sono difficoltà. Vedi W. G. MOST, «Our Lady's Growth in Holiness» in *Cross and Crown* 14 (Marzo 1962), pp. 79-91.

prima e più perfetta icona dello Spirito Santo. Essendo del tutto trasparente alla Sua presenza, ella ne fu totalmente ripiena:

> In tutte le cose, dall'Immacolata Concezione al *fiat* dell'Incarnazione (questo *fiat* al quale lo Spirito ha dato un significato universale), dal primo miracolo di Gesù alla sua morte, che fu allo stesso tempo ispirata dallo Spirito e fonte dello Spirito (Gv 19,30), dalla Pentecoste alle cose ultime, ella è, in totale dipendenza, il luogo privilegiato e l'immagine dello Spirito, il tipo visibile e realizzazione ideale della comunione divina che egli porta nell'essere e perfeziona nella Chiesa.[79]

Nella vita della Madre di Dio è possibile distinguere due discese dello Spirito Santo. La prima avvenne all'Incarnazione, quando per opera dello Spirito Santo ella concepì nel suo grembo il Figlio di Dio e la seconda durante la discesa dello Spirito Santo sugli Apostoli a Pentecoste. La prima aveva la funzione oggettiva della divina Maternità di Maria, la seconda fu personale: una realizzazione nella sua persona del grado di santità che corrispondeva alla sua unica funzione.

Insieme all'amore perfetto, Maria possedette anche un'ampia conoscenza. L'attuale discussione circa la conoscenza di Maria tende a restringerlo eccessivamente, proprio perché la teologia moderna e gli esegeti hanno una conoscenza limitata di suo Figlio. Essi si chiedono se la Beata Vergine sapeva che suo Figlio era divino, o addirittura che era il Messia. Essi si chiedono inoltre: «se lei non sapeva nulla di ciò, quando lo apprese?» Gli studiosi i quali dubitano che Gesù fosse stato consapevole

---

[79] R. LAURENTIN, «Esprit Saint et théologie mariale» in *Nouvelle Revue Théologique* 89 (1967), p. 42.

della sua dignità messianica, sono anche portati a concludere l'ignoranza in Sua Madre.[80] Fra altri, Pio XII affermava in Cristo una continua consapevolezza della Sua divinità e dignità messianica.[81] In corrispondenza con la

---

[80] Un esempio ne è RAYMOND BROWN, il quale spende la maggior parte di un intero libro, *Jesus, God and Man* (New York: Macmillan, 1967), ad accumulare ciò che lui crede esempi biblici sull'ignoranza di Gesù. Ad esempio, a p. 57, Brown sospetta che Gesù non avesse grandi conoscenze neppure della vita ultraterrena: «Noi non possiamo presumere che Gesù condividesse le nostre sofisticherie su alcune di queste questioni. Se Gesù parla del cielo al di sopra delle nubi... come possiamo essere certi che egli sapesse che questi non si trova al di sopra delle nubi?» Un altro esempio è Karl Rahner il quale sostiene che la mancanza di conoscenza di Cristo sia, in un certo senso, una perfezione: «Vi è certamente una nescienza che rende possibile l'esercizio della libertà da parte di una persona finita... Questa nescienza è..., per l'esercizio della libertà, più perfetta della conoscenza, la quale invece sospenderebbe tale esercizio.» Vedi K. RAHNER, «Dogmatic Reflections on the Self-consciousness of Christ» in *Theological Investigations,* tr. K.H. Kruger (Baltimore: Helicon,1966) vol. V, p. 202.

[81] Papa PIO XII, *Mystici Corporis*, 75: «In verità, questa amantissima conoscenza, con la quale il divin Redentore ci ha seguiti sin dal primo istante della sua Incarnazione, supera ogni capacità della mente umana, giacché, per quella visione beatifica di cui godeva sin dal momento in cui fu ricevuto nel seno della Madre divina, Egli ha costantemente e perfettamente presenti tutte le membra del Corpo mistico e le abbraccia col Suo salvifico amore.... Nel presepio, sulla Croce, nella gloria eterna del Padre, Cristo ha presenti e congiunti a Sé tutti i membri della Chiesa in modo molto più chiaro e più amorevole di quello con cui una madre guarda il suo figlio e se lo stringe al seno, e con cui un uomo conosce ed ama sé stesso.»

conoscenza universale di Cristo, anche Maria deve aver goduto di un considerevole dono di comprensione, sott'inteso da Papa Paolo VI quando fece riferimento alla consapevolezza del suo ruolo all'Annunciazione: «Maria..., assunta al dialogo con Dio, dà il suo consenso attivo e responsabile non alla soluzione di un problema contingente, ma a quell'«opera di secoli, come è stata giustamente chiamata l'incarnazione del Verbo.»[82]

La santità di Maria è riflessa inoltre nella sua crescita nella fede, come pure nella sua prontezza nel legare fede e ragione. Nell'ultimo dei suoi *Sermoni Universitari* predicati nella festa della Purificazione nel 1843, Newman fornì una penetrante analisi delle relazioni fra fede e ragione. Il suo punto d'inizio fu il brano scritturistico: «Maria, da parte sua, serbava tutte queste cose meditandole nel suo cuore.» (Lc 2,19). Newman sostenne che la fede di Maria «non finì in una mera acquiescenza della divina provvidenza e di rivelazioni: come ci informa il testo, ella le «meditava».»[83] Egli mostra come Maria sia un modello di come correlare fede e ragione: «A lei non sembra sufficiente accettarlo, ella vi si sofferma; non sufficiente il possederlo, ella lo usa; non sufficiente assentire, lei lo sviluppa; non sufficiente sottomettere la ragione, ella vi ragiona sopra; non il ragionamento per primo, e dopo la fede, con Zaccaria, ma

---

[82] Papa PAOLO VI, *Marialis Cultus*, 37: «Haec enim, quasi ad colloquirum cum Deo admissa, *pro actuosa peculiaris officii sui conscientia*, non de re quadam adventitia, sed de saeculorum negotio, ut praeclare est Verbi incarnatio definita, actuose ac libere consentit.»

[83] J. H. NEWMAN, «The Theory of Developments in Religious Doctrine, 1843», in J. H. NEWMAN, *Conscience, Concensus and the Development of Doctrine: Revolutionary Texts by John Henry Cardinal Newman*, ed. J. GAFFNEY, (New York: Image/Doubleday, 1992), 6-30; §2.

prima credere senza ragionare, poi per amore e reverenza, ragionare dopo aver creduto.»[84] Il genio dell'idea di Newman è che Maria viene a simboleggiare non solo la fede dell'illetterato, ma anche dei dottori della Chiesa, che hanno bisogno di «investigare, soppesare e definire, come pure professare il Vangelo; per tracciare la linea fra verità ed eresia; per anticipare o rimediare alla varie aberrazioni della ragione in errore; e così trionfare sui sofisti e gli innovatori.»[85]

Il Santo Nome di Maria

Nel pensiero ebraico il nome di una persona è intimamente correlato con la natura della persona stessa,[86] cosicché il Santo Nome di Maria è legato proprio al suo essere. Maria è un nome proprio femminile portato soltanto da una persona nell'Antico Testamento, la sorella di Mosè ed Aronne (Es 15,20-21; Nm 12,1-5; Mic 6,4). Nel testo Masoretico Ebraico il nome è *Miryām* (Maria) e il cambio nella prima vocale a *Maryām* è probabilmente la pronuncia nell'aramaico parlato in Palestina durante i due secoli precedenti Cristo. Il nome dato a Maria fu certamente divinamente ispirato ai suoi parenti S. Gioacchino e S. Anna.[87] Per quanto riguarda il significato del nome dato a Maria, secondo una interpretazione deriverebbe da *Moreh*

---

[84] Ibid., §3.
[85] Ibid..
[86] Vedi J. L. McKenzie, «Aspects of Old Testament Thought» in R.E. Brown, J.A. Fitzmeyer, R.E. Murphy, *The New Jerome Biblical Commentary* (Englewood Cliffs, N. J.: Prentice-Hall, 2000), p.1285.
[87] Vedi S. Lorenzo da Brindisi, *Mariale* (Patavii: 1928), p. 177. Vedi anche M. J. Scheeben, *Mariology*, vol. 1 (New York: Herder, 1948), p. 6.

(ebraico per Maestra-Signora) e *yam* (che significa mare): come Maria, la sorella di Mosè, fu maestra delle donne ebraiche nel passaggio del Mar Rosso e Maestra nel canto di Vittoria (cf Es 15,20), così Maria è la Maestra e la Signora del mare di questo secolo, che Ella ci fa attraversare conducendoci al cielo.[88] S. Girolamo è il Padre che diede inizio alla tradizione secondo cui il nome Maria significa «Stella del mare», un nome adatto alla Vergine.[89] Secondo questa interpretazione il nome di Maria deriverebbe dal prefisso nominale (o participiale) m più 'or (ebraico per luce) e yam (l'espressione per il mare). Ella potrebbe ben compararsi ad una stella poiché, come una stella risplende con i suoi raggi senza diminuire la sua propria luce, così anche la Vergine diede luce ad un Figlio senza perdere la sua verginità. I raggi che si dipartono non diminuiscono lo splendore della stella, né il Figlio di Maria la sua illibatezza. Ella è, pertanto, la nobile stella sorta da Giacobbe e innalzata per natura al di sopra di questo grande e vasto mare. Ella brilla di meriti, ella illumina col suo esempio. La Chiesa, in balia di tempeste e burrasche in mezzo al mare di questo mondo, guarda allo splendore di questa stella. Studi più recenti, insieme alle scoperte archeologiche del XX secolo, sono giunti a sostenere che Maria significa «Altezza» o «l'Eccelsa.»[90] Filologicamente il

---

[88] Vedi S. AMBROGIO, *Exhortatio Virginitatis* cap. V, 31.

[89] S. GIROLAMO, *Liber interpretationis hebraicorum nominum* in *PL* 23, 841-842. Il problema è che è verosimile che Girolamo scrisse *Stilla maris* per significare «una goccia del mare», e i copisti fecero l'errore di leggere *Stella maris* per significare «Stella del mare». Non vi è nessuna parola ebraica per una stella che somigli al nome della Beata Vergine, mentre in Ebraico la parola goccia, *Mar* (Is 40:15), è uguale a Maria.

[90] Vedi R. KUGELMAN, «The Holy Name of Mary» in *Mariology* vol. 1 (Milwaukee: The Bruce Publishing Company, 1954), pp.

nome Miryâm deriva da *Rwm* che significa «innalzarsi», «essere in alto» o «essere esaltata». Questa radice ricorre in tutte le lingue semitiche orientali. Tutto ciò indica il ruolo centrale e altissimo di Maria, quello di essere Madre di Dio, che verrà esaminato nel prossimo capitolo.

418-423.

5

Madre di Dio

La divina Maria è il paradiso terrestre del nuovo Adamo, ove s'incarnò per opera dello Spirito Santo, per operarvi meraviglie incomprensibili. È il grande e divino mondo di Dio, ove sono bellezze e tesori ineffabili. È la magnificenza dell'Altissimo, ove egli nascose, come nel suo seno, il suo unico Figlio, e in lui tutto quanto vi è di più eccellente e di più prezioso.

S. Luigi di Montfort, Vera Devozione a Maria, 6

Sviluppo della dottrina

La Vergine Maria è innanzitutto la Madre del Verbo Incarnato, la Madre di Dio. Questo è il suo titolo principale e il fondamento di tutti i suoi privilegi. Tutte le altre verità scaturiscono da questa dottrina o ad essa conducono. Nella gerarchia delle verità mariologiche, la Maternità Divina di Maria è la base fondamentale del suo ruolo nell'economia salvifica.[1] Maria, perché Madre santissima di Dio, è stata

---

[1] Vedi Papa PIO XII, Enciclica *Fulgens Corona*, I, dove indica che

esaltata per grazia, al di sotto del Figlio, sopra tutti gli angeli e gli uomini.[2] La Beata Vergine è stata onorata sin dai primi secoli con il titolo di Madre di Dio. È in vista della sua missione di Madre di Dio che ella è concepita immacolata.[3] È in forza della sua maternità se ella rimane sempre vergine.[4] È un risultato della sua maternità e conseguente relazione a Cristo che ella fu assunta in anima e corpo al cielo.[5]

Nel Nuovo Testamento, mentre non vi si può trovare il titolo di *Theotokos* o Madre di Dio, vi sono espressioni che in essenza contengono tale verità a proposito di Maria. Di lei è scritto che ha concepito nel suo grembo e dato alla luce un Figlio, chiamato Gesù, che è Figlio dell'Altissimo, Santo e Figlio di Dio (cfr. Lc 1,31-32, 35). Alla Beata Vergine ci si riferisce anche come «Madre di Gesù» (Gv 2,1-3; At 1,14) come pure «Madre del Signore» (Lc 1,43) o più semplicemente «Sua Madre» (Mt 2,11, 13, 14, 20, 21). Il titolo «Madre di Dio», già attestato da Matteo nell'espressione equivalente «Madre dell'Emmanuele», Dio-con-noi (cfr. Mt 1,23), fu attribuito a Maria esplicitamente dopo una riflessione che abbracciò circa due secoli.[6]

---

una dignità superiore a quella di Madre di Dio non sembra possibile. La Sua posizione «postula la pienezza della grazia divina e l'anima immune da qualsiasi peccato, perché esige la più alta dignità e santità dopo quella di Cristo. Anzi da questo sublime officio di Madre di Dio, come da arcana fonte limpidissima, sembrano derivare tutti quei privilegi e tutte quelle grazie che adornarono in modo e misura straordinaria la sua anima e la sua vita.»

[2] Vedi VATICANO II, *Lumen Gentium*, 66.
[3] Vedi *CCC* 490.
[4] Vedi *CCC* 499.
[5] *CCC* 966.

Pertanto, Maria non inizia ad essere Madre soltanto nel 431 quando il Concilio di Efeso fece la sua solenne definizione della Theotokos, proprio come Gesù non comincia ad essere Dio quando il Concilio di Nicea definì la sua divinità nell'anno 325. Invece, il Concilio di Efeso fu piuttosto un'occasione in cui la Chiesa, dinnanzi all'eresia, avendo sviluppato ed esplicitato la propria fede, difendette tale dottrina e riflettette sulle sue conseguenze. In questo processo che spianò la strada alla proclamazione di Maria *Theotokos*, si possono individuare tre passi principali. Il primo periodo riguardò le lotte contro il Docetismo, lo Gnosticismo, e il Manicheismo in cui venne affermata la maternità fisica di Maria. Il secondo periodo riguardò le controversie cristologiche e qui venne enfatizzata la maternità metafisica di Maria. Infine, nel terzo periodo, la teologia acquisì una consapevolezza delle conseguenze della maternità divina di Maria. In ogni caso bisognerebbe sottolineare, in consonanza con il tessuto realista di quest'opera, che non può conseguirsi nessuna vera comprensione teologica della Maternità di Maria senza una base precedente nella sua maternità fisica.

La maternità fisica di Maria

Durante tutto il periodo in cui la Chiesa confutava le eresie del Docetismo[7], dello Gnosticismo[8] e del Manicheismo[9] fu

---

[6] Vedi Papa GIOVANNI PAOLO II, *Discorso all'Udienza Generale* (13 settembre 1995), 4.

[7] Il *Docetismo* fu un errore dalle molteplici varianti riguardante la natura di Cristo. Generalmente insegnava che Cristo soltanto sembrava (Greco *dokein*=sembrare) avere un corpo, così Egli non era veramente e realmente incarnato. Questo errore, a partire dalla filosofia dualistica che vedeva la materia come intrinsecamente male, giunse a sostenere che

Dio non poteva essere associato con la materia. Il principio fondamentale del Docetismo fu già rifiutato da S. Giovanni Apostolo: «Da questo potete riconoscere lo spirito di Dio: ogni spirito che riconosce che Gesù Cristo è venuto nella carne, è da Dio; ogni spirito che non riconosce Gesù, non è da Dio. Questo è lo spirito dell'anticristo che, come avete udito, viene, anzi è già nel mondo» (1 Gv 4, 2-3). S. Ignazio di Antiochia (morì intorno al 100), S. Ireneo (115-190), e S. Ippolito (170-235) combatterono l'errore nella prima parte del II secolo. Il Docetismo fu condannato dal Concilio di Calcedonia nel 451.

8 Lo *Gnosticismo*, derivato dalla parola greca *gnosis* (conoscenza), vantava una segreta superiore conoscenza delle cose. Era un sistema basato sulla conoscenza filosofica piuttosto che sulla fede, dove la distinzione fra l'eterno Essere Supremo increato e tutti gli altri esseri veniva confusa o del tutto annullata. La produzione di materia era concepita nei termini di una emanazione verso il basso da Dio o come opera di un demiurgo. Il fatto che gli Gnostici prendevano in poca considerazione la materia significava che loro non potevano accettare l'Incarnazione. Così la loro conoscenza di Dio era basata su ciò che loro potevano acquisire attraverso la loro segreta ed elitaria comprensione delle cose piuttosto che attraverso la rivelazione ricevuta da Cristo. S. Ireneo in particolare combatté questa eresia.

9 Il *Manicheismo* è il nome dato ad idee legate alla setta dualistica fondata da Mani (216-176) che nacque in Babilonia ma visse in Persia, insegnando nella seconda metà del III secolo d.C.. Il sistema consisteva di una mescolanza ibrida di molti elementi religiosi (dualismo zoroastriano, folclore babilonese, etica buddista ed alcuni piccoli e superficiali elementi cristiani), insegnando che all'inizio del cosmo vi erano due principi eguali ed opposti, bene e male o luce e tenebre. Attraverso la loro battaglia per la supremazia, il mondo fu creato. Vi erano due livelli di credenti, e il fatto che ai membri del livello superiore (gli eletti) era proibito

necessario sottolineare la maternità fisica di Maria. Queste eresie, a causa del loro rifiuto della materia come male, o almeno ambigua, negarono che Gesù Cristo avesse un vero e completo corpo umano. I Docetisti negarono che il Salvatore avesse un vero corpo umano, o che qualsiasi corpo Egli avesse fosse realmente plasmato dalla carne e sangue di sua Madre. Alcuni esponenti del Docetismo affermarono che Gesù fu generato *attraverso* la Vergine Maria e non *dalla* Vergine Maria: in questo modo Egli fu collocato nel suo grembo dal cielo, e passò attraverso di lei come da corridoio, ma non attraverso la sua generazione umana. Tertulliano così riassume l'errore docetista: «Egli nacque *attraverso* una vergine, non *dalla* vergine, e *in* un grembo, non *da* un grembo.»[10] D'altra parte, gli Gnostici introdussero una distinzione fra il Gesù nato da Maria e il Cristo che discese in Gesù al battesimo; essi effettivamente negarono che il bimbo nato da Maria fosse Dio.[11] Fu necessario affermare contro tali errori che Gesù fu veramente Figlio della Vergine Maria, e frutto del suo grembo, e pertanto che Maria fu fisicamente Sua Madre. In modo particolare, verso la fine del secondo secolo, S. Ireneo fu chiaro nella sua affermazione della divina maternità contro gli errori degli Gnostici: «Ora, le Scritture non avrebbero queste cose di Lui, se, come altri, Egli fosse stato soltanto un uomo. Ma piuttosto, dissimilmente da

---

    sposarsi, consumare carne o vino e ai quali non era permesso lavorare, indicava una credenza secondo cui il mondo materiale era un male. S. Agostino fu un seguace della setta manichea nella sua giovinezza e dopo la sua conversione alla cristianità vi si oppose nei suoi scritti.

[10] Vedi TERTULLIANO, *De carne Christi*, cap. 20 in *CSEL* 70, 238.
[11] Vedi S. IRENEO, *Adversus haereses*, libro 3, Cap. 17, 1 in *PG* 7, 921.

tutti gli altri, Egli ebbe in se stesso quella nascita eminente che viene dal Padre Altissimo, e sperimentò quell'eminente generazione che viene dalla Vergine.»[12] Ireneo fece notare anche che la Vergine Maria «obbedendo alla Sua parola, ricevette da un angelo il lieto annuncio che ella avrebbe concepito Dio.»[13] Tale proclamazione, che Maria era la Madre fisica di Gesù, servì ad evidenziare la Sua umanità da un lato e la Sua divinità dall'altro. Durante questo periodo, la fede nella divina maternità di Maria fu espressa nel credo degli Apostoli. Nella forma corrente al tempo di Ippolito, intorno all'anno 215, ai catecumeni veniva chiesto se essi credessero in Cristo «nato dallo Spirito Santo e dalla Vergine Maria.»[14]

In modo molto simile all'errore degli gnostici, i Manichei non accettavano che Gesù fosse generato da Maria. Il grande protagonista patristico dell'ortodossia contro i Manichei fu S. Agostino, che per un certo tempo era divenuto loro preda. Agostino si oppose alla dottrina manichea di un certo Fausto il quale sostenne che Gesù era il «Figlio di Dio», ma non poteva essere in alcun modo Figlio di Maria. Fausto insegnò che la vergine adombrata dallo Spirito Santo alla concezione di Cristo non era Maria, ma la terra. Agostino insegnò il contenuto della verità che Maria era Madre di Dio, e tuttavia senza adottare proprio l'espressione. Nei suoi sermoni, egli fa riferimento molto chiaramente a Maria quale Madre di Dio (*genitrici suae*).[15]

---

[12] Vedi S. IRENEO, *Adversus haereses*, libro 3, Cap. 19, 2 in *PG* 7, 940.

[13] Vedi S. IRENEO, *Adversus haereses*, libro 5, Cap. 17, 1 in *PG* 7, 1175.

[14] S. IPPOLITO, *La Tradition Apostolique*, 21, in *SC* 11 (Paris: Cerf,1984), p. 84.

[15] Vedi S. AGOSTINO, *Sermo* 186, 1 in *PL* 38, 999: «Quomodo

La maternità metafisica della Beata Vergine

Alcuni studiosi sostengono che il titolo *Theotokos* fu attribuito a Maria per la prima volta da Ippolito nei primi anni del terzo secolo: «Giuseppe ricevette Maria quale sua promessa sposa e diventò un testimone affidabile per la Madre di Dio.»[16] Un'altra antica testimonianza al titolo *Theotokos* è un papiro egiziano contenente parti della preghiera *Sub tuum praesidium*, del terzo secolo.[17] La

---

Deus esse desisteret, cum homo esse coepit, qui genitrici suae praestitit ne desisteret virgo esse, cum peperit?» Vedi anche IDEM, *Sermo 195*, n. 2 in *PL* 38, 1018.

[16] S. IPPOLITO, *De benedictionibus Iacob*, cap. 1. Comunque, dal momento che non appare nella versione georgiana del testo, l'autenticità dell'occorrenza del testo *Theotokos* è dibattuta. Vedi anche cap. 27, dove Ippolito scrisse che Maria fu letteralmente incinta della Parola di Dio, del Figlio di Dio. In un'altra opera più oscura, scrisse: «Essi predicarono l'avvento di Dio nella carne nel mondo, la Sua venuta da Maria, la Madre di Dio (*Theotokos*) senza macchia, per la via della nascita e del parto, la maniera della Sua vita e il suo discorso con gli uomini, la Sua manifestazione attraverso il battesimo, e la rinascita che ebbe luogo per tutti gli uomini, e la rigenerazione attraverso del battesimo.» Vedi S. Ippolito, *Discorso sulla fine del Mondo, e sull'Anticristo, e sulla seconda venuta di Nostro Signore Gesù Cristo*, 1.

[17] Vedi C. H. ROBERTS (ed.), *Catalogue of the Greek and Latin Papyri in the John Rylands Library*, vol. 3 (Cambridge: 1939), n. 470. Comunque, mentre Roberts data la preghiera alla seconda metà del VI secolo, altri studiosi come Vannucci la datano al III secolo. Vedi G. VANNUCCI, «La più antica preghiera alla Madre di Dio» in *Marianum* 3 (1941), pp. 97-101. Vedi anche M. J. HEALY, «The Divine Maternity in the Early Church» in *Marian Studies* 6 (1955), pp. 49-50. La preghiera dice: «Sotto la tua protezione troviamo rifugio,

formula è divenuta parte della vita di preghiera della Chiesa per molti secoli, ma la sua scoperta in questo papiro in Egitto nel 1938 la fa risalire alla seconda metà del terzo secolo. Più probabilmente, l'espressione fu usata da Origene nel terzo secolo, insieme ad altri scrittori della scuola alessandrina, sia prima che dopo il Concilio di Nicea.[18] La prova indica che Alessandria svolse un ruolo speciale nello sviluppo del titolo *Theotokos*.

Il primo uso incontrovertibile di *Theotokos* si trova in una lettera di S. Alessandro, vescovo di Alessandria ad Alessandro, Patriarca di Constantinopoli, e che annunciava la deposizione di Ario intorno all'anno 320: «Di questo conosciamo la resurrezione dai morti, la cui primizia è stato nostro Signore Gesù Cristo, che realmente ebbe un corpo umano, e non solo uno apparente; preso da Maria, la Madre di Dio (*ex tēs Theotókou Marías*): venne così nella pienezza dei tempi per il peccato dell'umanità, fu crocifisso e morì; ma non per questo la sua divinità patì una diminuzione; poi risuscitò dai morti e, assunto in cielo, è seduto alla destra della Maestà.»[19] La testimonianza di S. Alessandro di Alessandria e di altri della scuola alessandrina sono di particolare importanza perché mostrano che il titolo *Theotokos* fu accettato nell'uso comune prima della controversia nestoriana. Intorno all'anno 360, S. Atanasio, successore di S. Alessandro di

Santa Madre di Dio: non disprezzare le suppliche di noi che siamo nella prova, ma liberaci da ogni pericolo, o Vergine gloriosa e benedetta».

[18] Per quanto riguarda Origene, vedi SOCRATE, *Historia Ecclesiastica* 7, 32 in *PG* 67, 811 il quale sostiene che Origene adoperò l'espressione *Theotokos* in una parte, ora perduta, del suo *Commentario sulla lettera di S. Paolo ai Romani*.

[19] S. ALESSANDRO DI ALESSANDRIA, *Epistola ad Alexandrum Constantinopolitanum*, 12 in *PG* 18, 548.

Alessandria, impiegò più volte l'espressione *Theotokos*. Egli legava la maternità divina con le verità centrali della cristologia: «Il Verbo generato dal Padre dall'alto, inesprimibilmente, incomprensibilmente ed eternamente, è Colui che è nato nel tempo qui sulla terra dalla Vergine Maria, Madre di Dio.»[20]

Verso la metà del quarto secolo, S. Cirillo di Gerusalemme predicò la verità della divina maternità ai suoi catecumeni: «Il Padre dà testimonianza dal cielo a suo Figlio. Lo Spirito Santo dà testimonianza, discendendo corporalmente in forma di colomba. L'arcangelo Gabriele dà testimonianza, recando liete notizie a Maria. La Vergine Madre di Dio dà testimonianza.»[21] Una testimonianza siriaca dell'espressione è spesso esemplificata nelle opere di S. Efrem Siro. La seguente preghiera è altamente significativa perché S. Efrem adotta tutte le tre principali parole (*Deipara, Dei Genitrix, Mater Dei*) per descrivere la maternità divina: «Signora Vergine, portatrice di Dio, beata Theotokos, santissima Madre di Dio, favorita di Dio, benedetta fra tutti, vessillo della divinità del Figlio unigenito, e del Padre invisibile, porgi l'orecchio affinché tu possa esaudire le parole pronunciate dalle mie labbra impure e contaminate.»[22]

Nella Chiesa Occidentale prima dell'eresia nestoriana, S. Ambrogio è il solo autore ad attribuire a Maria esplicita-

---

[20] S. ATANASIO, *De Incarnatione Dei Verbi et contra Arianos*, 8 in *PG* 26, 995.

[21] S. CIRILLO DI GERUSALEMME, *Catechesis* 10, 19 in *PG* 33, 685.

[22] S. EFREM SIRO, *Precatio Secunda* in *EM* 339: «Virgo Domina Deipara, benedicta Dei Genitrix, benedictissima Mater Dei, Deo gratissima, supra omnes benedicta, vas divinitatis Unigeniti filii immortalis, et invisibilis Patris, inclina aurem tuam, atque exaudi verba emissa a labiis meis sordidis, et impuris.»

mente il titolo di Madre di Dio, e ciò è dovuto alla sua conoscenza dei Padri Greci.[23] Intorno all'anno 380 egli affermò: «La prima cosa ad infiammare il desiderio di imparare è la grandezza del maestro. Cosa c'è di più grande della Madre di Dio? Cosa più glorioso di Colei che fu scelta dalla Gloria stessa?»[24] S. Agostino, come si è visto, difese la dottrina della Maternità Divina contro i Manichei. Le sue opere sono ripiene della dottrina, ed egli fa notare che, benché Elisabetta concepisse un uomo, e anche Maria un uomo, ciò nondimeno «Elisabetta fu madre di un uomo, Maria di Dio-uomo.»[25] Agostino mise in chiaro che Cristo fu unto dallo Spirito Santo, non soltanto al suo battesimo ma «nello stesso momento in cui il Verbo di Dio si è fatto carne, cioè nel momento in cui la natura umana...è stata unita al Dio Verbo nel seno della Vergine, in modo da divenire con lui una sola persona. Per questo confessiamo che Cristo è nato dallo Spirito Santo e dalla Vergine Maria..»[26] La dottrina, anche se non la formula, di Maria Madre di Dio è presente anche negli scritti di S. Ilario di Poitiers (+367) quando egli afferma semplicemente che Maria «fu Madre di Nostro Signore secondo la carne.[27] Ilario affermò anche che «Dio è nato dal grembo della Vergine.»[28]

---

[23] S. Ambrogio aveva studiato in particolare le opere di Atanasio, Didimo, Gregorio Nazianzeno, Cirillo di Gerusalemme, i quali tutti avevano usato l'espressione.

[24] S. AMBROGIO, *De virginibus* Lib. 2, cap. 2, n. 7 in PL 16, 209. Vedi pure IDEM, *In Hexameron*, lib. 5, cap. 20, n. 65 in *PL* 14, 233; *Expositio evangelii secundum Lucam*, lib. 2, n. 26 and lib. 10, n. 130 in *PL* 15, 1561 and 1837.

[25] Vedi S. AGOSTINO, *Sermo* 289, n. 2 in *PL* 38, 1308.

[26] S. AGOSTINO, *De Trinitate*, lib. 15, cap.26, n. 46 in *PL* 42, 1093-1094.

[27] S. ILARIO, *Tractatus in Ps.131*, n. 8 in *PL* 9, 733.

S. Basilio Magno citò l'espressione *Madre di Dio* una volta in una omelia natalizia, dicendo che «coloro che amano Cristo rifiutano di porre attenzione all'idea che la Theotokos smise in qualunque tempo d'essere vergine.»[29] S. Gregorio di Nissa, il suo fratello più giovane, impiegò l'espressione almeno quattro volte, delle quali la seguente citazione è particolarmente bella: «Come nel caso di Maria, Madre di Dio, la morte che aveva regnato da Adamo fino a lei una volta raggiuntala urtò contro il frutto della verginità come contro una roccia e si consunse, così in ogni anima che grazie alla verginità va oltre la vita carnale si dissolve in un certo senso la forza della morte, che non ha dove mettere il suo pungolo.»[30] In ogni caso, S. Gregorio Nazianzeno, intorno all'anno 380, fu forse il primo a legare l'espressione *Theotokos* alle sue conseguenze cristologiche. Probabilmente egli stava confutando l'errore di Diodoro di Tarso, che propose la nozione dei due figli di Dio, uno eterno ed uno nato al tempo della Vergine Maria. Allo stesso tempo, Gregorio diresse le sue parole contro l'errore di Apollinare e vi è anche da rinvenire una riaffermazione della verità della vera fede contro le tendenze docetiste, ed una confutazione profetica dell'errore di Nestorio:

> Noi non separiamo l'uomo dalla divinità, ma un solo e identico lo professiamo, prima non uomo, ma Dio e unico Figlio e più antico dei secoli; alla fine però anche Uomo: Uomo assunto per la nostra

---

[28] S. ILARIO, *Tractatus in Ps.126*, n. 16 in *PL* 9, 700. Vedi pure IDEM, *De Trinitate* Lib. 10, n. 17 in *PL* 10, 356.
[29] S. BASILIO, *Homilia in sanctam Christi generationem*, 5 in *PG* 31, 1468.
[30] S. GREGORIO DI NISSA, *De virginitate* cap. 13 in *PG* 46, 377. Vedi anche *ibid.*, 19 in *PG* 46, 396; Idem, *In diem natalem Christi* in *PG* 46, 1136; IDEM, *In Christi resurrectionem*, 5 in *PG* 46, 688.

salvezza: passibile nella carne, impassibile nella divinità, terrestre ed insieme celeste. E ciò affinché per mezzo di quest'unico integro Uomo e insieme Dio fosse rifatto integralmente l'uomo caduto in peccato. Se dunque uno non accetta che la santa Maria sia *Theotokos*, è escluso dalla divinità. Se uno introduce due figli, il primo da Dio Padre, l'altro dalla Madre, e non l'unico e medesimo Figlio, precipiti anche costui dall'adozione filiale promessa a chi tiene la retta fede.[31]

È significativo che mentre l'espressione *Theotokos* fu impiegata senza esitazione, anche prima del Concilio di Efeso, dalla scuola di teologia Alessandrina come pure da quella di Cappadocia, teologicamente vicina a quella di Alessandria, il termine fu assente dalla letteratura Antiochena. La Scuola Alessandrina enfatizzò in Cristo l'unione del divino con l'umano. Soltanto quando certi esponenti di questa scuola cercarono di spiegare tale unione nei termini di una fusione di due nature in una, emerse l'eresia del monofisismo.

La parola *Theotokos* non era sconosciuta ai teologi di Antiochia sin dal quarto secolo, ma essi sembrarono riluttanti ad usarla. Una delle ragioni potrebbe essere l'abuso ariano dell'espressione che avrebbe poi suscitato tale riluttanza. Un'altro motivo potrebbe essere che Apollinare di Laodicea era stato un forte sostenitore del termine *Theotokos*. Nel difendere l'unità di Cristo, egli

---

[31] S. GREGORIO NAZIANZENO, *Epistola ad Cledonium Presbiterum* 101 in *PG* 37, 177-180. Vedi anche S. Gregorio di Nissa, *Epistula* 3 in *PG* 46, 1024, dove egli condanna anche la teoria dei due figli, uno di Dio e l'altro di Maria: «Non permettere che nessuno di noi osi chiamare la Santa Vergine, la Madre di Dio, anche «Madre dell'uomo», come fanno alcuni irrispettosi».

propose che in Cristo, il Verbo sostituì l'anima. La cristologia di Antiochia fu spesso una reazione all'errore di Apollinare. In ogni caso, rimane vero che il Nestorianesimo del quinto secolo affondava le sue radici nel quarto secolo in Antiochia. La scuola di Antiochia esagerò la separazione del divino e dell'umano in Cristo, spiegando l'unione della divinità con l'umanità come un tipo di dimora di Dio Verbo nell'uomo Gesù. Essi si immaginavano due persone fisiche in Cristo, perché Egli aveva due nature, e ciò fu la radice dell'eresia nestoriana. Nestorio nacque a Germanicia, una città della Siria e da giovane andò ad Antiochia, più tardi entrò nella vita monastica, e poi la lasciò per dedicarsi alla predicazione. Nestorio era stato un discepolo di Teodoro di Mopsuestia, che a sua volta era stato istruito da Diodoro, vescovo di Tarso. Teodoro e Diodoro proposero che il Verbo di Dio dimorò nell'uomo Gesù come in un tempio e così Maria non venne considerata Madre di Dio.[32]

L'eresia nestoriana mise l'espressione *Theotokos* nel crogiolo della prova e ne uscì vittoriosa. Nestorio, quale Patriarca di Costantinopoli, diede una serie di sermoni in cui difese Anastasio (suo segretario) e Doroteo (vescovo di Mancianapoli) ambedue i quali avevano predicato che a Maria non ci si dovrebbe rivolgere col titolo di Madre di Dio. Nestorio propose che Maria fosse chiamata *Cristotokos* (Madre di Cristo) piuttosto che *Theotokos* (Madre di Dio). L'insegnamento di Nestorio suscitò considerevole agitazione fra i fedeli, che avevano già invocato la Beata

---

[32] Vedi DIODORO DI TARSO, *Contra Synousiastas* in *PG* 33, 1560. Vedi anche TEODORO DI MOPSUESTIA, *Contra Appollinarem* in *PG* 66, 993: «Colui che nacque dalla Vergine è Colui che fu formato della sua sostanza, non il Verbo che è Dio. Egli che è di una natura con il Padre non ha madre.»

Vergine col titolo di *Theotokos* per più di mezzo secolo. Perfino Giovanni, patriarca di Costantinopoli, amico di Nestorio, lo pregò di abbandonare la sua opposizione all'espressione *Theotokos*, facendo notare che molti dei Padri l'avevano usata.[33] Il principale oppositore di Nestorio fu S. Cirillo di Alessandria, il quale dimostrò che la dottrina di Maria Madre di Dio era in continuità con la tradizione dei Padri, i quali «non dubitarono di chiamare la Santa Vergine Madre di Dio, non certo, perché la natura del Verbo o la sua divinità avesse avuto l'origine del suo essere dalla santa Vergine, ma perché nacque da essa il Santo Corpo dotato di anima razionale, a cui è unito sostanzialmente, si dice che il Verbo è nato secondo la carne».[34]

Quando, nel 430, Papa Celestino I convocò a Roma un Sinodo per studiare la materia, l'insegnamento di Nestorio fu debitamente condannato ed il termine *Theotokos* approvato. Papa Celestino diede a Cirillo l'incarico di portare a compimento la sentenza di scomunica contro Nestorio, a meno che egli ritrattasse in dieci giorni.[35] Cirillo

---

[33] Vedi GIOVANNI DI ANTIOCHIA, *Epistola ad Nestorium* in *PG 77*, 1455: «Etenim nomen hoc, *Theotocos* nullus umquam ecclesiasticorum doctorum repudiavit. Qui enim illo usi sunt, et multi reperiuntur, et apprime celebres: qui vero illud non usurparunt, numquam erroris aliquius eos insimularunt, qui illo usi sunt.»

[34] S. CIRILLO, *Epistola ad Nestorium*, in *PG 77*, 48-49.

[35] Vedi Papa CELESTINO I, *Epistola ad Cyrillum Alexandrinum* 11, in *PL 50*, 463: «Pertanto, forte dell'autorità della nostra Sede, tenendo le nostre veci, eseguirai, con forte vigore questa sentenza: o entro dieci giorni, da computarsi dal giorno di questa intimazione, egli condannerà con una professione scritta le sue perverse dottrine e confermerà di ritenere intorno alla natività di Cristo, Dio nostro, la fede professata

fece giungere a Nestorio la sua famosa *Lettera degli Anatematismi*. Nonostante il fatto che la Chiesa Universale avesse dichiarato nelle formulazioni di Roma, Antiochia ed Alessandria, Nestorio rimase ostinato nella sua opinione. L'imperatore Teodosio II, allora, insieme al suo coimperatore Valentiniano III e con il beneplacito del Papa Celestino I, decise di convenire in un concilio generale per incontrarsi ad Efeso nel giugno del 431. Nonostante l'intimidazione imperiale, l'assemblea dei vescovi presieduta da S. Cirillo, si riunì nella cattedrale della Beata Vergine Theotokos ad Efeso, proclamò solennemente che Cristo era la Seconda Persona della Santissima Trinità e che Maria era Madre di Dio. La seconda lettera di Cirillo a Nestorio fu dichiarata conforme a Nicea e approvata dal Concilio. Quì è da rinvenirsi la base della dottrina della Maternità Divina:

> [Il Verbo] per noi e per la nostra salvezza, ha assunto l'umana natura in unità di persona, ed è nato da una donna così si dice che è nato secondo la carne. (Non dobbiamo pensare), infatti, che prima sia stato generato un uomo qualsiasi dalla santa Vergine, e che poi sia disceso in lui il Verbo: ma che, invece, unica realtà fin dal seno della madre, sia nato secondo la carne, accettando la nascita della propria carne... Questo afferma dovunque la fede ortodossa, questo troviamo presso i santi padri. Perciò essi non dubitarono di chiamare la santa Vergine Madre di Dio, non certo, perché la natura del Verbo o la sua divinità avesse avuto l'origine del suo essere dalla santa Vergine, ma perché nacque

> dalla Chiesa Romana, da quella della tua santità e dall'universale sentimento; oppure, se ciò non farà, subito la tua santità, provvedendo a quella Chiesa, sappia ch'egli dev'essere in tutti i modi rimosso dal nostro corpo.»

da essa il Santo Corpo dotato di anima razionale, a cui è unito sostanzialmente, si dice che il Verbo è nato secondo la carne.[36]

Benché la *Lettera degli Anatematismi* non fu proposta per un'approvazione da parte del Concilio, essa possiede autorità dottrinale in forza del fatto che fu altamente lodata dal Concilio di Costantinopoli come parte degli atti di Efeso.[37] Nel primo anatema leggiamo: «Se qualcuno non confessa che l'Emmanuele è Dio nel vero senso della parola, e che perciò la santa Vergine è Genitrice di Dio perché ha generato secondo la carne il Verbo che è da Dio, sia anatema.»[38] Nestorio fu solennemente deposto e privato della sua dignità episcopale.[39] I decreti del Concilio di Efeso furono successivamente ratificati dai delegati di Papa Celestino. La notte in cui furono promulgati i decreti, folle di fedeli si portarono sulle strade e gridarono entusiasti, «*Hagia Maria Theotokos*», «Santa Maria, Madre di Dio», e tale grido continua ad essere una delle caratteristiche distintive dell'ortodossia cattolica. La proclamazione di Maria quale *Theotokos* da parte del Concilio di Efeso, fu così causa di immensa gioia per la popolazione locale che accompagnò i Padri Conciliari alle loro dimore con fiaccole e inni. Il Concilio suscitò una gran fioritura di venerazione per la Madre di Dio sia in Oriente

---

[36] S. CIRILLO DI ALESSANDRIA, *Seconda Lettera a Nestorio*.
[37] Vedi il SECONDO CONCILIO DI COSTANTINOPOLI, *Anatema 13 contro i «Tre capitoli»* in DS 436.
[38] CONCILIO DI EFESO, *Terza lettera di Cirillo a Nestorio*, Anatema 1 in DS 252.
[39] «Nostro Signore Gesù Cristo, da lui bestemmiato, stabilisce per bocca di questo santissimo sinodo che lo stesso Nestorio sia escluso dalla dignità episcopale e da qualsiasi collegio sacerdotale.» CONCILIO DI EFESO, *Il giudizio contro Nestorio* in DS 264.

che in Occidente, espressa in feste liturgiche, icone, inni e nella costruzione di chiese e basiliche, come quella di S. Maria Maggiore in Roma, eretta da Papa Sisto III.

Il Concilio di Efeso suscitò un coro di sostenitori della dottrina della Maternità divina di Maria sia in Occidente che in Oriente. In Occidente, solo tre anni dopo Efeso, Vincenzo di Lerino scrisse:

> Nessun, quindi, tenti mai di privare Maria Santissima del privilegio di questa grazia divina e di una gloria tutta speciale. È, infatti, per determinato volere del Signore, Dio nostro e Figlio suo, che noi dobbiamo proclamarla con tutta verità e opportunità *Theotókos*, Madre di Dio... Maria Santissima è Madre di Dio... perché...nel suo sacro seno si è compiuto quel mistero sacrosanto per cui, in ragione di una particolare ed unica unità di Persona, il Verbo è carne nella carne, e l'Uomo è Dio in Dio.[40]

Più tardi, in Oriente, S. Giovanni Damasceno fu un eloquente difensore della dottrina della *Theotokos*:

> Inoltre proclamiamo che la santa Vergine sia in tutta verità Madre di Dio. Infatti, nella misura in cui Egli che fu generato era vero Dio, ella che generò il vero Dio incarnato è la vera Madre di Dio. Noi sosteniamo, infatti, che Dio fu generato da lei, non implicando che la divinità del Verbo ricevette da ella l'inizio del suo essere, ma intendendo che Dio il Verbo stesso, che fu generato dal Padre senza tempo prima di tutti i tempi, e fu con il Padre e lo Spirito senza inizio per l'eternità, prese la sua dimora in questi ultimi giorni per la nostra salvezza

---

[40] VINCENZO DI LERINO, *Commonitorium I*, cap. 15 in *PL* 50, 658. Traduzione italiana *Il Commonitorio* (Roma: Paoline, 1968), p. 110.

nel grembo della Vergine, e fu fatto carne senza cambiamento e nato da lei. La beata Vergine, infatti, non diede alla luce un semplice uomo ma un vero Dio: e non solo Dio ma Dio incarnato, che non portò il suo corpo giù dal cielo, né passò semplicemente attraverso la Vergine come da un canale, ma ricevette la carne da lei, di essenza uguale alla nostra e sussistente in Sé. Se il corpo infatti fosse venuto dal cielo e non avesse preso parte alla nostra natura, quale sarebbe stata l'utilità del divenire uomo? Lo scopo del Verbo di Dio nel divenire uomo, infatti, fu che quella stessa natura, che aveva peccato ed era caduta e divenuta corrotta, trionfasse sopra il tiranno ingannatore e fosse così liberata dalla corruzione.[41]

Giovanni Damasceno, pertanto, professò che Maria è giustamente e con verità chiamata Madre di Dio e che tale nome racchiude l'intera economia di salvezza. Dall'altro lato, inoltre, partendo dalla verità che Maria, la quale diede alla luce Cristo, è la Madre di Dio, ne segue che Colui che fu da Lei generato è allo stesso tempo Dio e uomo. Poiché, come potrebbe Dio, che fu prima dei secoli, essere generato da una donna se non diventando uomo? Il Figlio dell'Uomo infatti deve chiaramente essere Egli stesso uomo. Comunque, se Colui che nacque da donna è Egli stesso Dio, chiaramente Colui che fu generato da Dio Padre secondo le leggi di un'essenza che è divina e non conosce inizi, e Colui che negli ultimi giorni fu generato dalla Vergine secondo le leggi di un'essenza che ha inizio ed è soggetta al tempo, cioè, un'essenza che è umana, deve essere uno e il medesimo. Il nome in verità significa l'unica sussistenza e le due nature e le due generazioni di Nostro

---

[41] S. GIOVANNI DAMASCENO, *De Fide Orthodoxa*, libro 3, cap. 12 in *PG* 94, 1028-1030.

Signore Gesù Cristo. Infatti il Verbo stesso divenne carne, essendo stato veramente concepito dalla Vergine, ma dato alla luce come Dio con la natura assunta che, appena fu dato alla luce nell'essere, fu da Lui deificata cosicché ebbero luogo queste tre cose allo stesso tempo, l'assunzione della nostra natura, la venuta nell'essere, e la deificazione della natura assunta da parte del Verbo. Giovanni Damasceno conclude che la Beata Vergine è pensata e descritta come Madre di Dio non solo in forza della natura del Verbo, ma anche a causa della deificazione della natura umana, dato il simultaneo avvento della concezione e dell'esistenza, cioè, la concezione del Verbo, e l'esistenza della carne nel Verbo stesso. Infatti, proprio la Madre di Dio, in qualche modo misterioso, fu il mezzo per modellare l'Artefice di tutte le cose onde donare l'umanità al Dio e Creatore di tutti, che deificò la natura da Lui assunta, mentre l'unione preservò quelle cose che erano unite proprio come erano unite, vale a dire, non solo la natura divina di Cristo ma anche la Sua natura umana; non solo quella che è al di sopra di noi ma quella che è nostra.[42]

Il Concilio di Calcedonia nel 451, fece sua l'espressione *Theotokos*, nel contesto dell'affermazione delle due nature di Cristo:

> Noi insegniamo a confessare un solo e medesimo Figlio: il Signore nostro Gesù Cristo, perfetto nella sua divinità e perfetto nella sua umanità, vero Dio e vero uomo, [composto] di anima razionale e del corpo, consostanziale al Padre per la divinità, e consostanziale a noi per l'umanità, simile in tutto a noi, fuorché nel peccato, generato dal Padre prima dei secoli secondo la divinità, e in questi ultimi tempi per noi e per la nostra salvezza da Maria

---

[42] *Ibid.*, in *PG* 94, 1029-1032.

Vergine e Madre di Dio, secondo l'umanità.[43]

Il significato del titolo *Theotokos* fu ulteriormente spiegato da Papa Giovanni II in una lettera al Senato di Costantinopoli: «Giustamente insegniamo che la gloriosa e santa sempre vergine Maria è proclamata dai cattolici propriamente e veramente Genitrice di Dio e Madre del Verbo di Dio in lei incarnato.» Il Papa, inoltre, desiderava far notare come tale titolo non può essere compreso né in modo nestoriano né monofisita, dal momento che il Figlio di Dio fu veramente e propriamente generato da Maria. Propriamente, «perché non si pensi che il Signore Gesù ebbe il titolo di Dio soltanto come onorificenza o concessione, come pretendeva l'insulso Nestorio; davvero anche veracemente, perché non si creda che abbia preso dalla Vergine non un corpo umano, ma una parvenza o qualcosa di irreale, come assicurava l'empio Eutiche».[44]

La dottrina della Maternità Divina di Maria fu riaffermata ancora una volta dopo che divenne chiaro come l'insegnamento di Teodoro di Mopsuestia (+428) fosse altrettanto erroneo. Ci volle del tempo prima che l'eresia latente negli scritti di Teodoro fosse svelata e le sue opinioni finalmente condannate nel Secondo Concilio di Costantinopoli del 553, il quale affermò:

> Se qualcuno afferma che la santa gloriosa e sempre vergine Maria solo impropriamente e non secondo verità è Madre di Dio, o che ella lo è secondo la relazione, nel senso che sarebbe nato da lei un semplice uomo, e non, invece il Dio Verbo, che si è incarnato dovendosi riferire, secondo loro, la nascita dell'uomo al Verbo Dio, in quanto presente all'uomo che nasceva; e chi accusa il santo sinodo di

---

[43] CONCILIO DI CALCEDONIA, *Definizione di Fede*.
[44] GIOVANNI II, *Lettera al Senato di Costantinopoli* in DS 401.

> Calcedonia, di chiamare la vergine madre di Dio nel senso empio escogitato da Teodoro; o anche se qualcuno la chiama madre dell'uomo o madre di Cristo, intendendo con ciò che Cristo non sia Dio, e non la ritiene davvero, e secondo verità Madre di Dio, per essersi incarnato da essa, in questi ultimi tempi, il Verbo Dio, generato dal Padre prima dei secoli, e che, quindi, piamente il santo sinodo di Calcedonia l'ha ritenuta Madre di Dio, costui sia anatema.[45]

Un persistente diniego della realtà del corpo umano di Cristo richiese ulteriori definizioni del Magistero della Chiesa che toccò anche la dottrina della divina maternità di Maria. In modo particolare l'errore del monotelismo, che sosteneva una sola volontà in Cristo, era semplicemente un'estensione del monofisismo. Il Concilio Lateranense del 649 condannò tale errore e, allo stesso tempo, affermò la nascita corporea di Gesù Cristo da «Maria santissima, sempre Vergine, Madre di Dio.»[46] Questo Concilio Lateranense era autorevole, anche se non un Concilio Ecumenico. In ogni caso, lo stesso argomento delle due volontà e delle due azioni in Cristo fu ripreso di nuovo dal terzo Concilio di Costantinopoli, che definì tale dottrina e reiterò anche che Maria è «chiamata propriamente e veramente Madre di Dio.»[47]

La dottrina della maternità divina è stata riaffermata anche in tempi più recenti. Un'occasione fu fornita dalla condanna del socianismo, che essenzialmente negava la Trinità di Persone in Dio. Paolo IV nella sua Costituzione *Cum quorundam Hominum* del 1555, che fu confermata nel

---

[45] SECONDO CONCILIO DI COSTANTINOPOLI, VI anatema contro i «Tre Capitoli».
[46] CONCILIO LATERANENSE, in ND 627/4.
[47] TERZO CONCILIO DI COSTANTINOPOLI, *Esposizione della fede*.

1603 da Clemente VIII nella *Dominici gregis*, condannò molti errori, compreso quello il quale negava che la Beata Vergine era veramente Madre di Dio.[48] Poi nel 1743 Papa Benedetto XIV richiese dai Maroniti una professione di fede che esigeva l'adesione alla dottrina dei Concili Ecumenici e in cui era inclusa un'affermazione della dottrina della *Theotokos*.[49]

---

[48] Vedi PAOLO IV, Costituzione *Cum quorundam hominum*: «La perfidia e la malvagità di alcuni è giunta al punto che,, ai nostri giorni tra quelli che odiano la fede cattolica e se ne staccano, molti ardiscono non soltanto professare le varie eresie, ma negare addirittura gli stessi fondamenti della fede, trascinando molti con il loro esempio alla rovina dell'anima. Mossi dal nostro dovere pastorale e dalla carità, noi desideriamo fare il possibile, con l'aiuto di Dio, per allontanare tali uomini da un errore tanto grave e contagioso, e ammonire con paterna severità gli altri, tutti e singolarmente, a non cadere nell'empietà di quelli che finora hanno asserito, dogmatizzato e creduto che Dio onnipotente non è trino nelle persone, in un'unità senza parti né nessuno divisione della sostanza, e uno nella semplice essenza della divinità; oppure che il Signore nostro non è vero Dio, in tutto consostanziale al Padre e allo Spirito Santo; oppure che Egli non fu fisicamente concepito per opera dello Spirito Santo nel grembo della beatissima e sempre vergine Maria, ma dal seme di Giuseppe, come tutti gli altri uomini; oppure che lo stesso Signore e Dio nostro Gesù Cristo non subì la crudelissima morte di Croce per liberarci dai peccati e dalla morte eterna e riconciliarci al Padre per la vita eterna; oppure che la detta beatissima vergine Maria non è vera Madre di Dio, né è rimasta sempre in integra verginità, prima del parto, nel parto e perpetuamente dopo il parto.»

[49] Vedi Papa BENEDETTO XIV, Costituzione *Nuper ad nos* in DS 2528-2529.

Nei tempi moderni, Papa Pio XI commemorò il quindicesimo centenario del Concilio di Efeso con la sua Enciclica *Lux Veritatis* del 25 Dicembre 1931. Contro i recenti tentativi di riabilitare Nestorio, Papa Pio XI fece notare che il verdetto tradizionale sussiste: «La Chiesa tutta, la quale in ogni tempo riconobbe come meritamente pronunziata la condanna di Nestorio, ritenne ortodossa la dottrina di Cirillo, annoverò sempre e venerò il Concilio Efesino tra i Concili Ecumenici celebrati sotto la guida dello Spirito Santo.»[50]

Ancor più recentemente, Papa Giovanni Paolo II ha insistito che l'eredità di Efeso godette di valore permanente e perpetuo, e fece riferimento alla verità ivi affermata «concernente la Vergine Santa, chiamata all'unica e irripetibile dignità di Madre di Dio, di *Theotokos*.»[51] Il Papa escluse qualsiasi compromesso con l'errore nestoriano: «Proclamando Maria 'Madre di Dio', la Chiesa professa con un'unica espressione la sua fede circa il Figlio e la Madre. Questa unione emerge già nel Concilio di Efeso; con la definizione della divina maternità di Maria, i padri intendevano evidenziare la loro fede nella divinità di Cristo. Nonostante le obbiezioni, antiche e recenti, circa l'opportunità di riconoscere a Maria questo titolo, i cristiani di tutti i tempi, interpretando correttamente il significato di tale maternità, ne hanno fatto un'espressione privilegiata della loro fede nella divinità di Cristo e del loro amore per la Vergine.»[52] La ragione fondamentale

---

[50] Papa PIO IX, Lettera Enciclica *Lux Veritatis*, 27.

[51] Papa GIOVANNI PAOLO II, Lettera Apostolica *A Concilio Costantinopolitano I* (Per il 1600mo anniversario del Primo Concilio di Costantinopoli ed il 1550mo anniversario del Concilio di Efeso), 3.

[52] Papa GIOVANNI PAOLO II, *Discorso all'Udienza Generale* (27

dell'importanza della dottrina della *Theotokos* è che le dottrine cristologiche dipendono da questa. Il dogma della Maternità divina di Maria fu per il Concilio Efesino ed è per la Chiesa come un suggello del dogma dell'incarnazione, nella quale il Verbo assume realmente nell'unità della sua Persona la natura umana senza annullarla.[53] Nella condanna degli errori di Padre Tissa Balasuriya, la Congregazione per la Dottrina della Fede ha anche riaffermato il valore dogmatico della Maternità divina di Maria.[54]

Conseguenze della maternità divina

Un'ulteriore riflessione sulla dottrina di Maria Madre di Dio ebbe luogo durante il corso del Medio Evo. S. Tommaso d'Aquino fece notare che la donna da cui ognuno nasce è chiamata sua madre, poiché lei fornisce la materia per la concezione umana. Pertanto la Beata Vergine Maria, che provvide la materia per la concezione del Figlio di Dio, dovrebbe essere chiamata vera Madre del Figlio di Dio. Per quanto riguarda l'essenza della maternità, l'energia per la quale viene formata la materia fornita dalla donna non entra nella discussione. Colei che

---

novembre 1996), 4.

[53] Vedi Papa GIOVANNI PAOLO II, Lettera Enciclica *Redemptoris Mater*, 4.

[54] Vedi CONGREGAZIONE PER LA DOTTRINA DELLA FEDE, *Notificazione sull'Opera* Mary and Human Liberation *del Padre Tissa Balasuriya, OMI* (2 gennaio 1997): «Sulla base delle affermazioni precedenti l'Autore giunge poi a negare in particolare i dogmi mariani. La maternità divina di Maria, la sua immacolata concezione e verginità, così come la sua corporale assunzione al cielo, non sono riconosciute come verità appartenenti alla Parola di Dio.»

fornì la materia da formarsi per opera dello Spirito Santo non è meno madre di una donna che fornisce la materia da formarsi attraverso l'energia latente nel seme maschile. Se qualcuno insiste nel sostenere che la Beata Vergine non dovrebbe essere chiamata Madre di Dio perché soltanto la carne ha origine da lei ma non la divinità, come pretendeva Nestorio, egli chiaramente non è consapevole di quanto dice. Una donna non è chiamata madre in virtù del fatto che tutto quanto è nel bambino deriva da lei. L'uomo è composto di corpo ed anima; ed un uomo è ciò che è in virtù della sua anima piuttosto che in virtù del suo corpo. Ma nessuna anima umana è derivata dalla madre. L'anima è creata direttamente da Dio. Di conseguenza, proprio come ogni donna è madre per il fatto che il corpo di suo figlio deriva da lei, così la Beata Vergine Maria dovrebbe essere chiamata Madre di Dio se il corpo derivasse da Lei. Comunque, dobbiamo sostenere che è il corpo di Dio, se assunto nell'unità della persona del Figlio di Dio, chi è vero Dio. Pertanto, tutti coloro che ammettono che la natura umana fu assunta dal Figlio di Dio nell'unità della Sua persona, debbono ammettere che la Beata Vergine Maria è Madre di Dio.[55] Nestorio, il quale negò che la persona di Dio e dell'uomo Gesù Cristo facevano unità, fu costretto per necessità logica a negare che la Vergine Maria era la Madre di Dio. Il Dottore Angelico si soffermò anche su come Maria era condizionata dall'essere Madre di Dio, come ciò la elevò del tutto al di sopra di ogni altra creatura umana: «La Beata Vergine Maria in quanto Madre di Dio hanno una certa dignità infinita, derivante dal bene infinito che è Dio.»[56]

---

[55] Vedi S. TOMMASO D'AQUINO, *Compendium Theologiae*, Parte 1, cap. 222.
[56] S. TOMMASO D'AQUINO, *Summa Theologiae*, I, q. 25, a. 6.

Durante la Riforma, persino Lutero, commentando sul *Magnificat*, insistette sull'importanza della divina Maternità di Maria:

> Le grandi cose non sono altro che questo, ch'ella è diventata Madre di Dio; in tale opera le sono dati tanti e sì grandi beni che nessuno li può comprendere. Poiché da ciò le viene ogni onore, ogni beatitudine e, in ogni generazione umana, la sua singolare posizione sopra di tutti, perché nessuno come lei ha avuto dal Padre celeste un bambino e un simile bambino. Ed ella stessa non gli può dare un nome per l'immensa grandezza, e non può fare altro che traboccare d'amore, poiché sono cose grandi che non si possono esprimere né misurare. Perciò con una parola, chiamandola Madre di Dio, si è compreso tutto il suo onore; nessuno può dire di lei e a lei cosa più grande anche se avesse tutte le lingue quante sono le foglie e l'erba, le stelle in cielo e la sabbia del mare. Anche il cuore deve riflettere che cosa signifinchi essere Madre di Dio.[57]

Mentre Lutero aveva già abbandonato la Chiesa quando scrisse ciò, più tardi cominciò ad obbiettare contro ogni onore speciale tributato a Maria. Egli la chiamava ancora Madre di Dio, ma soltanto «perché noi non possiamo essere madri di Dio; altrimenti lei è allo stesso nostro livello.»[58] La storia del Protestantesimo mostrò che mentre non vi era nessun diniego esplicito della divina Maternità, tutte le implicazioni e conseguenze della dottrina non furono accette o sviluppate. In altre parole, la mancanza di

---

[57] M. LUTHER, *Die Erklärung des Magnificat* in M. Luther, *Martin Luthers Werke* (Weimar: Böhlau), Vol. 7, p. 546.

[58] M. LUTHER, *Martin Luthers Werke* (Weimar: Böhlau), Vol. 10, parte 3, p. 316.

una dovuta venerazione offerta alla Madre di Dio determinò una diminuzione progressiva della dottrina sino a quando fu posta in discussione la vera e propria divinità di Cristo stesso.[59]

Nelle parole di John Henry Newman non vi fu tale insicurezza circa la dottrina della Maternità Divina: «È dunque parte integrante della Fede stabilita dal Concilio Ecumenico,... che la Beata Vergine è Theotokos, ...o Madre di Dio; e tale parola, quando così usata, porta con essa né mescolanza di retorica, né macchia di affetto stravagante; non ha altro che un ben soppesato, solenne e dogmatico senso, che corrisponde ed è adeguato al suo senso.»[60] Newman riecheggiò l'idea di S. Tommaso nel far notare che Dio è suo Figlio, tanto veramente quanto ognuno di noi è figlio di sua madre. Pertanto, aggiunge Newman, cosa si può dire di ogni creatura che non possa essere detto di lei? Cosa si può esagerare, cosicché non comprometta gli attributi del Creatore? Dio potrebbe aver davvero creato una creatura più perfetta e più ammirabile di quanto lo sia lei. Egli potrebbe aver dotato quell'essere, così creato, di un più ricco dono di grazie, di potere, di beatitudine: ma in qualcosa ella sorpassa tutte le creazioni possibili, cioè che ella è Madre del Creatore.[61] Newman energicamente fa della professione della *Theotokos* una prova per il discernimento degli spiriti: «La confessione che Maria è *Deipara*, o la Madre di Dio, è quella salvaguardia con cui noi sigilliamo e assicuriamo la dottrina degli Apostoli da ogni evasione, e quella prova dove rileviamo tutte le

---

[59] Questa negazione apparve in libri come J. HICK, *The Myth of God Incarnate* (London: SCM, 1977).

[60] J.H. NEWMAN, *The Mother of God* con una introduzione e note di S.L. JAKI (Pinckney, MI: Real View Books, 2003), pp. 55-56.

[61] *Ibid.*.

pretese di quegli spiriti cattivi di Anticristo che sono andati in giro per il mondo. Questi dichiara che Egli è Dio; questi implica che Egli è uomo; questi ci suggerisce che Egli è Dio impassibile, benché Egli divenuto uomo, e che Egli sia vero uomo benché Dio.»[62]

Anche nel diciannovesimo secolo Scheeben discusse la teologia della Maternità divina, che egli considerò nei termini di una relazione con il Verbo di Dio. La Maternità divina è il segno distintivo della persona di Maria, ed è più di un semplice privilegio o ufficio conferitole da Dio. Piuttosto essa implica il più alto servizio che una creatura possa offrire al suo Creatore. In unione coll'Eterno Padre, ella concepisce Suo Figlio nel suo grembo. Il Figlio fa di sé stesso un dono perfetto a Maria, dando sé stesso per essere suo Figlio, rivestendosi della sua carne nel suo grembo.[63] Scheeben ascrive alla divina maternità di Maria una qualità ontologica quando scrive che Maria possiede il Verbo che offre sé stesso a lei quale Figlio suo, e «forma con lei un'unità organica», in cui Maria è la sua più intima socia e aiuto nella più intima e permanente comunità di vita.[64] Maria è Sposa e Madre del Verbo: Sposa perché lei è Madre e Madre perché Sposa. Questi due aspetti sono indissolubilmente associati in Maria, e presi insieme costituiscono il marchio soprannaturale della persona di Maria.[65] La maternità sponsale di Maria non è una relazione meramente accidentale o morale; è piuttosto un

---

[62] J. H. NEWMAN, «The Glories of Mary for the Sake of her Son», in *Discourses Addressed to Mixed Congregations*, (London: Longmans, 1892), p. 347-348.

[63] Vedi M. J. SCHEEBEN, *Handbuch der katholischen Dogmatik*, vol. 3 (Freiburg in Breisgau: 1882), nn. 1589-1590.

[64] *Ibid.*, n. 1588.

[65] *Ibid.*, n. 1597.

«segno distintivo ipostatico, sostanziale o essenziale della persona di Maria, dovuto alla sua unione spirituale con il Verbo dimorante in lei con cui lei è formata in una unità organica.[66] La persona divina di Cristo diviene «cresciuta insieme con lei» quale frutto con la sua radice, e dimora corporalmente in lei. Maria è dotata di questa grazia sostanziale sin dall'inizio della sua esistenza, rendendola sempre la sposa della Persona del Verbo, cosicché tale relazione alla sua Persona plasma tutto il suo essere, elevandolo all'ordine ipostatico.

Queste considerazioni della base ontologica per la Maternità divina presuppongono che l'essere di Maria quale Madre di Dio preceda la sua attività come discepola di Cristo. In Maria sia l'essere che l'operare sono importanti, ma come altrove nella teologia, è l'essere che costituisce la base dell'agire (*agere sequitur esse*). Pertanto, bisogna sollevare una questione circa i tentativi recenti di impiegare uno dei sermoni di S. Agostino per pretendere che il discepolato di Maria sia più importante della sua maternità divina: «Non fece forse la volontà del Padre la vergine Maria, la quale per la fede credette, per la fede concepì, fu scelta perché da lei la salvezza nascesse per noi tra gli uomini, e fu creata da Cristo prima che Cristo fosse creato nel suo seno? Santa Maria fece la volontà del Padre e la fece interamente; e perciò vale di più per Maria essere stata discepola di Cristo anziché madre di Cristo; vale di più, è una prerogativa più felice essere stata discepola anziché madre di Cristo.... Custodì la verità nella mente più che la carne nel ventre. La verità è Cristo, la carne è Cristo: Cristo verità nella mente di Maria, Cristo carne nel ventre di Maria; vale di più ciò che è nella mente anziché ciò che si porta nel ventre.»[67] Tali tentativi, se non un

---

[66] *Ibid.*, nn. 1602, 1591.

atteggiamento proprio di S. Agostino, sono un'esagerazione della teologia occidentale che sopravvaluta l'azione a discapito dell'essere. S. Tommaso d'Aquino interpreta rettamente il passaggio di S. Agostino collocandolo nel contesto in cui Maria deve essere a conoscenza d'essere la Madre di Dio, cioè il mistero deve esserle stato annunciato. Il Dottore Angelico fa notare che era opportuno che alla Beata Vergine fosse annunziato il concepimento di Cristo. Primo, per salvare il debito ordine nell'unione del Figlio di Dio con la Vergine: in modo cioè che essa prima di concepirlo nella carne lo concepisse nella mente. Per cui S. Agostino dichiara: «È più beata Maria nel ricevere la fede di Cristo che nel concepire la carne di Cristo».»[68] Tutto lo scopo dell'idea di Agostino è quella di estendere la nostra relazione con Cristo oltre i legami

---

[67] S. AGOSTINO, *Sermo* 25 (72A), 7-8 in *PL* 46, 937-938. Un'idea simile la si può ritrovare in Idem, *De sancta virginitate*, 3 in *PL* 40, 397-398 : «Ci insegnava a ritenere beata la gente, non per i vincoli di parentela o di sangue che vanta con persone giuste e sante, ma perché, attraverso l'obbedienza e l'imitazione, si adeguano al loro insegnamento e alla loro condotta. Proprio come Maria, la quale, se fu beata per aver concepito il corpo di Cristo, lo fu maggiormente per aver accettato la fede nel Cristo. A quel tale, infatti, che aveva esclamato: «Beato il grembo che ti ha portato!», il Signore replicò: «Beati sono, piuttosto, coloro che ascoltano la parola di Dio e la osservano» (Lc 11, 27-28). Si sa di certi fratelli di Gesù (cioè suoi parenti di famiglia), che non credettero in lui. A costoro cosa giovò la parentela che li univa a Cristo? E così anche per Maria: di nessun valore sarebbe stata per lei la stessa divina maternità, se lei il Cristo non l'avesse portato nel cuore, con una sorte più fortunata di quando lo concepì nella carne.»

[68] Vedi S. TOMMASO D'AQUINO, *Summa Theologiae* III, q. 30, a. 1.Vedi anche S. AGOSTINO, *De sancta virginitate*, 3.

familiari di carne e sangue. Comunque, il suo uso iperbolico del linguaggio non dovrebbe essere preso per sminuire l'importanza della dottrina della *Theotokos* da basarsi anche sull'aspetto fisico della maternità di Maria in una prospettiva realista. Un'altra conseguenza della natura ontologica della maternità divina di Maria è che la sua eccellenza sorpassa di natura sua quella degli angeli e dei santi. In quel modo ella è considerata regina degli angeli e regina dei santi, poiché ella trascende l'altezza degli angeli e la grandezza dei santi.

Trattando della maternità di Maria nei riguardi di Gesù non si può evitare di porsi allora questo problema: la Vergine Maria era sin dall'inizio cosciente della divinità del bambino da lei concepito e da lei nato? Secondo alcuni autori Maria Santissima era cosciente che quel bambino era il Messia, e anche il Figlio di Dio, intendendo però l'espressione «Figlio di Dio» nel senso di una figliolanza secondo la grazia e l'elezione, com'era nell'uso abituale dell'Antico Testamento. Per esempio, Romano Guardini, mantiene: «Durante la vita terrena di Gesù Maria non ha ancora riconosciuto in lui il Figlio di Dio nel senso totale della rivelazione cristiana. Prendere parte coscientemente alla vita di un tale essere sarebbe stato al di sopra delle sue forze». Così la pensano anche altri autori, come J. Galot. Diversa è invece l'opinione di R. Laurentin, S. Lyonnet e altri. Il ragionamento di questi autori si basa sia su motivi esegetici, sia su motivi teologici. I motivi esegetici li troviamo nelle parole dell'Angelo, nel saluto di Elisabetta e nelle altre circostanze dove Maria poteva intuire che quel Bambino da lei concepito era di natura divina. E ciò tenuto conto soprattutto della ricchezza di grazia di cui Maria era ricolma, e quindi della presenza in lei dei doni dello Spirito Santo, in particolare di quelli riguardanti la conoscenza soprannaturale, come i doni della sapienza, dell'intelletto e della scienza. Maria Santissima quindi non soltanto conosceva bene la Bibbia, ma ne coglieva il senso profondo attraverso la sua illuminazione interiore. Il motivo teologico è che una maternità che sia veramente umana esige di essere consapevole e cosciente. Se Maria non avesse saputo che il suo bambino era veramente Dio, essa sarebbe stata Madre di Dio in senso puramente biologico, non in senso pienamente umano. Per usare il linguaggio filosofico, sarebbe stata Madre di Dio materialmente, non formalmente (*materialiter, non formaliter*).

S. Luigi Grignon di Montfort deduce gli aspetti Trinitari della dottrina di Maria, Madre di Dio. Egli accennò al fatto che, in un certo senso, Maria condivide la paternità del Padre: «Dio Padre ha comunicato a Maria la propria fecondità, per quanto ne era capace una semplice creatura, per darle il potere di generare il Figlio suo e tutte le membra del suo corpo mistico.»[69] Tale idea doveva essere ulteriormente sviluppata da teologi posteriori. Montfort indicò come Cristo fu Figlio di Maria: «Dio Figlio è disceso nel grembo della Vergine, come nuovo Adamo nel paradiso terrestre, per compiacersi in esso ed operarvi in segreto meraviglie di grazia.»[70] La Maternità di Maria, comunque, non ebbe termine con il mistero dell'Incarnazione, ma continuò durante la vita terrena di Cristo. Cristo glorificò la sua indipendenza e la sua maestà nel dipendere da Sua Madre nella Sua concezione, nella Sua nascita, nella Sua presentazione al tempio, e durante i trent'anni della Sua vita nascosta. Perfino alla Sua morte ella dovette essere presente cosicché egli potesse essere

---

[69] S. Luigi Grignon da Montfort, *Trattato della Vera devozione alla Madonna*, 17.
[70] *Ibid.*, 18.

unito a lei in un unico sacrificio ed essere immolato col suo consenso all'eterno Padre, proprio come precedentemente Isacco fu offerto in sacrificio da Abramo quando egli accettò la volontà di Dio. «Da lei [Maria] fu allattato, nutrito, cresciuto, educato e sacrificato per noi.»[71] La partecipazione materna di Maria al sacrificio di suo Figlio forma la base della dottrina di Maria quale Corredentrice.[72] Inoltre Montfort mostrò come Maria è la sposa dello Spirito Santo: «Lo Spirito Santo, che... non dà origine ad un'altra persona divina, è divenuto fecondo per mezzo di Maria da lui sposata. Con lei, in lei e da lei Egli ha realizzato il suo capolavoro, che è un Dio fatto uomo, e tutti i giorni, sino alla fine del mondo, dà vita ai predestinati e alle membra del corpo di questo Capo adorabile. Perciò, quanto più lo Spirito Santo trova Maria, sua cara e indissolubile Sposa, in un'anima, tanto più diviene operoso e potente per formare Gesù Cristo in quest'anima e quest'anima in Gesù Cristo.»[73]

---

[71] *Ibid.*

[72] Vedi capitolo 7, pp. 241-272 sotto per un'elaborazione dell'argomento.

[73] S. LUIGI GRIGNON DA MONTFORT, *Trattato della Vera devozione alla Madonna*, 20. Comunque il Montfort chiarisce la sua posizione su Maria Sposa della Spirito Santo nel n. 21 aggiungendo: «Non si vuol dire con questo che la Vergine Maria dia allo Spirito Santo la fecondità, come se non l'avesse. Essendo Dio anch'egli come il Padre e il Figlio, ha la fecondità, ossia la capacità di generare quantunque non la riduca in atto, dal momento che non dà origine ad altra persona divina. Si vuole soltanto dire che lo Spirito Santo, tramite la Vergine Maria, di cui ama servirsi pur senza averne assolutamente bisogno, traduce in atto la propria fecondità, producendo in lei e per mezzo di lei Gesù Cristo e le sue membra.»

La Divina Maternità di Maria mette lei in speciale relazione con Dio Padre, in una partecipazione formale alla fecondità della Sua natura. Questo tema teologico affonda le sue radici nella teologia del XVII secolo.[74] Comunque, i teologi hanno dato maggior rilievo a tale questione soltanto nel XX secolo. Questa relazione speciale fra la Madre e la prima Persona della SS. Trinità deriva dal fatto che le generazioni divine e umane terminano nell'unica e medesima Persona di Cristo. È l'unica Persona che è in relazione come Figlio a Dio Padre e alla Vergine Maria. Come Cristo è l'unigenito dell'Uno, così Egli è l'unigenito dell'altra. Dal momento che la processione del Figlio dal Padre è un'azione eterna, si potrebbe supporre che al misterioso momento dell'Incarnazione, le due generazioni coincisero, e Maria generò suo Figlio mentre Egli veniva generato dal Padre.[75] Inoltre, ogni relazione al Figlio eterno rispetto alla generazione è propria esclusivamente all'Eterno Padre. Pertanto si può godere di questa relazione al Figlio soltanto attraverso una partecipazione a ciò che è proprio del Padre. Così, dunque, Maria partecipa della fecondità del Padre. Bisogna sottolineare che questo è un dono del Padre, che porta con sé il dono del Figlio, che dona formalmente Sé stesso come Figlio. La sola ragione per cui il Figlio di Dio potrebbe essere il Figlio di Maria è proprio perché il suo proprio essere personale è di essere Figlio. Inoltre, anche lo Spirito Santo dona Sé stesso secondo la Sua funzione personale, realizzando in Maria la

---

[74] Vedi S. DE SAAVEDRA, *Sacra Deipara, seu de eminentissima dignitate Deigenitricis immaculatissimae* (Lugduni: 1655), vest. 1, nn. 460-475.

[75] Vedi J. J. MCGREEVY, «Divine Maternity» in K. MCNAMARA (ed), *Mother of the Redeemer. Aspects of Doctrine and Devotion* (Dublin: Gill and Son Ltd., 1959), pp. 75-76.

fecondità del Padre e la filiazione del Figlio. In tal modo, la dimensione Trinitaria della divina Maternità di Maria è espressa allo stesso tempo rispettando la verità teologica per cui la comunicazione del Padre a Maria implica necessariamente la comunicazione delle altre Persone divine. In questo modo si salvaguarda la dottrina che tutte le attività *ad extra* di Dio sono comuni alle tre Persone, e si conserva anche la condizione creaturale della Beata Vergine.[76] Lungo tali linee, se si sostiene che la Maternità divina è la più perfetta assimilazione creata possibile alla Paternità divina, ciò sembra indicare che la Maternità divina di Maria è necessariamente una maternità verginale. Da questa prospettiva, il seguente capitolo ha esaminato una parte dell'arco che costituisce la dottrina di Maria, Vergine e Madre. Il capitolo seguente scoprirà l'altra parte.

---

[76] Vedi LATERANENSE IV, *Simbolo del Laterano* in ND 19 e il CONCILIO DI FIRENZE, *Decreto per i Copti* in ND 326, dove si afferma: «Il Padre e il Figlio e lo Spirito Santo non sono tre principi della creazione, ma un solo principio.»

6

Sempre Vergine

Maria fu Vergine nel concepirlo, Vergine nel generarlo, Vergine nel portarlo in grembo, Vergine dopo averlo partorito, Vergine per sempre..

S. Agostino, Discorso 186.

Di solito nelle Scritture, l'avvenimento di nascite miracolose presagiva una speciale missione divina per il bimbo nato in tali circostanze, come Abramo, Sansone e Giovanni Battista. Comunque, questi erano casi di madri sterili o anziane alle quali veniva concesso il dono miracoloso della fertilità. È pertanto del tutto conveniente che la venuta di Cristo Salvatore debba trascendere del tutto l'nascita di coloro che in qualche modo lo prefigurarono. Il dono della fertilità per le finora sterili madri non fu altro che una pallida prefigurazione del dono della fruttuosa Verginità concessa a Maria, Madre di Dio. La concezione verginale è indicativa anche della natura completamente gratuita dell'Incarnazione redentiva di Cristo. Essa è portata a compimento senza l'aiuto di agenti umani; cosa che può avvenire soltanto perché Dio ha scelto di intervenire liberamente.

Anzitutto per una feconda riflessione teologica sulla verginità di Maria è indispensabile assumere un corretto punto di partenza. Infatti nella complessità dei suoi aspetti, la questione della verginità di Maria non può essere trattata adeguatamente partendo dalla sola persona di lei, dalla cultura del suo popolo e dai condizionamenti sociali della sua epoca. Già i padri della Chiesa percepirono con chiarezza che la verginità di Maria prima di costituire una «questione mariologica» è un «tema cristologico».[1] Il teologo deve avvicinarsi al mistero della verginità feconda di Maria con un profondo senso di venerazione nei confronti dell'agire libero, santo, sovrano di Dio. Percorrendo le pagine dei santi padri e i testi liturgici si osserva che pochi misteri salvifici hanno suscitato tanto stupore, ammirazione e lode quanto l'incarnazione del Verbo di Dio nel grembo verginale di Maria.

Il Papa Giovanni Paolo II ha indicato «quando la riflessione teologica diventa momento dossologico e latreutico, il mistero della verginità di Maria si dischiude lasciando intravedere altri aspetti e altre profondità.»[2] Per esempio, nella riflessione adorante sul mistero dell'incarnazione del Verbo, è stato individuato un rapporto particolarmente importante tra l'inizio e la fine della vita terrena di Cristo, vale a dire tra la concezione verginale e la risurrezione dai morti, due verità che si

---

[1] Si veda Papa GIOVANNI PAOLO II, *Discorso ai partecipanti al Convegno Internazionale di studi per il XVI Centenario del Concilio di Capua* (24 maggio 1992), 3.

[2] *Ibid.*, 4.

riallacciano strettamente alla fede nella divinità di Gesù.³ Queste verità appartengono al deposito della fede, sono professate da tutta la Chiesa ed espressamente enunciate nei Simboli della fede. La storia dimostra che dubbi o incertezze sull'una si ripercuotono inevitabilmente sull'altra, come, al contrario, l'umile e forte adesione a una di esse favorisce l'accoglimento cordiale dell'altra. Di fatto alcuni Padri della Chiesa stabiliscono un significativo parallelismo tra la generazione di Cristo «*ex intacta Virgine* e la sua risurrezione *ex intacto sepulcro*».⁴ In particolare, due testimonianze antichissime di Sant'Ireneo e di San Pier Crisologo mettono in stretta relazione la Nascita verginale di Cristo e la sua gloriosa Risurrezione.⁵

Benché la maternità della Beata Vergine e la sua verginità siano trattate in capitoli separati, esse sono

---

³ Cfr. *ibid.*, 5.

⁴ Cf. S. Efrem, *Commentarium in Diatesseron* 21, 21 in *CSCO* 145, 232; S. Isodoro Pelusiota, *Epistula* I, 404 in *PG* 78, 408; S. Proclo di Constantinopoli, *Homilia*, 33; S. Pietro Crisologo, *Sermo* 84, 3 in *CCL* 24A, p. 518; S. Cesario di Arles, *Sermo* 203, 2 in *CCL* 104, p. 818.

⁵ Sant'Ireneo scrisse: «David eam quae est ex Virgine generationem et eam quae est ex mortuis resurrectionem prophetans ait: 'Veritas de terra orta est'» (*Adversus haereses*, III, 5, 1 in *SC* 211, pp. 52–54). Il secondo testo, di San Pier Crisologo, afferma: «Venit Maria ad monumentum, venit ad resurrectionis uterum, venit ad vitae partum, ut iterum Christus ex sepulcro nasceretur fidei, qui carnis fuerat generatus ex ventre; et eum, quem clausa virginitas vitam pertulerat ad praesentem, clausum sepulcrum ad vitam redderet sempiternam. Divinitatis insigne est clausam virginem reliquisse post partum; de sepulcro clauso exisse cum corpore, est divinitatis insigne.» (*Sermo* 75, 3 in *CCL* 24A, p. 460).

realmente parte del medesimo ed unico mistero della Maternità verginale. Quando si considera questo mistero della Beata Vergine, così intimamente unito alla sua maternità e all'incarnazione di Cristo, è divenuto d'uso distinguere fra la verginità della mente o dello spirito (*virginitas mentis*), la verginità dei sensi (*virginitas sensus*) e la verginità del corpo (*virginitas corporis*). Nel fare tali distinzioni, dovremmo ricordare che nella teologia è utile distinguere per poi unire, analizzare per poi sintetizzare. La distinzione è fatta per gettare luce sul mistero della verginità di Maria nella sua totalità, ricordando che ogni aspetto è importante nella prospettiva realista che quest'opera si propone. In particolare, recenti tentativi di esagerare l'aspetto spirituale della verginità di Maria a discapito dell'aspetto fisico potrebbero mettere a rischio la vera dottrina riguardante il grande privilegio di Maria. La verginità della mente è la determinazione della Beata Vergine ad astenersi da ogni pensiero, parola o azione contrari alla perfetta castità. La considerazione del voto di castità fatto dalla Beata Vergine verrebbe classificata con questo titolo. La verginità dei sensi descrive la totale libertà della Beata Vergine da movimenti disordinati della carne ed è inclusa nella sua libertà dalla concupiscenza.[6] La verginità del corpo si riferisce allo stato verginale del corpo della Beata Vergine, che esclude ogni danno o violazione degli organi di riproduzione, e ogni esperienza di piacere venereo.[7]

La verginità corporea della Beata Vergine è ulteriormente elaborata quale verginità prima del parto di Cristo, durante il parto e dopo la Sua nascita (*virginitas ante partum, in partu* e *post partum*). La dottrina della verginità

---

[6] Ciò è stato già elucidato nel capitolo 4, pp. 120–123 sopra.
[7] Vedi B. H. MERKELBACH, *Mariologia* (Paris: 1939), p. 216.

ante partum insegna la totale assenza di relazioni coniugali fra la Beata Vergine e S. Giuseppe e pertanto afferma la concezione verginale. La *virginitas in partu* include la non rottura dell'imene al momento della nascita, che ha luogo senza alcuna apertura delle membrane o danno al corpo della Beata Vergine e senza pena. Tale descrizione della *virginitas in partu* comporta una nascita miracolosa, durante la quale Cristo passò dal grembo di Sua Madre, come più tardi passerà attraverso il sepolcro chiuso. Allo stesso tempo essa fu una nascita vera. L'insegnamento riguardante la *virginitas post partum* esclude le relazioni maritali e così la generazione di altri figli dopo la nascita di Cristo. Prese insieme queste verità costituiscono la perpetua verginità della Beata Vergine Maria. Spesso la teologia patristica occidentale tese a focalizzarsi sulla verginità di Maria nei termini del suo valore esemplare, come rinvenuto in un'affermazione di S. Ambrogio: «La vita di Maria dovrebbe essere per te un'immagine pittorica di verginità. La sua vita è come uno specchio che riflette il volto della castità e la forma della virtù. Dentro vi puoi trovare un modello per la tua propria vita, che mostra in cosa migliorare, cosa imitare, di cosa prendersi molta cura.»[8] Nella cristianità orientale fu enfatizzato il significato cristologico di questa verità, come spiega S. Gregorio di Nissa: «Era conveniente che Egli il quale divenne uomo per dare a tutti gli uomini incorruzione dovesse cominciare la vita umana da una Madre incorrotta; gli uomini infatti sono abituati a chiamarla incorrotta colei che è nubile.»[9]

---

[8] S. AMBROGIO, *De virginibus* 2,2,6 in *PL* 16, 208.
[9] S. GREGORIO DI NISSA, *In diem natalem Christi* in *PG* 46, 1135–1136.

La verginità prima del parto di Cristo

Una lunga tradizione indica che la Beata Vergine, sin da giovane, aveva fatto un voto di verginità. Maria rivolge una domanda all'Angelo che le risponde circa la concezione e nascita di Gesù: «Come è possibile? Non conosco uomo» (Lc 1,34). La questione allude chiaramente al rapporto sessuale di persone sposate, dal momento che «la conoscenza» in tale contesto è una rispettosa espressione semitica per l'amore fisico. A prima vista, le parole di Maria sembrerebbero esprimere soltanto il suo stato presente di verginità: Maria affermerebbe che lei non «conosce» uomo, cioè, ella è una vergine. Ciò nonostante, il contesto in cui la questione è posta: «come è possibile?» e l'affermazione che segue: «non conosco uomo», enfatizza sia il presente stato verginale di Maria che la sua intenzione di rimanere vergine. In effetti, nella sua questione, Maria non guardava al passato, come per dire «poiché sinora non ho conosciuto uomo.» Se fosse stato questo il caso, S. Luca avrebbe usato il passato (aoristo: *ouk egnon*) invece del semplice presente (*ouk gignosco*), che include l'intenzione di non far uso della relazione coniugale anche nel futuro. L'espressione che ella adopera, con il verbo al presente, rivela la permanenza e la continuità del suo stato. In tal modo la domanda di Maria separa del tutto la sua situazione da ogni resoconto biblico che riporta l'annuncio di una nascita straordinaria ad una donna senza figlio. Quei casi riguardavano donne sposate naturalmente sterili, alle quali Dio fece dono del figlio attraverso la loro normale vita coniugale (1 Sam 1,19–20), in risposta alle loro angosciose preghiere (cfr. Gn 15,2; 30,22–23; 1 Sam 1,10; Lc 1,13). Maria riceve il messaggio dell'angelo in un contesto diverso. Ella non è una donna sposata con problemi di sterilità; ella, piuttosto, intende rimanere vergine in forza di una sua propria scelta ispirata. Pertanto la sua intenzione di verginità, frutto del suo amore per il Signore, appare come un ostacolo alla maternità annunciatale.

Le parole ed intenzioni di Maria appaiono improbabili ad alcuni, dal momento che nel mondo giudaico la verginità non era considerata né un valore né un ideale da perseguirsi.[10] Molti scritti veterotestamentari confermano ciò in numerosi episodi ben noti. Nel libro dei Giudici, ad esempio, la figlia di Iefta che, dovendo affrontare la morte mentre ancora giovane e non sposata, deplora la sua verginità, cioè, lei lamenta che non è stata capace di sposarsi (Gdc 11,38). Il matrimonio, inoltre, in virtù del comando divino, «Siate fecondi e moltiplicatevi» (Gn 1,28), è considerato la vocazione naturale di una donna la quale implica le gioie e le sofferenze che vanno con la maternità. Tuttavia, storicamente, durante il periodo in cui maturò la decisione della Beata Vergine, iniziò ad apparire in alcuni ambienti giudaici un certo atteggiamento positivo verso la verginità. Ad esempio, gli Esseni, dei quali sono state ritrovate numerose ed importanti testimonianze storiche a

---

[10] In effetti alcuni studiosi, mentre non negano la possibilità di un voto sotto l'ispirazione dello Spirito Santo, nondimeno negano il fatto, pur pretendendo di credere alla dottrina cattolica sulla verginità di Maria. Quale esempio si veda K. RAHNER, «Le principe fondamentale de la théologie Mariale» in *Recherches de Sciences Religieuses* 44 (1954), p. 517, nota 73. Anche M. SCHMAUS, «Mariology» in K. RAHNER (ed.), *Encyclopaedia of Theology* (The Concise Sacramentum Mundi) (New York: The Seabury Press, 1975), p. 895, il quale si sbilancia a dire che «molti teologi ora sostengono che Maria si decise per una vita di verginità soltanto al momento dell'Annunciazione.»

Qumran, vivevano nel celibato o limitavano l'uso del matrimonio, a motivo della vita comune e della ricerca di una maggiore intimità con Dio.[11] Non sembra che Maria sia venuta a conoscenza di questi gruppi religiosi giudaici che praticavano l'ideale del celibato e della verginità. Ma il fatto che Giovanni Battista vivesse probabilmente una vita celibataria, e che nella comunità dei suoi discepoli questa fosse tenuta in alta considerazione, potrebbe far supporre che anche il proposito verginale di Maria rientri in tale nuovo contesto culturale e religioso. Ciò nondimeno, il caso straordinario della Vergine di Nazaret non può essere completamente ridotto alla mentalità della sua cultura, eliminando così l'unicità del mistero che ebbe luogo in lei. Sin dall'inizio della sua vita, Maria ricevette una grazia meravigliosa, riconosciuta dall'angelo al momento dell'annunciazione nell'esclamazione «Ti saluto, o piena di grazia» (Lc 1,28). Maria fu arricchita di una perfezione di santità che, secondo l'interpretazione della Chiesa, risale al primissimo istante della sua esistenza: il singolare privilegio dell'Immacolata Concezione influenzò l'intero sviluppo della vita spirituale della giovane donna di Nazaret. Ripiena dell'eccezionale dono del Signore sin dall'inizio della sua vita, Maria fu orientata al totale dono di sé, corpo e anima, a Dio, nell'offerta di sé stessa come vergine.

---

[11] S. LYONNET, *Le récit de l'annonciation et la maternité divine de la Sainte Vierge* (Rome: Pontificio Istituto Biblico, 1954), p. 7. Inoltre, in Egitto, esisteva una comunità di donne che, in collegamento con la spiritualità essena, osservavano la continenza. Tali donne, le Terapeute, appartenenti a una setta descritta da Filone Alessandrino (*De Vita Contemplativa*, 21-90), si dedicavano alla contemplazione e ricercavano la sapienza.

La tradizione ha sostenuto a lungo che la consacrazione verginale di Maria a Dio ebbe luogo alla sua presentazione al tempio. Secondo Esodo 13,2 e 13,12, tutti i maschi ebrei primogeniti dovevano essere presentati al Tempio. Questa legge avrebbe portato dei pii parenti giudei ad osservare lo stesso rito religioso a riguardo dei loro figli preferiti. Ciò ci porta a pensare che Gioacchino ed Anna presentarono la loro figlia Maria al Tempio. La tradizione del voto di verginità di Maria al Tempio fu espressa per la prima volta da S. Agostino.[12] Alcuni dei Padri, come S. Gregorio di Nissa e S. Germano di Costantinopoli, affermano che Gioacchino ed Anna, fedeli ad un voto da loro formulato, presentarono la loro figlia Maria al Tempio quando ella ebbe tre anni; che la bimba salì i gradini del tempio da sé stessa, e che ella formulò il suo voto di verginità in tale occasione.[13] S. Tommaso d'Aquino scrisse che Maria aveva almeno desiderato fare un voto di verginità prima di andare in sposa a Giuseppe, e in seguito fece tale voto.[14]

---

[12] Vedi S. AGOSTINO, *De sancta virginitate* 4 in *PL* 40, 398: «Già prima d'essere concepito volle scegliersi, per nascere, una vergine consacrata a Dio, come indicano le parole con le quali Maria replicò all'Angelo che le annunziava l'imminente maternità. Come potrà accadere una tal cosa - disse - se io non conosco uomo? E certo non si sarebbe espressa in tal modo se prima non avesse consacrato a Dio la sua verginità.» Vedi IDEM, *Sermo* 225, 2 e *Sermo* 291, 5 in *PL* 38, 1097, 1318.

[13] Vedi S. GREGORIO DI NISSA, *In diem natalem Christi* in *PG* 46, 1140f., e S. Germano di Costantinopoli, *Oratio IV. In praesentatione Sanctissimae Deiparae* in *PG* 98, 313.

[14] Vedi S. TOMMASO D'AQUINO, *Summa Theologiae*, III, q. 28, a. 4: «Era perciò conveniente che la sua verginità fosse consacrata a Dio con un voto. Però, siccome sotto la legge tanto le donne quanto gli uomini dovevano attendere alla procreazione, perché con essa si propagava il culto di Dio prima che da quel

Papa Giovanni Paolo II ha riaffermato di recente la tradizione di un voto di verginità fatto in tenera età dalla Beata Vergine.[15]

La concezione verginale di Cristo

I resoconti dei Vangeli (Mt 1,18–25; Lc 1,26–38) insegnano la concezione verginale di Gesù quale opera divina che sorpassa ogni umana comprensione e possibilità. L'angelo annunciò a Giuseppe a riguardo di Maria sua promessa sposa: «...quel che è generato in lei viene dallo Spirito Santo.» (Mt 1,20). Questo è l'adempimento della promessa divina fatta attraverso il profeta Isaia: «La giovane donna è col bambino e darà alla luce un figlio che chiamerà Emmanuele.» Questa è la versione del testo ebraico, dove la parola ebraica tradotta con «giovane donna» è 'almâh. Nella versione greca della Settanta, l'ebraico 'almâh è tradotto con «vergine», che è corretto perché il contesto immediato del passaggio è un segno straordinario, che non sarebbe credibile a meno che la giovane donna fosse anche vergine. Il fatto che Isaia 7,14 è profeticamente legato a Matteo 1,23, rinforza ulteriormente la lettura «vergine» per l'ebraico 'almâh, per rendere: «Ecco: la vergine concepirà e partorirà un figlio» (Is 7,14).[16]

---

popolo nascesse Cristo, non è pensabile che la Madre di Dio, prima di fidanzarsi con Giuseppe, abbia fatto il voto di verginità in modo assoluto, sebbene desiderasse la verginità; ma su questo punto rimise la sua volontà all'arbitrio divino. In seguito poi, dopo aver preso marito come esigevano gli usi del tempo, insieme con lui emise il voto di verginità.»

[15] Vedi Papa GIOVANNI PAOLO II, *Discorso all'Udienza Generale* (24 luglio 1996).
[16] Vedi capitolo 2, pp. 49–53 e capitolo 3, pp. 65–67, 73 sopra.

La concezione verginale di Cristo dalla Beata Vergine deve essere attentamente distinta da una anormalità della natura, o da qualche tipo di riproduzione asessuale. Così essa esclude ogni ipotesi razionalista di partenogenesi naturale e rigetta i tentativi di spiegare il resoconto di Luca (Lc 1,26–38) come uno sviluppo di un tema giudeo o quale derivazione da una leggenda mitologica pagana.[17] Invece, la verginità e la maternità della Beata Vergine implicano un dono soprannaturale, *il* Dono Soprannaturale, suo Figlio. Nell'episodio dell'annunciazione, l'evangelista S. Luca chiama Maria una «vergine», facendo riferimento sia alla sua intenzione di preservare la sua verginità, come pure al piano divino di riconciliare tale intenzione con la sua maternità miracolosa. L'affermazione della verginità verginale è inseparabilmente legata all'azione dello Spirito Santo, e così la struttura del testo lucano resiste ad ogni interpretazione riduttiva. La sua coerenza non permette di sostenere validamente mutilazioni dei termini o delle espressioni che affermano il concepimento verginale operato dallo Spirito Santo. La concezione del Figlio divino di Maria fu operata da intervento divino, e così la verginità di Maria è strettamente connessa con l'integra dottrina circa Cristo, Dio fatto uomo. In effetti, dove si negano questi o quegli aspetti della verginità di Maria, ne segue anche una corrispondente tendenza a negare la divinità di

---

[17] Vedi Papa GIOVANNI PAOLO II, *Discorso all'Udienza Generale* (10 luglio 1996), 1. La partenogenesi biologica naturale è stata osservata in molti animali inferiori, specialmente insetti quali gli afidi. In molti insetti sociali, come l'ape da miele e la formica, la partenogenesi dà origine a dei fuchi, mentre le uova fertilizzate producono femmine operaie e regine. La partenogenesi è stata indotta anche artificialmente in rane e serpenti, benché piuttosto spesso si risolva in uno sviluppo anormale.

Cristo. Tale diniego ha avuto luogo di solito nel protestantesimo liberale, nel razionalismo e nel modernismo.

Nel primo capitolo del Vangelo di S. Giovanni vi è anche un'indicazione della concezione verginale di Gesù.[18] Nella Chiesa dei primi secoli la lettura al singolare di Giovanni 1,12–13 era molto comune, come si conserva nella *Bible de Jérusalem*: «A quanti però l'hanno accolto, ha dato potere di diventare figli di Dio: a coloro che credono nel nome di Lui, il quale non da sangue, né da volere di carne, né da volere di uomo, ma da Dio è stato generato.» L'attuale lettura, così come proposta dalla Bibbia della CEI è: «A quanti però l'hanno accolto, ha dato potere di diventare figli di Dio: a quelli che credono nel suo nome, i quali non da sangue, né da volere di carne, né da volere di uomo, ma da Dio sono stati generati.» La lettura più antica la si rinviene, fra gli altri, in S. Ignazio di Antiochia, S. Ireneo e Tertulliano. In seguito scomparì dai testi biblici, ad esclusione di un'antica versione latina, e i manoscritti greci hanno la forma plurale. Si è proposto che la forma originale fosse singolare, ma fu modificata in plurale sotto l'influsso degli eretici Gnostici che volevano dare un senso più spirituale al testo, spostandosi dalla vera concezione di Cristo nella carne alla concezione spirituale dei fedeli attraverso il battesimo.[19] La lettura di Giovanni 1,13 al singolare è una chiara affermazione della concezione

---

[18] Vedi Papa GIOVANNI PAOLO II, *Discorso all'Udienza Generale*, (10 luglio 1996): «La Chiesa ha costantemente ritenuto la verginità di Maria una verità di fede, accogliendo e approfondendo la testimonianza dei Vangeli di Luca, di Matteo e, probabilmente, anche di Giovanni.»

[19] Vedi A. SERRA, «Vergine» in S. DE FIORES and S. MEO, *Nuovo dizionario di mariologia* (Milano: Paoline, 1986), p. 1431.

verginale di Gesù. È significativo inoltre che se la lettura al plurale fosse davvero dovuta ad un'influenza gnostica, allora ancora una volta si può vedere come la negazione della concezione verginale procede insieme con la negazione dell'Incarnazione. Un crescente numero di studiosi sostiene che la lettura al singolare è corretta anche per ragioni di coerenza interna.[20] Altri studiosi accettano la lettura al plurale del passaggio ma sostengono che la triplice negazione («non da sangue, né da volere di carne, né da volere di uomo») corrisponde esattamente alla fede della Chiesa circa la concezione verginale, indicando che Giovanni riferisce chiaramente la dottrina. Egli lo propone indicando la nascita di Gesù come modello per la rinascita del cristiano nel Battesimo.[21]

Un'ulteriore indicazione scritturale della concezione verginale è che questa situazione è comunicata a Giuseppe dopo che ebbe luogo. «Giuseppe suo sposo, che era giusto e non voleva ripudiarla, decise di licenziarla in segreto. Mentre però stava pensando a queste cose, ecco che gli apparve in sogno un angelo del Signore e gli disse: «Giuseppe, figlio di Davide, non temere di prendere con te Maria, tua sposa, perché quel che è generato in lei viene dallo Spirito Santo»» (Mt 1,19–20). Giuseppe non fu invitato a dare il suo previo consenso alla concezione del Figlio di Maria, frutto dell'intervento soprannaturale dello Spirito Santo e della cooperazione della sola madre. Egli semplicemente chiese di accettare liberamente il suo ruolo

---

[20] Vedi I. DE LA POTTERIE, «Maternità di Maria e Maternità della Chiesa secondo la tradizione giovannea» in AA.VV., *Il Salvatore e la Vergine Madre* (Roma/Bologna: Marianum/Dehoniane, 1981), p. 275.

[21] C. K. BARRETT, *The Gospel according to John* (London: SPCK, 1962), p. 137.

quale sposo della Vergine e la sua missione paterna nei confronti del Bambino.

L'uniforme testimonianza dei Vangeli attesta come la fede nel concepimento verginale di Gesù sia saldamente radicata in diversi ambienti della Chiesa primitiva. E ciò destituisce di ogni fondamento alcune interpretazioni recenti, che intendono il concepimento verginale in senso non fisico o biologico, ma soltanto simbolico o metaforico: esso designerebbe Gesù come dono di Dio all'umanità. Un'altra falsa opinione è che il resoconto della concezione verginale sarebbe un *teologumeno,* cioè, un modo di esprimere una dottrina teologica (quella della figliolanza divina di Gesù) senza alcun fondamento reale, effettivamente in un ritratto mitologico.[22] Nel nostro tempo la Chiesa ha sentito la necessità di richiamare la realtà della concezione verginale di Cristo, rilevando che le pagine di Luca 1, 26–38 e di Matteo 1, 18–25 non possono essere ridotte a semplici racconti eziologici per facilitare la fede dei fedeli nella divinità di Cristo. Esse sono piuttosto, al di là del genere letterario adottato da Matteo e da Luca, espressione di una tradizione biblica di origine apostolica.[23] I Vangeli contengono l'esplicita affermazione di un concepimento verginale di ordine biologico, operato dallo Spirito Santo. Nei primi secoli, i padri della Chiesa rifletterono su questa verità e la elaborarono. La fede espressa nei Vangeli viene confermata, senza interruzioni,

---

[22] Vedi Papa GIOVANNI PAOLO II, *Discorso all'Udienza Generale* (10 luglio 1996), 3. L'errore è espresso, ad esempio, da R. MCBRIEN nel suo libro *Catholicism* (London: Geoffrey Chapman, 1994), p. 542.

[23] Si veda Papa GIOVANNI PAOLO II, *Discorso ai partecipanti al Convegno Internazionale di studi per il XVI Centenario del Concilio di Capua,* 7.

nella tradizione successiva. Le formule di fede dei primi autori cristiani postulano l'asserzione della nascita verginale. I primi scrittori cristiani intendono parlare di una reale e storica generazione verginale di Gesù, e sono lontani dall'affermare una verginità solo morale o un vago dono di grazia, manifestatosi nella nascita del Bambino.[24]

Il silenzio del Vangelo secondo san Marco e delle Lettere del Nuovo Testamento sul concepimento verginale di Maria non è una prova contro tale verità. Non si tratta di leggende o di elaborazioni teologiche senza pretese di storicità. La fede nel concepimento verginale di Gesù ha incontrato vivace opposizione, sarcasmi o incomprensione da parte dei non-credenti, giudei e pagani: essa non trovava motivo nella mitologia pagana né in qualche adattamento alle idee del tempo.[25] Fin dalle prime formulazioni della fede, la Chiesa ha confessato che Gesù è stato concepito nel seno della Vergine Maria per la sola potenza dello Spirito Santo, ed ha affermato anche l'aspetto corporeo di tale avvenimento.[26] Alcune primitive confessioni di fede affermavano la concezione verginale di Gesù. Ad esempio, nella *Tradizione Apostolica* di Ippolito, intorno all'anno 215, è documentato che ai candidati al battesimo venne chiesto: «Credi in Gesù Cristo, Figlio di Dio, che è nato per opera dello Spirito Santo dalla Vergine Maria?»[27]

---

[24] Vedi Papa GIOVANNI PAOLO II, *Discorso all'Udienza Generale* (10 luglio 1996), 4.

[25] Vedi S. GIUSTINO, *Dialogus cum Tryphone Judaeo* 99, 7 in *PG* 6, 708–709; vedi pure ORIGENE, *Contra Celsum* 1, 32, 69 in *PG* 11, 720–721.

[26] Vedi *CCC* 496.

[27] S. IPPOLITO, *La Tradizione Apostolica* in DS 10.

Poco dopo la morte di S. Giovanni, S. Ignazio di Antiochia (107 d.C.) scrisse: «Al principe di questo mondo rimase celata la verginità di Maria e il suo parto, similmente la morte del Signore, i tre misteri clamorosi che furono compiuti nel silenzio di Dio.»[28] Ignazio sottolinea anche che il Signore nostro Gesù Cristo è «veramente della stirpe di David secondo la carne, Figlio di Dio secondo la volontà e la potenza di Dio, nato realmente dalla Vergine.»[29] S. Giustino Martire impiegò il parallelo fra Eva e Maria, per accentuare la maternità verginale. Cristo «si è fatto uomo dalla Vergine, affinché per quella via dalla quale ebbe principio la disobbedienza provocata dal serpente, per la stessa via fosse annientata. Eva infatti, quand'era ancor vergine e incorrotta, concepì la parola del serpente e partorì disobbedienza e morte. Invece Maria, la Vergine, accolse fede e gioia, quando l'angelo Gabriele le recò il lieto annuncio che lo Spirito del Signore sarebbe venuto su di lei e che la Virtù dell'Altissimo l'avrebbe adombrata, e che per questo motivo il Santo nato da lei sarebbe Figlio di Dio.»[30]

Intorno all'anno 200, S. Ireneo fu un altro testimone alla concezione verginale. Ireneo scrisse contro gli ebioniti, i quali erano Giudeo–Cristiani convertitisi soltanto parzialmente alla cristianità, probabilmente aventi origine da gruppi Esseni. Essi non accettavano Cristo come Figlio

---

[28] Vedi S. IGNAZIO DI ANTIOCHIA, *Epistola ad Ephesios* 19, 1 in SC 10 (Paris: Cerf, 1945), pp. 64–65.

[29] S. IGNAZIO DI ANTIOCHIA, *Epistola ad Smyrnenses*, 1, 1 in SC 10 (Paris: Cerf, 1945), pp. 120–121.

[30] S. GIUSTINO, *Dialogus cum Tryphone Judaeo* 100, in PG 6, 709–711; vedi anche n. 43, dove Giustino risponde: «Orbene, a tutti è noto che nessuno mai, fra la discendenza di Abramo, nacque o fu detto nato da Vergine, se non questo nostro Cristo..»

di Dio in senso trinitario, e così non accettavano neppure la Sua concezione verginale. Oltre a questi ebioniti giudaizzanti, in un secondo momento, si sviluppò un ramo gnostico. Ireneo contrastò anche l'errore degli ebioniti gnostici come Cerinto, che rappresentò Gesù non nato da una vergine, ma quale figlio di Giuseppe e Maria secondo la generazione umana, anche se per la sua giustizia e sapienza fu elevato al di sopra degli altri uomini.[31] Ireneo basò la sua affermazione della concezione verginale sulla sua dottrina della ricapitolazione:

> E come Adamo, il primo-creato, ebbe la sua sostanza da una terra incolta e ancor vergine - e fu plasmato dalla Mano di Dio, cioè dal Verbo di Dio..., cosi, ricapitolando in se stesso Adamo, Egli che è il Verbo, giustamente assunse da Maria, che era ancora vergine, la generazione che ricapitola quella di Adamo. Se dunque il primo Adamo avesse avuto per padre un uomo e fosse stato generato da seme di uomo, avrebbero ragione di dire che anche il secondo Adamo è stato generato da Giuseppe. Ma se quell'Adamo fu preso dalla terra e plasmato dal Verbo di Dio, era necessario che lo stesso Verbo, per ricapitolare in se stesso Adamo, mantenesse la somiglianza di una identica generazione.[32]

Con una bella interpretazione di una profezia veterotestamentaria, Ireneo indica come Cristo giunse ad essere concepito per opera dello Spirito Santo: «Daniele, prevedendo la sua venuta, afferma che è venuta nel mondo «una pietra staccata ma non per mano di uomo». Le parole

---

[31] Vedi S. IRENEO, *Adversus haereses*, libro 1, cap. 26, n. 1 in *PG* 7, 686.
[32] S. IRENEO, *Adversus haereses*, libro 3, cap. 21, n. 10 in *PG* 7, 954–955.

«non per mano di uomo» indicavano che la sua venuta nel mondo ebbe luogo senza che operassero mani umane, degli uomini che sono abituati a tagliare la pietra, cioè senza che operasse Giuseppe, mentre solo Maria cooperava all'economia. Questa pietra, infatti, viene bensì dalla terra, ma sussiste grazie alla potenza e alla sapienza di Dio.»[33]

Alcuni anni più tardi, intorno al 125, il filosofo Aristide di Atene nella prima apologetica cristiana, informò l'imperatore Adriano che la nascita di Gesù da una vergine, senza seme o volere umano, è parte essenziale della professione cristiana insieme alla divinità di Cristo.[34] Anche S. Ippolito (172–235), discepolo di S. Ireneo, fece notare che la concezione verginale di Gesù era comune oggetto di fede della Chiesa delle origini, affermando che Cristo «si incarnò nel seno della Vergine per opera dello Spirito Santo.»[35] Ippolito adottò in molte occasioni l'immagine dell'arca dell'alleanza per la Vergine Maria: «A quel tempo, venendo il Signore a noi dalla Vergine (*ex Parthénou*), arca costruita di oro puro, al suo interno dal Verbo, esternamente dallo Spirito Santo, donò il suo corpo al mondo, di modo che si mostrasse la verità e si manifestasse l'arca.»[36] Ippolito afferma chiaramente che la

---

[33] S. IRENEO, *Adversus haereses*, libro 3, cap. 21, n. 7 in *PG* 7, 953. Vedi Daniele 2,34.
[34] Vedi ARISTIDE, *Apologia*, c. 7 in *EM* 6.
[35] S. IPPOLITO, *De Benedictionibus Patriarcharum* in *EM* 119.
[36] S. IPPOLITO, *Fragmentum in Danielem*, 6 in *PG* 10, 648. Vedi anche IDEM, *Sermonum Fragmentum* 6, in PG 10, 866: «Ma il Signore era senza peccato, essendo di legno che non marcisce rispetto alla Sua umanità, – che vale a dire, essendo della Vergine e dello Spirito Santo, coperto, per così dire, dentro e fuori con l'oro più puro della parola di Dio.» Vedi anche IDEM, *Fragmenta in Proverbia* in *PG* 10, 625: «Cristo, la

fede della Chiesa è in una concezione verginale di Cristo: «La pia confessione del credente è che, con lo sguardo alla nostra salvezza, e così da legare l'universo con l'immutabilità, il Creatore di tutte le cose incorporò con Sé stesso un'anima razionale e un corpo sensibile da Maria Santissima, sempre Vergine, attraverso una concezione illibata.»[37]

Origene fu probabilmente un discepolo di Ippolito all'inizio del terzo secolo, ed è anche un testimone per la fede della Chiesa nella verginità della Beata Vergine. Intorno all'anno 250 egli contrastò le opinioni di Celso, un pagano che attaccò la cristianità ritenuta un mito, proponendo un'origine puramente naturale per Gesù.[38] Origene considera la posizione di Celso come «basso abuso…, indegno di seria considerazione».[39] Celso propose anche un'altra falsa idea che Origene rigettò: «Se Dio avesse desiderato inviare il suo Spirito da sé stesso, che necessità vi era di spirarlo nel grembo di una donna? Infatti, come uno che sapeva come formare gli uomini, Egli poteva anche aver plasmato un corpo per questa persona, senza gettare il Suo proprio Spirito in così tanta contaminazione.» Origene replica che Celso fece tale affermazione, perché «egli non conosce la nascita pura e verginale, non accompagnata da alcuna corruzione di quel corpo che doveva amministrare la salvezza dell'uomo. E in ciò egli agisce come coloro che immaginano che i raggi del

---

sapienza, il potere di Dio Padre, ha costruito la sua casa, cioè la sua natura nella carne derivata dalla Vergine.»

[37] S. IPPOLITO, *Contra Beronem et Heliconem*, frammento 8 in *PG* 10, 840.
[38] S. IPPOLITO, *Contra Beronem et Heliconem*, frammento 8 in *PG* 10, 840.
[39] ORIGENE, *Contra Celsum* libro 1, cap. 39 in *PG* 11, 733.

sole sono contaminati dal letame e da corpi lezzosi, e non rimangono puri in mezzo a tali cose.»[40] Soprattutto, Origene legò la fede cristologica della Chiesa alla concezione verginale: «Non accada che, credendo qualcosa sotto un punto di vista, lo si neghi da un altro: per esempio, vi sono coloro che credono che Gesù è stato crocifisso in Giudea, al tempo di Ponzio Pilato, ma negano che è nato da Maria Vergine: questi da un lato credono in Lui, ma da un alto lato non credono.»[41]

Tertulliano affermò la concezione verginale di Gesù come verità dogmatica, parte della norma di fede: «Figlio Suo fu chiamato questo Verbo, e nel nome di Dio apparve ai Patriarchi sotto varie figure; in ogni tempo fu ascoltato dai Profeti, e di poi discese per lo Spirito e virtù di Dio Padre, in Maria Vergine, e nel seno di Lei divenne carne e da Ella ebbe vita Gesù Cristo.»[42] Comunque, Tertulliano non fu così chiaro circa la verginità della Beata Vergine durante la nascita di Cristo e dopo la sua nascita. S. Agostino approfondì il significato della concezione verginale di Gesù: «La verginità di Maria fu certamente molto gradita e cara [al Signore]. Egli non si contentò di sottrarla - dopo il suo concepimento - a ogni violazione da parte dell'uomo, e così conservarla sempre incorrotta. Già prima d'essere concepito volle scegliersi, per nascere, una vergine consacrata a Dio, come indicano le parole con le quali Maria replicò all'Angelo che le annunziava l'imminente maternità. Come potrà accadere una tal cosa - disse - se io non conosco uomo?»[43]

---

[40] ORIGENE, *Contra Celsum* libro 6, cap. 73 in *PG* 11, 1407–1408.
[41] ORIGENE, *Commentaria in Evangelium Ioannis*, Tomus XX, 24 in *PG* 14, 641–64.
[42] TERTULLIANO, *La prescrizione degli eretici*, 13 in *PL* 2, 26.
[43] S. AGOSTINO, *De sancta virginitate*, cap. 4, 4 in *PL* 40, 398.

San Giovanni Crisostomo legò la prima creazione e la nuova creazione, per illustrare la somma convenienza del concepimento verginale di Gesù Cristo:

> Eden significa terra vergine, e tale fu quel luogo nel quale Dio piantò il paradiso. Sappi dunque che il paradiso non fu opera delle mani dell'uomo. La terra, infatti, era vergine, non era ancora stata sfiorata dall'aratro, né scavata nel solco, ma pur senza conoscere mani di agricoltori, solo per comando, fece germogliare quelle piante. Per questa ragione la chiamò Eden, che significa terra vergine! E questa vergine fu tipo dell'altra Vergine. Infatti, come questa terra, senza ricevere seme, fece germogliare per noi il paradiso, così anche l'altra, senza ricevere seme di uomo, fece germogliare per noi il Cristo.[44]

Le solenni definizioni di fede dei Concili Ecumenici e il Magistero Pontificio seguirono la prima breve formula di fede e l'insegnamento dei Padri circa la concezione verginale. Il Concilio di Calcedonia dell'anno 451, nella sua professione di fede attentamente formulata e con il suo infallibile contenuto, afferma che Cristo fu «generato... in questi ultimi tempi per noi e per la nostra salvezza da Maria vergine e madre di Dio, secondo l'umanità».[45] Nell'anno 649, il Concilio Lateranense fece una chiara dichiarazione riguardante la concezione verginale: «Se qualcuno non confessa secondo i santi Padri che la santa e sempre Vergine e immacolata Maria sia in senso proprio e secondo verità Madre di Dio, in quanto propriamente e veramente alla fine dei secoli ha concepito dallo Spirito

---

[44] S. GIOVANNI CRISOSTOMO, *De Mutatione Nominum*, II, 3 in *EM* 764.
[45] CONCILIO DI CALCEDONIA in ND 614.

Santo senza seme e partorito... lo stesso Dio Verbo, nato dal Padre prima di tutti i secoli, sia scomunicato».⁴⁶ Questo concilio non fu ecumenico, ma dal momento che fu eseguito sotto l'autorità del Papa Martino I, e l'insegnamento fu formulato sotto pena di scomunica, la sua autorità fu riconosciuta come di gran peso. Il successore di Papa Martino, Papa S. Agatone, diede l'impressione che le decisioni del Concilio Laterano fossero definitive, infallibili e vincolanti la fede.

Allo stesso modo, nell'anno 681, il terzo Concilio di Costantinopoli proclamò che Gesù Cristo «fu generato dal Padre, prima dei secoli, secondo la divinità, in questi ultimi tempi per noi e per la nostra salvezza (è nato) dallo Spirito Santo e da Maria Vergine, nel più vero senso della parola Madre di Dio, secondo l'umanità.»⁴⁷ Altri Concili Ecumenici (Costantinopoli II, Laterano IV e Lione II) dichiararono Maria «sempre vergine», enfatizzando la sua perpetua verginità.⁴⁸ Queste affermazioni furono riprese dal Concilio Vaticano II, il quale evidenziò il fatto che la beata vergine Maria «per la sua fede ed obbedienza generò sulla terra lo stesso Figlio di Dio, senza contatto con uomo, ma adombrata dallo Spirito Santo».⁴⁹ Unitamente alle definizioni conciliari, le definizioni del Magistero Pontificio circa l'Immacolata Concezione della Beata Vergine Maria e l'Assunzione dell'Immacolata e sempre Vergine Madre di Dio encomiano la verginità di Maria.⁵⁰

---

⁴⁶ CONCILIO LATERANENSE (649), *Condemnatio errorum de Trinitate et de Christo*, can. 3 in DS 503.
⁴⁷ TERZO CONCILIO DI COSTANTINOPOLI in DS 555.
⁴⁸ Vedi rispettivamente le definizioni in DS 423, 801, 852.
⁴⁹ VATICANO II, *Lumen Gentium*, 63.
⁵⁰ Vedi Papa B. PIO IX, Bolla *Ineffabilis Deus* in DS 2803, e Papa PIO XII, Costituzione Apostolica *Munificentissimus Deus* in DS

La descrizione di Maria quale «Santa, sempre Vergine, Immacolata» attira l'attenzione sul legame fra santità e verginità. Maria volle una vita verginale perché fu motivata dal desiderio di donare tutto il suo cuore a Dio. L'espressione impiegata nella definizione dell'Assunzione, «l'Immacolata sempre Vergine Madre di Dio», implica anche il legame fra la verginità di Maria e la sua maternità: due prerogative miracolose combinate nella concezione di Gesù, vero Dio e vero Uomo. In tal modo la verginità di Maria è intimamente connessa alla sua divina maternità e perfetta santità. Papa Paolo VI nella sua professione di fede reiterò il dogma che il Figlio di Dio «si è incarnato per opera dello Spirito Santo nel seno della Vergine Maria, e si è fatto uomo.»[51]

S. Tommaso d'Aquino trattò la dottrina della concezione verginale di Cristo, dando, fra altre, tre ragioni sul perché era conveniente che Cristo nascesse da una vergine. Primo, perché fosse salvata la dignità del Padre celeste che mandava il suo Figlio nel mondo. Essendo infatti Cristo vero e naturale figlio di Dio, non era conveniente che avesse un altro padre, e che una prerogativa di Dio fosse comunicata ad altri. Secondo, poiché ciò conveniva alle proprietà personali del Figlio che fu inviato nel mondo. Egli infatti è il Verbo di Dio. Ora, il verbo viene concepito senza alterazione o corruzione della mente: anzi, un'alterazione di questo genere impedisce la concezione del verbo mentale. Poiché dunque la carne fu assunta per essere la carne del Verbo di Dio, era conveniente che anch'essa fosse concepita senza alcuna corruzione della madre. Una terza ragione di convenienza si trova nel fine stesso dell'incarnazione di Cristo, che era

3903.
[51] Papa PAOLO VI, *Professione di Fede* (30 Giugno 1968), 11.

di far rinascere gli uomini a figli di Dio, «né da volere di carne, né da volere di uomo, ma da Dio» (Gv 1,13), cioè per la potenza di Dio. Ora, il modello di questa rinascita doveva apparire nel concepimento stesso di Cristo.[52]

La concezione verginale di Gesù non fu mai messa davvero in dubbio se non all'avvento del razionalismo, del modernismo e del liberalismo del XIX e XX secolo. La critica razionalistica della teologia cattolica, iniziata nel XIX secolo, mirò ad esaminare la dottrina da una prospettiva positivista. Positivismo e scientismo che si rifiutano di riconoscere la validità di forme di conoscenza diverse da quella delle scienze positive e così questi sistemi pensati rilegano la conoscenza religiosa, teologica, etica ed estetica al regno della mera fantasia.[53] I modernisti basarono il loro pensiero sul soggettivismo kantiano e su di un concetto evoluzionistico di verità. La tendenza modernista verso il soggettivismo e un concetto evoluzionistico di verità si affiancavano ad un approccio liberale alla critica biblica, portato a scalzare la dottrina dell'istituzione divina della Chiesa dei suoi aspetti divini e soprannaturali. Invece, poiché uno dei principi fondamentali del modernismo era lo sviluppo storico, tale sistema propose uno sviluppo basato su fattori puramente umani e sociali.[54]

---

[52] Vedi S. TOMMASO D'AQUINO, *Summa Theologiae*, III, q. 28, a. 1. Un'altra ragione proposta da S. Tommaso non sembra così forte, cioè, che non fu possibile in una natura gia corrotta, che la carne nascesse dal rapporto sessuale senza incorrere nell'infezione del peccato originale. Questa proposizione sembra negare l'Immacolata Concezione di Maria, che nacque da un rapporto sessuale, ma fu preservata dal peccato originale.

[53] Vedi GIOVANNI PAOLO II, Lettera Enciclica *Fides et Ratio*, 88.

[54] Vedi P. HAFFNER, *Il fascino della ragione* (Leominster:

Allo stesso modo, teologi protestanti come W. Pannenberg scrissero cha la concezione verginale di Gesù sembrava rappresentare una diminuzione dell'umanità di Cristo, dal momento che non possiamo comprendere perché Egli debba venire in questo mondo in modo diverso da tutti gli altri uomini.[55] J. A. T. Robinson, un teologo liberale anglicano, fa la seguente considerazione: «Dire che fu procreata e vivificata in Maria un nuova vita dallo Spirito di Dio, è un modo profondo di esprimere una verità interiore su Gesú... Per quanto riguarda i dettagli biologici, sono pronto a tenere una mente aperta. Per me, nulla dipende da questi dettagli... Noi non siamo costretti a pensare che la nascita verginale sia un evento fisico, affinché possiamo credere che tutta la vita di Gesù sia 'di Dio'.»[56] Il teologo, una volta cattolico, H. Küng considera la generazione di Gesù Cristo per opera dello Spirito Santo e la nascita verginale di Gesù come «leggende o saghe eziologiche» adottate dalla Chiesa primitiva per giustificare il titolo post pasquale di Figlio di Dio per Gesù.[57] È chiaro che la negazione di Küng della concezione verginale quale verità oggettiva è in perfetta armonia con la sua negazione della divinità di Cristo. Così, nel 1979, la Congregazione per la Dottrina della Fede dichiarò che egli non poteva essere più considerato teologo cattolico, anche a causa degli errori nei suoi scritti circa la Beata Vergine.[58]

Gracewing, 2007), pp. 292.

[55] Vedi W. PANNENBERG, *The Apostle's Creed in the light of today's questions* (Philadelphia: Westminster Press, 1972), p. 72.

[56] J. A. T. ROBINSON, *But That I Can't Believe* (London: Collins Fontana, 1967), p. 25.

[57] See H. KÜNG, *Essere cristiani* (Milano: Mondadori, 1976), p. 516.

[58] Vedi CONGREGAZIONE PER LA DOTTRINA DELLA FEDE, Dichiarazione *Christi ecclesia*, circa alcuni aspetti della

Similmente, il Nuovo Catechismo Olandese tese ad escludere l'aspetto biologico del dogma dell'incarnazione e così, in modo molto vago ed ambiguo, lascia aperta alla discussione la questione della concezione verginale oppure insiste sul significato simbolico delle narrazioni concernenti la concezione verginale di Gesù.[59] La risposta della Chiesa a questa ambiguità fu che la concezione verginale di Gesù, conforme al mistero della stessa Incarnazione, dovrebbe essere chiaramente insegnata; non v'è alcuna scusa per abbandonare la verità fattuale di questo dogma, ritenendolo soltanto un'interpretazione simbolica.[60] Più di recente Giovanni Paolo II ha affermato che «l'integrità fisica è ritenuta essenziale alla verità di fede del concepimento verginale di Gesù.»[61] Inoltre, egli fece notare come la fede nella concezione verginale di Gesù era saldamente radicata in diversi ambienti della Chiesa primitiva. E ciò destituisce di ogni fondamento alcune interpretazioni recenti, che intendono il concepimento verginale in senso non fisico o biologico, ma soltanto simbolico o metaforico. Invece, Scrittura e Tradizione contengono l'esplicita affermazione di un concepimento verginale di Gesù di ordine biologico, operato dallo Spirito Santo.[62] Il senso di questo avvenimento è accessibile

---

dottrina teologica del professor Hans Küng (*Declaratio de quibusdam capitibus doctrinae theologiae professoris Ioannis Küng, qui, ab integra fidei catholicae veritate deficiens, munere docendi, qua theologus catholicus, privatus declaratur*), 15 dicembre 1979, in *AAS* 72 (1980), pp. 90–92.

[59] Vedi *Il Nuovo Catechismo olandese* (Torino: Elle Di Ci, 1969), pp. 92ss.
[60] Vedi la COMMISSIONE PONTIFICIA DEI CARDINALI, *Dichiarazione sul Nuovo Catechismo* (15 ottobre 1968), II, 3.
[61] Papa GIOVANNI PAOLO II, *Discorso all'Udienza Generale* (10 luglio 1996), 5.

soltanto alla fede, la quale lo vede in quel «nesso che lega tra loro i vari misteri» nell'insieme dei Misteri di Cristo, dalla sua Incarnazione alla sua Pasqua.[63]

Gli occhi della fede possono scoprire, nel contesto di una visione sintetica della Rivelazione, le misteriose ragioni del perché Dio nel Suo piano salvifico volle che Suo Figlio nascesse da una vergine. Queste ragioni considerano sia la prospettiva pneumatologica della Persona di Cristo sia la Sua missione redentiva, e il benvenuto che la Vergine Maria diede a quella missione da parte di tutta l'umanità. La verginità di Maria manifesta l'iniziativa assoluta di Dio nell'Incarnazione. Gesù ha soltanto Dio quale Padre ed è concepito per opera dello Spirito Santo nel seno della Vergine Maria perché Egli è il Nuovo Adamo, che inaugura la nuova creazione: «Il primo uomo tratto dalla terra è di terra, il secondo uomo viene dal cielo» (1 Cor 15,47). Dalla sua concezione, l'umanità di Cristo fu ripiena dello Spirito Santo, poiché «Dio Gli dà lo Spirito senza misura» (Gv 3,34). Con la sua concezione verginale, Gesù, il Nuovo Adamo, dà inizio alla rinascita dei figli adottivi nello Spirito Santo attraverso la fede. Dalla «Sua pienezza» quale Capo dell'umanità redenta «noi tutti abbiamo ricevuto, e grazia su grazia» (Gv 1,16; Col 1,18). La partecipazione alla vita divina sorge «né da volere di carne, né da volere di uomo, ma da Dio.» (Gv 1,13). L'accoglienza di questa vita è verginale perché è completamente un dono dello Spirito Santo all'uomo. Il carattere sponsale della vocazione umana in relazione a Dio (cfr. 2 Cor 11,2) è perfettamente adempiuto nella maternità verginale di Maria. La verginità di Maria è anche il segno efficace della sua fede non macchiata da nessun

---

[62] Vedi *ibid.*, 3.
[63] Vedi CCC 498 e Vaticano I, *Dei Filius*, 4 in DS 3016.

dubbio, e del dono totale di sé stessa alla volontà di Dio. È la sua fede che la rende capace di divenire la Madre del Salvatore. Allo stesso tempo Vergine e Madre, Maria è il simbolo e la più perfetta realizzazione della Chiesa: «la Chiesa... per mezzo della parola di Dio accolta con fedeltà diventa essa pure madre, poiché con la predicazione e il battesimo genera a una vita nuova e immortale i figli, concepiti per opera dello Spirito Santo e nati da Dio. Essa pure è vergine, che custodisce integra e pura la fede data allo sposo».[64]

La Verginità nel parto di Cristo

Un'allusione scritturistica alla verginità della Beata Vergine durante la nascita di Cristo può rinvenirsi nell'esegesi di S. Ambrogio del testo di S. Luca 2,22–24, la presentazione del Signore al Tempio, in relazione ad Ezechia 44,2: «Il Signore mi disse: «Questa porta rimarrà chiusa. Nessuno può aprirla o passarvi attraverso, poiché il Signore Dio d'Israele, vi è passato. E così deve rimanere chiusa»». Per Ambrogio questa porta è la Beata Vergine Maria, e «di lei è scritto: «il Signore vi passerà attraverso»,

---

[64] VATICANO II, *Lumen gentium*, 64. Vedi anche S. Agostino *De sancta virginitate* cap. 6, 6 in *PL* 40, 399: «Maria è stata l'unica donna ad essere insieme Madre e Vergine, tanto nello spirito come nel corpo. Spiritualmente però non fu Madre del nostro Capo, cioè del nostro Salvatore, dal quale piuttosto ebbe la vita, come l'hanno tutti coloro che credono in lui (anche lei è una di questi), ai quali si applica giustamente il nome di figli dello sposo. È invece senza alcun dubbio Madre delle sue membra, che siamo noi, nel senso che ha cooperato mediante l'amore a generare alla Chiesa dei fedeli, che formano le membra di quel Capo. Per quanto invece concerne il suo corpo, essa è la madre proprio del Capo.»

e rimarrà chiusa dopo il parto, perché vergine concepì e vergine diede alla luce.»[65] Ambrogio fece notare inoltre che Isaia (Is 7,14) non diceva soltanto che una vergine doveva concepire, ma anche che una vergine doveva partorire.[66] Un'ulteriore allusione profetica alla natura miracolosa della nascita di Cristo, in quanto connessa con la verginità di Maria, è rinvenuta in Isaia 66,7: «Prima di provare i dolori, ha partorito; prima che le venissero i dolori, ha dato alla luce un maschio.» Anche un brano specifico del Cantico dei Cantici interpretato in modo allegorico prefigurativo, indica che il sigillo della verginità di Maria non venne distrutto durante il parto: «Giardino chiuso tu sei, sorella mia, sposa, giardino chiuso, fontana sigillata» (Ct 4,12).[67]

Fra i primi testimoni patristici della natura speciale della nascita di Cristo vi è S. Ignazio di Antiochia, che scrive verso l'anno 107. Osservò che il mistero della nascita di Cristo deve essere proclamato ad alta voce, insieme a quello della Sua concezione verginale.[68] Agli inizi del secondo secolo, una testimonianza ancor più chiara fu offerta da S. Ireneo: «Il Verbo sarebbe diventato carne, e il Figlio di Dio sarebbe diventato il Figlio dell'uomo aprendo puramente, Egli che è puro, il puro grembo che rigenera gli uomini per Dio e che Egli stesso ha reso puro.»[69]

---

[65] S. AMBROGIO, *Epistula 42*, n. 4 in *PL* 16, 1174. Vedi anche IDEM., *De istitutione virginis* cap. 8, n. 52 in *PL* 16, 320. È significativo che questa esegesi sia menzionata in una nota alla *Lumen Gentium*, 57, del Vaticano II.

[66] Vedi S. AMBROGIO, *Epistula 42*, n. 4 in *PL* 16, 1174.

[67] Vedi S. GIROLAMO, *Adversus Iovinianum*, lib. 1, n. 31 in *PL* 23, 265.

[68] Vedi S. IGNAZIO DI ANTIOCHIA, Lettera agli Efesini 19, 1 in *SC* 10 (Paris: Cerf, 1945), pp. 64–65.

[69] S. IRENEO, *Adversus haereses*, Libro 4, cap. 33, n. 11 in *PG* 7,

Nonostante queste e altre testimonianze patristiche sulla verginità della Beata Vergine al parto, non andava tutto liscio per questa dottrina. Tertulliano, nel suo tentativo di confutare la dottrina dei Doceti, dei Marcioniti e degli Gnostici, che tutti minavano l'umanità di Cristo, presentò la nascita di Cristo come semplicemente normale, spesso con un crudo realismo: «Ella è stata vergine rispetto al marito, ma non rispetto al parto.» Allo stesso tempo ha qualificato la sua opinione indicato qualcosa di speciale nel parto di Gesù: «Il seno della Vergine si è aperto in modo speciale perché in modo speciale era stato sigillato.»[70]

In oriente, il Padre Cappadoce S. Gregorio di Nissa per primo evidenziò la verginità della Beata Vergine durante il parto. Egli iniziò con l'analogia fra Eva e Maria, poiché come Eva, che per il peccato introdusse la morte nel mondo, fu condannata a partorire fra dolori e travagli, era conveniente che la Madre della vita iniziasse a concepire con gioia e con gioia partorisse.[71] Egli enunciò il principio secondo cui dal momento che Maria non aveva sperimentato il piacere sensuale nella concezione di Gesù,

---

1080. L'espressione chiave latina è: «purus pure puram aperiens vulvam.» Sembra che sia l'avverbio e non il verbo a meritare l'accento.

[70] TERTULLIANO, *De carne Christi*, capitolo 23 in *CSEL* 70, 246–247. «Et virgo, quantum a viro; non virgo, quantum a partu.» Vedi anche TERTULLIANO, *Adversus Marcionem*, libro 3, capitolo 11 in *CSEL* 47, 394: «La nascita per Lui non sarà peggiore della morte... Se Cristo veramente soffrì tutto ciò, nascere era qualcosa di meno per Lui.» Comunque Tertulliano ha ancora sfumato in qualche modo la sua posizione, permettendo la possibilità della verginità nella nascita in *De virginibus velandis*, cap. 6 in *PL* 2, 898.

[71] Vedi S. GREGORIO DI NISSA, *In Cantica canticorum*, sermo 13 in *PG* 44, 1053.

ella non subì neppure le pene del travaglio nel partorirlo: «La sua concezione non è avvenuta tramite il commercio sessuale; il suo parto non rimase per nulla inquinato; la sua nascita non ha conosciuto il dolore; il suo talamo è stata la potenza dell'Altissimo, la quale ha ricoperto quasi come una nube la verginità stessa; fiaccola nuziale era lo splendore dello Spirito Santo... Infatti soltanto la sua generazione non ha avuto puerperio ed Egli è incominciato ad esistere senza rapporto sessuale.»[72] Gregorio vede nel roveto ardente (Es 3,2) una prefigurazione della verginità di Maria. Come il cespuglio in fiamme ma non consumato, Maria portò la Luce al mondo ma senza essere corrotta,[73] poiché la Luce «mantenne incorrotto il roveto ardente; il germoglio della sua verginità non fu essiccato dal suo parto.»[74]

Per alcuni dei Padri il passo di Luca 2,23 presentava un ostacolo alla dottrina della verginità della Beata Vergine durante la nascita. Esso recita: «ogni maschio che apre il grembo sarà consacrato al Signore.»[75] Per Origene è normalmente una relazione ad aprire il grembo di una donna. Comunque, nel caso della Beata Vergine, «il grembo della Madre del Signore fu dischiuso al momento del suo parto; infatti, prima della nascita di Cristo nessun uomo toccò minimamente quel santo grembo, degno di

---

[72] S. GREGORIO DI NISSA, *In Cantica canticorum*, sermo 13 in *PG* 44, 1053. Vedi anche Idem, *In Christi resurrectionem*, oratio 1 in *PG* 46, 604.

[73] Vedi IDEM, *In diem natalem Christi* in *PG* 46, 1136.

[74] IDEM, *De vita Moysis* in *PG* 44, 332.

[75] Nella Nuova Vulgata il passaggio è «omne masculinum adaperiens vulvam sanctum Domino vocabitur.» Comunque, in alcune nuove traduzioni, come la Bibbia della CEI, il problema è aggirato perché il testo dice semplicemente: «Ogni maschio primogenito sarà sacro al Signore.»

tutta stima e venerazione.»⁷⁶ Non è chiaro in Origene cosa implicava questo «dischiudere» al momento della nascita di Cristo. Comunque, Origene allude alla tradizione secondo cui dopo la nascita di Cristo, Maria si recò al Tempio per adorare e si collocò nel luogo riservato alle vergini.⁷⁷ Sembra che Origene comprese la verginità fisica soltanto nei termini del rapporto matrimoniale, e pertanto non considerò del tutto la questione di cosa costituiva la verginità nel parto. Fu Anfilochio di Iconio che giunse ad una soluzione dell'enigma presentato da Luca 2,23. Egli osservava, come Origene, che normalmente è attraverso una relazione che il grembo di una donna viene aperto, ma nel caso della Beata Vergine fu il Salvatore che le aprì il grembo. Comunque, Anfilochio allora aggiunse che per quanto riguarda la verginità di Maria, le porte non furono aperte, poiché questa è la «porta del Signore» di Ezechiele, dove Egli entra ed esce e tuttavia la porta è ancora chiusa (Ez 44,2). Egli conclude che il Verbo Incarnato «aprì il grembo della Vergine senza relazioni; Egli si avanzò in modo inesprimibile.»⁷⁸ La strada fu così preparata per considerare la nascita di Cristo una nascita vera e *miracolosa* che preservò l'integrità di Sua Madre.

S. Giovanni Crisostomo è inequivocabile nella sua proclamazione della verginità di Maria nel parto. Maria partorì «senza sperimentare corruzione.» Dopo il parto, «puro e santo» quale fu, ella è ancora Vergine, e ciò è un evento «soprannaturale». L'inesprimibile parto del Figlio da una vergine si accosta alla Sua inesprimibile

---

[76] ORIGENE, *Homilia 10 in Lucam* in *EM* 144.
[77] ORIGENE, *Commentarium in Mathaeum*, Tract 23 in *EM* 135.
[78] ANPHILOCHIO D ICONIO, *Oratio 2: In occursum Domini*, n. 2 in *EM* 516: «sed ipse, aperta sine coitu vulva, inexplicabili ratione prodiit.»

generazione dal Padre. Nell'essere generato da lei, Dio «preserva il suo grembo non modificato, e mantiene la sua verginità inviolata» ove «il sigillo della sua verginità» è «senza difetto».[79] Negli *Inni sulla Beata Vergine* di S. Efrem la verginità della Beata Vergine nel parto è un tema ricorrente. Ella dà alla luce senza pena; il suo corpo giace intatto; ella dà del suo latte senza perdere la verginità; ella è «la porta chiusa» di Ezechiele; i sigilli della sua verginità sono inviolati come quelli del sepolcro di Cristo, inviolati perfino alla morte.[80] Per quanto riguarda la natura indolore di questa nascita, Efrem scrive: «Proprio come il Signore fece il suo ingresso quando le porte erano chiuse, allo stesso modo Egli si fece avanti dal grembo della Vergine, perché questa Vergine veramente e realmente partorì senza pena.»[81] Teodoto di Ancira si pone in una prospettiva leggermente diversa circa la relazione fra la nascita di Cristo e la sua uscita dalla tomba. Egli disse che il Cristo risorto aprì le porte della Sua tomba, ma non aprì le porte del seno di Sua Madre quando nacque.[82]

Verso l'inizio della controversia nestoriana nel 428, Nilo di Ancira difese la verginità di Maria durante il parto contro coloro che le negavano tale privilegio: «Nella sua nascita il Signore Gesù Cristo aprì il grembo illibato; dopo la Sua nascita sigillò il grembo con la Sua propria saggezza,

---

[79] S. GIOVANNI CRISOSTOMO, *In natalem Christi diem* in *PG* 56, 387–393.
[80] Vedi S. EFREM, *Hymni de beata Maria*, 1, 2; 2, 3; 4, 7; 4, 10; 5, 1–2; 6, 2; 7, 6; 8, 3; 10, 2; 11, 4; 11, 6; 12, 1; 15, 2; 15, 5; 18, 20.
[81] S. EFREM, *Explanatio evangelii concordantis*, cap. 2, n. 6.
[82] TEODOTO DI ANCIRA, *Homilia* 5, n. 1 in *EM* 1196: «[…Christus] resurgens e sepulchro sepulchra aperuit; natusque e vulva vulvam non aperuit. Ex morte enim ac terrae sinu emergens monumenta aperit; nascens vero ex Virgine uterum non aperuit: sed et nascitur et Virginis sinum clausum relinquit.»

potere, e meravigliosa attività. Egli non ruppe assolutamente i sigilli della sua verginità.»[83] È con il Concilio di Efeso (431), e probabilmente quale risultato di quel Concilio, che gli ultimi dubbi circa la verginità di Maria nel parto disparvero dai circoli ortodossi. In seguito, S. Giovanni Damasceno (675–750) presentò molto chiaramente ed attentamente la verginità di Maria durante il parto di Cristo, così da enfatizzare anche che la nascita fu reale: «Proprio come Egli che fu concepito conservò colei che concepì ancora vergine, allo stesso modo Egli che fu generato preservò la sua verginità intatta, passando da solo attraverso di lei e tenendola chiusa. La concezione, in effetti, avvenne attraverso il senso dell'udito, ma la nascita attraverso il tradizionale percorso per cui vengono i bambini... Infatti, non era impossibile a Lui venire attraverso questa porta, senza recare ingiuria in qualche modo al suo sigillo.»[84] Giovanni Damasceno mise in chiaro anche che la nascita di Cristo fu indolore; «poiché come il piacere non la precedette, così la pena non la seguì.»[85]

In Occidente, la dottrina della verginità di Maria nel parto di Cristo fiorì durante il quarto secolo. Mentre S. Ilario di Poitier fu molto chiaro sulla verginità di Maria *post partum*, non trattò la questione della sua verginità *durante* il parto.[86] Comunque, circa allo stesso tempo, S. Zeno di Verona affermò chiaramente che Maria fu una vergine nella sua concezione di Cristo, una vergine nel darlo alla luce, e una vergine dopo la Sua nascita.[87] S. Ambrogio di

---

[83] NILO DI ANCIRA, *Epistolae*, lib. 1, ep. 270 in *PG* 79, 181.
[84] S. GIOVANNI DAMASCENO, *De Fide orthodoxa*, libro 4, cap. 14 in *EM* 1920.
[85] *Ibid.*, in *EM* 1919.
[86] Vedi S. ILARIO DI POITIERS, *Commentarius in Matthaeum*, I, 3–4 in *PL* 9, 921–922.

Milano ebbe un gran ruolo in tale ambiente, ed ebbe da combattere gli errori di un certo Gioviniano. Quest'ultimo, dopo aver seguito una vita ascetica, lanciò un feroce attacco contro la verginità. Nonostante la condanna da parte di Papa Siricio, egli si appellò alle autorità secolari, pretendendo che i sostenitori della verginità fossero Manichei. Mentre egli non negò la concezione verginale, Gioviniano negò la verginità di Maria durante e dopo il parto di Cristo, e S. Ambrogio invocò un Sinodo per confutare il suo errore. Questo Sinodo sostenne che la negazione della verginità di Maria durante la nascita di Cristo minava la fede nella nascita di Cristo stesso. Ambrogio prese una posizione molto forte nel patrocinare la nascita verginale sia nei suoi scritti che nelle omelie:

> Questa è la Vergine che concepì nel grembo, questa la Vergine che diede alla luce un Figlio... Infatti, Isaia non disse che una vergine avrebbe concepito soltanto; egli disse che una vergine avrebbe anche partorito. Ora, cosa è la porta del santuario, quella porta esterna diretta ad oriente, che rimane chiusa e nessuno, egli dice, vi passerà attraverso se non il Dio di Israele soltanto (Ez 44,2)... Questa porta è la Beata Vergine Maria; di lei è scritto che il Signore vi passerà attraverso e rimarrà chiusa dopo il parto, perché una vergine concepì e una vergine partorì.[88]

---

[87] Vedi S. ZENO DI VERONA, *Tractatus 8*, Libro 2 in *PL* 11, 414–415.
[88] S. AMBROGIO, *Epistola 42*, n. 4 in *PL* 16, 1174. Vedi anche *De institutione virginis*, cap. 8, n. 52: «...virginali fusus est partu, et genitalia virginitatis claustra non solvit» in *PL* 16, 320. Ambrogio propose la stessa dottrina alle persone nei suoi sermoni; cf. *Expositio evangelii secundum Lucam*, lib. 2, n. 43 *in PL* 15, 1568–1569, dove leggiamo: «Nupta peperit, sed virgo concepit; nupta concepit, sed virgo generavit.»

S. Girolamo fu un altro grande difensore nell'Occidente della verginità di Maria. In molte occasioni egli proclamò chiaramente la verginità della Beata Vergine durante il parto di Cristo:

> Cristo è un Vergine, e la Madre del nostro Vergine è ella stessa una vergine; lei è Madre e Vergine. Benché le porte erano chiuse, Gesù entrò; nel sepolcro che fu Maria, il quale era nuovo e scavato in roccia solidissima, nessuno vi era stato posto prima né lo fu dopo... Ella è la porta orientale di cui parla Ezechiele, sempre chiusa e piena di luce, che chiusa su sé stessa fa uscire da sé stessa il Santo dei Santi; mentre il Sole di giustizia... ci entra ed esce. Lascia che mi dicano come Gesù entrò [nel Cenacolo] quando le porte erano chiuse... ed io dirò loro come Maria sia Madre e Vergine, Vergine dopo il parto e Madre prima del matrimonio.[89]

Agli occhi di S. Girolamo, Nostro Signore potette in qualche modo «aprire il grembo» di Maria senza violarne la verginità.

L'immagine fornita da S. Girolamo circa la verginità di Maria durante il parto di Cristo fu raffinata da S. Agostino, S. Pietro Crisologo, e Papa S. Leone Magno. Per Agostino, Maria è vergine prima e durante lo stato coniugale, vergine nella sua gravidanza, vergine nel dare a Cristo del suo latte. Nel nascere da lei, Egli non le rubò la verginità.[90] In breve, «ella concepisce ed è una vergine; dà alla luce ed è vergine.»[91] S. Agostino considera insieme il mistero

---

[89] S. GIROLAMO, *Epistola 49*, n. 21 in *CSEL* 54, 386. Vedi anche Idem, *Dialogus contra Pelagianos*, liber 2, n. 4 in *PL* 23, 563: «Solo Cristo aprì i cancelli chiusi del suo grembo verginale, e tuttavia i cancelli rimasero infallibilmente chiusi.»

[90] Vedi S. AGOSTINO, *Sermo 188*, n. 4 in *PL*, 38, 1004.

[91] IDEM, *Sermo 189*, n. 2 in *PL*, 38, 1005; cf. Idem, *Sermo 191*, nn.

dell'Incarnazione e quello del parto; e così se il primo è avvenuto in modo mirabile, anche il secondo dev'essere miracoloso. Agostino include il parto verginale nel deposito della fede professata dalla Chiesa: «Se, nascendo, fosse stata violata la sua integrità (di Maria), non sarebbe nato da una vergine, e allora sarebbe falso - lungi da noi questa bestemmia - che Egli è nato da Maria Vergine, come confessa la Chiesa intera.»[92] S. Pietro Crisologo vede l'integrità verginale di Maria come rafforzata dalla nascita, che è la corona della sua verginità.[93] Cristo si fa avanti in modo tale che la porta verginale non rimanga aperta, e così la Beata Vergine diviene consapevole a Betlemme del giardino chiuso, la fontana sigillata del Cantico dei Cantici (Ct 4,12).[94] Papa Leone Magno dichiara che il grembo di Maria è un grembo di madre, ma la nascita di Gesù è una nascita verginale.[95] È l'incorruzione di Cristo che mantenne intatta l'integrità di Maria.[96] Nel suo *Tomo a Flaviano* nel 449 che esprime la regola di fede, Leone afferma che la nascita da una vergine è inclusa fra le verità di fede universalmente credute: «Egli è stato veramente concepito dallo Spirito Santo nel seno della Vergine Madre, che lo diede alla luce rimanendo intatta nella sua verginità, così come con intatta verginità lo concepì.»[97] Nel 521, Papa S.

3–4 in *PL* 38, 1010–1011.
[92] IDEM, *Enchiridion*, 34, 10 in *PL* 40, 249.
[93] Vedi S. PIETRO CRISOLOGO, *Sermo 142* in *PL* 52, 581 and *Sermo 175* in *PL* 52, 658.
[94] Vedi S. PIETRO CRISOLOGO, *Sermo 154* in *PL* 52, 589.
[95] Vedi S. LEONE MAGNO, *Sermo 24*, cap. 1 in *PL* 54, 204.
[96] Vedi IDEM, *Sermo 22*, cap. 2 in *PL* 54, 196.
[97] Papa S. LEONE MAGNO, *Tomus ad Flavianum*, cap. 2 in ND 609 and DS 291. In latino, si nota che ambedue gli aspetti della verginità di Maria sono sullo stesso livello: «illum ita salva virginitate edidit, quemadmodum salva virginitate concepit.»

Ormisda spiegò che «il Figlio di Dio divenne Figlio dell'Uomo, nato nel tempo al modo umano, aprendo il grembo di sua Madre alla nascita e, attraverso il potere di Dio, senza dissolvere la verginità di sua Madre.»[98] Tale tradizione fu finalmente ratificata nel 649 dal Concilio Lateranense quando condannò chiunque «non confessa secondo i santi Padri che...Maria...in senso proprio e secondo verità ha partorito senza corruzione (*incorruptibiliter*)... lo stesso Dio Verbo.»[99] La parola senza corruzione (*incorruptibiliter*), che significa il non essere toccata, denota una realtà fisica o uno stato. Esso esclude lesioni, sangue e cose simili. Il testo greco, che è di ugual valore, adopera ἀφθόρως, che significa senza corruzione. L'undicesimo Concilio di Toledo nel 675 proclamò la verginità di Maria durante la nascita: «Questo parto della Vergine non può né essere compreso dalla ragione, né essere illustrato nell'esempio; poiché se potesse venire compreso dalla ragione, non sarebbe meraviglioso, se potesse venire illustrato nell'esempio, non sarebbe singolare.»[100]

S. Tommaso d'Aquino fu chiarissimo nella sua formulazione della verginità di Maria durante la nascita di Cristo. Egli affermò il Signore, uscendo da quel sacro seno che lo aveva ospitato e che egli aveva santificato, non violò la verginità. Il corpo di Cristo, che apparve ai discepoli quando le porte erano chiuse, potrebbe essere uscito con lo

---

[98] Papa S. ORMISDA, Lettera *Inter ea quae*, cap. 10 in DS 368.
[99] CONCILIO LATERANENSE (649), *Condemnatio errorum de Trinitate et de Christo*, canone 3 in DS 503.
[100] UNDECIMO CONCILIO DI TOLEDO, Simbolo di Fede in DS 533: «Qui partus Virginis nec ratione colligitur, nec exemplo monstratur; quod si ratione colligitur, non est mirabile; si exemplo monstratur, non erit singulare.»

stesso potere dal grembo chiuso di Sua Madre. S. Tommaso infatti ammette che la compenetrazione dei corpi è possibile per miracolo. Il Dottore Angelico fece notare che non era decoroso che Egli diminuisse l'integrità della Madre nel nascere.[101] Il Dottore Angelico affermò che dobbiamo affermare che la Madre di Cristo fu vergine anche nel parto. Questa verginità era conveniente per tre motivi. Primo, perché si addiceva alla proprietà personale del Verbo di Dio che nasceva. Infatti il Verbo mentale non solo viene concepito senza alterazione della mente, ma anche esce da essa senza corromperla. Per dimostrare quindi che quel corpo apparteneva allo stesso Verbo di Dio, era conveniente che nascesse dal seno incorrotto della Vergine. Secondo, ciò era conveniente dalla parte del fine dell'incarnazione di Cristo. Infatti egli venne a togliere la nostra corruzione. Non era quindi opportuno che nascendo corrompesse la verginità della madre. Terzo, era conveniente che colui il quale aveva comandato di onorare i genitori, nascendo non menomasse l'onore della madre.[102]

Verso la metà del XX secolo, la natura fisica della verginità di Maria nella nascita di Cristo fu messa in dubbio. Mitterer affermò che due caratteristiche date nella tradizione circa la verginità di Maria *in partu*, cioè l'assenza delle pene del parto e la preservazione dell'imene, non appartenevano all'essenza della verginità e che la loro mancanza implicava una diminuzione di maternità.[103] Allo

---

[101] S. TOMMASO D'AQUINO, *Compendium theologiae*, Parte I, capitolo 225.

[102] IDEM, *Summa Theologiae*, III, q. 28, a. 2.

[103] Vedi A. MITTERER, *Dogma und Biologie der heiligen Familie* (Vienna: 1952), pp. 98–130 e «Marias wahre Jungfräulichkeit und Mutterschaft in der Geburt» in *Theologische–praktische Quartalschrift* 108 (1960), 188–93. Mitterer fu seguito da C. E.

stesso modo, Galot vede nella nascita di Cristo un evento del tutto ordinario, come qualsiasi altra nascita di un bambino. Fu la nascita completa di un bambino. Secondo Galot, una nascita normale è compatibile con l'integrità verginale senza corruzione o peccato. Tale nascita non può precludere la verginità perché non può essere identificata con l'atto sessuale. Galot sostenne anche un parto doloroso e una rottura dell'imene.[104] Ancor più grave fu la posizione di Campenhausen che considerava il dogma della verginità di Maria nel parto come radicata nell'influenza ascetica dei primi monaci, nel presunto atteggiamento negativo di S. Agostino verso la sessualità, e nell'insistenza della Chiesa sul celibato clericale.[105] Mentre Rahner affermò la sostanza della dottrina circa la verginità di Maria *in partu*, egli non la sostenne specificando in cosa consiste tale dottrina.[106] Dall'altro lato, l'approccio realista di Jaki evidenzia l'importanza della specificazione di alcuni dettagli concreti circa la natura miracolosa della nascita di Cristo.[107]

Nel giugno del 1960, il Santo Ufficio preparò un decreto a tal riguardo ma non lo pubblicò ufficialmente. Fu inviato

---

L. HENRY, «A Doctor Considers the Birth of Jesus,» in *Homiletic & Pastoral Review* 54 (1953), 219–233.

[104] Vedi J. GALOT, *Maria la donna nell'opera di salvezza* (Roma: Pontificia Università Gregoriana, 1984), p. 159, and IDEM, «La virginité de Marie et la naissance de Jésus» in *Nouvelle Revue Théologique* 82 (1960), pp. 449–469.

[105] Vedi H. VON CAMPENHAUSEN, *The Virgin Birth in the Theology of the Ancient Church*, (London: SCM Press, 1964).

[106] Vedi K. RAHNER, «Virginitas in partu» in *Theological Investigations*, vol. 4 (Baltimore: Helicon, 1966), pp. 134–162.

[107] Vedi S. L. JAKI, *The Virgin Birth and the Birth of Science* (Front Royal, VA: Christendom Press, 1990).

ad un certo numero di vescovi e superiori religiosi quale *monitum* o ammonimento:

> Questa Suprema Congregazione ha constatato a varie riprese in questi ultimi tempi e con una profonda preoccupazione che si pubblicano lavori teologici nei quali la delicata questione della verginità *in partu* di Maria è trattata con una deplorevole crudezza di espressioni e, quel che è più grave, in flagrante contraddizione con la tradizionale dottrina della Chiesa e con il pio sentimento dei fedeli. Nella sua riunione Plenaria di mercoledì, 20 di questo mese è sembrato di conseguenza necessario agli Em.mi Padri del S. Ufficio, in ragione della loro grave responsabilità, di vegliare sul deposito sacro della dottrina cattolica, di badare che, per l'avvenire, sia vietata la pubblicazione di simili dissertazioni su questo problema.[108]

Il Concilio Vaticano II diede ulteriore peso al Concilio Lateranense ripetendo la parola «integrità», e affermando in una nota al testo del Lateranense: «Questa unione della madre col figlio nell'opera della redenzione si manifesta dal momento della concezione verginale di Cristo fino alla morte di lui;... e la madre di Dio mostrò lieta ai pastori e ai magi il Figlio suo primogenito, il quale non diminuì la sua verginale integrità, ma la consacrò.»[109] Citando ancora una volta il Concilio Lateranense del 649, il Papa Giovanni

---

[108] Molte riviste lo pubblicarono. Venne fuori in italiano in *Ephemerides Mariologicae* 11 (1961), p. 138 e *Marianum* 23 (1961), p. 336 e in francese in *La Vie des Comunautés Religieuses* (Montreal) 18 (1960), #8. R. LAURENTIN, in *Breve Trattato su la Vergine Maria* (Milano: Edizioni Paoline, 1987) tradusse il decreto a p. 296, nella forma sopra citata.

[109] VATICANO II, *Lumen Gentium* 57.

Paolo II riaffermò la dottrina della verginità di Maria durante la nascita di Cristo: «Maria era dunque vergine prima della nascita di Gesù ed è rimasta vergine nel momento del parto e dopo il parto.»[110] Giovanni Paolo II affermò anche che «delle tre, l'affermazione della verginità «prima del parto» è, senza dubbio, la più importante, perché si riferisce al concepimento di Gesù e tocca direttamente il mistero stesso dell'Incarnazione.»[111] Con ciò il Papa non desiderava sminuire la verginità di Maria durante e dopo la nascita di Cristo, ma piuttosto desiderava sottolineare che la sua verginità *in partu* e *post partum* è correlata al concepimento verginale.

In tutta la questione, è necessario un delicato equilibrio per preservare la vera maternità di Maria nella reale e tuttavia miracolosa nascita di Cristo, onde dissipare ogni sospetto di Docetismo. Allo stesso tempo è importante evitare la riduzione della verginità di Maria durante la nascita ad un dato meramente simbolico. Sembra chiaro che ogni tentativo di minare la verginità della Beata Vergine durante la nascita detrae alla natura unica della nascita di Cristo, così come prepara la strada ad un concetto puramente spirituale di verginità. La nozione di verginità è applicata a Maria in modo speciale. Mentre nel caso delle altre donne, la verginità verrebbe persa soltanto durante le relazioni, essa potrebbe essere stata persa dalla Beata Vergine solo attraverso la rottura dell'imene durante un parto non miracoloso. Allora per garantire la verginità di Maria durante il parto si deve escludere la rottura

---

[110] Papa GIOVANNI PAOLO II, *Discorso all'udienza generale*, 28 gennaio 1987.

[111] Papa GIOVANNI PAOLO II, *Discorso all'udienza generale*, 28 agosto 1996, 2.

dell'imene ed anche le pene ed il dolore del parto, conseguenze del peccato originale (cfr. Gn 3:16).

La verginità dopo la Nascita di Cristo

Una terza fase della verginità di Maria riguarda la sua vita dopo Betlemme, e la dottrina della Chiesa indica qui che Maria non ebbe rapporti coniugali dopo la nascita di Gesù e che non ebbe alcun figlio oltre a Gesù. Contro questa dottrina talvolta è sollevata l'obiezione che la Bibbia menziona fratelli e sorelle di Gesù (cfr. Mc 3,31–35; 6,3; 1 Cor 9,5; Gal 1,19). La Chiesa ha sempre inteso che questi brani non riferiscono ad alcun figlio di Maria. Infatti Giacomo e Giuseppe, «fratelli di Gesù», sono i figli di un'altra Maria, una discepola di Cristo, che S. Matteo significativamente chiama «l'altra Maria» (Mt 13,55; 28,1; cfr. Mt 27,56). Coloro che sono definiti fratelli di Gesù sono le sue relazioni di sangue a livello di cugini, secondo l'antico modo semitico di pensare, come è rinvenuto anche nell'Antico Testamento.[112] Se Maria avesse altri figli, diverrebbe difficile spiegare perché Gesù è enfaticamente chiamato «Figlio di Maria» (Mc 6,3) notando specialmente come non vi sia alcuna menzione di Giuseppe. Allo stesso modo, a Maria non ci si riferisce mai come Madre dei fratelli di Gesù. Se Maria avesse altri figli, oltre a Gesù, quando Egli stava per morire sulla croce non avrebbe affidato sua Madre a S. Giovanni. Alcuni protestanti sostengono che Maria partorì Gesù come vergine e in seguito ebbe Giacomo, e forse altri figli e figlie con Giuseppe. Secondo i Padri della Chiesa che scrivono dopo l'epoca neotestamentaria, la Chiesa Cattolica e quella

---

[112] Vedi il capitolo 3, pp. 67-69 sopra dove ciò è gia stato esaminato. Vedi anche Gn 13,8; 14,16; 29,15.

Ortodossa insegnano la perpetua verginità di Maria, la quale implica che ella e Giuseppe non ebbero mai relazioni coniugali. Alcuni Ortodossi pensano che Giuseppe ebbe Giacomo dalla sua prima moglie, e dopo che lei morì egli sposò Maria, di cui l'unico Figlio fu Gesù concepito verginalmente. In tal modo Giacomo fu il fratellastro di Gesù. La posizione cattolica è che Giacomo fu soltanto un parente stretto di Gesù, forse il figlio di Cleofa (tradizionalmente ritenuto fratello di Giuseppe) o un cugino dal lato di Maria.

Il Vangelo di S. Luca afferma che Maria «diede alla luce il suo figlio primogenito» (Lc 2,7). Nel greco biblico, l'espressione per primogenito (πρωτότκος) non implica in nessun modo che la Vergine Maria in seguito ebbe altri figli, ma piuttosto sottolinea la dignità e i diritti del Bambino. L'espressione primogenito è usata in un modo simile a quanto rinvenuto nella lettera agli Ebrei: «quando introduce il Primogenito nel mondo, dice: Lo adorino tutti gli angeli di Dio» (Eb 1,6). L'espressione è predicata dal Verbo, il *solo* Figlio del Padre e di Gesù Cristo, il *solo* Figlio di Sua Madre Maria. Un'ulteriore difficoltà nella proposta che Gesù avesse fratelli di sangue sarebbe la loro rivendicazione di discendenza basata sullo stretto legame di sangue con Lui, e ciò porrebbe in discussione l'affermazione che il Regno non si basa su tali legami ma sull'ascolto alla parola di Dio e la sua osservazione (cfr. Lc 11,28). Infatti, chiunque compie la volontà del Padre di Cristo nei Cieli è Suo fratello, sorella e madre (cfr. Mt 12,50).

La cristianità occidentale affrontò la questione della perpetua verginità della Beata Vergine solo gradualmente. Pochissimi Padri furono problematici nelle loro visioni della questione. Ad esempio, Tertulliano considerò la Madre di Gesù come madre anche di altri figli dopo la nascita di Cristo.¹¹³ S. Ilario di Poitiers tracciò un importante spartiacque nel rigettare l'errore di quanti sostenevano che Maria ebbe relazioni matrimoniali con Giuseppe dopo la nascita di Gesù; per Ilario costoro sono «individui irreligiosi, del tutto divorziati dall'insegnamento spirituale.» Egli stesso è consapevole che, ogni qualvolta la Scrittura parla di Maria e Giuseppe, Maria «è chiamata Madre di Cristo, perché quello è ciò che era; non «moglie di Giuseppe», perché non lo era.» Per Ilario i fratelli di Gesù erano figli di Giuseppe da un precedente matrimonio; se ciò non fosse stato vero, Gesù non sarebbe stato costretto ad affidare Sua Madre a Giovanni dalla croce.¹¹⁴ Il linguaggio energico di Ilario esprime la sua profonda convinzione circa la verginità perpetua di Maria, radicata nella sua dignità di Madre del Salvatore. Dinnanzi all'errore, Zeno di Verona offrì una formula importante, che era già espressione della verginità perpetua di Maria: «O meraviglioso mistero! Maria concepì come vergine incorrotta; dopo la concezione partorì come vergine; dopo il parto rimase vergine.»¹¹⁵

Durante il decennio fra il 383 e il 392 divenne necessario difendere ulteriormente la dottrina della verginità di Maria *post partum*. Gli antagonisti chiave di questa battaglia furono prima di tutto Elvidio e Bonoso. Elvidio non commise l'errore tattico d'affermare che la verginità è inferiore al matrimonio e non sembrò attaccare la Vergine

---

[113] Vedi TERTULLIANO, *Adversus Marcionem*, Lib. 3, cap. 11 in *CSEL* 47, 393; *Ibid.*, lib. 4, cap. 19 in *CSEL* 47, 482–483; IDEM, *De carne Christi*, cap. 7 in *CSEL* 70, 208–212.

[114] Vedi S. ILARIO, *Commentarius in Matthaeum*, cap. 1, nn. 3–4 in *PL*, 9, 921–922.

[115] ZENO, *Tractatus*, lib. 2, tr. 8, 2 in *PL* 11, 414–415; cf. *Tractatus*, lib. 1, tr. 5, 3 in *PL* 11, 303.

Maria. Egli semplicemente asserì che matrimonio e verginità hanno eguale dignità, che Maria è doppiamente ammirevole per essere stata, rispettivamente, vergine e madre di una famiglia: vergine sino alla nascita di Gesù, ed in seguito madre dei fratelli e sorelle di Gesù menzionati dalla Scrittura. S. Girolamo difese la fede e nell'anno 383 nel suo *Adversus Helvidium* sviluppò la tesi che la verginità è superiore al matrimonio. La sua tesi chiave fu che Maria non avrebbe mai immaginato avere delle relazioni con qualsiasi uomo, chiunque egli fosse stato.[116] Quali testimoni di tale dottrina Girolamo citava i Padri Ignazio, Policarpo, Ireneo, e Giustino. Per Girolamo i fratelli del Signore sono figli non di Maria ma di sua sorella. Egli concluse in risposta ad Elvidio:

> Ma come noi non neghiamo quanto è scritto, così non rigettiamo quanto non è scritto. Crediamo che Dio nacque dalla Vergine perché lo leggiamo. Che Maria fu sposa dopo il parto, non lo crediamo, perché non lo leggiamo. Né diciamo ciò per condannare il matrimonio, dal momento che la verginità stessa è frutto del matrimonio; ma perché quando abbiamo a che fare con i santi non dobbiamo giudicare affrettatamente. Se noi adottiamo la possibilità come regola di giudizio, potremmo sostenere che Giuseppe ebbe molte mogli perché Abramo lo fece, e così pure Giacobbe, e che i fratelli del Signore erano il problema di quelle mogli, un'invenzione che alcuni sostengono con una precipitazione che scaturisce da audacia non da pietà. Tu dici che Maria non rimase vergine. Ed io dico ancora di più; dico che Giuseppe stesso era un vergine per il bene di Maria, di modo che da un matrimonio vergine fosse generato un Figlio vergine.[117]

---

[116] S. Girolamo, *Adversus Helvidium* in PL 23, 193–216.

L'altro avversario, Bonoso, Vescovo di Naissus (ora Niš in Serbia), intorno all'anno 390 sostenne che Maria aveva avuto più di un figlio.[118] S. Ambrogio rispose a quest'errore. Adottando molti simboli della perpetua verginità di Maria dall'Antico Testamento come il «porta chiusa» di Ezechiele, il «giardino chiuso» e la «fontana sigillata» del Cantico dei Cantici, spiegò i testi del Nuovo Testamento misinterpretati da Bonoso (Mt 1,18–25).[119] I fratelli di Gesù non sono figli di Maria, benché potevano esserlo di Giuseppe. In ogni caso, il termine «fratello» non necessita di interpretazione nel senso letterale moderno della parola.[120] Bonoso fu condannato dai suoi vescovi circonvicini dell'Illiria, e tale condanna fu approvata in una celebre lettera il cui autore potrebbe essere Papa Siricio, ma è più probabile che possa esserlo Ambrogio stesso.[121] Il testo afferma:

---

[117] S. GIROLAMO, *Adversus Helvidium*, n. 19 in *PL* 23, 213; cf. *ibid.*, n. 17 in *PL* 23, 211. I fratelli di Gesù sono descritti come «fratres propinquitate, non natura.»

[118] S. Ambrogio dà un resoconto degli errori di Bonoso che non era l'unico a negare la perpetua verginità di Maria. Vedi S. AMBROGIO, *De institutione virginis,* cap. 5, n. 35 in *PL* 16, 328.

[119] Cf. S. AMBROGIO, *De institutione virginis*, cap. 5, n. 36 ff. in *PL* 16, 329 ff.

[120] Cf. *Ibid.*, cap. 6, n. 43 in *PL* 16, 331. S. Ambrogio ragiona anche dal fatto che Cristo affidò Maria a Giovanni sul Calvario in *De institutione virginis,* cap. 7, nn. 46–48 in *PL* 16, 332–333.

[121] *De Bonoso* in *PL* 16, 1222–1224; anche in *PL* 13, 1176–1178, come Papa Siricio, *Epistola 9, Ad Anysium Thessalonicensem aliosque Illyrici episcopos*. La nota rilevante in *PL* 16 rifiuta di scegliere fra gli autori suggeriti mentre il monito in PL 13 ascrive la lettera a Siricio. F. Homes Dudden crede che «lo stile e la materia indicano origine ambrosiana». Vedi *The Life and Times of St. Ambrose* (Oxford, 1935), Vol. 2, p. 402, nota 4.

> Vostra reverenza fu del tutto giustificata nel rimproverarlo [cioè Bonoso] circa il caso dei figli di Maria, ed aveva buone ragioni per essere inorridito dal pensiero che un'altra nascita possa uscire dallo stesso seno verginale da cui Cristo fu generato secondo la carne. Il Signore Gesù, infatti, non avrebbe mai scelto d'essere nato da una vergine se Egli avesse mai ritenuto che lei fosse stata così incontinente da aver contaminato con il seme delle relazioni umane il luogo di nascita del corpo del Signore, quella corte dell'eterno Re.[122]

La condanna di Bonoso consolidò la proclamazione della verità della verginità di Maria dopo la nascita di Cristo. S. Agostino ripete spesso le verità fondamentali che la Beata Vergine: «Chi potrebbe comprendere questa novità assolutamente straordinaria, inusitata, unica al mondo, incredibile ma divenuta credibile e incredibilmente creduta da tutti: che una vergine concepisse, una vergine partorisse e nel partorire rimanesse vergine?»[123] La stessa verità è riecheggiata anche da Padri occidentali come S. Pietro Crisologo e S. Leone Magno. Per S. Pietro Crisologo, Maria fu una vergine che concepì, una vergine che partorì e rimase vergine.[124] Papa S. Leone Magno scrisse: «Infatti, quando Dio fu generato nella carne, Dio stesso era il Padre, come l'arcangelo fece da testimone alla Beata Vergine Maria... L'origine è diversa ma la natura la stessa: non da relazioni con un uomo ma dal potere di Dio ebbe luogo: fu infatti una Vergine a concepire, una Vergine a dare alla

---

[122] *De Bonoso*, n. 3 in *PL* 16, 1223–1224; 13, 1177.
[123] *Sermo 190*, n. 2 in *PL* 38, 1008; vedi anche *Sermo 196*, n. 1 in *PL* 38, 1019: «Virgo concepit, miramini; virgo peperit, plus miramini; post partum, virgo permansit.»
[124] Cf. S. Pietro Crisologo, *Sermo 97* in *PL* 52, 521: «Virgo concipit, virgo parturit, virgo permanet.»

luce, e rimase Vergine.»[125] La dichiarazione definitiva del Concilio Laterano del 649 giunse sulla scia delle affermazioni di molti Padri: «Se qualcuno non confessa secondo i santi Padri che... Maria... in senso proprio e secondo verità... ha partorito... permanendo anche dopo il parto la sua indissolubile verginità, sia scomunicato.»[126]

Nell'oriente cristiano, vi era una tradizione primitiva secondo cui S. Giuseppe era un vedovo, con figli da una moglie precedente, e troppo avanzato in età per avere relazioni coniugali. Tale idea può rinvenirsi in un frammento di Clemente di Alessandria: il Giuda che scrisse la Lettera Cattolica fu «un fratello dei figli di Giuseppe,» e così «i fratelli di Giacomo.»[127] Anche nella scuola alessandrina, Origene rifiutò fermamente l'idea che Maria avesse avuto qualche altro figlio oltre a Gesù: «Nessuno di sano pensiero su Maria avrebbe proposto che ella avrebbe altro figlio oltre Gesù.»[128] Origene ebbe da dire il seguente a riguardo dei «fratelli di Gesù»:

> Quanto ai «fratelli» di Gesú, alcuni - indotti da una tradizione del cosiddetto Vangelo di Pietro o del libro di Giacomo - dicono che sono i figli che Giuseppe ebbe da una moglie precedente, a lui sposata prima di Maria. Coloro che cosí affermano vogliono salvaguardare l'onore di Maria in una verginità fino alla fine, affinché quel corpo, che fu

---

[125] Papa S. LEONE MAGNO, *Sermo* 22, cap. 2 in *PL*, 54, 195: «divina potestate subnixum est, quod virgo conceperit, quod virgo pepererit, et virgo permanserit.»

[126] CONCILIO LATERANENSE (649), *Condemnatio errorum de Trinitate et de Christo*, canone 3 in DS 503.

[127] CLEMENTE DI ALESSANDRIA, *Adumbrationes in epistolam Iudae* in *PG*, 9, 731.

[128] ORIGENE, *Commentaria in Evangelium Ioannis*, Tomus 1, Praefatio, n. 6 in *EM* 151.

scelto a prestar servizio al Verbo,... non abbia conosciuto unione con uomo dopo che lo Spirito Santo discese in lei e l'adombrò la Virtù dall'alto. E io credo ragionevole che la primizia della purezza casta degli uomini sia Gesú, e delle donne Maria: non sarebbe infatti pio ascrivere ad altra che a lei la primizia della verginità.[129]

L'ispirazione fondamentale per la convinzione di Origene e di molti cristiani contemporanei che Maria rimase vergine sino alla fine era teologica: una fede fermamente radicata che all'incarnazione il corpo della Beata Vergine era stato irrevocabilmente consacrato allo Spirito Santo e al Verbo. Inoltre, S. Basilio, Vescovo di Cesarea in Cappadocia, rigettò un discorso del famoso ariano Eunomio, in cui questi dichiarava che Giuseppe e Maria ebbero relazioni coniugali dopo la nascita di Gesú. S. Basilio ribatté la tesi di Eunomio in chiave cristologica, dicendo che «gli amanti di Cristo rifiutano di prestare ascolto all'idea che la Madre di Dio cessò mai d'essere una vergine.»[130] Similmente, Efrem contrattaccò l'errore di coloro «che osano dire che Maria era la moglie di Giuseppe dopo la nascita del Salvatore.» La sua risposta somiglia a quella di Origene: «Come potrebbe avvenire ciò, che colei la quale fu dimora dello Spirito, colei che fu adombrata dalla potenza di Dio, dovesse divenire la moglie di un uomo mortale?... Come ella concepì puramente, così dimorò in santità.»[131] Il semplice fatto che Gesù affidò

---

[129] ORIGENE, *Commentaria in Evangelium secundum Matthaeum*, Tomus 10, 17 in *EM* 132.

[130] S. BASILIO, *Homilia in sanctam Christi generationem*, n. 5 in *PG* 31, 1468.

[131] S. EFREM, Explanatio evangelii concordantis, cap. 2 in *EM* 295.

Maria a Giovanni sul Calvario prova che i «fratelli» non erano suoi figli.[132]

La Verginità perpetua di Maria

Un ulteriore passo fu fatto in oriente con S. Epifanio e la sua professione che Maria fu sempre vergine. Nel 374 egli riporta l'eresia degli Antidicomarianiti secondo cui Maria ebbe relazioni con Giuseppe dopo la nascita di Gesù.[133] Nel 377 egli rispose riproducendo una lettera indirizzata alcuni anni prima ai cristiani in Arabia. La lettera castiga l'opinione come novità, audacia, follia e del tutto empia. Maria è sempre stata conosciuta come la Vergine e questo è un nome di grande onore. I fratelli di Gesù erano figli di Giuseppe da un matrimonio precedente. Gesù era l'unico Figlio di Maria ed Epifanio insiste che ella fu «sempre vergine.»[134] Intorno all'anno 390, S. Giovanni Crisostomo insegnò in Antiochia che Maria rimase vergine per tutta la sua vita. Egli deduce dalle Scritture la sua verginità dopo Betlemme, mentre la concezione verginale è una verità insegnatavi esplicitamente.[135] Più tardi, nel secolo settimo, S. Giovanni Damasceno affermò: «La sempre vergine per eccellenza rimase vergine anche dopo il parto, non avendo mai nulla a che fare con un uomo sino alla morte... Infatti, come poteva essere possibile che colei che aveva generato Dio e dall'esperienza degli eventi successivi aveva conosciuto il miracolo, ricevesse l'abbraccio di un

---

[132] Vedi *ibid.*.
[133] S. EPIFANIO, *Ancoratus*, n. 13.
[134] Cf. S. EPIFANIO, *Panarion*, haeresis 78, nn. 5–24 and Idem, *Ancoratus*, n. 119.
[135] S. GIOVANNI CRISOSTOMO, *Homilia 5 in Matthaeum*, n. 3 in *PG* 57, 58.

uomo.»¹³⁶ L'espressione «sempre vergine» o *eiparthenos* in greco divenne l'espressione ordinaria nella Chiesa, significando la totale consacrazione di Maria in corpo e anima per tutta la sua esistenza alla Santissima Trinità.

Varie dichiarazioni del Magistero indicarono che la perpetua verginità di Maria era parte essenziale della fede. Il Concilio Lateranense del 649 dichiarò: «Se qualcuno non confessa secondo i santi Padri che la santa e sempre Vergine e immacolata Maria sia in senso proprio e secondo verità Madre di Dio, in quanto propriamente e veramente alla fine dei secoli ha concepito dallo Spirito Santo senza seme e partorito senza corruzione, permanendo anche dopo il parto la sua indissolubile verginità, lo stesso Dio Verbo, nato dal Padre prima di tutti i secoli, sia scomunicato.»¹³⁷ Nell'anno 1215, il Concilio Lateranense IV professò che Gesù Cristo fu «concepito da Maria sempre vergine con la cooperazione dello Spirito Santo.»¹³⁸ Nel 1555, Paolo IV condannò varie eresie degli Unitariani e Sociniani, e in tale contesto affermò che la Beata Vergine conservò intatta la sua verginità «prima del parto, nel parto e dopo il parto, in perpetuo.»¹³⁹ Paolo VI nell'esortazione *Signum Magnum* insegna che Maria è «rimasta Vergine nel parto e dopo il parto, come sempre ha creduto e professato la Chiesa Cattolica.»¹⁴⁰ Nella Professione di Fede egli ribadisce che «crediamo che Maria

---

[136] S. GIOVANNI DAMASCENO, *De Fide orthodoxa*, libro 4, cap. 14 in *EM* 1920.

[137] CONCILIO LATERANENSE (649), *Condemnatio errorum de Trinitate et de Christo*, canone 3 in DS 503.

[138] LATERANENSE IV, cap. I sulla fede cattolica in ND 20.

[139] Papa PAOLO IV, Costituzione *Cum quorundam hominum* in DS 1880.

[140] Papa PAOLO VI, Esortazione Apostolica *Signum Magnum*, 11.

è la Madre, rimasta sempre Vergine, del Verbo Incarnato, nostro Dio e Salvatore Gesù Cristo.»[141]

S. Tommaso d'Aquino diede quattro stupende ragioni teologiche perché, senza alcuna esitazione, dobbiamo aborrire l'errore secondo il quale la Madre di Cristo, dopo il suo parto, ebbe rapporti coniugali con Giuseppe e generò altri figli. Queste ragioni collocano la verginità perpetua della Beata Vergine in una prospettiva cristologica. Primo, perché ciò deroga alla dignità di Cristo: il Quale come per la natura divina è l'Unigenito del Padre, quale suo Figlio assolutamente perfetto, così conveniva che fosse l'Unigenito della madre, quale suo frutto perfettissimo. Secondo, perché tale errore offende lo Spirito Santo, che nel seno della Vergine, divenuto suo santuario, formò la carne di Cristo: per cui non era decoroso che in seguito questo seno verginale fosse violato da rapporti coniugali. Terzo, perché ciò compromette la dignità e la santità della Madre di Dio: la quale si sarebbe dimostrata sommamente ingrata se non si fosse accontentata di un Figlio così grande; e se avesse voluto perdere spontaneamente con dei rapporti coniugali la verginità che un miracolo le aveva conservata. Quarto, perché sarebbe da rimproverare a Giuseppe la massima presunzione se egli avesse tentato di profanare colei che aveva concepito Dio per opera dello Spirito Santo, come egli sapeva per rivelazione angelica. S. Tommaso conclude dicendo che dobbiamo affermare senza alcuna riserva che la Madre di Dio, come vergine concepì e vergine partorì, così anche dopo il parto rimase vergine per sempre.[142] La perpetua verginità di Maria è anche un'espressione del suo essere intima discepola del Padre,

---

[141] IDEM, *Professione di Fede* (1968), 14.
[142] Vedi S. TOMMASO D'AQUINO, *Summa Theologiae*, III, q. 28, a. 3.

del Figlio e dello Spirito Santo, un tema che esamineremo nel prossimo capitolo.

7

Discepola di Suo Figlio

> *Come fu la prima e più perfetta discepola di Gesù Cristo in tutte le virtù, così Maria lo fu anche nell'umiltà, per cui meritò di essere esaltata sopra tutte le creature.*
>
> S. Alfonso Maria de Liguori, *Le Glorie di Maria*

Maria, la Prima Discepola

Il discepolato di Maria è stato in qualche modo un'acquisizione della teologia recente. Le intuizioni bibliche più recenti e profonde hanno aumentato la nostra consapevolezza di quanto Maria sia un modello di discepolato fedele.[1] Ciò nonostante, il fatto che la Beata Vergine sia la discepola di suo Figlio è basato sulla sua maternità divina, in modo tale che non vi può essere tensione alcuna fra questi due aspetti della vita di Maria. Dal fatto che la Beata Vergine sia Madre di Dio scaturiscono tutti gli altri aspetti della sua missione; aspetti

---

[1] Vedi la CONFERENZA NAZIONALE DEI VESCOVI AMERICANI, *Behold Your Mother* (1973), 81.

che sono ben illustrati dai titoli con cui la comunità dei discepoli di Cristo la onorò in ogni parte del mondo.² Il concetto occidentale di Maria quale seguace di Cristo si basa anche sulla sua obbedienza a sua Figlio. Comunque, in occidente, questa obbedienza è stata talvolta concepita in un modo eccessivamente morale e ridotto semplicemente ad adempimento di comandi. Invece, è più consonante la considerazione di come Maria ha corrisposto con il dono totale di sé, al dono straordinario di Dio nella sua economia salvifica. Allo stesso tempo, l'obbedienza di Maria è sia un contrasto che una guarigione della disobbedienza di Eva.

Il resoconto del discepolato di Maria comincia con una riflessione sulla sua obbedienza quale Nuova Eva confrontata con la disobbedienza della prima Eva. Tale parallelo è trattato da parecchi Padri della Chiesa, sia in Occidente che in Oriente, come S. Ireneo, S. Giustino e Tertulliano.³ In particolare, Ireneo (120–202), adottando la sua teoria della ricapitolazione, in cui il parallelo Eva–Maria è collocato fianco a fianco con l'analogia Adamo–Cristo, formula il contrasto nel modo seguente:

> Dunque il Signore è venuto visibilmente nella sua proprietà; è stato portato dalla sua propria creazione che è portata da Lui; grazie alla sua obbedienza sul legno ha fatto la ricapitolazione della disobbedienza che era stata compiuta per mezzo del legno, e la seduzione, di cui miseramente era stata vittima Eva, vergine soggetta al marito, è stata dissipata dalla verità che fu annunciata magnificamente dall'angelo a Maria. Infatti, come

---

² Vedi Papa GIOVANNI PAOLO II, *Discorso all'Udienza Generale*, 7 gennaio 2004, 3.
³ Vedi capitolo 4, pp. 92-93 sopra per i testi di rilievo.

quella fu sedotta dalla parola dell'angelo in modo da fuggire Dio trasgredendo la sua parola, così questa ricevette il lieto annunzio per mezzo della parola dell'angelo, in modo da portare Dio obbedendo alla sua parola; e come quella si lasciò sedurre in modo da disobbedire a Dio, così questa si lasciò persuadere in modo da obbedire a Dio, affinché la Vergine Maria divenisse avvocata della vergine Eva; e come il genere umano fu legato alla morte per mezzo di una vergine, così ne fu liberato per mezzo di una Vergine, perché la disobbedienza di una vergine fu controbilanciata dall'obbedienza di una vergine.[4]

S. Ireneo vede la funzione di Maria quale seconda Eva in relazione alla redenzione dell'uomo. La cooperazione della prima Eva con Satana nel causare la morte spirituale dell'uomo è uguagliata e superata dalla cooperazione di Maria con Dio nel determinare il ritorno dell'uomo alla vita. La sua cooperazione e discepolato implicavano un'attività di ordine morale: ella diede un libero assenso a Gabriele e a Dio. La sua obbedienza non fu forzata, ma piuttosto pose sé stessa al servizio di Dio con una visione chiara e una volontà libera per la realizzazione dei Suoi disegni.

Teodoto di Ancira (+438) introduce un concetto di ministero nel discepolato portato a compimento da Maria:

> Al posto della vergine Eva, che ha prestato servizio alla morte, una vergine fu riempita di grazia da Dio e scelta per servire la vita... La divina provvidenza ci ha data questa donna, degna del Creatore, quale procuratrice di benedizioni, non provocando la

---

[4] S. IRENEO, *Adversus haereses*, libro 5, cap. 19, n. 1 in *PG* 7, 1175-1176. Vedi anche *ibid.*, libro 3, cap. 22, n. 4 in *PG* 7, 958-959.

disobbedienza ma mostrando la via all'obbedienza... non proferendo il frutto velenoso della morte ma offrendo il pane della vita... Non è [dice Gabriele] la concezione nelle iniquità o la concezione nei peccati che ti annuncerò; ma è piuttosto gioia che io ti reco, gioia che lenisce il dolore che ha origine da Eva.[5]

Coloro che erano apostoli e collaboratori fedeli di Cristo debbono essere distinti da quanti semplicemente Lo seguirono come discepoli. Fra questi discepoli possono essere enumerate le donne che avevano seguito Gesù dalla Galilea e si prendevano cura di Lui (Mt 27–55) e Giuseppe, un ricco uomo di Arimatea che seguì segretamente Gesù (Mt 27–57). Fra tutti gli altri, Maria la Madre di Dio è la prima e principale discepola di Gesù. Ella fu la prima dei Suoi discepoli, perché anche quando ritrovò il suo Figlio dodicenne nel tempio fu insegnato da Lui e serbava tutte queste cose nel suo cuore (cfr. Lc 2,51). Maria Madre diventava così, in un certo senso, la prima «discepola» di suo Figlio, la prima alla quale egli sembrava dire: «Seguimi», ancor prima di rivolgere questa chiamata agli apostoli o a chiunque altro (Gv 1,43).[6] Ella fu la prima discepola sopra tutti gli altri perché nessun altro è stato «istruito da Dio» (cfr. Gv 6,45) in modo così profondo. S. Agostino scrisse che ella fosse «sia madre che discepola».[7] La proposta di S. Agostino che il discepolato di Maria fu più importante della sua Maternità, è stato nuovamente

---

[5] TEODOTO DI ANCIRA, *Homilia 6, In sanctam Mariam Dei genitricem et in sanctam Christi nativitatem*, nn. 11-12 in *EM* 1201.

[6] Vedi il Papa GIOVANNI PAOLO II, Lettera Enciclica *Redemptoris Mater* (1987), 20.

[7] Vedi il Papa GIOVANNI PAOLO II, *Catechesi Tradendae*, 73. Vedi anche S. Agostino, *Sermo 25*, 7 in *PL* 46, 937-938.

ripreso in tempi recenti. Comunque, un'obbiezione a tale opinione potrebbe essere sollevata dicendo che il suo discepolato è *basato* sulla Maternità, dal momento che è la base dell'agire (*agere sequitur esse*). Nel corso della predicazione del Figlio, Maria ricevette le Sue parole ed Egli dichiarò beati coloro che ascoltarono e custodirono la parola di Dio (cfr. Mc 3,35; Lc 11,27s) come ella faceva fedelmente (cfr. Lc 2,19; 51).[8] Quale perfetta discepola, la Vergine Maria ascoltò la Parola di Dio e la custodì, per l'interminabile gioia delle generazioni messianiche che la chiamano beata.[9] In effetti, Maria, che si adattò sempre alla volontà di Dio, fu la prima a meritare le parole di lode indirizzate da Cristo a quanti lo seguivano: «Chiunque fa la volontà del Padre mio che è nei cieli, questi è per me fratello, sorella e madre» (Mt 12,50).[10]

Quale credente discepola di Gesù, Maria può essere chiamata figlia della Chiesa, come pure nostra sorella. Infatti, come noi, sebbene in modo privilegiato ed eminente, è anch'ella redenta da Cristo.[11] La Vergine Maria è stata sempre proposta dalla Chiesa alla imitazione dei fedeli, perché fu la prima e la più perfetta seguace di Cristo: il che ha un valore esemplare, universale e permanente.[12] Maria, la serva del Signore, rimase fedele per tutta la sua vita terrena a quanto questo nome esprime. In ciò ella diede conferma d'essere stata una vera

---

[8] Vedi VATICANO II, *Lumen Gentium*, 58.
[9] Vedi la CONFERENZA NAZIONALE DEI VESCOVI AMERICANI, *Behold Your Mother* (1973), 78.
[10] Vedi Papa GIOVANNI PAOLO II, Lettera Enciclica *Redemptoris Mater*, 41. Vedi anche VATICANO II, *Lumen Gentium*, 36.
[11] Vedi la CONFERENZA NAZIONALE DEI VESCOVI AMERICANI, *Behold Your Mother* (1973), 114. Vedi anche Papa PAOLO VI, *Omelia per la Festa della Purificazione* (2 febbraio 1965).
[12] Vedi Papa PAOLO VI, *Marialis Cultus*, 35.

«discepola» di Cristo, il quale enfatizzò fortemente che la Sua missione era di servire; il Figlio dell'Uomo «che non è venuto per essere servito, ma per servire e dare la sua vita in riscatto per molti» (Mt 20,28). In tal modo Maria divenne la prima fra coloro che, «servendo a Cristo anche negli altri, con umiltà e pazienza conducono i loro fratelli al Rè, servire al quale è regnare.»[13] Per quanto riguarda il discepolato, appare chiaro che

> la figura della Vergine non deluda alcune attese profonde degli uomini del nostro tempo ed offra ad essi il modello compiuto del discepolo del Signore: artefice della città terrena e temporale, ma pellegrino solerte verso quella celeste ed eterna; promotore della giustizia che libera l'oppresso e della carità che soccorre il bisognoso, ma soprattutto testimone operoso dell'amore che edifica Cristo nei cuori.[14]

Pertanto Maria di Nazaret, la prima discepola, accettò di mettersi al servizio del disegno divino con il dono totale di sé stessa. Vicina a Cristo, insieme con Giuseppe, nella vita nascosta di Nazaret, presente accanto al Figlio in momenti cruciali della sua vita pubblica, la Vergine è maestra di sequela incondizionata e di assiduo servizio.[15] Durante la vita apostolica di Gesù, Maria fu in molti modi una discepola nascosta, che fu notata in alcuni particolari momenti chiave. Nel primo segno di Gesù, dato a Cana (cfr. Gv 2,1–12), quando cambiò l'acqua in vino, aprì alla fede il cuore dei discepoli grazie all'intervento di Maria, la prima dei credenti.[16]

---

[13] Vedi Papa GIOVANNI PAOLO II, Lettera Enciclica *Redemptoris Mater*, 41. Vedi anche Vaticano II, *Lumen Gentium*, 36.

[14] Papa PAOLO VI, *Marialis Cultus*, 37.

[15] Vedi Papa GIOVANNI PAOLO II, *Vita Consecrata* (1996), 18, 28.

Maria esempio di Fede

La fede di Maria è evidente sin dal momento dell'annunciazione quando rispose all'angelo Gabriele: «Eccomi, sono la serva del Signore, avvenga di me quello che hai detto» (Lc 1,38). Maria è chiamata a credere in una maternità verginale, di cui l'Antico Testamento non ricorda nessun precedente. In realtà il noto oracolo di Isaia: «Ecco: la vergine concepirà e partorirà un figlio, che chiamerà Emmanuele» (Is 7,14), pur non escludendo tale prospettiva, è stato esplicitamente interpretato in questo senso soltanto dopo la venuta di Cristo, e alla luce della rivelazione evangelica. A Maria è richiesto di aderire ad una verità mai enunciata nel tempo precedente. Ella l'accoglie con animo semplice e audace. Con la domanda: «Come avverrà questo?» esprime la fede nel potere divino di conciliare la verginità con la sua eccezionale ed unica maternità.[17] All'angelo che le propone di diventare madre, Maria fa presente il suo proposito di verginità. Ella, credendo nella possibilità del compimento dell'annuncio, interpella il messaggero divino solo sulle modalità della sua realizzazione, per meglio adempiere la volontà di Dio, alla quale intende aderire ed affidarsi con totale disponibilità. «Cercò il modo, non dubitò dell'onnipotenza di Dio», commenta sant'Agostino.[18]

La fede di Maria crebbe e si sviluppò. Una situazione dove ciò è evidente è il ritrovamento di Gesù nel Tempio

---

[16] Vedi Papa GIOVANNI PAOLO II, *Rosarium Virginis Mariae* (2002), 21.

[17] Vedi Papa GIOVANNI PAOLO II, *Discorso all'Udienza Generale* (3 luglio 1996), 3.

[18] S. AGOSTINO, *Sermo 291*. Vedi Papa GIOVANNI PAOLO II, *Discorso all'Udienza Generale* (3 luglio 1996), 1.

(Lc 2,41–52). Attraverso questo episodio, Gesù prepara sua madre al mistero della Redenzione. Maria, insieme con Giuseppe, vive nei tre drammatici giorni in cui il Figlio si sottrae loro per rimanere nel Tempio, l'anticipazione del Triduo della sua passione, morte e risurrezione. Lasciando partire sua Madre e Giuseppe per la Galilea, senza accennare loro dell'intenzione di rimanere a Gerusalemme, Gesù li introduce nel mistero di quella sofferenza che porta alla gioia, anticipando quanto avrebbe compiuto in seguito con i discepoli mediante l'annunzio della sua Pasqua.[19] Per Maria, il ritrovamento di Gesù al terzo giorno significa scoprire un altro aspetto della Sua Persona e Missione. Sua Madre chiese a Gesù: «Figlio, perché ci hai fatto così? Ecco, tuo padre e io, angosciati, ti cercavamo» (Lc 2,48). Tale questione indica proprio la pena della crescita nella fede. La risposta di Gesù, in forma di domanda, è molto significativa: «Perché mi cercavate? Non sapevate che io devo occuparmi delle cose del Padre mio?» (Lc 2,49). Con tale espressione Egli, in modo inatteso ed imprevisto, schiude a Maria e Giuseppe il mistero della sua Persona, invitandoli a oltrepassare le apparenze ed aprendo loro prospettive nuove sul suo futuro. Nella risposta alla Madre angosciata, il Figlio rivela subito il motivo del suo comportamento. Maria aveva detto: «Tuo padre», designando Giuseppe; Gesù risponde: «Mio Padre», intendendo il Padre celeste. Riferendosi alla sua discendenza divina, Egli vuole affermare non tanto che il Tempio, casa del Padre suo, è il «luogo» naturale della sua presenza, quanto piuttosto che Egli deve interessarsi di tutto ciò che riguarda il Padre e il suo disegno. Egli intende ribadire che soltanto la volontà del Padre è per Lui norma

---

[19] Vedi il Papa GIOVANNI PAOLO II, *Discorso all'Udienza Generale* (15 gennaio 1997), 2.

che vincola la Sua obbedienza.[20] Il fatto dell'invito di Maria ad una crescita nella fede è indicato anche nelle parole dell'Evangelista che fa notare come Maria non comprese le sue parole (cfr. Lc 2,50) e tuttavia allo stesso tempo «serbava tutte queste cose nel suo cuore» (Lc 2,50). La Madre di Gesù collega gli eventi al mistero del Figlio, rivelatole nell'Annunciazione, e li approfondisce nel silenzio della contemplazione, offrendo la sua collaborazione nello spirito di un rinnovato «fiat». Inizia così il primo anello di una catena di eventi che porterà Maria a superare progressivamente il ruolo naturale, che Le deriva dalla maternità, per porsi al servizio della missione del suo divin Figlio. Nel Tempio di Gerusalemme, in questo preludio della sua missione salvifica, Gesù associa a sé sua Madre; Ella non sarà più soltanto Colei che lo ha generato, ma la Donna che, con la propria obbedienza al Disegno del Padre, potrà collaborare al mistero della Redenzione. Così Maria, conservando nel suo cuore un evento così carico di significato, giunge ad una nuova dimensione della sua cooperazione alla salvezza.[21]

Nell'episodio delle nozze di Cana, san Giovanni presenta il primo intervento di Maria nella vita pubblica di Gesù e pone in risalto la sua cooperazione alla missione del Figlio. Fin dall'inizio del racconto l'evangelista avverte che «C'era la madre di Gesù» (Gv 2,1), e, quasi a voler suggerire che tale presenza sia all'origine dell'invito rivolto

---

[20] *Ibid.*, 2-3. Questo riferimento alla sua totale dedizione al piano di Dio è messa in luce nel testo del Vangelo dalla formulazione: «io devo occuparmi», che apparirà in seguito nella sua predizione della Passione: «il Figlio dell'uomo doveva molto soffrire» (cf. Mc 8,31).

[21] *Ibid.*, 4.

dagli sposi allo stesso Gesù ed ai suoi discepoli, aggiunge: «Fu invitato alle nozze *anche* Gesù con i suoi discepoli» (Gv 2,2). Con questa osservazione, Giovanni sembra indicare che che a Cana, come nell'evento fondamentale dell'Incarnazione, Maria è colei che introduce il Salvatore.[22] Rivolgendosi a Gesù con le parole: «Non hanno più vino» (Gv 2,3), Maria gli esprime la sua preoccupazione per tale situazione, attendendone un intervento risolutore. Più precisamente, la Madre aspetta un segno straordinario. La scelta di Maria, manifesta il coraggio della sua fede perché, fino a quel momento, Gesù non aveva operato alcun miracolo, né a Nazaret, né nella vita pubblica. La risposta di Gesù alle parole di Maria, «Che ho da fare con te, o donna? Non è ancora giunta la mia ora» (Gv 2,4), sembra esprimere un rifiuto, come per mettere alla prova la fede di Sua Madre. Con l'espressione Gesù intende porre la cooperazione di Maria sul piano della salvezza che, impegnando la sua fede e la sua speranza, chiede il superamento del suo ruolo naturale di madre. La formulazione impiegata da Gesù: «Non è ancora giunta la mia ora» (Gv 2,4), è anch'essa ricca di significato. Questa si riferisce al primo miracolo in cui sarebbe stato rivelato il potere messianico del profeta di Nazaret. Questa «ora» è legata anche all'evento della Passione. In ogni caso la fiducia di Maria nel Figlio viene premiata. A Cana la Vergine mostra ancora una volta la sua totale disponibilità a Dio. Ella che nell'Annunciazione, credendo a Gesù prima di vederlo, aveva contribuito al prodigio del concepimento verginale, qui, fidando nel potere non ancora svelato di Gesù, provoca il suo «primo segno», la prodigiosa trasformazione dell'acqua in vino. Ella precede nella fede i

---

[22] Vedi il Papa GIOVANNI PAOLO II, *Discorso all'Udienza Generale* (26 febbraio 1997), 1. Vedi, IDEM, *Redemptoris Mater*, 21.

discepoli che, come riferisce Giovanni, crederanno dopo il miracolo: Gesù «manifestò la sua gloria e i suoi discepoli credettero in lui» (Gv 2,11). Anzi, ottenendo il segno prodigioso, Maria offre un sostegno alla loro fede.[23]

Gesù, al quale Ella ha lasciato totalmente l'iniziativa, opera il miracolo, riconoscendo il coraggio e la docilità della Madre: «Gesù disse loro: «Riempite d'acqua le giare»; e le riempirono fino all'orlo» (Gv 2,7). Così la loro obbedienza aiuta anche a procurare vino in abbondanza. La richiesta di Maria: «Fate tutto quello che egli vi dirà», conserva un suo valore sempre attuale per i cristiani di ogni epoca, ed è destinata a rinnovare il suo effetto meraviglioso nella vita d'ognuno. Essa esorta ad una fiducia senza esitazione, soprattutto quando non si comprendono il senso e l'utilità di quanto il Cristo domanda.[24]

Maria socia di Cristo

Coll'essere la Sua prima discepola, Maria fu la socia di Cristo in tutta la sua vita e ministero. Maria non era ostacolata dal peccato ed era capace di dedicarsi totalmente, come di fatto fece, alla volontà salvifica di Dio. Ella consacrò totalmente sé stessa quale ancella del Signore alla persona e all'opera del Figlio suo, servendo al mistero della redenzione in dipendenza da Lui e con Lui, con la grazia di Dio onnipotente. Maria non fu strumento meramente passivo nelle mani di Dio, ma cooperò alla salvezza dell'uomo con libera fede e obbedienza.[25] La Beata Vergine

---

[23] Vedi il Papa GIOVANNI PAOLO II, *Discorso all'Udienza Generale* (26 febbraio 1997), 2-4.
[24] Vedi *ibid.*, 4.
[25] Vedi VATICANO II, *Lumen Gentium*, 56.

Maria su questa terra fu «l'alma madre del divino Redentore, generosamente associata alla sua opera ad un titolo assolutamente unico, e umile ancella del Signore, concependo Cristo, generandolo, nutrendolo, presentandolo al Padre nel tempio, soffrendo col Figlio suo morente in croce.»[26] Questa unione della Madre col Figlio nell'opera della redenzione si manifesta dal momento della concezione verginale di Cristo fino alla sua morte; ella cooperò in modo tutto speciale all'opera del Salvatore, coll'obbedienza, la fede, la speranza e l'ardente carità, per restaurare la vita soprannaturale delle anime.[27] Maria è la madre di Gesù Cristo e sua intimissima Socia nella nuova economia. Dopo di aver partecipato al sacrificio redentivo del Figlio, ed in modo così intimo da meritare di essere da Lui proclamata madre non solo del discepolo Giovanni, ma del genere umano da lui in qualche modo rappresentato, Ella continua adesso dal cielo a compiere la sua funzione materna di cooperatrice alla nascita e allo sviluppo della vita divina nelle singole anime degli uomini redenti.[28]

Il Vangelo fornisce pochi dettagli sulla vita di Maria, ma essi dipingono un ritratto eccezionale della Donna che si diede con tutto il cuore a suo Figlio e alla sua missione in perfetta fede, amore, e obbedienza.[29] Accettando l'Annunciazione, ella divenne intimamente associata a tutti i misteri salvifici della vita, morte e Risurrezione di Gesù. Dal momento dell'Annunciazione, ella fu il calice vivente

---

[26] VATICANO II, *Lumen Gentium*, 61.
[27] Vedi VATICANO II, *Lumen Gentium*, 57 e 61.
[28] Vedi il Papa PAOLO VI, Esortazione Apostolica *Signum Magnum*, 1.
[29] Vedi la CONFERENZA NAZIONALE DEI VESCOVI AMERICANI, *Behold Your Mother*, 69.

del Figlio di Dio fattosi uomo.[30] Attraverso la sua vita di fede sulla terra, ed ora con la sua unione con il Cristo risorto, la Madre di Gesù è il supremo esempio di amorevole associazione col Salvatore nella Sua missione di redimere l'umanità.[31]

L'inizio della missione di Gesù ha segnato anche il Suo distacco dalla Madre, la quale non sempre ha seguito il Figlio durante il Suo peregrinare per le strade della Palestina. Gesù ha scelto deliberatamente la separazione dalla Madre e dagli affetti familiari, come si evince dalle condizioni che pone ai suoi discepoli per seguirlo e per dedicarsi all'annunzio del Regno di Dio. Tuttavia, Maria ha ascoltato talvolta la predicazione del Figlio. Si può supporre che ella fosse presente nella Sinagoga di Nazaret, quando Gesù, dopo aver letto la profezia d'Isaia, ne commentò il testo, applicando a Sé stesso il contenuto (cfr. Lc 4,18–30). Quanto deve aver sofferto in tale occasione, dopo aver condiviso lo stupore generale per le «parole di grazia che uscivano dalla sua bocca» (Lc 4,22), nel constatare la dura ostilità dei concittadini che cacciarono Gesù dalla Sinagoga e tentarono perfino di ucciderlo! Dalle parole dell'evangelista Luca emerge la drammaticità di quel momento: «Si levarono, lo cacciarono fuori della città e lo condussero fin sul ciglio del monte sul quale la loro città era situata, per gettarlo giù dal precipizio» (4,29–30). Dopo quell'evento, Maria, intuendo che ci sarebbero state altre prove, confermò ed approfondì la sua totale adesione alla Volontà del Padre, offrendo a Lui la sua sofferenza di madre e la sua solitudine. Secondo i Vangeli, Maria ha avuto modo di ascoltare suo Figlio anche in altre circostanze. Anzitutto a Cafarnao, dove Gesù si reca, dopo

---

[30] Vedi *Ibid*, 131.
[31] Vedi *Ibid.*, 18, 66.

le nozze di Cana, «insieme con sua madre, i fratelli e i suoi discepoli» (Gv 2,12). Inoltre, è probabile che lo abbia potuto seguire anche a Gerusalemme, in occasione della Pasqua, nel Tempio, che Gesù qualifica come casa del Padre suo, per la quale Egli arde di zelo (cfr Gv 2,16–17). Ella, poi, si trova tra la folla, allorché non riuscendo ad avvicinarsi a Gesù, lo sente rispondere a chi gli annunzia la presenza sua e dei parenti: «Mia madre e miei fratelli sono coloro che ascoltano la parola di Dio e la mettono in pratica» (Lc 8,21).[32]

Con tale espressione il Cristo, pur relativizzando i legami familiari, rivolge un grande elogio alla Madre, affermando un vincolo ben più alto con Lei.[33] A mano a mano che si chiariva ai suoi occhi e nel suo spirito la missione del Figlio, ella stessa come Madre si apriva sempre più a quella novità della maternità, che doveva costituire la sua parte accanto al Figlio.[34] In effetti, ascoltando suo Figlio, Maria accettò tutte le sue parole e le mise fedelmente in pratica. Si può pensare che Maria, pur non seguendo Gesù nel suo cammino missionario, si sia informata sullo svolgimento dell'attività apostolica del Figlio, raccogliendo con amore e trepidazione le notizie sulla sua predicazione dalla bocca di coloro che lo avevano incontrato. La separazione non significava lontananza del cuore, come pure non impediva alla madre di seguire spiritualmente il Figlio, conservando e meditando il suo insegnamento, come già aveva fatto nella vita nascosta di Nazaret. La sua fede, infatti, le permetteva di cogliere il significato delle parole di Gesù prima e meglio dei suoi

---

[32] Vedi Papa GIOVANNI PAOLO II, *Discorso all'Udienza generale*, (12 marzo 1997), 1-2.

[33] Vedi capitolo 3, pp. 67, 78-79 sopra.

[34] Vedi Papa GIOVANNI PAOLO II, *Redemptoris Mater*, 20.

discepoli, che spesso non comprendevano i suoi insegnamenti e specialmente i riferimenti alla futura Passione (cfr Mt 16,21-23; Mc 9,32; Lc 9,45).[35]

Maria, seguendo da lontano le vicende del Figlio, partecipa al suo dramma di sentirsi rifiutato da una parte del popolo eletto. Manifestatosi sin dalla sua visita a Nazaret, tale rifiuto diventa sempre più visibile nelle parole e negli atteggiamenti dei capi del popolo. Attraverso queste sofferenze sopportate con grande dignità e nel nascondimento, Maria condivide l'itinerario di suo Figlio «verso Gerusalemme» (Lc 9,51) e, sempre più unita a Lui nella fede, nella speranza e nell'amore, coopera alla salvezza.[36]

Maria fu resa partecipe anche nel rivelare Cristo. Per alcuni Padri della Chiesa, la prima rivelazione della Santissima Trinità nel Nuovo Testamento ebbe luogo all'Annunciazione: «Tu, o Maria, sei risplendente di luce nel sublime regno spirituale! In te il Padre, che è senza inizio ed il cui potere ti ha ricoperta, è glorificato. Ad è grazie a te, o Piena di grazia, che la Santa e Sostanziale Trinità è resa conosciuta nel mondo.»[37] Attraverso la partecipazione nascosta e al tempo stesso incomparabile alla missione messianica del suo Figlio, Maria è stata chiamata in modo speciale ad avvicinare agli uomini quell'amore che egli era venuto a rivelare: amore che trova la più concreta espressione nei riguardi di coloro che soffrono, dei poveri, di coloro che son privi della propria libertà, dei non vedenti, degli oppressi e dei peccatori.

---

[35] Vedi Papa GIOVANNI PAOLO II, *Discorso all'Udienza generale*, (12 marzo 1997), 2.
[36] Vedi *ibid.*, 3.
[37] S. GREGORIO TAUMATURGO, *Homilia 2 in Annuntiatione Virginis Mariae* in PG 10, 1169.

Maria è colei che, in modo particolare ed eccezionale, come nessun altro, ha sperimentato la misericordia e al tempo stesso, sempre in modo eccezionale, ha reso possibile col sacrificio del cuore la propria partecipazione alla rivelazione della misericordia divina. Tale sacrificio è strettamente legato alla croce del Figlio, ai piedi della quale ella doveva trovarsi sul Calvario. Questo suo sacrificio è una singolare partecipazione al rivelarsi della misericordia, cioè alla fedeltà assoluta di Dio al proprio amore, all'alleanza che egli ha voluto fin dall'eternità ed ha concluso nel tempo con l'uomo, con il popolo, con l'umanità; è la partecipazione a quella rivelazione che si è definitivamente compiuta attraverso la Croce. Appunto a questo amore «misericordioso», che viene manifestato soprattutto a contatto con il male morale e fisico, partecipava in modo singolare ed eccezionale il cuore di Maria che fu Madre del Crocifisso e del Risorto.[38]

Da questa considerazione scaturisce la devozione alla Beata Vergine Addolorata. Tradizionalmente i *Sette dolori di Maria* comprendono la profezia di Simeone (Lc 2,33–35), la fuga in Egitto (Mt 2,13–15), lo smarrimento del fanciullo Gesù nel tempio di Gerusalemme (Lc 2,41–52), l'incontro con Gesù sulla via del Calvario (Gv 19,17), la crocifissione (Gv 19,25–30), la deposizione di Gesù tra le braccia di Maria sotto la Croce (Gv 19,31–37), e la sepoltura di Gesù e le lacrime e la solitudine di Maria (Gv 19,38–42). La profezia di Simeone in un certo senso diede inizio alla partecipazione di Maria alla passione redentiva di Gesù:

> Davide in mezzo a tutte le sue delizie e grandezze regali, quando intese intimarsi dal Profeta Natan la morte del figlio: *Filius qui natus est tibi, morte morietur*, non sapea darsi pace; pianse, digiunò,

---
[38] Vedi Papa GIOVANNI PAOLO II, *Dives in Misericordia*, 9.

dormì sulla terra. Maria con somma pace ricevé la nuova della morte del Figlio, e con pace seguì a soffrirla; ma qual dolore ella dovea continuamente patire in vedersi sempre avanti gli occhi quell'amabile Figlio, in sentirgli dire quelle parole di vita eterna, in mirare i suoi portamenti sì santi? – Patì un gran tormento Abramo in quei tre giorni in cui ebbe da praticare col suo amato Isacco, sapendo che l'avea da perdere. Oh Dio, non per tre giorni, ma per trentatré anni Maria ebbe a soffrire una simile pena![39]

Durante la passione e morte di Cristo, ogni tortura inflitta al corpo di Gesù, fu una ferita al cuore di sua Madre. In tal senso, la Beata Vergine soffrì più di un martirio. Questa è una nuova forma di martirio, una Madre condannata a vedere un Figlio innocente e che ella ama con tutto l'affetto della sua anima, e messo crudelmente a morte dinnanzi ai suoi propri occhi.[40]

Proprio come Maria condivise intimamente la passione di Suo Figlio, ne segue che ella condivise anche i frutti della Sua redenzione. La specifica partecipazione che è la sua Assunzione nella gloria verrà trattata più tardi.[41] Per quanto riguarda gli episodi in cui la Beata Vergine sperimentò la risurrezione di suo Figlio, i resoconti biblici non menzionano Maria, ma neppure tentano di dare un resoconto completo di tutto quanto Gesù fece o disse: «Molti altri segni fece Gesù in presenza dei suoi discepoli, ma non sono stati scritti in questo libro» (Gv 20,30). Vi rimane una pia tradizione che la Vergine non abbia dovuto

---

[39] S. ALFONSO DE LIGUORI, *Le glorie di Maria*, (Vicenza: Edizioni PP. Redentoristi, 1954), pp. 782-783.
[40] S. ALFONSO DE LIGUORI, *Le glorie di Maria*, (Vicenza: Edizioni PP. Redentoristi, 1954), pp. 815-816.
[41] Vedi capitolo 8 sotto.

essere esclusa dal privilegio delle pie donne e sia stata forse la prima a vedere il Figlio risorto. Avendo sofferto ai piedi della croce, sembra molto probabile che ella testimoniò le gioie della risurrezione di Cristo. Giorgio di Nicomedia, dalla partecipazione di Maria alle sofferenze di Nostro Signore, deduce che prima di tutti gli altri e più di tutti ella deve aver partecipato del trionfo di Suo Figlio.[42] Varie omelie pasquali dei Padri parlano della Vergine santissima presente alla risurrezione del Figlio. S. Ambrogio afferma espressamente: «Maria pertanto vide la resurrezione del Signore; fu la prima che lo vide e credette. Anche Maria Maddalena lo vide, benché lei dubitasse ancora.»[43] Autori successivi come Ruperto di Deutz, Eadmero, S. Ignazio di Loyola e Suárez tutti proposero che il Cristo Risorto apparve alla sua Santissima Madre.[44] Inoltre, si addice alla vicinanza di Maria a Suo Figlio che il Cristo risorto apparisse per primo alla Sua Santissima Madre. Benché il Vangelo non affermi espressamente ciò, si può (cfr. Mt 28,7,10,16; Mc 16,7). Papa Giovanni Paolo II, nei riguardi di questa tradizione affermò: «I Vangeli non ci parlano di un'apparizione di Gesù risorto a Maria. In ogni modo, poiché ella fu in modo speciale vicina alla croce del Figlio, dovette avere anche un'esperienza privilegiata della sua risurrezione.»[45]

---

[42] Vedi GIORGIO DI NICOMEDIA, *Oratio IX* in *PG* 100, 1500.
[43] S. AMBROGIO, *De Virginitate*, III, 14 in *PL* 16, 283.
[44] Vedi RUPERTO DI DEUTZ, *De divini officio*, VII, 25 in *PL* 159, 306; EADMERO, *De excellentia Virginis Mariae*, cap.6 in *PL* 159, 568; S. IGNAZIO DI LOYOLA, *Esercizi Spirituali*, La resurrezione, prima apparizione; SUÁREZ, *De mysteriis vitae Christi*, XLIX, I.
[45] Papa GIOVANNI PAOLO II, *Discorso al Santuario Mariano di Guayaquil*, Ecuador (31 gennaio 1985), in *IG* 8/1 (1985), pp. 318-319.

Maria Corredentrice

La profezia di Simeone ebbe compimento principalmente nel contesto della sofferenza e morte di Nostro Signore. Il ruolo di Maria come discepola e socia di Cristo giunse così ad un culmine durante la Passione di Nostro Signore.[46] L'associazione di Maria quale Corredentrice non è altro che una logica conseguenza del suo discepolato. Molti teologi riconoscono il ruolo di Maria quale Corredentrice.[47] Mentre molti protestanti e altri scrittori cristiani non hanno difficoltà ad esprimere tale ricezione del discepolato di Maria, essi non compiono il passo che porta dal discepolato alla corredenzione.[48] Alcuni scrittori cristiani al di fuori della tradizione cattolica sono comunque sostenitori di tale verità, come J. Macquarrie che scrive: «È Maria che è divenuta simbolo della perfetta armonia fra la divina volontà e la risposta umana, cosicché è lei a dare significato all'espressione Corredentrice.»[49]

Cristo compie il Suo ruolo come Mediatore con la redenzione del genere umano. Alcuni testi scritturistici, specialmente Timoteo 2,5 e Atti 4,12 sono invocati dai

---

[46] Vedi J. ALFARO, *Cristologia e Antropologia* (Assisi: Cittadella, 1973), p. 234.

[47] J. GALOT, *Maria, la donna nell'opera della salvezza* (Roma: Editrice Pontificia Università Gregoriana, ²1991).

[48] Vedi, per esempio, il documento di dialogo con gli anglicani, ARCIC, *Maria: grazia e speranza in Cristo* (2004), 56: «All'interno di un tale modello di anticipazione escatologica, Maria può essere vista anche come la discepola fedele pienamente presente con Dio in Cristo. In tal modo, Maria è segno di speranza per tutta l'umanità.» Il documento non tratta veramente della corredenzione.

[49] J. MACQUARRIE, *Mary for All Christians* (London: Collins, 1990), p. 113.

critici protestanti per sollevare una difficoltà contro l'insegnamento cattolico, contro tutti gli agenti secondari di mediazione in generale, e della Beata Vergine in particolare: «Uno solo, infatti, è Dio e uno solo il mediatore fra Dio e gli uomini, l'uomo Cristo Gesù, che ha dato sé stesso in riscatto per tutti» (1 Tm 2,5–6). Così essi asseriscono che Cristo è il solo Mediatore così da escludere altre mediazioni subordinate, dal momento che non v'è salvezza in nessun altro nome se non nel Suo (At 4,12). Nella teologia cattolica, d'altro canto, l'estensione del termine «mediatore» a qualcuno fuorché Cristo, implica l'uso di un'analogia, con la quale l'unica e medesima parola esprime concetti che sono in parte uguali ed in parte diversi. Del resto, l'apostolo Paolo, quando afferma: «Siamo collaboratori di Dio» (1 Cor 3, 9), sostiene l'effettiva possibilità per l'uomo di cooperare con Dio. La collaborazione dei credenti, che, ovviamente, esclude ogni uguaglianza con Lui, s'esprime nell'annuncio del Vangelo e nell'apporto personale al suo radicamento nel cuore degli esseri umani.[50] Cristo è il mediatore supremo, necessario, ed adeguato fra Dio e l'uomo. Egli soltanto offrì il sacrificio che secondo il mandato di Suo Padre era il prezzo della nostra redenzione e che fece soddisfazione condegna, sufficiente e sovrabbondante per l'offesa causata dal peccato di Adamo. Ma quest'unica mediazione non esclude mediatori secondari e subordinati, né vi è nulla nel pensiero di S. Paolo che implichi tale esclusione. «Nessuna creatura infatti può mai essere paragonata col Verbo incarnato e redentore. Ma come il sacerdozio di Cristo è in vari modi partecipato, tanto dai sacri ministri, quanto dal popolo fedele, e come l'unica bontà di Dio è realmente

---

[50] Vedi Papa GIOVANNI PAOLO II, *Discorso all'Udienza Generale* (9 aprile 1997), 1.

diffusa in vari modi nelle creature, così anche l'unica mediazione del Redentore non esclude, bensì suscita nelle creature una varia cooperazione partecipata da un'unica fonte.»[51]

Il fatto che Dio sia nostro Padre non esclude l'esistenza di padri terreni. Il fatto che Cristo sia il Sommo Sacerdote, non impedisce la condivisione del suo sacerdozio con gli apostoli e i loro successori attraverso i secoli. L'unica e necessaria mediazione di Cristo non esclude neanche una mediazione che è subordinata e dipendente. L'attività corredentiva di Maria è, nel contesto, parte essenziale del suo discepolato:

> Così anche la beata Vergine avanzò nella peregrinazione della fede e serbò fedelmente la sua unione col Figlio sino alla croce, dove, non senza un disegno divino, se ne stette, soffrendo profondamente col suo Unigenito e associandosi con animo materno al suo sacrificio, amorosamente consenziente all'immolazione della vittima da lei generata; e finalmente dallo stesso Gesù morente in croce fu data quale madre al discepolo con queste parole: Donna, ecco tuo figlio.»[52]

È poi necessario chiarire cosa costituisce la redenzione. Poiché il peccato originale fu un'offesa a Dio, così la riparazione, per essere adeguata doveva essere eseguita da una persona che fosse divina.[53] Così il Verbo si fece carne, venne ad abitare in mezzo a noi e morì vittima dei nostri

---

[51] Vaticano II, *Lumen Gentium*, 62.2.
[52] Vaticano II, *Lumen Gentium*, 58. Vedi Gv 19,26-27.
[53] Vedi S. Tommaso d'Aquino, *Summa Theologiae*, III, q. 1, a. 2: «...era quindi necessario per una soddisfazione adeguata che l'azione del riparatore avesse un'efficacia infinita, quale è appunto l'azione di un uomo-Dio.»

peccati sulla Croce. Mentre è vero che ogni azione dell'Uomo–Dio Cristo era di infinito valore morale, ciò nonostante rimane che, come testimoniano senza dubbio la Scrittura e la Tradizione, fu attraverso il Suo sacrificio culminante nella croce che Cristo conseguì la redenzione del genere umano. Attraverso quell'oblazione i peccati vennero perdonati, la grazia fu nuovamente impartita all'uomo e con essa, la possibilità di conformarsi all'immagine e somiglianza di Dio ed incorporarsi alla Chiesa, Corpo di Cristo. La redenzione implica il concetto dell'umanità riscattata dal peccato e dalla morte (cfr. Mt 10,45; Gal 3,13; 1 Cor 6,20; 7,23). Vi sono molti aspetti contenuti nella dottrina della redenzione. Il primo considera Cristo come Rappresentante, in cui Egli prende il posto degli esseri umani: «Poiché l'amore del Cristo ci spinge, al pensiero che uno è morto per tutti e quindi tutti sono morti» (2 Cor 5,14).[54] La seconda idea comporta Cristo come Vittima, ove la Sua redenzione perdona la punizione che l'uomo avrebbe dovuto ricevere: «Colui che non aveva conosciuto peccato, Dio lo trattò da peccato in nostro favore, perché noi potessimo diventare per mezzo di lui giustizia di Dio» (2 Cor 5,21).[55] La considerazione di Cristo

---

[54] Vedi G. O'COLLINS, *The Calvary Christ* (London: SCM, 1977), pp. 106-109, che discute la debolezza inerente all'uso dell'espressione «sostituzione». Vedi pure S. ATANASIO, *Oratio de incarnatione Verbi*, in PG 25, 111: «Egli prende su Sé stesso un corpo passibile di morte acciocché esso, partecipando del Signore che è al di sopra di tutti, possa essere degno di morire al posto di tutti.... Tutti sono considerati morti in Lui.»

[55] Vedi S. ATANASIO, *Oratio de incarnatione Verbi*, in PG 25, 110. Cristo morì cosicché «la legge implicante la rovina dell'uomo potesse essere disfatta, nella misura in cui il suo potere si compí nel corpo del Signore».

come vittima implica anche il concetto di redenzione quale estinzione del debito, o espiazione: «ma sono giustificati gratuitamente per la sua grazia, in virtù della redenzione realizzata da Cristo Gesù. Dio lo ha prestabilito a servire come strumento di espiazione per mezzo della fede, nel suo sangue» (Rm 3,24–25).[56]

Terzo, Cristo è il Sacerdote e Mediatore, e la redenzione può concepirsi come solidarietà fisica e mistica. Qui l'idea è che tutta l'umanità forma un'unità, una comunità, di cui l'umanità di Cristo ne è una parte. Comunque, in Lui, la natura umana è unita ad una sola Persona alla divinità. Così il Suo potere redentivo è mediato dalla Sua divinità attraverso la Sua umanità a tutta l'umanità per guarirla: «Perché piacque a Dio di fare abitare in lui ogni pienezza e per mezzo di lui riconciliare a sé tutte le cose, rappacificando con il sangue della sua croce» (Col 1,19–20).[57] La redenzione dovrebbe essere collocata in una prospettiva di alleanza, in cui la morte obbediente di Cristo fu la condizione dell'alleanza. Senza obbedienza, la passione e la croce di Cristo sarebbero state una tragedia, non una redenzione. Pertanto, nella redenzione, che è di valore infinito e universale, vengono rinvenuti gli aspetti di alleanza, sacrificio e la restaurazione dell'amicizia fra

---

[56] S. ATANASIO, *Oratio de incarnatione Verbi*, in PG 25, 111: «La parola di Dio... offrendo il Suo proprio tempio e strumento corporeo per la vita di tutti, soddisfece il debito con la Sua morte.» S. Anselmo sviluppò ulteriormente l'idea di redenzione quale debito in cui l'uomo era incorso attraverso il peccato originale.

[57] Vedi S. ATANASIO, *Oratio secunda contra Arianos*,70 in *PG* 26, 295: «Tale unione fu fatta cosicché Egli potesse unire a ciò che per natura era divino con quanto era umano, in modo che la salvezza (umana) e la divinizzazione fossero assicurate.»

Dio e l'umanità. La Beata Vergine è partecipe di tutti gli aspetti della redenzione, ma in un modo suo proprio.

Un progresso verso la fondazione di una teologia della corredenzione mariana implica varie distinzioni, così da vedere il quadro completo e per affermare che non può essere immaginato alcun singolo individuo che abbia contribuito come Maria, o possa mai contribuire in tal misura, alla riconciliazione dell'uomo con Dio.[58] Una distinzione essenziale si colloca fra redenzione oggettiva e soggettiva. La *redenzione oggettiva* è, come è stata appena descritta, consiste nell'acquisto dei benefici della redenzione, ossia delle grazie. La *redenzione soggettiva* consiste nell'applicazione o distribuzione delle medesime, ossia nell'applicazione dei meriti e delle soddisfazioni di Cristo. In ambedue la fasi della redenzione, Cristo ammise altri che agissero quali cooperatori con Lui.

> «Cooperare» significa unire la propria azione a quella di un altro, onde produrre, con lui un'opera comune che è il risultato di due cause, distinte nel principio, ma associate nella loro attività e nell'effetto, termine della loro azione. L'opera alla quale la Vergine ha unito la sua azione a quella di Cristo è la Redenzione del genere umano. Questa cooperazione può essere collaterale e indipendente (per esempio, due i quali tirano, ognuno con la propria forza, un carro) o subordinata (per esempio, due, uno dei quali agisce non già per forza propria, ma per forza ricevuta dall'altro).[59]

---

[58] Vedi Papa LEONE XIII, Lettera Enciclica *Fidentem Piumque*, 3.
[59] G. M. ROSCHINI, *Maria Santissima nella storia della salvezza: trattato completo di Mariologia alla luce del Concilio Vaticano II* vol. II , (Roma: 1969), p. 120.

Qui considereremo come Maria cooperò alla redenzione oggettiva quale Corredentrice. In seguito spiegheremo come la Beata Vergine coopera alla redenzione soggettiva come Mediatrice universale.[60] Papa Leone XIII fece notare che Maria svolse un ufficio ministeriale in ambedue gli aspetti della redenzione: «Di lassù, infatti, secondo i disegni di Dio, ella prese a vegliare sulla Chiesa, ad assisterci e proteggerci come una madre; di modo che, dopo essere stata la cooperatrice dell'umana redenzione, divenne anche, per il potere quasi illimitato che le fu conferito, la dispensatrice della grazia che in ogni tempo da questa redenzione scaturisce.»[61]

Ora bisogna fare un'ulteriore distinzione fra la *cooperazione remota* alla redenzione oggettiva, dove la Madre del Redentore, in fede ed obbedienza Gli provvedette la carne e il sangue in cui Egli potette morire, e la *cooperazione immediata* che è la propria partecipazione al sacrificio del Calvario. Per quanto riguarda la cooperazione remota, Maria divenne la Madre di Dio accogliendo liberamente il messaggio dell'angelo e diede diede Cristo alla luce a Betlemme. Ella nutrì e si prese cura del Bambin Gesù, e apparve con Lui in molti misteri della Sua vita. Maria lo presentò al Tempio, e soffrì la pena dello smarrimento quando Egli aveva dodici anni, e doveva occuparsi delle cose del Padre. Ella fu presente a Cana, dove il potere della sua intercessione fu manifestato dal primo miracolo di Cristo che trasformò l'acqua in vino. Infine, ella fu presente al Calvario ove offrì una cooperazione immediata al sacrificio redentivo di Cristo. La cooperazione è detta immediata per distinguerla da

---

[60] Vedi capitolo 9, pp. 338-358 sotto.
[61] Papa LEONE XIII, Lettera Enciclica *Adiutricem populi*, (5 settembre 1895) in *ASS* 28 (1895), pp. 130-131.

quella semplicemente remota che, pur essendo vera in se stessa, non è sufficiente a spiegare adeguatamente il coinvolgimento personale di Maria nell'opera redentiva.

Ora sorge la questione del tipo di cooperazione offerto da Maria all'attuale sacrificio del Calvario. Varie sono state le proposte. La prima è che la Beata Vergine possa essere concepita nelle vesti di co–offerente e co–sacerdote con Cristo, il Sommo Sacerdote, nel qual caso la sua cooperazione alla redenzione sarebbe fisica e immediata. Tale possibilità, comunque, non ha nessun fondamento concreto. Se si affermasse che Maria offrì il sacrificio della Croce, ciò implicherebbe il possesso del carattere sacerdotale, e la tradizione ha respinto tale possibilità. In effetti molti di coloro che propongono erroneamente l'ordinazione delle donne sostengono la tesi che Maria condivise il ministero sacerdotale di Cristo.[62] Già in epoca patristica, S. Epifanio si oppose ad uno strano culto mariano offerto dalla setta dei Colliridiani, ove un rito liturgico, recante alcune sembianze del sacrificio eucaristico veniva offerto da donne. Epifanio scrisse che nell'Antica Alleanza, «le donne non ricoprirono mai la funzione sacerdotale.» Egli poi affermò che in epoca cristiana, «se Dio avesse voluto che le donne esercitassero il sacerdozio, chi meglio di Maria avrebbe potuto adempiere la funzione sacerdotale del Nuovo Testamento, lei il cui utero divenne il tempio e il domicilio in cui il Signore realizzò l'economia della sua incarnazione?»[63] Il sacerdozio di Maria, invece, è del tipo condiviso da tutti i battezzati in Cristo. La Chiesa è stata sempre molto cauta

---

[62] Vedi, ad esempio, J. WIJNGAARDS, *The Ordination of Women in the Catholic Church* (London: Darton, Longman and Todd, 2001).

[63] S. EPIFANIO, *Haeresis 79*, 2-4 in *PG* 42, 741-745.

con le devozioni a Maria come sacerdote, e nel 1916 il Sant'Ufficio proibì l'uso di immagini che la ritraevano come sacerdote. Nel 1927 il Sant'Ufficio proibì del tutto la devozione a Maria quale Vergine Sacerdote.[64] Invece è di maggiore rigore teologico considerare Maria come Socia di Cristo, il Sommo Sacerdote, come Eva fu la collaboratrice di Adamo (Gn 2,18). In tal modo il suo ruolo trascende quello di una semplice partecipazione al sacerdozio regale del popolo di Dio; è qualcosa di più.[65]

Secondo, si potrebbe concepire la possibilità che la Beata Vergine abbia persuaso Cristo ad offrire il sacrificio richiesto dalla Redenzione. In tale ipotesi, la redenzione sarebbe in parte effetto della cooperazione morale di Maria con Cristo. Proprio come a Cana il miracolo di Cristo fu immediatamente dovuto alle suppliche di Sua Madre con le parole, «Non hanno più vino», così probabilmente il sacrificio di Cristo potrebbe essere dovuto alla sua richiesta che noi tutti avevamo bisogno di redenzione. A

---

[64] SANT'UFFICIO, Decreto (29 marzo 1916) in AAS 8 (1916), p. 146: «Dopo maturo esame gli Em.mi cardinali, inquisitori generali del Sant'Ufficio, hanno deciso che le immagini della Beata Vergine Maria che indossa vesti sacerdotali non sono approvate.»Vedi pure la lettera del Card. Merry del Val al Vescovo di Adria, e in una delucidazione successiva del Cardinale, che fu pubblicata in *Palestra del Clero* 6 (1927), p. 611: «Il Sant'Uffico non desidera più alcuna questione circa una devozione alla Vergine Sacerdote . Le spiegazioni che offri nel tuo periodico ci soddisfano e non hai alcun bisogno di ritornare sul soggetto.... Rispondi bene alle intenzioni del Sant'Ufficio lasciando tale questione totalmente da parte, questione che menti meno illuminate non sarebbero capaci di comprendere chiaramente.»

[65] Vedi J. M. SAMAHA, «The Sacerdotal Quality of Mary's Mission» in *Immaculata Mediatrix* 2/2 (2002), pp. 197-207.

prescindere da altre considerazioni, vi è una particolare obbiezione a tale supposizione. Il sacrificio di Cristo, come sappiamo, fu in totale conformità con la volontà di Suo Padre. Per quanto ci è dato capire dai dati della Scrittura e della Tradizione, quel mandato fu indipendente dalle preghiere e desideri di Maria. Ci basti ricordare l'incidente dello smarrimento nel tempio, quando Cristo fanciullo motivò la Sua assenza dai parenti rispondendo che ciò aveva a che vedere con la volontà del Padre.

Una terza opzione è che la Beata Vergine avrebbe cooperato immediatamente alla redenzione dal momento che la sua disponibilità e compassione sul Calvario costituivano, insieme con il sacrificio di Cristo, tutto il prezzo della Redenzione. La disponibilità è proprio la qualità tipica della donna, e Maria la esercitò in grado supremo. Giovanni il Geometra, autore di una *Vita di Maria*, ha voluto mostrare la più completa associazione di Maria con Cristo. Alludendo alla Passione, egli scrive: «Quando fu tradito, giudicato, e quando soffri, non solo ella era presente ovunque con Lui, ma soprattutto in questo momento si univa a Lui nella maniera più forte e soffriva con Lui.»[66] La partecipazione di Maria alle sofferenze del Calvario sono la sua collaborazione all'opera di salvezza, voluta da Cristo; a questa volontà ha risposto quella di Maria che ha dato suo Figlio, l'ha offerto in sacrificio. L'accento è posto sull'intenzione redentrice: Maria ha sofferto per noi, e questa sofferenza è stata il punto culminante di tutto quello che ha fatto per noi durante tutta la sua vita. In tal caso la sua compassione, che letteralmente significa sofferenza con Cristo, insieme al sacrificio di Cristo, sarebbe stata ordinata dal Padre quale totale principio adeguato con cui doveva essere riparata

---

[66] GIOVANNI IL GEOMETRA, *Vita di Maria*.

l'offesa del peccato originale e ristorata la grazia. È stato proposto che la Beata Vergine collaborò in questo modo immediato all'atto di Cristo, così da essere chiamata Corredentrice.

La base nella Tradizione per la giustificazione di tale titolo comincia con l'idea di Maria Nuova Eva. Abbiamo visto a suo tempo l'importanza che ha assunto fin dal II secolo il parallelismo fra Eva e Maria, sviluppato in modo particolarmente profondo da molti Padri dei primi secoli come S. Giustino e S. Ireneo.[67] Molti dei primi Padri considerarono l'atto salvifico del Redentore nei termini dell'insegnamento di S. Paolo: «[...] egli ci ha fatto conoscere il mistero della sua volontà, secondo quanto, nella sua benevolenza, aveva in lui prestabilito per realizzarlo nella pienezza dei tempi: il disegno cioè di ricapitolare in Cristo tutte le cose» (Ef 1,9-10). Questa rivelazione di Cristo che diviene il «nuovo capo» della creazione, nel quale tutto ciò che è nel creato deve esser compreso ora in modo nuovo, è la nozione patristica di Ricapitolazione. Poiché l'umanità intera s'era perduta per il peccato d'Adamo, progenitore dell'umanità, era necessario che Gesù Cristo divenisse uomo, un «secondo" o «Nuovo Adamo», per restaurare il genere umano (cf Rm 5,12-20). Ma se Gesù è il «secondo» o «Nuovo Adamo», mandato dal Padre Celeste per riparare l'errore d'Adamo, non v'è forse anche una «seconda» o «Nuova Eva» in tal ordine di salvezza? I primi Padri hanno riconosciuto con facilità una nuova «Madre dei viventi» che avrebbe rovesciato e rimpiazzato l'antica «Madre dei viventi» (Gn 3,20). S. Agostino di fatto impiegò il termine cooperazione circa il ruolo di Maria: «È senza alcun dubbio Madre delle

---

[67] Vedi capitolo 4, pp. 92-93 sopra ed anche questo capitolo, pp. 224-226 sopra.

sue membra, che siamo noi, nel senso che ha cooperato mediante l'amore a generare alla Chiesa dei fedeli, che formano le membra di quel capo.»[68] Nel secolo VIII, Sant'Andrea di Creta parla della Madre del Redentore e dice: «in te (Maria) siamo stati redenti dalla corruzione»; «tutti noi abbiamo ricevuto la salvezza per mezzo di lei».[69] Dal secolo X in poi, Maria riceve occasionalmente il titolo di "redentrice" (redemptrix) per ribadire il suo ruolo quale Madre del Redentore. Si aggiungono espressioni simili, come *salvatrix, reconciliatrix, reparatrix*, madre del ristabilimento di tutti, madre della giustificazione, porta della vita e della salvezza.

Durante il Medio Evo furono compiuti ulteriori passi avanti nella comprensione del ruolo svolto da Maria nella redenzione. Eadmero considerò Maria quale riparatrice del mondo perduto.[70] In Occidente, san Bernardo (+ 1153) è stato il primo ad affermare la cooperazione di Maria al sacrificio, ma limitandosi a un commento dell'episodio evangelico della presentazione di Gesù al tempio: «Offri Tuo Figlio, sacrosanta Vergine, e presenta al Signore il frutto del Tuo seno, per la nostra riconciliazione con tutti offri l'ostia santa, gradita a Dio.»[71] Un discepolo e amico di san Bernardo, Arnaldo di Chartres (+ dopo 1156), ha più direttamente considerato la cooperazione di Maria al

---

[68] S. AGOSTINO, *De sancta Virginitate* 6, 6 in *PL* 40, 399: «...plane Mater membrorum eius, quod nos sumus; quia cooperata est charitate, ut fideles in Ecclesia nascerentur.»

[69] S. ANDREA DI CRETA, *Canon in Nativitatem*, 4-5 in *PG* 97, 1322; *Canon in Beatae Annae Conceptionem* in *PG* 97, 1307..

[70] EADMERO, *De excellentia Virginis Mariae*, c. 9 in *PL* 159, 573. La frase è «Reparatrix perditi orbis.»

[71] Vedi S. BERNARDO, *Sermo III de Purificatione Beatae Mariae* in *PL* 183, 370; Cfr. IDEM, *Homilia II super Missus est* in *PL* 183,62; IDEM, *Sermo II in Festo Pentecostes* in *PL* 183, 328.

sacrificio della Croce; perciò è stato chiamato il primo protagonista della Corredenzione mariana. Nella Croce, egli riconosce «due altari, uno nel cuore di Maria, l'altro nel corpo di Cristo. Il Cristo immolava la sua carne, Maria la sua anima.»[72] S. Bonaventura diede un ulteriore contributo. Egli adottò dai Padri il parallelo Eva–Maria, affermando che proprio come Adamo ed Eva furono i distruttori del genere umano, così Gesù e Maria ne furono i riparatori.[73] Bonaventura considerò anche il modo in cui Maria meritò la riconciliazione per l'intero genere umano.[74] Inoltre, egli specificò che Maria ha pagato il prezzo della nostra redenzione «come una donna forte e pia, quando Cristo ha patito sulla croce per pagare questo prezzo, purificare e redimere; allora la Beata Vergine è stata presente, ha accettato e si è conformata alla volontà divina. Ha acconsentito che il frutto del suo seno venisse offerto in croce per noi.»[75] Egli affermò con precisione le modalità della partecipazione di Maria al Sacrificio del Calvario: «non vi fu altro che un altare, quello della croce del Figlio, su cui, insieme a questo Agnello divino, la vittima, fu sacrificata anche la Madre.»[76]

All'inizio del XIV secolo, il grande araldo dell'Immacolata Concezione, il beato Giovanni Duns Scoto

---

[72] ARNOLDO DI CHARTRES, *De VII verbis Domini in cruce*, tractatus 3 in *PL* 189, 1694: «Nimirum in tabernaculo illo duo videres altaria, aliud in pectore Mariae, aliud in corpore Christi. Christus carnem, Maria immolabat animam.»

[73] Vedi S. BONAVENTURA, *Sermo 3 de Assumptione* in *Opera Omnia* (Collegio San Bonaventura: Quaracchi, 1885), v. 9, p. 695.

[74] Vedi IDEM, *Commentarius in III Librum Sententiarum Petri Lombardi*, d. 4, a. 3, q. 3, conclu., in *Opera Omnia*, v. 3, p. 115.

[75] Vedi IDEM, *Collatio 6 de donis Spiritus Sancti*, n. 5, n. 15, n. 16, n. 17, in *Opera Omnia*, v. 5, p. 486.

[76] IDEM, *Stimulus amoris*, part 1, chapter 3.

(+1308), adoperò il titolo di Redentrice (*Redemptrix*) per annotare una tipica obiezione scolastica sull'Immacolata Concezione e sul ruolo di Maria nella Redenzione, obiezione che egli rifiuta.[77] Durante questa epoca entra pure il contributo mistico di S. Brigida di Svezia (+1373). Le *Rivelazioni*, ossia le testimonianze scritte di una serie di visioni e profezie di cui la Santa fu favorita da Gesù e Maria, sono state altamente stimate e rispettate nella Chiesa del Medio Evo da un vasto numero di papi, vescovi e teologi. Le parole dette da Gesù e da sua Madre nelle Rivelazioni riguardo al ruolo corredentivo della Vergine sono davvero significative per lo sviluppo della dottrina corredenzionista. Esse, infatti, influenzeranno numerosi teologi del XVII secolo. L'Addolorata, in queste visioni profetiche, rivela attraverso S. Brigida: «Io e mio Figlio abbiamo redento il mondo quasi con lo stesso cuore.»[78] Gesù conferma la stessa verità con parole sue: «Mia Madre ed Io abbiamo salvato l'umanità quasi con lo stesso cuore, Io soffrendo nel mio cuore e nella mia carne, Lei col dolore e l'amore del suo cuore.»[79]

Il mistico della Renania, il beato Giovanni Tauler (+1361), offrì il suo contributo teologico e mistico alla Corredenzione mariana. Come nessun altro autore prima di lui, questo teologo domenicano esprime con precisione il principio dell'offerta sacrificale della Madre sul Calvario. Secondo l'insegnamento di Taulero, la Madre di Gesù offre se stessa con Lui come vittima vivente per la salvezza di tutti, e l'Eterno Padre accetta questa oblazione di Maria per

---

[77] B. Duns Scoto, *Ms. Ripoll.* 53, Barcelone, L. III, dist. 3, q. 1 in C. Balić, O.F.M., *Theologiae marianae elementa*, Sibenici, typ. Kacic, 1933, pp. 211, 28-31.
[78] S. Brigitta, *Revelationes*, I, c. 35.
[79] S. Brigitta, *Revelationes*, IX, c. 3.

la salvezza dell'intero genere umano: «Come Eva, cogliendo sfacciatamente il frutto dall'albero della conoscenza del bene e del male, distrusse l'uomo in Adamo, così tu (Maria) hai preso su di te il dolore dall'albero della croce e, sazia di amarezza, insieme a tuo Figlio hai redento l'uomo.»[80] Due strofe di un inno liturgico di Salisburgo, che risale al XIV-XV secolo, dal titolo *Planctus oratorius... ad B. Virginem Filium de cruce depositum quasi sinu tenentem*, registrano forse il primo uso - che sia noto - del termine *Corredentrice*.[81] In seguito vi sono ragioni per credere che l'espressione *Corredentrice* apparve intorno all'1521 nei sermoni di Alain de Varènes.[82] Lanspergio, o Giovanni Giusto di Landsberg, (1489–1539) formulò la dottrina in modo tale che l'idea della cooperazione di Maria fu espressa nella corredenzione: «Cristo volle

---

[80] J. TAULER, *Sermo pro festo Purificationis Beatae Mariae Virginis; Oeûvres complètes*, (Paris: 1911), vol. 6, ed. E. P. Noel, pp. 253, 259.

[81] Vedi l'innario di S. Pietro a Salisburgo, in G.M. DREVES, *Analecta hymnica medii aevi*, (Lipsia: Reisland, 1905), t. 46, 126 n. 79:, dove è riportato il seguente inno:
Pia, dulcis et benigna
Nullo prorsus luctu digna
Si fletum hinc eligeres
Ut compassa Redemptori,
Captivato transgressori
Tu *Corredemptris* fieres.
(Pia, dolce, e benevola,
Che di nessun dolor sei degna,
Se da qui il pianto estirpi,
Compaziente al Redentore,
Per lo schiavo trasgressore,
Tu sarai corredentrice.)

[82] Vedi R. LAURENTIN, *Le titre de Corédemptrice. Etude historique* (Rome-Paris: 1951), pp. 10-11.

accanto a sé Maria come cooperatrice della nostra redenzione, per darcela poi un giorno come Madre di misericordia. Era dunque necessario che la Madre tenerissima di Cristo sotto la croce ci generasse come figli di adozione.»[83]

A partire dal XVI secolo il concetto cominciò a godere di maggiore ricorrenza teologica, come negli scritti di F. Suárez (1548–1617): «Come Cristo, per il titolo particolare della redenzione, è nostro Signore e nostro Re, così anche la Beata Vergine (è nostra Signora e Regina) per il singolare concorso prestato alla nostra redenzione.»[84] Il grande Dottore della Chiesa, teologo e Cardinale della controriforma, S. Roberto Bellarmino (+1621), con la metafora della creazione spirituale insegna l'unicità della cooperazione della Vergine Madre:

> Benché Maria non fosse presente alla creazione dei cieli materiali, fu però presente alla creazione dei cieli spirituali: gli Apostoli; e benché non fosse presente alla fondazione della terra materiale, fu

---

[83] IOHANNES IUSTUS LANSPERGIUS, *In Passionem agonemque Christi Iesu Salvatoris nostri, homilia 48* in *Opera* (Coloniae Agrippinae: 1693), III, p. 112. «Voluit enim eam Christus... cooperatricem nostrae Redemptionis sibi adstare, quam futuram nobis constituerat dare misericordiae matrem. Debebat enim piissima Christi mater sub cruce nos parere filios adoptionis, ut quae naturalis - hoc est, corporalis - esset mater Christi, esset adoptione atque spiritualiter omnium quoque nostra mater: ut quomodo nos Christo sumus incorporati, unde mystica eius vocamur membra, ita Mariae simus quoque propterea filii, non carne, sed adoptione... Quomodo caput Christus, ita nos corporis eius membra, et filii sumus Mariae.»

[84] F. SUÁREZ, *De mysteriis vitae Christi*, disp. XXII, sect. II (ed Vivès, XIX, 327).

tuttavia presente alla fondazione della terra spirituale: la Chiesa. Ella solo infatti cooperò al mistero dell'Incarnazione; ella sola cooperò al mistero della Passione, stando presso la croce ed offrendo il proprio Figlio per la salvezza del mondo.[85]

Nella seconda metà del XVII secolo, Quirino de Salazar applicò a Maria il titolo di «Corredentrice» che egli aveva proposto in virtù di un'intima analogia fra Cristo e Maria.[86] Il maestro mariano S. Luigi Grignon de Montfort (+1716), insegnò che il sacrificio corredentivo della Madre durante l'intera sua vita costituisce una glorificazione dell'«indipendenza» del Signore proprio attraverso la sua scelta di «dipendere» dalla Vergine Madre:

> [Nostro Signore] glorificò la propria indipendenza e maestà nel dipendere da questa amabile Vergine nella sua concezione, nella sua nascita, nella sua presentazione al tempio, nella sua vita nascosta per trent'anni, anzi nella sua stessa morte, alla quale la volle presente, avendo stabilito di fare con lei un medesimo sacrificio e di essere immolato con il consenso di lei all'Eterno Padre, come già Isacco con il consenso di Abramo alla volontà di Dio. Da lei fu allattato, nutrito, mantenuto, allevato e sacrificato per noi.[87]

---

[85] S. ROBERTO BELLARMINO, *Cod. Vat. Lat. Ottob.* 2424, f. 193.

[86] Q. SALAZAR, *In Proverbis*, 1. (Colonia: 1621), p.627: «Quia id habuit commune cum Christo ut vere et proprie redemptionis nostrae dedisse atque attulisse dicatur..., propterea... redemptrix, reparatrix, Mediatrix, au(c)trix et causa salutis nostrae appellatur.»

[87] S. LUIGI GRIGNON DE MONTFORT, *Trattato della Vera Devozione a Maria*, 18.

In seguito, grandi figure come S. Alfonso de Liguori (1696–1787), Dottore mariano e fondatore dei Redentoristi, invoca la Madonna del Calvario col titolo di Redentrice in segno di riconoscenza per i meriti del suo sacrificio sul Calvario: «se le labbra di Maria furono silenziose, non lo fu il suo cuore, dal momento che lei offrì la vita di suo Figlio alla Giustizia Divina per la nostra salvezza.»[88] Un considerevole contributo apologetico all'uso legittimo del titolo di *Corredentrice* viene dalla penna del collega di John Henry Newman nel movimento di Oxford, il fondatore dell'Oratorio londinese, Padre Frederick William Faber (+1863). Egli spiegò come Maria cooperò con Nostro Signore, nella Redenzione del mondo, in un senso affatto differente, che non potrebbe mai esser valido per i Santi, se non figurativamente:

> Il libero consenso di Maria era necessario per l'Incarnazione, così com'è necessaria la libera volontà per meritare, secondo i divini consigli. [...] Ella acconsentì alla di lui passione; e, sebbene non potesse, in realtà, negare il suo consenso, in quanto già incluso nel consenso originario all'Incarnazione, nondimeno ella di fatto non lo negò, ed egli salì al Calvario come offerta al Padre della libera volontà di lei. [...] Infine, fu una cooperazione di un genere totalmente diverso da quella dei santi. La loro fu null'altro che la continuazione e l'applicazione di una redenzione sufficiente già compiuta, mentre quella di Maria fu una condizione necessaria per il compimento di tale redenzione. L'una fu una pura conseguenza di un evento che l'altra procurò effettivamente, e che divenne un evento solo per mezzo di essa. Perciò fu più reale, più presente, più intima, più personale, e con una natura di causalità

---

[88] S. Alfonso de Liguori, *Le glorie di Maria*, p. 448.

in sé, che non può in alcun modo esser predicata della cooperazione dei santi.[89]

Faber continua enumerando tre diritti che Maria ha d'esser chiamata Corredentrice:

> Ha diritto ad esso, anzitutto in ragione della sua cooperazione con Cristo nello stesso senso dei santi, ma in grado singolare e superlativo. In secondo luogo, vi ha diritto, in maniera unica, in forza della cooperazione indispensabile della sua Maternità. In terzo luogo vi ha diritto in forza dei suoi dolori. [...] Queste ultime due caratteristiche non sono partecipate da nessun'altra creatura, né da tutte le creature collettivamente. Appartengono all'incomparabile magnificenza della Madre di Dio.[90]

Conclude affermando che non v'è altra parola che renda con pienezza la dottrina della Corredenzione, nella quale la Madre del Redentore si erge in modo singolare al di sopra di tutti gli eletti: «In effetti, non v'è altra parola che possa esprimere la verità; e, se la cooperazione di Maria è ben distante dalla redenzione unica e sufficiente di Cristo, essa è nondimeno separata e ben al di sopra della cooperazione di tutti gli eletti di Dio. Non si può fare giustizia a questa prerogativa di Maria Santissima, come del resto alle altre, con la mera menzione di essa. Dobbiamo farla nostra attraverso la meditazione, per poter capire tutto ciò che implica.»[91]

Fondandosi sulla Scrittura e sulla Tradizione di oltre diciotto secoli di storia della Corredenzione mariana, i Vicari di Cristo hanno dato l'impulso più importante per il

---

[89] F. W. FABER, *The Foot of the Cross or the Sorrows of Mary*, (Peter Reilly: 1956), pp. 372-374.
[90] *Ibid.*, p. 375.
[91] *Ibid.*, p. 377.

completo sviluppo della dottrina corredenzionista. I pontefici del XIX e XX secolo – guidati dallo Spirito Santo ed esercitando l'autorità petrina che essi solo possiedono – con i loro pronunciamenti portano la dottrina, e finalmente il titolo, al livello d'insegnamento ordinario del Magistero della Chiesa. Papa Leone XIII fece notare come Maria progredì dall'essere ancella del Signore all'essere compartecipe della laboriosa espiazione del genere umano. «Non vi è quindi alcun dubbio che anche per tale ragione, durante le crudeli angosce e torture del Figlio, ella provò in cuor suo i più acuti dolori. Del resto, proprio alla sua presenza e sotto i suoi occhi doveva compiersi quel divin sacrificio, per il quale con il proprio latte ella aveva generosamente allevata la vittima. Ciò si contempla nell'ultimo e più commovente di questi misteri. 'Stava presso la Croce di Gesù Maria sua Madre', la quale, mossa da un immenso amore per noi, per averci suoi figli, offrì essa stessa il suo Figlio alla giustizia divina, e con lui morì in cuor suo, trafitta dalla spada del dolore.»[92] Il Papa S. Pio X diede un contributo particolarmente significativo alla dottrina della corredenzione mariana:

> E quando venne per Gesù l'ultima ora *Sua Madre stava presso la Croce*, oppressa dal tragico spettacolo e nello stesso tempo felice *perché Suo Figlio si immolava per la salvezza del genere umano...* La conseguenza di questa comunione di sentimenti e di sofferenze fra Maria e Gesù è che Maria *divenne legittimamente degna di riparare l'umana rovina* e perciò di dispensare tutti i tesori che Gesù procurò a noi con la Sua morte e il Suo sangue.... Poiché Maria supera tutti nella santità e nell'unione con

---

[92] Papa LEONE XIII, Lettera Enciclica *Iucunda Semper*, (8 settembre 1884) in *ASS* 27 (1884), p. 178.

Gesù Cristo ed è stata associata da Gesù Cristo nell'opera di redenzione, Ella ci procura *de congruo*, come dicono i teologi, ciò che Gesù Cristo ci ha procurato *de condigno* ed è la suprema dispensatrice di grazie.[93]

S. Pio X designa Maria quale socia singolare di Cristo nell'opera di redenzione, e in forza dell'unità della sua sofferenza e della sua intenzione con quelle del Redentore, Maria divenne la «riparatrice», la donna restauratrice con Cristo, del mondo perduto nel peccato. S. Pio X fece la più importante distinzione fra la redenzione ottenuta da Cristo, da Lui meritata per noi nell'ordine della giustizia (*de condigno*), e la cooperazione per la quale Maria merita nell'ordine dell'opportunità o convenienza (*de congruo*).[94]

Il primo uso ufficiale del termine Corredentrice si ha il 13 maggio 1908, in un documento della Congregazione dei Riti. Rispondendo positivamente alla richiesta del Priore Generale dei Serviti d'elevar la festa dei Sette Dolori della Beata Vergine Maria a duplice di seconda classe per la

---

[93] Papa S. Pio X, Lettera Enciclica *Ad diem illum*, (2 febbraio 1904), 12-14.

[94] *Meritum de condigno* (il merito di condignità) *ex toto rigore justitiae* (eguaglianza fra l'atto meritorio e la sua ricompensa, come pure fra le persone che danno e ricevono la ricompensa) è un tipo di merito («un diritto alla ricompensa») ottenibile solo da Gesù Cristo alla luce della sua natura divina. L'atto redentivo di Cristo sulla croce fu sia soddisfatorio (rimuovendo la relazione di colpa fra il genere umano e Dio) che meritorio (stabilendo un diritto alla ricompensa da parte di Dio, che presuppone sempre, allo stesso tempo, un dono di grazia da parte di Dio). Dall'altro lato invece, il *meritum de congruo* (merito di congruità) è un diritto alla ricompensa basato sulla sua appropriatezza o opportunità, insieme alla generosità della persona che concede il dono.

Chiesa universale, la Congregazione dei Riti esprime la speranza che «possa aumentare la devozione alla Madre Addolorata e possa intensificarsi la pietà dei fedeli e la loro gratitudine per la misericordiosa Corredentrice del genere umano».[95] Il Sant'Uffizio è la seconda Congregazione ad usare il termine. Il 26 giugno 1913, esprimendo la soddisfazione della Congregazione per l'aggiunta del nome di Maria a quello di Gesù nel saluto indulgenziato «Siano lodati Gesù e Maria", a cui si risponde "Ora e sempre», il documento ufficiale, firmato dal Cardinal Rampolla, afferma: «Vi sono cristiani la cui devozione alla eletta tra le vergini è così sentita da non poter invocare il nome di Gesù senza quello di sua Madre, la nostra Corredentrice, la Beata Vergine Maria.»[96] Sei mesi dopo, il medesimo Sant'Uffizio concede un'indulgenza parziale per la recita di una preghiera di riparazione a Maria SS.ma (Vergine Benedetta). La preghiera termina con le parole: «Benedico il vostro santo nome, benedico il vostro speciale privilegio d'esser davvero la Madre di Dio sempre vergine, concepita senza macchia di peccato, Corredentrice del genere umano.»[97] Nel 1918 Papa Benedetto XV affermò chiaramente il contenuto della dottrina della corredenzione mariana: «La Beata Vergine Maria come soffrì insieme col Figlio sofferente e quasi morì con la morte di Lui, così abdicò ai suoi diritti di Madre sul Figlio per la salvezza degli uomini. Per la parte a lei riservata, immolò il Figlio alla divina giustizia, per placarla; per la qual cosa si può affermare a buon diritto che ella, insieme con Cristo, ha redento il genere umano.»[98]

---

[95] SACRA CONGREGAZIONE DEI RITI, *Risposta al Priore generale dei Serviti* in *ASS* 41 (1908), p. 409.
[96] SANT'UFFICIO, *Decreto* in AAS 5 (1913), p. 364.
[97] SANT'UFFICIO, *Decreto* in AAS 6 (1914), p. 108.

Il papa Pio XI (1922-1939) divenne il primo Pontefice ad usare il titolo di Corredentrice in un discorso papale, addirittura in almeno tre occasioni durante il suo pontificato. La prima occasione si ha il 30 novembre 1933 in un'allocuzione papale ai pellegrini di Vicenza. Sensibile dal punto di vista pastorale e di solida dottrina, Pio XI, quando usa per la prima volta il termine Corredentrice spiega il motivo per cui è legittimo invocare la Madre del Redentore con questo titolo:

> Il Redentore non poteva, per necessità di cose, non associare la Madre Sua alla Sua opera, e per questo noi la invochiamo col titolo di Corredentrice. Essa ci ha dato il Salvatore, l'ha allevato all'opera di redenzione fino a sotto la Croce dividendo con lui i dolori dell'agonia e della morte in cui Gesù consumava la Redenzione di tutti gli uomini. E proprio sotto la Croce, negli ultimi momenti della sua vita il Redentore la proclamava madre nostra e madre universale.[99]

---

[98] Papa BENEDETTO XV, Lettera Apostolica *Inter Sodalicia* (1918) in *AAS* 10 (1918), p. 182.

[99] Papa PIO XI, *Allocuzione ai pellegrini provenienti da Vicenza*, 30 novembre 1933 in *L'Osservatore Romano*, 1 dicembre 1933. Nella sua lettera enciclica *Miserentissimus Redemptor* in *AAS* 20 (1928), p. 178, il Papa aveva usato ancora il titolo di Riparatrice per la Beata Vergine, molto simile nel contenuto a Corredentrice: «Sia propizia ai Nostri voti e a queste Nostre disposizioni la benignissima Madre di Dio, la quale, avendoci dato Gesù Riparatore, avendolo nutrito e presso la croce offerto vittima per noi, per la mirabile unione che ebbe con Lui e per grazia singolarissima, divenne anche lei, come piamente è detta, Riparatrice.»

Nell'Anno Santo della Redenzione, il 1934, Pio XI ripete il titolo di Corredentrice durante la commemorazione quaresimale della Vergine Addolorata. Il Papa nota con gioia che i pellegrini spagnoli son venuti a Roma per celebrare con lui «non solo il XIX centenario della divina Redenzione, ma anche il XIX centenario di Maria, il centenario della sua Corredenzione, della sua universale Maternità». Il Santo Padre, poi, esorta i giovani a «seguire il pensiero ed il desiderio di Maria Santissima, che è nostra Madre e Corredentrice nostra: dovevano sforzarsi ad essere, anch'essi, corredentori ed apostoli, secondo lo spirito dell'Azione Cattolica, ch'è appunto la cooperazione del laicato all'apostolato gerarchico della Chiesa.»[100] Nel radio-messaggio del 28 aprile 1935, in occasione della conclusione dell'Anno Santo a Lourdes, che il Pontefice ben sapeva avrebbe di molto superato i limiti del ristretto pubblico romano ed avrebbe avuto una portata universale, Pio XI in modo diretto invoca la Vergine Madre come la Corredentrice: «O Madre di pietà e di misericordia, che fosti vicino al tuo Figlio dolcissimo, mentre Egli consumava la Redenzione del genere umano sull'altare della croce, partecipando dei suoi dolori e come Corredentrice... conservaci, ti chiediamo, ed accresci nel corso dei giorni i frutti preziosi della Redenzione e della tua compassione.»[101]

Anche il Papa Pio XII insegnò la dottrina della corredenzione da parte della Beata Vergine: «Ella fu che, immune da ogni macchia, sia personale sia ereditata, e

---

[100] Papa PIO XI, *Discorso ai pellegrini spagnoli* in *L'Osservatore Romano* (25 marzo 1934), p. 1.

[101] Papa PIO XI, *Radiomessaggio a Lourdes per la chiusura solenne del Giubileo della redenzione*, 28 Aprile 1935 in *L'Osservatore Romano*, 29-30 Aprile 1935, p. 1.

sempre strettissimamente unita col Figlio suo, Lo offrì all'eterno Padre sul Golgota, facendo olocausto di ogni diritto materno e del suo materno amore, come novella Eva, per tutti i figli di Adamo contaminati dalla sua miseranda prevaricazione. Per tal modo, Colei che quanto al corpo era la madre del nostro Capo, poté divenire, quanto allo spirito, madre di tutte le sue membra, con nuovo titolo di dolore e di gloria.»[102] Pio XII ribadì, inoltre, la cooperazione di Maria alla Redenzione e il suo ruolo di Mediatrice delle grazie già acquistate con la Redenzione con le parole: «Egli, il Figlio di Dio, riflette sulla Madre celeste la gloria, la maestà, l'impero della sua regalità; perché associata come Madre e Ministra al Re dei Martiri nell'opera ineffabile dell'umana Redenzione, gli è sempre associata, con potere quasi immenso nella distribuzione delle grazie che dalla Redenzione derivano.»[103] Va notato che il Pontefice pone in relazione la Corredenzione di Maria con la sua Regalità, ottenuta grazie alla vittoria con Cristo Re nella restaurazione della grazia: «È certo che in senso pieno, proprio e assoluto, soltanto Gesù Cristo, Dio e uomo, è Re; tuttavia, anche Maria, sia come madre di Cristo Dio, sia come socia nell'opera del divin Redentore, e nella lotta con i nemici e nel trionfo ottenuto su tutti, ne partecipa la dignità regale, sia pure in maniera limitata e analogica.»[104] Il Papa impiegò anche la nozione teologica di *ricapitolazione* quale chiave importante per comprendere il ruolo di Maria nella Redenzione:

Se Maria, nell'opera della salute spirituale, per

---

[102] Papa Pio XII, Lettera Enciclica *Mystici Corporis* (1943), 110.
[103] Papa Pio XII, Trasmissione radiofonica ai pellegrini di Fatima (13 maggio 1946) in *AAS* 38 (1946), p. 266. Vedi la nota 51 sopra che indica come Leone XIII fece la stessa precisazione.
[104] Papa Pio XII, Lettera Enciclica *Ad Caeli Reginam* (1954), 39.

volontà di Dio, fu associata a Cristo Gesù, principio di salvezza, e in maniera simile a quella con cui Eva fu associata ad Adamo, principio di morte, sicché si può affermare che la nostra redenzione si compì secondo una certa «ricapitolazione», per cui il genere umano, assoggettato alla morte, per causa di una vergine, si salva anche per mezzo di una Vergine; se inoltre si può dire che questa gloriosissima Signora venne scelta a Madre di Cristo proprio «per essere a lui associata nella redenzione del genere umano».[105]

Il Concilio Vaticano II, mentre non adottò esplicitamente l'espressione Corredentrice, ne insegnò la dottrina: «Così anche la beata Vergine avanzò nella peregrinazione della fede e serbò fedelmente la sua unione col Figlio sino alla croce, dove, non senza un disegno divino, se ne stette (cfr. Gv 19,25), soffrendo profondamente col suo Unigenito e associandosi con animo materno al suo sacrificio, amorosamente consenziente all'immolazione della vittima da lei generata.»[106] La sua attività corredentiva trovò espressione anche nella seguente formula:

La beata Vergine, predestinata fin dall'eternità,

---

[105] *Ibid.*, 38. Vedi anche S. IRENEO, *Adversus haereses* V, 19, 1 in *PG* 7, 1175 e Papa PIO XI, Lettera *Auspicatus profecto* in *AAS* 25 (1933), p. 80.

[106] VATICANO II, *Lumen Gentium*, 58. Lo stesso documento conciliare precedentemente (54) aveva anche fatto notare che il Concilio non si proponeva di fornire una dottrina completa su Maria, né desiderava decidere sulle questioni che l'opera dei teologi non aveva ancora del tutto chiarito. Possono essere lecitamente ritenute pertanto quelle opinioni che sono proposte nelle scuole cattoliche riguardanti la Beata Vergine, che occupa un posto nella Chiesa che è il più alto dopo Cristo e tuttavia molto vicino a noi.

> all'interno del disegno d'incarnazione del Verbo, per essere la madre di Dio, per disposizione della divina Provvidenza fu su questa terra l'alma madre del divino Redentore, generosamente associata alla sua opera a un titolo assolutamente unico, e umile ancella del Signore, concependo Cristo, generandolo, nutrendolo, presentandolo al Padre nel tempio, soffrendo col Figlio suo morente in croce, ella cooperò in modo tutto speciale all'opera del Salvatore, con l'obbedienza, la fede, la speranza e l'ardente carità, per restaurare la vita soprannaturale delle anime. Per questo ella è diventata per noi madre nell'ordine della grazia.[107]

Il Papa Giovanni Paolo II espresse spesso la dottrina di Maria Corredentrice, sotto vari aspetti. Uno è che la cooperazione ebbe luogo per mezzo dell'obbedienza, che si lega intimamente alla Redenzione quale condizione di alleanza. La cooperazione per via di obbedienza è chiaramente attiva.

> Quanto grande, quanto eroica è allora l'obbedienza della fede dimostrata da Maria di fronte agli «imperscrutabili giudizi» di Dio! Come «si abbandona a Dio» senza riserve, «prestando il pieno ossequio dell'intelletto e della volontà» a colui, le cui «vie sono inaccessibili»!... Mediante questa fede Maria è perfettamente unita a Cristo nella sua spoliazione..... Ai piedi della croce Maria partecipa mediante la fede allo sconvolgente mistero di questa spoliazione. È questa forse la più profonda *«kenosi»* della fede nella storia dell'umanità. Mediante la fede la madre partecipa alla morte del Figlio, alla sua morte redentrice... e come partecipazione al sacrificio di Cristo, nuovo Adamo, diventa, in certo senso, il contrappeso della

---

[107] VATICANO II, *Lumen Gentium*, 61.

disobbedienza e dell'incredulità, presenti nel peccato dei progenitori.[108]

Il valore della passione e morte di Cristo dipese dalla sua obbedienza alla volontà del Padre (cfr. Rm 5,19) poiché quell'obbedienza fu la condizione della Nuova Alleanza, l'essenziale condizione interiore del grande sacrificio. Inoltre, la cooperazione di Maria consistette nell'obbedienza di fede, ed in tal modo fu una partecipazione nella condizione di alleanza, nella sua obbedienza; pertanto la sua obbedienza divenne il contrappeso della disobbedienza e dell'incredulità, presenti nel peccato dei progenitori. Degna di nota per la sintesi che offre della storia della Corredenzione mariana è l'udienza generale tenuta da Giovanni Paolo II il 25 ottobre 1995, in cui il Papa sostanzialmente conferma l'evoluzione storica dello sviluppo della Corredenzione mariana.[109]

Papa Giovanni Paolo II adoperò l'espressione *Corredentrice* in almeno sei occasioni. La più importante e frequentemente citata è del 31 gennaio 1985, in un discorso tenuto nel Santuario mariano di Guayaquil, Equador:

> Maria ci precede e ci accompagna. Il silenzioso itinerario che comincia con la sua Immacolata Concezione e passa per il «sì» di Nazaret, che la rende Madre di Dio, trova sul Calvario un momento particolarmente importante. Anche là, accettando e assistendo al sacrificio di suo Figlio, Maria è aurora della redenzione; ... Spiritualmente crocifissa col Figlio crocifisso (cf. Gal 2, 20), contemplava con amore eroico la morte del suo Dio consentendo

---

[108] Papa GIOVANNI PAOLO II, Lettera Enciclica *Redemptoris Mater* (1987), 18-19.
[109] Vedi Papa GIOVANNI PAOLO II, *Discorso all'Udienza Generale* (25 ottobre 1995).

amorosamente all'immolazione della vittima che ella stessa aveva generato... Effettivamente, sul Calvario, ella si unì al sacrificio del Figlio che tendeva alla fondazione della Chiesa; il suo cuore materno condivise fino in fondo la volontà di Cristo di «riunire insieme tutti i figli di Dio che erano dispersi» (Gv 11, 52)... Effettivamente, il ruolo corredentore di Maria non cessò con la glorificazione del Figlio.[110]

---

[110] Papa GIOVANNI PAOLO II, *Discorso al Santuario Mariano di Guayaquil*, Equador (31 gennaio 1985), in *IG* 8/1 (1985) pp. 318-319. Vedi VATICANO II, *Lumen Gentium*, 58. Le altre cinque occasioni furono:

1) Nel suo saluto agli ammalati dopo l'udienza generale dell'8 settembre 1982 il Papa disse: «Maria, pur concepita e nata senza macchia di peccato, ha partecipato in maniera mirabile alle sofferenze del suo divin Figlio, per essere Corredentrice dell'umanità» (*IG* 5/3 (1982), p. 404).

2) Il 4 novembre 1984, festa del suo santo patrono, Carlo Borromeo, nel suo discorso all'Angelus ad Arona: «Alla Madonna – la Corredentrice – San Carlo si rivolge con accenti singolarmente rivelatori.» (*IG* 7/2 (1984), p. 1151).

3) Il 31 marzo 1985, al messaggio dell'Angelus della domenica delle Palme e Giornata Mondiale della Gioventù: «Maria ha accompagnato il Figlio suo divino nel più discreto nascondimento, tutto meditando nell'intimo del proprio cuore. Sul Calvario, ai piedi della Croce, nella vastità e nella profondità del sacrificio materno, ha accanto Giovanni, l'apostolo più giovane... Al desiderio del Redentore faccia generoso riscontro il desiderio nostro, auspice Maria, la Corredentrice, alla quale eleviamo con piena effusione la nostra preghiera» (*IG* 8/1 (1985), pp. 889-890).

4) Nel discorso ai partecipanti al Pellegrinaggio dell'Opera Federativa Trasporto Ammalati a Lourdes (OFTAL), il

Il Catechismo affermò che Maria fu «associata più intimamente di qualsiasi altro al mistero della sua sofferenza redentrice.»[111] La piena dottrina della corredenzione comprende una cooperazione di Maria prossima, immediata, oggettiva, attiva ed universale con Cristo Redentore. La teologia odierna continua ad interessarsi al ruolo corredentivo di Maria. Per Balthasar Maria dovette svolgere un ruolo corredentivo, e Maria rinnova il suo fiat sia da una posizione di prossimità al Crocifisso che di distanza da Lui: «nascosta dietro la moltitudine dei peccatori, abbracciandoli tutti, lei è oggettivamente la più vicina a Lui: lei rende possibile la Sua sofferenza e garantisce l'obbiettivo. Ma egli non la può adesso vedere altrimenti che come la più lontana. Questo è come Egli *deve* vederla. Egli è *l'assolutamente* abbandonato, e comunque ella con lui si dà unicamente come divisione da lui nell'abbandono. Egli deve sottrarsi alla madre come il Padre gli si è sottratto: «Donna, ecco là tuo figlio».»[112]

---

24 marzo 1990, ha dichiarato: «Maria Santissima, Corredentrice del genere umano accanto al suo Figlio, vi dia sempre coraggio e fiducia!» (*IG* 13/1 (1990), p. 743.

5) Alla recita dell'Angelus in commemorazione del sesto centenario della canonizzazione di S. Brigida di Svezia il 6 ottobre 1991: «Brigida guardò a Maria come a modello e sostegno nei vari momenti della sua esistenza. Di Maria proclamò con vigore il divin privilegio dell'Immacolato Concepimento. Ne contemplò la sorprendente missione di Madre del Salvatore. La invocò come Immacolata, Addolorata e Corredentrice, esaltandone il ruolo singolare nella storia della salvezza e nella vita del popolo cristiano. (*IG* 14/2 (1991), p. 756).

[111] *CCC* 618. Cfr. Lc 2,35.
[112] H. U. VON BALTHASAR, *Teodrammatica, IV. L'Azione*, (Milano: Jaca Book, 1986), p. 332.

Inoltre, il fatto che il Figlio è accompagnato da un testimone all'atto sacrificale di Dio significa che la rivelazione della Trinità sulla Croce non può essere spiegata in base alla sola crocifissione di Cristo. Questo testimone, la Madre del Signore, è icona della fruttuosa recettività con la quale il Figlio saluta l'amore del Padre nello Spirito Santo. È perché lei testimonia nella sua povertà, l'umiliazione di cui parla il Magnificat, ponendosi dietro ai peccatori e con loro, che è capace di ricevere l'incommensurabile effusione del Figlio sulla Croce nel suo sacrificio di Lode e petizione al Padre, e riceverlo in modo tale da divenire la Sposa dell'Agnello e il Grembo della Chiesa, in una «relazione nuziale che inizia nel totale abbandono e nelle tenebre sperimentate da loro due.»[113]

Laurentin spiega che l'espressione Corredentrice è stata usata o ammessa da diversi Papi; il termine esige il nostro rispetto. Sarebbe gravemente temerario attaccare la sua legittimità.[114] Per Gherardini, la verità incontra completamente ed in modo ampiamente verificabile le condizioni per cui una dottrina è e deve essere considerata dottrina della Chiesa. La sua fondazione è indiretta ed implicita, e tuttavia solida, nella Scrittura; estesa nei Padri e nei teologi; inequivocabile nel Magistero. Ne segue, pertanto, che la Corredenzione appartiene al patrimonio dottrinale della Chiesa.[115] Il prefisso «co» non significa uguaglianza,

---

[113] Ibid., p. 358.

[114] R. LAURENTIN, Le titre de corédemptrice (Roma: Marianum, 1951), pp. 27ff.

[115] B. GHERARDINI, «The Coredemption of Mary : Doctrine of the Church» in AA.VV., Mary at the Foot of the Cross: Acts of International Symposium on Marian Coredemption 2001, vol. 2 (Libertyville, IL: Academy of the Immaculate, 2002), pp. 37-48. Gherardini fa notare che sino ad ora non v'è stata una definizione dogmatica o ex cathedra della Corredenzione.

ma deriva dalla parola latina «cum», che significa «insieme». Il titolo di Corredentrice applicato alla Madre di Gesù non pone mai Maria ad un livello di parità con Gesù Cristo, il divin Signore di tutti, nel processo salvifico di redenzione dell'umanità. Esso denota, piuttosto, la singolare ed unica partecipazione con il Figlio all'opera salvifica di redenzione della famiglia umana. Avendo visto come Maria cooperò alla redenzione di Cristo, passiamo ora ad esaminare come ella partecipò dei frutti della stessa redenzione con la sua Assunzione al cielo.

Pertanto ora in senso stretto non è una verità di fede. La corredenzione fa parte della dottrina della Chiesa perché è ascritta indirettamente ed in modo derivato al «sacro deposito». Gherardini parla di certezza teologica, che per i suoi supporti scritturistici, tradizionali e magisteriali potrebbe esprimersi in una dottrina *proxima fidei* fin a quando la Chiesa non decida una qualificazione diversa. L'asserto dottrinale *proxima fidei* (vicino alla fede) è indicato per questa dottrina, significando che, anche se non esplicitamente, appartiene alla rivelazione senza alcun dubbio. Il termine *proxima fidei* sintetizza nel modo migliore tutte le considerazioni intrinseche ed estrinseche implicate nello studio della corredenzione: in modo particolare la sua connessione con la Rivelazione e la sua presenza, anche se non in modo formale, nel Magistero ecclesiastico. Cfr. B. GHERARDINI, «La Corredentrice» in *Divinitas* 39 (1997), p. 159.

8

Assunta al Cielo

Conveniva che Ella, il Giglio dell'Eden, che dimorò sempre lontano dallo sguardo dell'uomo, morisse all'ombra del giardino, e fra i dolci fiori tra cui era vissuta. Il suo transito non si fece sentire nel mondo... Essi cercarono le sue reliquie, ma non le trovarono... La sua tomba non la si potette individuare, oppure se fu trovata questa era vuota.

J. H. Newman, *Omelia per l'Assunzione*, 1849

Nell'Antico Testamento vi furono alcuni transiti misteriosi da questa vita. Dio concesse uno speciale privilegio di non morire ad Enoch e ad Elia. Il primo caso riguarda Enoch, riportato nel libro della Genesi: «Enoch camminò con Dio e non fu più perché Dio l'aveva preso» (Gn 5,24). La lettera agli Ebrei fornisce più informazioni: «Per fede Enoch fu trasportato via (Neo Vulgata: *translatus est*), in modo da non vedere la morte; e non lo si trovò più, perché Dio lo aveva portato via (Neo Vulgata: *transtulit*). Prima infatti d'essere trasportato via (Neo Vulgata: *ante translationem*)[1],

---

[1] L'espressione usata in Greco è μετατίθημι che esprime il senso di essere trasportato o portato via. La Neo Vulgata traduce: «Fide Henoch *translatus est*, ne videret mortem, et

ricevette la testimonianza di essere stato gradito a Dio» (Eb 11,5). È significativo che la Neo Vulgata adotti il termine *translatus*, di significato simile ad *assumptus* e con questi traducibile, come fatto ad esempio dalla *Nuova Bibbia di Gerusalemme*. Similmente, il passaggio di Elia fu straordinario, dal momento che egli non morì: «camminavano conversando, ecco un carro di fuoco e cavalli di fuoco si interposero fra loro due. Elia salì nel turbine verso il cielo» (2 Re 2,11; cfr. Sir 48,9).

Nel Nuovo Testamento, il destino dell'ultima generazione presente al tempo dell'apparizione di Cristo in gloria è talvolta considerato come implicante un sorta di assunzione. In due brani delle lettere paoline, l'apostolo fa notare che «non tutti, certo, moriremo, ma tutti saremo trasformati» (1 Cor 15,51) ed egli afferma che «prima risorgeranno i morti in Cristo; quindi noi, i vivi, i superstiti, saremo rapiti insieme con loro tra le nuvole, per andare incontro al Signore nell'aria» (1 Ts 4,16-17). L'opinione secondo cui l'ultima generazione sulla faccia della terra non morirà è sostenuta dai Padri Greci, incluso S. Gregorio di Nissa e S. Giovanni Crisostomo e dai Padri Latini, compresi Tertulliano e S. Girolamo. La Professione di Fede segue le Scritture indicando che coloro che sono in vita alla seconda venuta non moriranno, poiché essa afferma che Cristo verrà per giudicare i *vivi* e i morti. Comunque, l'assunzione di un'ultima generazione di credenti è da distinguersi attentamente dalla nozione di «Rapimento», ricorrente nel pensiero di alcuni protestanti e pentecostali.[2]

---

    non inveniebatur, quia *transtulit* illum Deus; *ante translationem* enim testimonium accepit placuisse Deo.»

[2] Vedi C. E. OLSON, *Will Catholics Be Left Behind?* (San Francisco: Ignatius Press, 2003), che è una vera critica della nozione popolare fondamentalista del «rapture» – la credenza che i

La chiusura della vita terrena di Maria

Dove Maria abbia trascorso gli ultimi anni della sua vita terrena è oggetto di congetture, benché diverse tradizioni propongano come possibilità Efeso o le vicinanze di Gerusalemme. Alcune opere apocrife dal secondo al quarto secolo sono tutte favorevoli alla tradizione di Gerusalemme. Le lettere di Dionisio Areopagita al vescovo Tito (363), così come il *Joannis liber de Dormitione Mariae* (fra il terzo e il quarto secolo), individuano la sua tomba nel Getsemani. Dal punto di vista storico tali opere hanno un certo valore, benché siano apocrife, dal momento che riecheggiano una credenza dei primi secoli. L'indicazione di una tomba della Vergine nella valle di Giosafat risale al quinto secolo circa, e divenne meta di pellegrinaggi e devozioni.[3] S. Giovanni Damasceno reca testimonianza ad una tradizione secondo cui la Beata Vergine si dipartì da questo mondo da Gerusalemme: «Sion è la madre delle chiese di tutto il mondo, che offrì un luogo di riposo alla Madre di Dio dopo la resurrezione di suo Figlio dai morti. In essa, alla fine, la Beata Vergine fu distesa su di un piccolo letto.»[4] Egli indicò il Getsemani come luogo della Sua assunzione: «Allora essi raggiunsero il sacratissimo Getsemani, e ancora una volta vi furono abbracci,

cristiani vengano rimossi dalla terra prima del tempo della tribolazione e della seconda venuta.

[3] Questa tradizione la si può vedere ad esempio in BEDA IL VENERABILE, *Liber de locis sacris* 2, 5 in *CSEL* 39, 309f.
[4] S. GIOVANNI DAMASCENO, *Homilia 2 in Dormitionem B. V. Mariae*, 4 in *PG* 96, 730. S. Gregorio di Tours, S. Sofronio, Patriarca di Gerusalemme, S. Germano, Patriarca di Costantinopoli, S. Andrea, vescovo di Creta, e Beda il Venerabile indicano questa stessa tradizione, comune all'Oriente e all'Occidente.

preghiere e panegirici, inni e lacrime sgorgarono da cuori addolorati e pieni di amore. Essi frammischiarono mari di lacrime e sudore. Ed in tal modo il corpo immacolato fu collocato nella tomba. In seguito fu assunto dopo tre giorni alle sfere celesti.»[5] All'interno di questa tradizione, dunque, vi sono varie opinioni, se la tomba di Maria si trovava nell'Orto degli Ulivi o nella Valle di Giosafat. Un'indicazione che colloca la tomba di Maria nel Getsemani è la basilica eretta sulla zona sacra, verso la fine del quarto o l'inizio del quinto secolo. La chiesa attuale fu costruita nello stesso luogo in cui stava il vecchio edificio.[6]

Un'altra tradizione pone in Efeso il luogo del transito di Maria. Negli Atti del Concilio di Efeso (431) non v'è menzione alcuna di quella città come scelta da Dio per gli ultimi giorni di Maria. Solo dopo il Concilio vi fu una ferma indicazione che colloca la sua tomba in quella città. Dal momento che S. Giovanni visse ad Efeso e fu seppellito lì,[7] si è dedotto che avendo ricevuto in custodia la Beata Vergine dopo la morte del Signore, ella abbia vissuto lì dopo l'ascensione di Cristo, ed in seguito assunta da questa vita da quella medesima città. Benedetto XIV afferma che Maria seguì S. Giovanni ad Efeso ed ivi morì. Egli intese anche rimuovere dal Breviario quelle letture che menzionano la morte di Maria a Gerusalemme, ma morì prima di portare a compimento il suo proposito.[8] Varie

---

[5] S. GIOVANNI DAMASCENO, *Homilia 2 in Dormitionem B. V. Mariae*, 14 in *PG* 96, 739.

[6] Vedi E.-P. LE CAMUS, *Notre voyage aux pays bibliques*, (Paris: 1894), I, p. 253.

[7] Vedi EUSEBIO, *Historia Ecclesiastica*, III, 31; V, 24, in *PG* 20, 280; 493.

[8] Cf. D. ARNALDI, *Super transitu Beatae Mariae Virginis Deiparae expertis omni labe culpae originalis dubia proposita* (Genuae: Montaldi, 1879), I, c. I.

rivelazioni private indicano Efeso quale luogo del transito di Maria da questa vita.⁹

La questione poi sorge circa la natura della sua scomparsa e concretamente se sia morta o no. Questo tema studia se la sua anima si sia separata dal corpo oppure no. Pio XII, nella definizione dogmatica dell'Assunzione, ha deliberatamente evitato di pronunciarsi sulla questione se Maria sia prima morta, per poi risorgere, oppure sia stata assunta immediatamente senza passare attraverso la morte. Una minoranza di teologi sostiene che ella di fatto non soffrì la morte. Sull'isola di Cipro, nel tardo quarto secolo, rinveniamo il primo accenno conosciuto, non apocrifo, della chiusura della vita di Maria, negli scritti di S. Epifanio (315-403), vescovo di di Salamina, più tardi chiamata Constantia: «A volte in qualche parte potremmo scoprire tracee di questa Santa; anche se è impossibile scoprire se sia morta... O la Vergine Santissima morì e fu sepolta, e allora la sua morte è unita a un grande splendore, e la sua fine è stata casta...; o che ella fu trapassata dalla spada come sembra indicare la profezia di Simeone, ottenendo così l'onore dei martiri, allora il suo corpo santo è stato sepolto nella felicità, dato che, suo tramtie, la luce ha illuminbato il mondo. O rimase in vita, perché a Dio è permesso tutto. Ma la sua fine, nessuno la conosce.»¹⁰ S. Epifanio potrebbe semplicemente esserne

---

⁹ Secondo le meditazioni della Beata Anna Caterina Emmerich (+ 1824), raccolte e pubblicate nel 1852, la Beata Vergine morì e fu seppellita a pochi chilometri a sud di Efeso. A Panaghia Kapoli, su d'una collina a circa 14-15 chilometri da Efeso, furono scoperte le rovine di una casa, in cui si suppone che sia vissuta Maria, secondo le indicazioni date dalla B. Caterina Emmerich nella sua vita della Beata Vergine.

¹⁰ S. EPIFANIO, *Adversus Octaginta Haereses* libro 3, tomo 2, eresia 78, 11 e 24 in *PG* 42, 715-716 e 738.

stato all'oscuro, oppure pose attenzione a non giocare nelle mani di certi eretici contemporanei, gli Antidicomarianiti e i Colliridiani. Il primo gruppo negò la verginità perpetua di Maria; il secondo, errando nella direzione opposta, sostenne che le si dovrebbe un'adorazione divina. Pretendere la morte di Maria poteva fomentare la prima eresia (ciò per sostenere che il corpo di Maria fu soggetto alla corruzione della tomba, e così minimizzare le sue prerogative); asserire che ella non morì significava incoraggiare la seconda.[11] Quasi allo stesso tempo, Timoteo di Gerusalemme affermò che Maria non morì: «La Vergine, immortale fino ad ora, è stata trasferita dal luogo della sua assunzione da Colui che in lei ho posto la sua dimora.»[12]

S. Isidoro di Siviglia (+ 636) sembra essere fra i primi a gettare alcuni dubbi sul fatto della morte di Maria: «Da nessuna parte si legge della sua morte. Benché, come dicono alcuni, il suo sepolcro potrebbe essere ritrovato nella valle di Giosafat.»[13] Tusaredo, un vescovo della provincia delle Asturie, in Spagna, nel sec VIII, scrisse: «Della gloriosa Maria, non v'è racconto alcuno ad insegnarci che ella soffrì il martirio o qualsiasi altro tipo di morte.»[14] Agli inizi del IX secolo Teodoro Abou-Kurra assimilò la morte di Maria al sonno di Adamo nel giardino quando Dio formò Eva da una delle sue costole.[15] Ciò, ovviamente, non fu una vera morte.

---

[11] Vedi G. M. ROSCHINI, «Did Our Lady Die?» in *The Irish Ecclesiastical Record* 80 (1953), pp. 75-76.
[12] TIMOTEO DI GERUSALEMME, *Oratio in Symeonem* in PG 86, 246-247.
[13] S. ISIDORO DI SIVIGLIA, *De ortu et obitu Patrum*, 67 in PL 83, 150.
[14] TUSAREDO, *Epistola ad Ascaricum*, II in PL 99, 1239-1240.
[15] TEODORO ABOU-KURRA, *Opuscula*, op. 37 in PG 97, 1594.

La maggior parte dei Padri, comunque, riflettendo sul destino di Maria e sulla sua relazione col suo Figlio divino, proposero che dal momento che Cristo morì, sarebbe difficile sostenere il contrario per sua Madre. S. Agostino (354-430), che non fu chiaro circa l'assenza di peccato originale nella Beata Vergine, affermò in modo piuttosto tondo: «Maria, discendente di Adamo, è morta a cagione del peccato, Adamo è morto a cagione del peccato, e la carne del Signore figlio di Maria è morta per distruggere i peccati.»[16] Il Padre siriaco S. Giacomo di Sarug (+ 521), scrisse che quando giunse il tempo per Maria «di camminare sulla via di tutte le generazioni», che è la via della morte, «il coro dei dodici Apostoli» si riunì per seppellire «il corpo virgineo della Benedetta».[17] S. Modesto di Gerusalemme (+ 634), dopo aver ampiamente parlato della «beatissima dormizione della gloriosissima Genitrice di Dio», conclude il suo encomio esaltando l'intervento prodigioso di Cristo che «la risuscitò dal sepolcro», per assumerla con sé nella gloria.[18] S. Giovanni Damasceno (+704) si pone la domanda fondamentale: «Come poté essere sotto il dominio della morte, colei che diede la vita a tutti? Ma ella obbedisce alla legge di suo Figlio, e riceve in eredità il castigo come una figlia del primo Adamo, poiché

---

[16] S. AGOSTINO, *Enarratio in Psalmo 34*, 3 in *PL* 41, 501: «Maria ex Adam mortua propter peccatum, Adam mortuus propter peccatum, et caro Domini ex Maria mortua est propter delenda peccata.» Vedi cap. 4, pp. 94-95, 102, 116 sopra per le idee di Agostino sull'assenza di peccato in Maria.

[17] S. GIACOMO DI SARUG, *Discorso per la sepoltura della Santa Madre di Dio*, 87-99 in *EM* 1493-1494. Vedi anche C. VONA in *Lateranum* 19 (1953), p. 188.

[18] S. MODESTO DI GERUSALEMME, *Encomium in dormitionem Deiparae semperque Virginis Mariae*, nn. 7 and 14 in PG 86 bis, 3293; 3311.

suo Figlio, che è la vita, non lo rifiutò. Quale Madre del Dio vivente, ella gli va incontro attraverso la morte.»[19] S. Andrea di Creta (+ 720), allo steso modo, seguì la linea di coloro che affermarono, con pochissime argomentazioni, che Maria morì perché suo Figlio è morto.[20]

Molti Padri attestano la pia tradizione secondo cui almeno alcuni degli apostoli furono presenti al transito della Beata Vergine da questo mondo. In oriente, S. Giovanni Damasceno scrisse: «Quando l'Arca di Dio [Maria] in partenza dal Monte Sion per la patria celeste, fu trasportata sulle spalle degli apostoli, fu posta per strada nella tomba. Prima di tutto fu portata attraverso la città, come una sposa raggiante di splendore spirituale, ed in seguito trasportata al sacro luogo del Getsemani, con gli angeli che la ricoprivano con le loro ali, precedendola, accompagnandola, e seguendola, insieme a tutta l'assemblea della Chiesa.»[21] In occidente, S. Gregorio di Tours (+ 593) scrisse:

---

[19] S. GIOVANNI DAMASCENO, *Homilia 2 in Dormitionem B. V. Mariae*, 2 in *PG* 96, 726. Vedi anche Idem, *Homilia 1 in Dormitionem B. V. Mariae*, 10 in *PG* 96, 714, dove S. Giovanni Damasceno si chiede: «Come mai colei che nel parto passò sopra tutti i limiti della natura, ora si piega alle sue leggi e il suo corpo immacolato viene sottoposto alla morte?» Ed egli risponde: «Bisognava certo che la parte mortale venisse deposta per rivestirsi di immortalità, poiché anche il Padrone della natura non ha rifiutato l'esperienza della morte. Egli, infatti, muore secondo la carne e con la morte distrugge la morte, alla corruzione elargisce l'incorruttibilità e il morire lo fa sorgente di risurrezione.»

[20] S. ANDREA DI CRETA, *Oratio 12 in dormitione SS. Deiparae* in *PG* 97, 1051-1054.

[21] S. GIOVANNI DAMASCENO, *Homilia 2 in Dormitionem B. V. Mariae*, 2 in *PG* 96, 738.

> Quando infine la Beata Vergine ebbe adempiuto il corso di questa vita, e stava per essere chiamata a lasciare questo mondo, tutti gli apostoli erano riuniti insieme da ogni regione presso la casa... ed ecco il Signore Gesù venne con i suoi angeli e, ricevendo la sua anima, l'affidò a S. Michele Arcangelo e se ne dipartì. Allo scadere del giorno gli apostoli sollevarono il corpo sulla lettiga, lo collocarono nel sepolcro e lo guardavano nell'attesa della venuta del Signore. Ed ecco il Signore di nuovo stava presso di loro, e comandò che il santo corpo fosse assunto e portato in una nube al Paradiso, ove ora, unito all'anima (di lei), e rallegrandosi con gli eletti, gode i beni eterni che non avranno mai fine.[22]

Molti fra i grandi scolastici insegnarono che Maria morì perché non riuscirono a vedere come ella potesse rimanere libera dal peccato originale. S. Tommaso, in quanto non riusciva a comprendere come la Beata Vergine fosse concepita senza peccato originale, sostenne che ella ne soffrì le conseguenze e in modo particolare la morte.[23] In particolare, S. Bonaventura scrisse:

> Se la Beata Vergine fu esentata dal peccato originale, dovette anche essere esentata dalla necessità di morire; pertanto, o la sua morte è stata un'ingiustizia, o ella è morta per la salvezza del genere umano. Ma la prima supposizione è blasfema, perché via contro la giustizia di Dio, e lo è anche la seconda, in quanto è una bestemmia contro Cristo, poiché implica che la sua redenzione era insufficiente; le due supposizioni sono, dunque,

---

[22] S. Gregorio di Tours, *De gloria beatorum martyrum*, 4 in *PL* 71, 708.
[23] S. Tommaso d'Aquino, *Summa Theologiae* III, q. 14, a. 3.

erronee ed impossibili. Pertanto, Maria fu soggetta al peccato originale.»[24]

In modo molto interessante, tale passaggio pone in relazione la questione della morte di Maria anche con il ruolo che ella giocò nella Redenzione. Anche quegli autori che accettarono la dottrina dell'Immacolata Concezione non sempre dedussero che Maria sarebbe rimasta esenta dalla morte. Anche il Beato Giovanni Duns Scoto, che fu chiaro sull'Immacolata Concezione, non sostenne che Maria sarebbe stata esente dalla morte. Per Scoto, la sentenza di morte è così generale, che neppure per Cristo né per Maria v'è eccezione. La resurrezione del corpo è per lui una vittoria sulla morte, come quella di Cristo e di Sua Madre.[25]

S. Alfonso de Liguori (1696-1787) sostenne una posizione un po' diversa sulla morte di Maria, facendo notare che in un certo senso ella non sarebbe dovuta morire, ma di fatto morì per essere come suo Figlio:

> Essendo la morte pena del peccato, pareva, che la divina Madre, tutta santa ed esente da ogni neo di colpa, non dovesse essere assoggettata alla morte e patire la stessa sventura dei figli di Adamo, infetti già del veleno del peccato. Ma sì perché Dio volendo Maria tutta simile a Gesù, essendo morto il Figliolo, conveniva che ancor morisse la Madre; sì, perché voleva dare ai giusti un esemplare della morte preziosa ad essi preparata; perciò volle che anche morisse la Vergine, ma d'una morte tutta dolce e felice.[26]

---

[24] S. BONAVENTURA, *Commentarius in III Librum Sententiarum Petri Lombardi*, d. 3, q. 2, in *S. Bonaventurae Opera Omnia* (Collegio San Bonaventura: Quaracchi, 1888), vol. III, p. 66.

[25] Vedi B. GIOVANNI DUNS SCOTO, *Fragmenta*, in K. BALIĆ (ed.) *Theologiae Marianae elementa* (Sibenik: Kacik, 1933), p.172.

Nel XVII secolo vi fu un rinnovato interesse per la questione della morte di Maria. Un teologo italiano, Beverini, sostenne che Maria non morì.[27] Dopo il 1854, una volta che il Papa Beato Pio IX definì l'Immacolata Concezione, la questione se la Beata Vergine veramente morì oppure no divenne sempre oggetto di ampia discussione teologica. L'impeto per ulteriori ricerche, da cui sorse il presente stato della disputa, fu dato dagli scritti di Domenico Arnaldi (+ 1895) di Genova il quale propose che la completa libertà della Beata Vergine dal peccato richiese l'immunità dalla pena della morte.[28] In seguito nel XX secolo, i più chiari sostenitori della tesi che Maria non morì furono Roschini e Gallus.[29] Altri, come Bonnefoy, proposero chiaramente la morte di Maria: «la morte della Santissima Vergine potrebbe essere considerata come storicamente provata ed esplicitamente rivelata: come tale (esplicitamente rivelata) potrebbe essere oggetto di una definizione dogmatica. Non vi è nessuna ragione per cui non dovrebbe essere.»[30]

---

[26] S. ALFONSO DE LIGUORI, «Discorso VII. Della Assunzione di Maria» in *Le Glorie di Maria* (Vicenza: Edizione PP. Redentoristi, 1954), p. 691.

[27] B. BEVERINI, *De corporali morte Deiparae* (Roma: Accademia Mariana, 1950). Quest'opera fu ripubblicata nel 1950, sotto la direzione di K. Balić.

[28] D. ARNALDI, *Super transitu Beatae Mariae Virginis Deiparae expertis omni labe culpae originalis dubia proposita* (Genoa: Montaldum, 1879).

[29] G. M. ROSCHINI, «Il problema della morte di Maria SS. dopo la Costituzione Dogmatica *Munificentissimus Deus*» in *Marianum* 13 (1951), pp. 148-163; T. GALLUS, *La Vergine Immortale* (Roma: 1949).

[30] J. F. BONNEFOY, «Définibilité de l'Assomption» in *Congrès Marial du Puy-en-Velay* (Paris: 1950), p. 241; cf. IDEM, «La Bulle

Papa Giovanni Paolo II è colui che ha affrontato più da vicino tale tematica, e si mostrò in favore della partecipazione di Maria alla morte: «Il fatto che la Chiesa proclami Maria liberata dal peccato originale per singolare privilegio divino non porta a concludere che Ella abbia ricevuto anche l'immortalità corporale. La Madre non è superiore al Figlio, che ha assunto la morte, dandole nuovo significato e trasformandola in strumento di salvezza.»[31] Il Papa si spinge oltre chiedendosi: «È possibile che Maria di Nazareth abbia sperimentato nella sua carne il dramma della morte?» la sua risposta è che riflettendo sul destino di Maria e sulla sua relazione col suo divin Figlio, «sembra legittimo rispondere affermativamente: dal momento che Cristo è morto, sarebbe difficile sostenere il contrario per la Madre...Coinvolta nell'opera redentrice e associata all'offerta salvatrice di Cristo, Maria ha potuto condividere la sofferenza e la morte in vista della redenzione dell'umanità.»[32] Il Papa chiaramente non desiderava chiudere la questione, ma indicò il peso teologico in favore della posizione che Maria fu partecipe in qualche modo del mistero della morte.

Vi sono due ragioni fondamentali a favore della posizione secondo cui la Beata Vergine morì. Prima, quella della conformità a Cristo. La condizione della Madre non dovrebbe essere migliore di quella del suo divin Figlio. Quale Madre del passibile e mortale Redentore dalla quale Egli prese la Sua carne mortale, anche Maria, dovette essere passibile e mortale. Tale argomento sembra *post*

Dogmatique *Munificentissimus Deus* (1 novembre 1950)» in *Ephemerides Mariologicae* 1 (1951), pp. 104-114.

[31] Papa GIOVANNI PAOLO II, *Discorso all'Udienza generale* (25 giugno 1997), 3.

[32] *Ibid.*, 2 and 3.

factum, proponendo di spiegare il fatto della morte di Maria quando la morte la si dà per scontata. Il secondo Concilio di Orange è piuttosto esplicito nell'insegnare che quanti sostengono che la pena della morte è trasmessa al corpo senza la trasmissione del peccato o morte dell'anima a tutti i figli di Adamo, recano ingiustizia a Dio.[33] Pertanto, dove non v'è peccato non vi può essere morte obbligatoria del corpo in un figlio di Adamo. Una seconda ragione a favore della morte di Maria implicherebbe la sua volontaria accettazione della sua morte. Alcuni teologi la collocano all'interno della cornice del ruolo di Maria quale Corredentrice del genere umano. Essi sosterrebbero che Maria morì, benché ella avesse il diritto all'immortalità. Ella, come suo Figlio, accettò liberamente la morte onde poter corredimere il genere umano sul Calvario con Cristo.

In opposizione all'affermazione che Maria morì, si potrebbe affermare che sembra strano che ella abbia goduto di qualche privilegio inferiore a quello di Elia o Enoch dell'Antico testamento, che probabilmente non morirono. Inoltre, si potrebbe sostenere che ella godette delle primizie della resurrezione ed ascensione di Cristo, in modo tale da non morire. Ed ancora, si potrebbero applicarle le parole di Gesù ai Suoi discepoli: «Come il Padre risuscita i morti e dà la vita, così anche il Figlio dà la vita a chi vuole» (Gv 5,20-21).

Dal momento che tutti i teologi convenirono, almeno dopo la definizione della dottrina dell'Immacolata Concezione, nel sostenere che Maria non potrebbe essere morta a causa della pena del peccato, rimane il problema della causa della morte. È chiaro che ella non potette morire a causa di una semplice malattia, una conseguenza del peccato originale. Né sarebbe morta di vecchiaia, dal

---

[33] Vedi il SECONDO CONCILIO DI ORANGE, canone 2 in DS 372

momento che anche ciò è legata alla Caduta. Anche un'altra tesi, sostenuta da una minoranza, basata su d'una interpretazione erronea della profezia di Simeone (Lc 2,35), secondo cui lei soffrì il martirio, è stata respinta da molto tempo, fra altri da S. Ambrogio: «Né la lettera [della Scrittura] né la storia, ci insegnano che Maria sia salita da questa vita dopo essere stata assassinata, dato che non è l'anima ma il corpo ad essere trapassato da una spada materiale.»[34] Solo alcune opinioni rimangono. Una sostiene che ella rifiutò volontariamente il privilegio dell'immortalità, così da essere maggiormente simile a suo Figlio. Un'altra corrente dice che ella morì a causa del dolore dopo aver sperimentato la crocifissione di suo Figlio.[35] Probabilmente l'approccio più ortodosso sarebbe quello di dire insieme a S. Francesco di Sales che la morte di Maria sia avvenuta come effetto di un trasporto d'amore.[36] Egli fece notare che come la Madre di Cristo visse la vita di suo Figlio, così anche morì la morte di suo Figlio: «La Vergine Madre aveva con vivissimo e perenne ricordo radunato nel proprio spirito tutti i più amabili misteri della vita e della morte del Figlio; ricevendo poi, sempre direttamente, le più fervide ispirazioni che il Figlio, Sole di Giustizia, vibrasse mai in cuori umani dal più ardente meriggio della sua carità, e facendo d'altronde essa pure dal canto suo un moto continuo di contemplazione,

---

[34] S. AMBROGIO, *Expositio Evangelii secundum Lucam*, libro 2, cap. 2, 61 in *PL* 15, 1574: «Nec littera, nec historia docet ex hac vita Mariam corporalis necis passione migrasse; non enim anima, sed corpus materiali gladio transverberatur.»

[35] Questa linea fu presa da S. PIER DAMIANI, *De celebrandis vigiliis*, 1 in *PL* 145, 801.

[36] Questa fu la linea di Papa GIOVANNI PAOLO II, *Discorso all'Udienza generale* (25 giugno 1997), 4.

alla fine il fuoco sacro del divino amore la consumò tutta, quale soavissimo olocausto, sicché ne morì, e fu sua morte l'essere rapita e trasportata fra le braccia della dilezione del Figlio.»[37] Il santo spiegò anche che tale morte non fu violenta, ma piuttosto «la morte fu più dolce di quanto si possa immaginare, mentre suo figlio l'attirava con l'odore dei suoi profumi e lei che seguiva la loro dolcezza sacra sin nel grembo della bontà di suo Figlio.»[38]

Infine, bisognerebbe notare che qualunque cosa si possa pensare della fine della vita di Maria, cioè, se Maria sia morta oppure no, ella non fu mai soggetta alla *legge della morte*, che è la corruzione del corpo nella tomba. Se ella morì, allora fu assunta al cielo prima che il suo sacro corpo si corrompesse. Infatti, nella misura in cui il corpo dei giusti rimane nella polvere della terra, essi sono sotto il dominio della morte, e anelano alla redenzione finale dei loro corpi.

L'Assunzione della Beata Vergine

Il fatto che non si rinvenga nulla nel Nuovo Testamento circa l'Assunzione della Beata Vergine non sorprende, poiché è possibile che in gran parte sia stato composto anteriormente all'evento. Ciò è chiaramente materia di congettura, specialmente se molti degli Apostoli erano presenti alla sua Dormizione, come propongono molti Padri. Nessun testo isolato del Nuovo Testamento afferma

---

[37] S. FRANCESCO DI SALES, *Trattato sull'Amore di Dio*, libro 7, cap. 13.

[38] S. FRANCESCO DI SALES, *Trattato sull'Amore di Dio*, libro 7, cap. 14. Egli aggiunse (13. 24) che «l'amore alla croce le diede i supremi dolori di morte. Pertanto fu giusto che alla fine dovesse darle il supremo piacere dell'amore.»

esplicitamente la dottrina dell'Assunzione. Comunque, la Chiesa non legge la Parola di Dio come testi segmentati della sola Scrittura, ma nella sua pienezza, in relazione all'intero deposito della Rivelazione come è espresso anche nella Tradizione.[39] La Tradizione della Chiesa mostra che l'Assunzione di Maria fu rivelata almeno implicitamente. Dopo Epifanio i primi testimoni sono gli apocrifi. Quelli conosciuti sono circa una ventina; hanno origini diverse e appartengono a famiglie diverse: i più antichi sembrano quelli siri ed egiziani e quelli di una famiglia greca. Non ci si può attendere nulla di sicuro da essi dal punto di vista storico; rappresentano invece chiaramente la reazione della fede popolare nei secoli V e VI alla domanda circa la fine di Maria. Pensiero comune a tutti gli apocrifi è che il corpo di Maria non può essere andato soggetto alla corruzione del sepolcro. È falso sostenere, insieme ai razionalisti, che la tradizione posteriore della Chiesa circa la sua fede nell'Assunzione sia derivata solo degli apocrifi.[40] Un'indicazione concreta della fede nell'Assunzione di

---

[39] Vedi VATICANO II, *Dei Verbum*, 9: «La Sacra Scrittura è la parola di Dio in quanto consegnata per iscritto per ispirazione dello Spirito divino; quanto alla sacra Tradizione, essa trasmette integralmente la parola di Dio, affidata da Cristo Signore e dallo Spirito Santo agli apostoli, ai loro successori, affinché, illuminati dallo Spirito di verità, con la loro predicazione fedelmente la conservino, la espongano e la diffondano; ne risulta così che la Chiesa attinge la certezza su tutte le cose rivelate non dalla sola Scrittura e che di conseguenza l'una e l'altra devono essere accettate e venerate con pari sentimento di pietà e riverenza.» Vedi anche il Concilio di Trento, sessione IV, *Decreto sui Canoni della Scrittura* in DS 1501.

[40] E. RENAN, *L'Eglise Chrétienne*, in *Histoire des origines du Christianisme*, Vol. 6 (Paris: 1879) p. 513; C. TISCHENDORF,

Maria è rinvenuta nel fatto che la Chiesa non ha mai cercato le reliquie del corpo della Beata Vergine né le ha proposte per una venerazione.[41] È probabile che la rivelazione fatta agli apostoli, o ad uno di loro, fu anche esplicita, dal momento che altrimenti risulta difficile spiegare la tradizione universale dell'Assunzione di Maria in oriente ed occidente sin dal VII secolo, che è espressa nella celebrazione liturgica della Festa.[42] Ciò nonostante, «poiché la liturgia della Chiesa non crea la fede cattolica, ma la suppone, e da questa derivano, come frutti dall'albero, le pratiche del culto.»[43]

La festa dell'Assunzione ebbe origine in oriente come molte altre feste mariane più antiche. Già prima del Concilio di Efeso del 431 si iniziò a celebrare nella Chiesa una celebrazione per commemorare Maria (*La Memoria di Maria*), a somiglianza delle feste che si celebravano per ricordare la memoria dei martiri.[44] Questa festa era all'inizio strettamente collegata con la festa della Natività del Signore, ma a poco a poco si estese a tutta la vita di Maria fino a focalizzarsi nel suo *dies natalis*, cioè il giorno della sua nascita al cielo. Si diede onore all'Assunzione di Maria perché la Chiesa intendeva celebrare il «compleanno» di Maria, o il suo ingresso in cielo. Più tardi, la liturgia della *Memoria di Maria* fu trasformata e divenne

---

Apocalypses Apocryphae (Leipzig: 1866), p. 34.

[41] Vedi S. BERNARDINO DA SIENA, *In Assumptione B. Mariae Virginis*, Sermo 11.

[42] Vedi R. GARRIGOU-LAGRANGE, *La Madre del Salvatore e la Nostra Vita Interiore* (Firenze: Edizioni Libreria Fiorentina, 1954), pp. 181-182.

[43] Papa PIO XII, Costituzione Apostolica *Munificentissimus Deus*, 20.

[44] Cf. B. CAPELLE, «La fête de la Vierge à Jérusalem au V{e} siècle» in *Le Muséon* 56 (1943), pp. 1-33.

la festa della *Dormitio*, oppure «dormizione» della Madre Santissima La festa della *Dormitio* o *Koimesis* aveva come oggetto della sua celebrazione la morte, risurrezione ed assunzione della Beata Vergine, e si era ampiamente affermata in occidente verso la fine del IV secolo.

Il fatto che la festa fu conservata anche dalle Chiese separate dalla Chiesa Cattolica è un'indicazione di quanto presto sia fiorita quella tradizione. Le Chiese Nestoriane si separarono molto presto da quella Cattolica (dopo il Concilio di Efeso del 431) e introdussero la festa più tardi, sotto il titolo della morte o *transito* di Maria. Per quanto riguarda il *transito*, si sosteneva di solito che Maria fosse rimasta incorrotta dopo la morte, e che il suo corpo attese la resurrezione. Le Chiese monofisite segnarono il 15 agosto con una celebrazione speciale che risale al periodo patristico. Costoro rigettarono il Concilio di Calcedonia del 451 e includono l'odierna Chiesa Copta d'Egitto, con una Chiesa in Etiopia, e la cosiddetta Chiesa Giacobita Siriaca, con molti dei suoi aderenti nell'India del Sud. In ogni caso, la loro teologia è lungi dall'essere uniforme. Mentre alcuni insegnarono la morte e resurrezione di Maria, altri sostennero che il suo corpo rimase incorrotto da qualche parte, in attesa della sua resurrezione dai morti. La Chiesa Copta seguì in genere la dottrina di Teodosio, il Patriarca monofisita di Alessandria (+ 567), e celebrò una doppia festa, la morte di Maria il 16 gennaio e la sua gloriosa resurrezione il 9 agosto, 216 giorni più tardi. Ora, dal momento che i monaci celti adottarono molte tradizioni dagli Egiziani, tale festa la si rinviene celebrata a gennaio nella Gallia del VI secolo, dove viene celebrata il 18 gennaio sotto il titolo di «*Depositio, Assumptio o Festivitas Sanctae Mariae*».[45] Questa tradizione fu conservata nella

---

[45] Vedi MABILLON, *Note sulla Liturgia Gallicana* in *PL* 72, 180.

Chiesa Gallicana sino al tempo dell'introduzione del Rito Romano.

Nella Chiesa Greca sembra che alcuni tennero la festa in gennaio, con i monaci egiziani; altri in agosto, con quelli palestinesi. Una certa conformità la si dovette all'imperatore Maurizio (582-602), il quale estese la festa in tutto l'Impero Bizantino il 15 agosto.[46] È importante notare che l'imperatore non istituì la festa, ma soltanto fissò la data di un evento già lungamente affermatosi. Il primo testimone dell'esistenza della festa in occidente sembra essere l'Evangeliario di Wurzburg (650 c.) in cui la festa del 15 agosto è quella del *Natalis Sanctae Mariae*.[47] Il Papa Sergio I (687-701) decretò che nella festa della Dormizione (come pure all'Annunciazione e alla Natività della Beata Vergine) vi fosse una processione dalla chiesa di S. Adriano a quella di S. Maria Maggiore. Molto probabilmente fu questo stesso Papa ad introdurre la festa della Dormizione nel calendario romano. Papa Sergio era siro di nascita e pertanto era molto familiare con la festa della sua patria natale. Da Roma poi si estende rapidamente, durante i secoli VIII e IX, a tutto l'Occidente. Il nome della festa fu trasformato da quello di *Dormizione* al quello di *Assunzione di S. Maria* nell'XVIII secolo, probabilmente all'ordine di Papa Adriano I.

---

[46] NICEPHORUS CALLISTUS, *Historia Ecclesiastica*, 18, 18, in *PG* 147, 292.

[47] L'Evangeliario di Würzburg al 15 agosto titola: «Die XV men. aug. Nt. Scae. Mariae». Cfr. G. MORIN (ed.), «Liturgie et Basiliques de Rome au milieu du VIIe siècle d'après les listes d'évangiles de Würzburg», in *Revue Bénédictine*, 28 (1911), p. 313; C. LEE, «The Feast of the Assumption of the Blessed Virgin Mary», in *The Irish Ecclesiastical Record*, 54 (1939), p. 177.

Vi sono delle prime tracce nella tradizione patristica secondo cui il corpo di Maria fosse incorruttibile. S. Ippolito (172-235) associò l'Arca dell'Alleanza dell'Apocalisse (Ap 11,19) con l'incorruttibile carne da cui fu presa la carne di Cristo: «Ora il Signore era senza peccato, derivando nella Sua natura umana da legno incorruttibile, cioè, dalla Vergine, ed essendo ricoperto internamente, per così dire, dell'oro puro del Verbo e dallo Spirito esternamente.»[48] Il primo chiaro accenno della dottrina dell'Assunzione risale alla seconda metà del VI secolo, in un'omelia predicata dal Vescovo Teotecno di Livia, in Palestina.[49] Teotecno si espresse come se la dottrina fosse un luogo comune ed affermò molte volte che il corpo di Maria fu innalzato al cielo con la sua anima.[50] L'omelia descrive come Cristo, asceso al cielo, raccolse tutti i santi intorno alla Vergine pura ed immacolata. Maria, in forza della sua posizione fu esaltata più degli altri santi: «Ella ritrovò quanto era stato smarrito da Eva. Ella rinvenì quanto Adamo aveva perduto con la sua disobbedienza.»[51] Teotecno richiamò i privilegi speciali tradizionalmente accordati ad Enoch e ad Elia, cioè di essere sfuggiti alla mortalità della vita umana e dichiarò che la fine di Maria

---

[48] S. IPPOLITO, *Sermonum Fragmentum* citato da Teodoreto, *Dialogo I* in *EM* 118. Vedi anche Sal. 132:8: «Alzati, Signore, verso il luogo del tuo riposo, tu e l'arca della tua alleanza» Vedi anche sopra cap. 4, pp. dove una citazione simile di Ippolito è stata fornita in relazione alla santità di Maria.

[49] TEOTECNO, Vescovo di Livia, *Encomium in Assumptionem Beatae Mariae Virginis* in A. Wenger, *L'Assomption de la Très Sainte Vierge dans la tradition byzantine du VIe au Xe siècle* (Paris: Institut Français d'Etudes Byzantines, 1955), pp.272-291.

[50] TEOTECNO, *Encomium*, 9, 10, 15, 36.

[51] *Ibid.*, 25.

fu molto più privilegiata ancora: «Quanto più allora, egli glorificherà in anima e corpo colei che è stata Sua madre secondo la carne! In verità Egli l'ha glorificata e la glorificherà ancora.»[52] Teotecno propose il sano principio che il Figlio non può abbandonare Sua Madre, e la Madre nel suo mistero non può essere separata da suo Figlio. In modo significativo, Teotecno sottolinea molto il legame fra Maria quale *Theotokos* (Portatrice di Dio) e la sua Assunzione corporea:

> Infatti, era conveniente che la Santa che lo generò vedesse Suo Figlio su un alto trono, innalzato sopra tutti, e vedesse ogni ginocchio piegare al suo cospetto, fra coloro che sono in cielo e coloro che sono sulla terra, ed ogni lingua confessare Colui che giudicherà i vivi e i morti... Era conveniente... che il suo corpo tutto santo, il corpo che portava Dio, il corpo che fu simile a Dio, inviolato, raggiante di luce divina e pieno di gloria, fosse trasportato dagli apostoli in compagnia degli angeli, e, dopo essere stato collocato per un breve periodo nella terra, fosse innalzato al cielo nella gloria con la sua anima da Dio così amata.[53]

Un'altro ricchissimo tema teologico era la prospettiva trinitaria fornita da Teotecno: «La Santa piacque a Dio Padre; la Vergine piacque al Verbo sussistente, generato dal Padre prima dei secoli; la Vergine piacque allo Spirito

---

[52] *Ibid.*, 17. Il Nuovo Testamento racconta che, dopo la morte di Cristo le persone presero parte alla risurrezione di Cristo (Mt 27, 52-53); i sepolcri si aprirono e molti corpi di santi morti risuscitarono. Uscendo dai sepolcri, dopo la sua risurrezione, entrarono nella città santa e apparvero a molti. Chiaramente il privilegio di Maria deve essere più grande di questo.

[53] *Ibid.*, 8-9.

Santo vivificante che illumina tutto e ci rende tutti cittadini del cielo.»[54]

I principali testimoni patristici della dottrina dell'Assunzione sono da rinvenirsi nei secoli VII ed VIII, quando la riflessione teologica su questo tema giunse a maturazione. Comunque, è chiaro che prima di allora vi era molto di scritto ad opera di figure come Gregorio di Tours che abbiamo precedentemente citato.[55] L'incorruttibilità del corpo di Maria fu sottolineato da S. Modesto di Gerusalemme (+ 634): «Come gloriosissima Madre di Cristo, nostro Salvatore e Dio, donatore della vita e dell'immortalità, è da lui vivificata, rivestita di corpo in un'eterna incorruttibilità con lui, che la risuscitò dal sepolcro e la assunse a sé, in modo conosciuto da lui solo.»[56]

S. Germano di Costantinopoli (+ 733) argomentò a partire dalla grande dignità della maternità divina e della santità del suo corpo verginale, al fatto dell'Assunzione di Maria: «Tu, come fu scritto, apparisci in bellezza, e il tuo corpo verginale è tutto santo, tutto casto, tutto domicilio di Dio; cosicché anche per questo sia poi immune dalla risoluzione in polvere; trasformato bensì, in quanto umano, nell'eccelsa vita della incorruttibilità; ma lo stesso vivo, gloriosissimo, incolume e dotato della pienezza della vita.»[57] S. Andrea di Creta (+ 740) dedicò tre belle omelie alla Dormizione della Beata Vergine, ricche di dottrina e di devozione. Per lui la Dormizione è una conseguenza

---

[54] *Ibid.*, 12.
[55] Vedi il capitolo corrente, pp. 280-281 sopra.
[56] S. MODESTO DI GERUSALEMME, *Encomium in dormitionem Sanctissimae Dominae nostrae Deiparae semperque Virginis Mariae*, 14 in PG 86-II, 3306.
[57] S. GERMANO DI COSTANTINOPOLI, *In Sanctae Dei Genitricis dormitionem sermo* I in PG 98, 346.

dell'incarnazione redentiva, in cui viene evidenziata la natura fisica del mistero:

> (Gesù Cristo) portò in questo giorno come Regina del genere umano dalla dimora terrena ai cieli la sua Madre sempre vergine, nel cui seno, pur rimanendo Dio, prese l'umana carne.[58]

S. Giovanni Damasceno (+ 749) legò e confrontò l'Assunzione corporea della Beata Vergine con le sue altre prerogative e privilegi:

> Era necessario che colei, che nel parto aveva conservato illesa la sua verginità, conservasse anche senza alcuna corruzione il suo corpo dopo la morte. Era necessario che colei, che aveva portato nel suo seno il Creatore fatto bambino, abitasse nei tabernacoli divini. Era necessario che la sposa del Padre abitasse nei talami celesti. Era necessario che colei che aveva visto il suo Figlio sulla Croce, ricevendo nel cuore quella spada di dolore dalla quale era stata immune nel darlo alla luce, lo contemplasse sedente alla destra del Padre. Era necessario che la Madre di Dio possedesse ciò che appartiene al Figlio e da tutte le creature fosse onorata come Madre e Ancella di Dio.[59]

Durante il Medio Evo, molti santi e dottori svilupparono ulteriormente la dottrina sulla gloriosa assunzione di Maria. S. Antonio di Padova rifletté, come i primi scrittori, sull'Arca dell'Alleanza quale prefigurazione del mistero di Maria, menzionato nel Salmo 132: «Alzati, Signore, verso il

---

[58] S. ANDREA DI CRETA, *Oratio 2 in Beatae Mariae Virginis Dormitionem*, in *PG* 97, 1081.

[59] S. GIOVANNI DAMASCENO, *Encomium in dormitionem Dei Genitricis semperque Virginis Mariae*, sermo 2, n. 14 in *PG* 96, 741.

luogo del tuo riposo, tu e l'arca della tua potenza.» Egli illustrò che come Gesù Cristo risorse dalla sconfitta morte e salì alla destra del Padre suo, così «risorse anche l'Arca della sua santificazione, poiché in questo giorno la Vergine Madre fu assunta al talamo celeste».[60] S. Alberto Magno dopo aver raccolti, per provare questa verità, vari argomenti, fondati sulla Sacra Scrittura, la Tradizione, la liturgia e la ragione teologica, conclude: «Da queste ragioni e autorità e da molte altre è chiaro che la beatissima Madre di Dio è stata assunta in corpo ed anima al disopra dei cori degli angeli. E ciò crediamo assolutamente vero».[61] S. Tommaso seguendo le vestigia del suo insigne Maestro, benché non abbia mai trattato espressamente la questione, tuttavia ogni volta che occasionalmente ne parla, ritiene costantemente con la chiesa cattolica che insieme all'anima è stato assunto al cielo anche il corpo di Maria.[62] S. Bonaventura fa parte dello stesso coro di fede. Il dottore serafico ritinne assolutamente certo che, come Dio preservò Maria santissima dalla violazione del pudore e dell'integrità verginale nella concezione e nel parto, così non ha permesso che il suo corpo si disfacesse in putredine e cenere.[63] Egli sostenne inoltre, in chiave moderna, che la beatitudine di Maria non sarebbe stata completa se non con l'assunzione della sua persona: «La beatitudine non sarebbe piena, se non vi fosse personalmente; e poiché la persona non è l'anima, ma il composto, è chiaro che vi è secondo il composto, cioè il corpo e l'anima, altrimenti non avrebbe una piena fruizione.»[64]

---

[60] S. Antonio di Padova, *Sermones Dominicales et in Solemnitatibus, In Assumptione S. Mariae Virginis Sermo.*
[61] S. Alberto Magno, *Mariale*, q. 132.
[62] S. Alberto Magno, *Mariale*, q. 132.
[63] S. Bonaventura, *De Nativitate B. Mariae Virginis*, Sermo V.

Già verso la fine del Medio Evo, la fede nell'Assunzione di Maria al cielo fu ben stabilita da un punto di vista teologico ed espressa nella vita di devozione e nella cultura della cristianità. Perfino tra le figure della Riforma, l'Assunzione, in alcuni casi, rimase oggetto di devozione. Per Martin Lutero l'Assunzione di Maria era un fatto evidente, come mostra una sua omelia del 1522, nonostante il fatto che l'Assunzione di Maria non sia espressamente riportata nella Sacra Scrittura: «No vi può essere dubbio che la Vergine Maria sia in cielo. Come avvenne non lo sappiamo. E siccome lo Spirito Santo non ci ha rivelato nulla in proposito, non possiamo farne un articolo di fede... È sufficiente sapere che ella vive in Cristo.»[65] Per il riformatore protestante M. Butzer (1545), non v'era alcuna ragione per dubitare dell'Assunzione della Vergine alla gloria celeste. «In effetti nessun cristiano dubita che la degnissima Madre del Signore viva con suo Figlio nella gioia celeste.»[66] H. Bullinger (1590) allo stesso modo un riformatore protestante, era alla ricerca di un fondamento teologico dell'Assunzione nella Scrittura. Egli mostrò che l'Antico Testamento racconta di Elia, assunto corporalmente al cielo per istruirci circa la nostra immortalità, e, a causa della nostra anima immortale, ad onorare rispettosamente i corpi dei santi. Su tale presupposto egli affermò: «A causa di ciò, noi crediamo che la camera pura ed immacolata della Portatrice di Dio,

---

[64] S. BONAVENTURA, *De Nativitate B. Mariae Virginis*, Sermo I.
[65] Vedi la citazione di M. LUTERO, sermone del 15 agosto 1522, in R. BÄUMER and L. SCHEFFCZYK, (eds.), *Marienlexikon*, vol. 3 (S. Ottilien: EOS Verlag: 1991), p. 200.
[66] Vedi la citazione da M. BUTZER in R. BÄUMER and L. SCHEFFCZYK, (eds.), *Marienlexikon*, vol. 3 (St. Ottilien: EOS Verlag: 1991), p. 200.

la Vergine Maria, è un tempio dello Spirito Santo, cioè il suo corpo santo, portato in cielo dagli angeli.»[67]

Più tardi nel periodo della Controriforma, S. Roberto Bellarmino adottò ancora una volta l'immagine dell'Arca e affermò: «E chi, prego, potrebbe credere che l'arca della santità, il domicilio del Verbo, il tempio dello Spirito Santo sia caduto? Aborrisce il mio animo dal solo pensare che quella carne verginale che generò Dio, lo partorì, l'alimentò, lo portò, o sia stata ridotta in cenere o sia stata data in pasto ai vermi.»[68] Alcuni autori posteriori proposero un argomento sull'opportunità dell'Assunzione. S. Francesco di Sales, dopo avere asserito che non è lecito dubitare che Gesù Cristo abbia seguito nel modo più perfetto il divino mandato, col quale ai figli s'mpone di onorare i propri genitori, si pone questa domanda: «Chi è quel figlio che, se potesse, non richiamerebbe alla vita la propria madre e non la porterebbe dopo morte con sé in paradiso?»[69] S. Alfonso de Liguori presentò la stessa idea in una luce più cristologica affermando che Gesù preservò il corpo di Maria dalla corruzione, perché ridondava in suo disonore che fosse guasta dalla putredine quella carne verginale, di cui egli si era già vestito.[70]

---

[67] Vedi la citazione da H. BULLINGER in R. BÄUMER and L. SCHEFFCZYK, (eds.), *Marienlexikon*, vol. 3 (St. Ottilien: EOS Verlag: 1991), p. 200.

[68] S. ROBERTO BELLARMINO, *De Assumption B. Mariae Virginis* in *Conciones Habitae Lovanii* (Coloniae Agrippinae: apud Ioannem Crithium, 1615), n. 40.

[69] *Oeuvres de St. Francois De Sales*, sermone per la festa dell'Assunzione.

[70] Vedi S. ALFONSO DE LIGUORI, «Discorso I. Dell'Immacolata Concezione di Maria» in *Le Glorie di Maria* (Vicenza: Edizione PP. Redentoristi, 1954), pp. 520-521.

La sviluppo della dottrina sull'Assunzione di Maria, contiene vari elementi che possono essere così riassunti. Vi è un nesso strettissimo fra la verità dell'Assunzione e quella dell'Immacolata Concezione. Infatti le parole rivolte da Dio ad Adamo dopo il peccato (Gen 3,19): «Tu sei polvere e in polvere ritornerai» indicano il castigo del peccato originale. Ora, la Vergine Maria fu esente dal peccato originale, quindi anche dal suo castigo. In secondo luogo, la maternità divina è un forte argomento di convenienza per la glorificazione immediata di Maria. Infatti il corpo di Maria è stato come il tempio del corpo di Cristo, e in base a ciò era del tutto conveniente che sfuggisse alla corruzione del sepolcro. Terzo, la perfetta e perpetua verginità di Maria, professata sin dai primi secoli, veniva a collocare la Beata Vergine in una sfera superiore, cioè in uno stato di incorruzione. Ella rimase miracolosamente incorrotta quando avrebbe dovuto corrompersi. Ora, come non vedere nella preservazione dalla corruzione del concepimento e del parto una specie di presagio della preservazione dalla corruzione della morte? Effettivamente il senso dei fedeli non tardò a vedere, in modo sempre più chiaro, il nesso che esiste fra la Verginità e l'Assunzione, fra l'una e l'altra incorruzione. In quarto luogo, la Madre è sempre strettamente associata al Figlio. Ella partecipa alle sue gioie e ai suoi dolori, per cui possiamo dire che se Gesù è «l'Uomo dei dolori», Maria è «la Donna dei dolori», e se il Figlio è Redentore, Maria è Corredentrice. Come infatti Eva ha cooperato con Adamo nella rovina, così la Nuova Eva ha cooperato con il Nuovo Adamo nell'opera della riparazione. A questa ragione si pone a supremo fondamento dell'Assunzione il principio di associazione della Madre al Figlio, e la sua missione di Nuova Eva. Quinto, perché Maria Santissima possa pienamente esercitare la regalità, che si estende a tutto l'universo, e la maternità verso di noi, alle quali è stata chiamata in quanto Madre del Redentore a Lui in tutto associata, è necessario che sia nel possesso pieno della sua realtà umana. Ora, questa si realizza solo quando l'anima è unita al corpo. Infatti l'anima separata dal corpo non può a rigore di termini neppure essere chiamata «persona», essendo solo una parte della natura umana. Possiamo quindi concludere questa argomentazione dicendo che l'Assunzione corporea rende Maria Santissima più vicina a noi, in quanto grazie ad essa ella ci può aiutare nel modo migliore ed esercitare in pienezza la sua maternità universale alla quale è stata chiamata secondo il piano divino. Maria è anche assunta per per essere icona escatologica della Chiesa. Che Maria sia modello e figura perfettissima della Chiesa è un pensiero che risale ai Santi Padri. Ma perché possa esserlo pienamente era necessario che venisse glorificata in anima e corpo. La donna dell'Apocalisse è già apparsa nella gloria, dopo essere stata portata dalle ali dell'aquila.[71] Un ulteriore argomento è che la pietà filiale del divin Figlio comportò che Egli le concedesse il dono dell'Assunzione, se era conveniente. Maria alla sua morte fu esaltata in dignità più di quanto tutte le altre creature possano mai esserlo. Se, dunque, gli altri cristiani sono destinati ad essere corporalmente in cielo con Cristo, ciò dovette essere applicato a Maria subito dopo la sua morte.

Uno degli aspetti della rivelazione divina che si impresse nella mente di Newman fu la sua coerenza, il

---

[71] Vedi Ap 12,14 ed anche il capitolo 3, pp. 83-84 sopra, dove si affermò che la figura della donna nel libro dell'Apocalisse «è simbolica, ma in senso polivalente, con riferimento sia alle realtà mariologiche che ecclesiologiche.»

fatto che tutte le sue verità si armonizzano. Attraverso il principio di analogia della fede, quanto insegnato ora si adatta perfettamente a quanto abbiamo ricevuto, un principio che, egli afferma, è esemplificato in molti modi diversi nella struttura e nella storia della dottrina. Egli applica tale principio principalmente alle dottrine mariane, soprattutto all'Assunzione della Beata Vergine al cielo.[72] Questa dottrina è in armonia con la sostanza della dottrina dell'incarnazione e senza di essa, Newman fa notare, la dottrina cattolica rimarrebbe incompleta. È una verità tramandata da una fede secolare, ma anche da un punto di vista razionale la sua convenienza la raccomanda fortemente. L'Assunzione di Maria al cielo è, per Newman, in perfetta armonia con le altre verità della Rivelazione. Il suo punto d'inizio è la dottrina della maternità divina:

> Appena apprendiamo per fede la grande verità fondamentale che Maria è la Madre di Dio, altre verità meravigliose seguono contemporaneamente; e una di queste è che ella fu esente dalla sorte comune dei mortali, che non è soltanto di morire, ma diventare terra della terra, cenere della cenere, polvere della polvere. Morire lo deve, e di fatto morì, come morì il suo divin Figlio, essendo uomo; ma varie ragioni si sono dimostrate vere dinnanzi agli scrittori santi, circa il motivo per cui, benché il suo corpo fosse per un certo tempo separato dalla sua anima, e consegnato alla tomba, tuttavia non vi rimase, ma fu subito riunito alla sua anima, e risuscitato da nostro Signore ad una nuova ed eterna vita di gloria celeste... E la ragione più ovvia per giungere a tale conclusione è che gli altri servi di Dio sono stati risuscitati dalla tomba dal potere

---

[72] J. H. NEWMAN, *Discourses addressed to Mixed Congregations* (London: 1886), pp. 360-376.

di Dio, e non bisogna supporre nostro Signore avrebbe concesso tale privilegio a nessun altro senza concederlo anche alla Sua propria Madre... Pertanto affermiamo con fiducia che nostro Signore, avendola preservata dal peccato e dalle conseguenze del peccato per mezzo della Sua Passione, non perse tempo nel riversare la pienezza dei meriti di quella Passione sul suo corpo e sulla sua anima.[73]

La definizione del dogma dell'Assunzione fu preparata e preceduta da un periodo di discussione che includeva la presa in considerazione di come il dogma si fondasse nella Scrittura e nella Tradizione. Nel domandare la definizione dell'Immacolata un paio di vescovi esprimono il desiderio che venga assieme definita anche l'Assunzione; desiderio e proposta fatti propri anche da molti Padri del Concilio Vaticano I. Ha origine in questo modo il così detto «movimento assunzionistico», che si va estendendo fino alla lettera enciclica *Deiparae Virginis Mariae* del 1 maggio 1946, nella quale Pio XII chiedeva ai vescovi se ritenessero possibile e opportuno che si procedesse alla definizione dell'Assunzione corporea di Maria quale dogma di fede. Il risultato fu estremamente positivo: soltanto sei risposte su 1181 mostrarono delle riserve circa il carattere rivelato di tale verità. La Chiesa indicò che questa verità era basata sulla Scrittura ed espressa chiaramente nella Tradizione.[74] Dopo molte richieste, Papa Pio XII definì solennemente il dogma nel 1950:

> Pertanto, dopo avere innalzato ancora a Dio supplici istanze, e avere invocato la luce dello

---

[73] J. H. NEWMAN, *Meditations and Devotions of the late Cardinal Newman* (Longman, Green and Co., 1893), pp. 89-91.
[74] Papa PIO XII, *Munificentissimus Deus*, 41.

> Spirito di Verità, a gloria di Dio onnipotente, che ha riversato in Maria Vergine la sua speciale benevolenza a onore del suo Figlio, Re immortale dei secoli e vincitore del peccato e della morte, a maggior gloria della sua augusta Madre e a gioia ed esultanza di tutta la Chiesa, per l'autorità di nostro Signore Gesù Cristo, dei santi apostoli Pietro e Paolo e Nostra, pronunziamo, dichiariamo e definiamo essere dogma da Dio rivelato che: l'Immacolata Madre di Dio sempre Vergine Maria, terminato il corso della vita terrena, fu assunta alla gloria celeste in anima e corpo.[75]

Il Papa Pio XII definì un dogma che era stato creduto dalla Chiesa per ben più di mille anni. La definizione ebbe luogo nel 1950 e fu di grande rilevanza storica. Essa ebbe luogo nel mezzo di un secolo in cui la sacralità del corpo umano era negata in teoria e in pratica a molti livelli. Nella prima metà del XX secolo fu negata politicamente nei sistemi totalitari del Marxismo e del Nazismo e praticamente nel massacro di milioni di persone nei gulag e nei campi di concentramento. Nella seconda metà del XX secolo, l'assalto alla sacralità del corpo umano fece un passo avanti con il massacro di milioni di vite umane attraverso aborto ed eutanasia, ed anche con i sacrileghi esperimenti portati a compimento su embrioni, per non dir nulla dell'ingegneria genetica e i tentativi di clonare l'essere umano. Tutto ciò è controbilanciato dall'affermazione che la Beata Vergine fu assunta in anima e *corpo* alla gloria celeste. La Chiesa, che crede nella risurrezione dei corpi, crede che questo stesso corpo è stato creato ad immagine e somiglianza di Dio, ed è chiamato ad un destino soprannaturale in Cristo.

---

[75] *Ibid.*, 44.

Si può comprendere l'Assunzione anche alla luce del mistero della Chiesa, come delucidato dal Concilio Vaticano II. Mentre la Chiesa ha già raggiunto nella beatissima Vergine quella perfezione, che la rende senza macchia e senza ruga (cfr Ef 5,27), i fedeli del Cristo si sforzano ancora di crescere nella santità per la vittoria sul peccato. «La madre di Gesù, come in cielo, in cui è già glorificata nel corpo e nell'anima, costituisce l'immagine e l'inizio della Chiesa che dovrà avere il suo compimento nell'età futura, così sulla terra brilla ora innanzi al peregrinante popolo di Dio quale segno di sicura speranza e di consolazione, fino a quando non verrà il giorno del Signore.»[76] Per la nostra Beata Vergine non vi è «escatologia intermedia», cioè, non v'è un «periodo» d'attesa fra la morte ed il giudizio finale per la riunione di anima e il corpo, e ciò la colloca su d'un piano diverso dal nostro: «La Chiesa, nel suo insegnamento sulla sorte dell'uomo dopo la sua morte, esclude ogni spiegazione che toglierebbe il suo senso all'Assunzione di Maria in ciò che essa ha di unico, ossia il fatto che la glorificazione corporea della Vergine è l'anticipazione della glorificazione riservata a tutti gli altri eletti.»[77]

La teologia recente ha sottolineato ulteriormente le conseguenze dell'Assunzione. Una linea di ricerca enfatizza come Adamo ed Eva si collochino alle origini dell'umanità, e alle origini del peccato e della sua trasmissione. Dall'altro lato, Cristo e sua Madre Maria si pongono all'origine della rigenerazione dell'umanità. Pertanto, il destino escatologico dell'umanità è rivelato

---

[76] VATICANO II, *Lumen Gentium*, 68.
[77] CONGREGAZIONE PER LA DOTTRINA DELLA FEDE, Lettera su alcune questioni di escatologia *Recentiores episcoporum Synodi* (17 maggio 1979), 6.

nell'associazione di Cristo e Maria sua Madre. Così, l'Assunzione di Maria mostra che il piano di Dio è ora realizzato non solo in Cristo sposo, ma anche nella sposa, significata dalla Chiesa, ricapitolata in Maria.[78] In tal modo l'Assunzione è un'esaltazione della donna, contro ogni paganesimo antico e moderno. Se il potere del peccato è servito ad opprimere le donne, l'Assunzione mostra come Dio abbia dato alla donna il potere di diffondere la santità. L'Assunzione è un trionfo per la nobiltà della maternità e della verginità. L'Assunzione è anche un'indicazione della gloria che attende il corpo del cristiano, che in questa vita è stato la dimora del corpo di Cristo nell'Eucaristia. Infine, l'Assunzione indica la glorificazione dei poveri e la loro liberazione dall'oppressione, nell'adempimento delle parole del Magnificat: «Grandi cose ha fatto in me l'Onnipotente: Santo è il Suo nome.» L'Assunzione di Maria è «il glorioso culmine del mistero della preferenza di Dio per quanto è povero, piccolo, e indifeso in questo mondo, così da farvi brillare la presenza e la gloria di Dio.» Essa offre «speranza e promessa per i poveri di ogni tempo e per coloro con loro solidali; è una speranza ed una promessa che essi parteciperanno della vittoria finale del Dio fatto carne.»[79] Maria assunta al cielo è legata anche all'unità della Chiesa. Lungi dall'essere un problema ecumenico, la definizione dell'assunzione di Maria segnò un grande periodo di crescita di sforzi a favore dell'unità cristiana. Maria assunta al cielo indica che soltanto

---

[78] Vedi G. GOZZELINO, *Vocazione e destino dell'uomo in Cristo* (Leumann: Elle Di Ci, 1985), pp. 151-152.
[79] I. GEBARA and M. C. BINGEMER, *Mary, Mother of God, Mother of the Poor*, vol. 7 di *Liberation and Theology* (Tunbridge Wells: Burns and Oates, 1989), pp. 120-121.

elevando il proprio sguardo e il proprio cuore verso il cielo si può ritrovare la perduta fratellanza in Cristo.[80]

La Regalità di Maria

Il mistero dell'assunzione della nobile Figlia di Sion è intimamente legato al mistero della gloria eterna. La Madre di Dio è glorificata quale «Regina dell'Universo.» Colei che all'annunciazione chiamò sé stessa «ancella del Signore» rimase fedele per tutta la sua vita terrena a quanto espresso dal suo nome. In ciò ella diede conferma d'essere una vera «discepola» di Cristo, il quale enfatizzò fortemente come la Sua missione fosse di servizio: «Il Figlio dell'Uomo venne non per essere servito ma per servire e dare la sua vita in riscatto per molti» (Mt 20,28). Maria è diventata la prima tra coloro che, servendo a Cristo anche negli altri, con umiltà e pazienza conducono i loro fratelli al Re, servire al quale è regnare, ed ha conseguito pienamente quello «stato di libertà regale», proprio dei discepoli di Cristo.[81]

La dottrina della regalità di Maria non è assolutamente nuova. Nell'evento dell'Annunciazione, il saluto dell'angelo Gabriele recitava: «Sarà grande e chiamato Figlio dell'Altissimo; il Signore Dio gli darà il trono di Davide suo padre e regnerà per sempre sulla casa di Giacobbe e il suo regno non avrà fine» (Lc 1,31-32). La regalità della Beata Vergine è concepita così come un'associazione con la regalità di Cristo.[82] Allora, alla visitazione, Elisabetta

---

[80] Vedi R. SPIAZZI, «Nell'Assunzione di Maria la primizia della reintegrazione universale» in *Sacra Dottrina* 39 (1994), pp. 99-101.

[81] Vedi Papa GIOVANNI PAOLO II, *Redemptoris Mater*, 41. Vedi anche Vaticano II, *Lumen Gentium*, 36, 55, 59.

impiegò le parole «Madre del mio Signore» (Lc 1,43). La parola Signore (*Dominus* in latino e *Kurios* in greco) in questo brano, come in genere nel Nuovo Testamento, secondo molti studiosi moderni connota divinità e regalità e così Elisabetta saluta Maria come Madre di Dio, Madre del Re.[83] Già il frammento di un'omelia, attribuita a Origene, contiene questo commento sulle parole che Elisabetta pronunciò alla Visitazione «Perchè salutarmi tu per prima? Sono io forse Colei che deve generare il Salvatore? Sono io che dovrei venire da te, perchè tu sei benedetta fra le donne, tu la Madre del mio Signore, tu la mia Signora.»[84] Il testo passa spontaneamente dall'espressione «la Madre del mio Signore» al titolo «mia Signora.» Per quanto si sappia oggi, è la più antica dichiarazione sulla regalità della Madonna.

Fu sviluppata anche un'altra linea di comprensione, originata dal resoconto dell'Annunciazione ed altre testimonianze bibliche alla regalità di Cristo.[85] Sant'Efrem (+ 373), con fervida ispirazione poetica, così fa parlare Maria: «Il cielo mi sorregga con il suo braccio, perché io sono più onorata di esso. Il cielo, infatti, fu soltanto tuo trono, non tua madre. Ora quanto è più da onorarsi e da venerarsi la Madre del Re del suo trono!»[86] Il suo

---

[82] Vedi E. J. SMITH, «The Scriptural Basis for Mary's Queenship» in *Marian Studies* 4 (1953), pp. 109-115.

[83] Vedi L. CERFAUX, «Le Titre *Kyrios* et la dignite royale de Jesus» in *Revue des Sciences Philosophiques et Théologiques* 11 (1922),, pp. 40-71; 12 (1923), pp. 125-153.

[84] ORIGENE, *Fragmenta Originis ex Macarii Chrysocephali Orationibus in Lucam* in *EM* 149: «Oportebat me ad te venire: to enim super omnes mulieres benedicta: tu Mater Domini mei: tu mea Domina.»

[85] Questo concetto fu elaborato nel capitolo 2, pp. 41-42 sopra.

[86] S. EFREM, *Hymni de B. Maria*, ed. Th. J. Lamy, t. II, (Mechliniae:

contemporaneo S. Gregorio Nazianzeno, chiama Maria madre del Re di tutto l'universo», «madre vergine, che ha partorito il Re di tutto il mondo».[87] In seguito, ha luogo un semplice passaggio dall'espressione «Madre del Re» a «Regina», e appare per la prima volta, in quanto possiamo vedere, nel IV secolo, nuovamente negli scritti di S. Efrem: «vergine augusta e padrona, regina, signora, proteggimi sotto le tue ali, custodiscimi, affinché non esulti contro di me satana, che semina rovine, né trionfi contro di me l'iniquo avversario.»[88] Iniziando dal V secolo, quasi nello stesso periodo in cui il Concilio di Efeso proclama la sua «Madre di Dio», il titolo di Regina comincia ad essere attribuito a Maria. In tal modo, Maria è innalzata al di sopra di tutte le altre creature, esaltando il suo ruolo ed importanza nella vita di ogni persona e del mondo intero. L'espressione «Signora», col significato di sovrana, in seguito dovette divenire Regina, ad esempio in S. Giovanni Damasceno: «Quando è diventata Madre del Creatore, è diventata veramente la sovrana di tutte le creature.»[89]

Con il dogma della divina maternità di Maria, emerse in piena luce anche la sua perfetta santità, risultando in una più piena comprensione, all'interno della Chiesa, della preminenza e dignità di Maria. Nei secoli VI e VII, la fede nell'Assunzione fu universale e Maria, in anima e corpo, fu immaginata risplendente della gloria del Salvatore risorto.

1886), hymnus XIX, p. 624.

[87] S. Gregorio Nazianzeno, *Poemata Dogmatica*, 18, 58 in *PG 37*, 485.

[88] S. Efrem, *Oratio ad Santissimam Dei Matrem* in *EM* 346. Egli fa anche riferimento a Maria quale regina universale. Vedi Idem, *Sermo de sanctissimae Dei Genetricis Virginis Mariae laudibus* in *EM* 350. L'espressione è «Regina omnium».

[89] S. Giovanni Damasceno, *De fide orthodoxa*, 4, 14 in *PG 94*, 1157.

Verso la fine del periodo patristico la dottrina della regalità è chiaramente stabilita: una regalità specialmente di eccellenza e di grazia, ma anche una regalità di potere, di intercessione, protezione e patrocinio. Tali idee sono sviluppate soprattutto nel Medio Evo. Uno dei più grandi propugnatori fu Eadmero, discepolo di S. Anselmo: «Come... Dio, creando tutte le cose nella sua potenza, è Padre e Signore di tutto, così Maria, riparando tutte le cose con i suoi meriti, è la Madre e la Signora di tutto: Dio è Signore di tutte le cose, perché le ha costituite nella loro propria natura con il suo comando, e Maria è Signora di tutte le cose, riportandole alla loro originale dignità con la grazia che ella meritò.»[90] In seguito, Suárez ha chiarito ancora la natura della regalità della Madre di Dio: «Come Cristo per il titolo particolare della redenzione è nostro signore e nostro re, così anche la Vergine beata è nostra signora per il singolare concorso prestato alla nostra redenzione, somministrando la sua sostanza e offrendola volontariamente per noi, desiderando, chiedendo e procurando in modo singolare la nostra salvezza.»[91]

La sacra liturgia, che è lo specchio fedele dell'insegnamento tramandato dai Padri e affidato al popolo cristiano, ha cantato nel corso dei secoli e canta continuamente sia in Oriente che in Occidente le glorie della celeste Regina. Fervidi accenti risuonano dall'Oriente: «O Madre di Dio, oggi sei trasferita al cielo sui carri dei cherubini, i serafini si onorano di essere ai tuoi ordini, mentre le schiere dei celesti eserciti si prostrano dinanzi a te.»[92] Fa eco la liturgia della chiesa latina con

---

[90] EADMERO, *De excellentia Virginis Mariae*, c. 11 in *PL* 159, 508.
[91] F. SUÁREZ, *De mysteriis vitae Christi*, disp. XXII, sect. II.
[92] Ex liturgia Armenorum: in festo Assumptionis, hymnus ad Matutinum.

l'antica e dolcissima preghiera «Salve, regina», le gioconde antifone «Ave, o regina dei cieli», «Regina del cielo, rallégrati, alleluia» e altri testi, che si recitano in varie feste della beata vergine Maria. A tali canti si devono aggiungere le Litanie lauretane, che richiamano i devoti a invocare ripetutamente Maria regina; e nel quinto mistero glorioso del santo rosario, la mistica corona della celeste regina, i fedeli contemplano in pia meditazione già da molti secoli, il regno di Maria, che abbraccia il cielo e la terra. Infine l'arte ispirata ai principi della fede cristiana e perciò fedele interprete della spontanea e schietta devozione popolare, è solita rappresentare Maria come regina e imperatrice, seduta in trono e ornata delle insegne regali, cinta il capo di corona e circondata dalle schiere degli angeli e dei santi, come colei che domina non soltanto sulle forze della natura, ma anche sui malvagi assalti di satana. L'iconografia, anche per quel che riguarda la dignità regale della beata vergine Maria, si è arricchita in ogni secolo di opere di grandissimo valore artistico, arrivando fino a raffigurare il divin Redentore nell'atto di cingere il capo della Madre sua con fulgida corona.

Gradualmente, il concetto di mediazione delle grazie assunse una grande preminenza. Dall'unione stretta con Cristo nasce quella regale potenza, per cui Maria può dispensare i tesori del Regno del divin redentore; infine dalla stessa unione con Cristo ha origine l'inesauribile efficacia della sua materna intercessione presso il Figlio e presso il Padre. La *Salve Regina* e le altre antifone esprimono tale idee e Maria viene invocata quale Regina di Misericordia, le cui preghiere sono onnipotenti. Papa Pio XII, nella sua Enciclica *Ad coeli Reginam*, indicò quale base della regalità di Maria, oltre alla sua maternità, la sua cooperazione all'opera di redenzione. Il Papa ricordò che

Maria, Regina del cielo e Sovrana del mondo, fu prima la Madre addolorata presso la Croce di nostro Signore Gesù Cristo.[93] E in seguito stabilì un'analogia fra Maria e Cristo, che ci aiuta a comprendere il significato dello stato regale della Beata Vergine Maria. Come Cristo, il nuovo Adamo, è nostro Re non solo perché Figlio di Dio, ma anche perché nostro Redentore, così, secondo una certa analogia, si può affermare parimenti che la beatissima Vergine è Regina, non solo perché Madre di Dio, ma anche perché quale nuova Eva è stata associata al nuovo Adamo.[94]

Maria, l'ancella del Signore, condivide il Regno di Suo Figlio, dato che ella cooperò nell'obbedienza di Cristo fino alla morte di Croce. Egli, pertanto, fu innalzato dal Padre (cfr Fil 2,8-9) ed entrò nella gloria del Regno. A lui ogni cosa è sottomessa sino a quando Egli sottomette sé stesso e tutte le cose create al Padre, perché Dio sia tutto in tutti (cfr 1 Cor 15,27-28). Assunta alla gloria celeste, Maria si dedica totalmente all'opera della salvezza per comunicare ad ogni vivente la felicità che le è stata concessa. Maria è una Regina che dà tutto ciò che possiede, partecipando soprattutto la vita e l'amore di Cristo, nella sua mediazione materna «fino al perpetuo coronamento di tutti gli eletti».[95] Assunta in Cielo, Maria viene associata al potere di suo Figlio e si dedica all'estensione del Regno, partecipando alla diffusione della grazia divina nel mondo, fino a quando Dio sarà tutto in tutti (cfr 1 Cor 15,28). Nel prossimo capitolo vedremo come Maria realizza ciò in qualità di Madre della Chiesa.

---

[93] Vedi Papa PIO XII, Lettera Enciclica *Ad caeli Reginam*, 36.
[94] *Ibid.*, 38.
[95] VATICANO II, *Lumen Gentium*, 62.

9

Madre della Chiesa

Maria è Madre della Chiesa perché ha generato Colui che della Chiesa è il Capo, ed è figlia della Chiesa, perché della Chiesa è il membro più eminente.

Berengaudo, Sull'Apocalisse.

Maria, Membro della Chiesa

La Madre di Dio godette di una posizione chiave nella vita della Chiesa primitiva come illustrata dagli Atti degli Apostoli. Maria fu presente sin dagli inizi della prima comunità (cfr. At 1,14), mentre ella condivise con i discepoli e alcune altre donne credenti la devota attesa dello Spirito Santo, che doveva discendere su di loro. Dopo la Pentecoste la Vergine continua a vivere in comunione fraterna in mezzo alla comunità e partecipa alle preghiere, all'ascolto dell'insegnamento degli Apostoli ed alla «frazione del pane», cioè alla celebrazione eucaristica (cfr

At 2, 42). Colei che aveva vissuto in intima unione con Gesù nella casa di Nazaret, vive ora nella Chiesa in intima comunione con suo Figlio, presente nell'Eucaristia.

Quale membro della prima comunità, Maria Madre di Gesù fu certamente rispettata e venerata da tutti. Ognuno comprende la preminenza di Colei che ha generato il Figlio di Dio, l'unico ed universale Salvatore. «Il carattere verginale della sua maternità, inoltre, le concede di testimoniare lo straordinario apporto al bene della Chiesa offerto da chi, rinunciando alla fecondità umana per docilità allo Spirito Santo, pone sé stesso completamente al servizio del Regno di Dio.»[1] Lo Spirito Santo rivela la *Theotokos*, Colei che, in modo unico, è la rivelazione dello Spirito Santo nella Chiesa.[2] Nella vita della Madre di Dio si possono distinguere due discese dello Spirito Santo. La prima, quando per opera dello Spirito Santo ella ricevette il Figlio di Dio nel suo grembo all'Incarnazione e la seconda durante il dono dello Spirito Santo su di lei e sugli apostoli a Pentecoste. La prima aveva la funzione oggettiva della maternità divina di Maria, la seconda fu personale: una realizzazione nella sua persona del grado di santità corrispondente alla sua funzione unica nella Chiesa. Le parole del Crocifisso del Golgota: «Donna, ecco tuo Figlio» (Gv 19,26), con cui iniziò il suo ruolo di Madre universale dei credenti, svelò nuovi e illimitati orizzonti per la sua maternità. Il dono dello Spirito Santo, ricevuto a Pentecoste attraverso l'esercizio della sua missione, la indusse ad offrire l'aiuto del suo cuore materno a tutti

---

[1] Papa GIOVANNI PAOLO II, *Discorso all'Udienza Generale* (30 luglio 1997), 4.

[2] Cf. A. SCHMEMANN, «Mary and the Holy Spirit» in *The Virgin Mary. The Celebration of Faith. Sermons*, Vol. 3 (Crestwood, NY: 1995), p. 72.

coloro che sono in via verso l'adempimento totale del Regno di Dio. Maria è costituita membro della Chiesa in modo sovreminente e del tutto singolare.[3] Maria occupa un posto nella Chiesa che è il più alto dopo Cristo e tuttavia, straordinariamente vicino a noi.[4]

Il singolare ruolo di Maria nella Chiesa fu evidenziato per la prima volta da S. Agostino. Egli colloca Maria dinanzi alla Chiesa quale membro del corpo di Cristo: «Maria è una parte della Chiesa, un membro santo, eccellente, superiore a tutti gli altri, ma tuttavia un membro di tutto il corpo.»[5] In seguito, partendo dalla presenza della Madre di Gesù e dei suoi fratelli nel Cenacolo, Cromazio di Aquileia propose queste parole incisive: «Pertanto la Chiesa non può essere detta tale se non è presente Maria, la Madre del Signore, insieme con i suoi fratelli. Infatti la Chiesa di Cristo esiste là dove si predica l'Incarnazione di Cristo dalla Vergine; e dove predicano gli Apostoli, che sono i fratelli del Signore, là si ascolta il vangelo.»[6] Se è vero che senza Maria non c'è Chiesa, dobbiamo ancora concordare che la Chiesa è la casa di Maria, in quanto in essa abita Maria, la Madre del Signore. Con l'approfondimento della riflessione teologica, Maria fu vista come membro modello, in prospettiva trinitaria. Infatti, con la sua totale adesione alla volontà del Padre, all'opera redentiva di suo Figlio e ad ogni

---

[3] Vedi VATICANO II, *Lumen Gentium*, 53.

[4] Vedi PAOLO VI, *Allocuzione al Concilio* (4 dicembre 1963) in *AAS* 56 (1964), p. 37. Vedi anche Vaticano II, *Lumen Gentium*, 54.

[5] S. AGOSTINO, *Sermo 25*, 7 in *PL* 46, 938: «Maria portio est ecclesia, sanctum membrum, excellens membrum, supereminens membrum, sed tamen totius corporis membrum.»

[6] S. CROMAZIO DI AQUILEIA, *Sermo 30*, 1 in *SC* 164, p. 134.

ispirazione dello Spirito Santo, la Vergine Maria è il modello di fede e carità della Chiesa. Così ella è «la figura e la realizzazione più perfetta» della Chiesa.[7]

Maria, Tipo della Chiesa

Proprio come molte immagini del Vecchio Testamento erano tipo di Maria, Madre di Dio, così anche Maria è un tipo vivente della Chiesa.[8] Il piano di salvezza che ordina le prefigurazioni dell'Antico Testamento ad un compimento nella Nuova Alleanza, allo stesso modo fece sì che Maria vivesse in modo perfetto quanto doveva realizzarsi in seguito nella Chiesa. San Paolo si serve del vocabolo «tipo», per indicare la figura sensibile di una realtà spirituale. Egli intravede, infatti, nel passaggio del popolo d'Israele attraverso il Mar Rosso un tipo o immagine del battesimo cristiano e, nella manna e nell'acqua che sgorga dalla roccia, un tipo o immagine del cibo e della bevanda eucaristica (cfr 1 Cor 10, 1-11). Definendo Maria tipo della Chiesa, riconosciamo in lei la figura visibile della realtà spirituale della Chiesa e, nella sua maternità incontaminata, l'annuncio della maternità verginale della Chiesa. A differenza delle immagini o dei tipi dell'Antico Testamento, che sono soltanto prefigurazioni di realtà future, in Maria la realtà spirituale significata è già presente, ed in modo eminente.

Fra i Padri, S. Ambrogio proclamò questa verità esplicitamente: «Sì, ella (Maria) è fidanzata, ma vergine, perché è tipo della Chiesa, che è immacolata, ma è sposa: vergine ci concepì dallo Spirito, vergine ci partorì senza

---

[7] Vedi *CCC* 507, ed anche Vaticano II, *Lumen Gentium*, 53, 63.
[8] Vedi capitolo 2, pp. 31-34 sopra per una spiegazione dell'espressione teologica «tipo».

dolore.»⁹ Agostino sviluppa ulteriormente questo tema nel fatto che egli colloca Maria dinnanzi alla Chiesa quale sua immagine ideale: «Maria è stata l'unica donna ad essere insieme madre e vergine, tanto nello spirito come nel corpo... La Chiesa, nei santi cui è riservato il possesso del Regno dei cieli, è, tutta intera, madre di Cristo e vergine di Cristo, nell'ordine spirituale.»¹⁰

Nel Medioevo alcuni teologi approfondirono il concetto specificando cosa costituisce questa relazione tipologica. Ad esempio, il Beato Isacco della Stella, discepolo di S. Bernardo, indicò che nella dimensione materna sia Maria che la Chiesa, come madri e vergini, concepiscono per opera dello Spirito Santo. Maria ha generato, senza peccato, un capo per il corpo; la Chiesa, attraverso la remissione dei peccati, ha fatto nascere un corpo per il capo:

> Entrambe sono madre di Cristo, ma nessuna può generare il Cristo totale senza l'altra. Per questo nelle Scritture divinamente ispirate una stessa realtà può essere riferita, in modo generale, alla vergine madre che è la Chiesa, e in modo particolare a Maria, vergine e madre; e quanto detto in modo particolare della vergine madre Maria deve essere attribuito in generale alla vergine madre Chiesa. Quando un testo parla dell'una o dell'altra, esso può applicarsi all'una e all'altra quasi senza distinzione.¹¹

---

[9] S. AMBROGIO, *Expositio Evangelii secundum Lucam*, II, 7 in CCL 14, 33, 102-106.
[10] S. AGOSTINO, *De sancta virginitate*, 6 in PL 40, 399.
[11] B. ISACCO DELLA STELLA, *Sermo 51*, 7-8 in SC 339, pp. 202-205. Egli disse anche che sia Maria che la Chiesa sono Madre di Cristo, ma «nessuna delle due partorisce il corpo indipendentemente dall'altra.»

Vari teologi posteriori, compreso Scheeben, elaborarono ulteriormente questa idea: «Siccome l'idea della Chiesa è originariamente realizzata nella sua persona e nel modo più perfetto, Maria è... il prototipo della Chiesa. Siccome ella stessa appartiene alla Chiesa e allo stesso tempo forma il capo-membro come radice e cuore, anche l'idea di Chiesa come principio soprannaturale che assiste Cristo ne ottiene la sua figura piena, concreta e viva.»[12] La riflessione teologica ci guida a considerare Maria tipo della Chiesa, ma con alcuni limiti a tale concetto. Primo, mentre Maria è una persona singola, la Chiesa è una comunione di persone. Così, l'attribuzione della maternità ad un individuo e ad un gruppo di persone, può essere applicata solo in modo analogo. Secondo, Maria è un «tipo» della Chiesa nell'ordine della fede, carità e perfetta unione con Cristo» come si esprime il Concilio Vaticano II, richeggiando S. Ambrogio.[13] Ora la Chiesa è non solo una comunità di salvezza, ma anche un'istituzione gerarchica di salvezza, dotata di un ministero sacerdotale e di sacramenti. Per quanto riguarda quest'ultimo aspetto, Maria non può essere considerata come tipo della Chiesa, dal momento che ella non è prototipo dell'elemento gerarchico. Però Maria è tipo della Chiesa, in quanto dimora della santissima Trinità. Il realismo cattolico respinge l'idealismo esistenzialista di Bultmann che accettò una certa tipologia di Maria, ma la interpretò in un senso puramente simbolico. Per lui, la Beata Vergine non fu attualmente presente sul Calvario, e Giovanni le diede

---

[12] M. J. SCHEEBEN, *Mariology*, tradotto da T. L. M. J. GEUKERS, 2 Voll. (St. Louis: B. Herder Book Co., 1947), p. 217.

[13] VATICANO II, *Lumen Gentium*, 53. Vedi pure S. AMBROGIO, *Expositio Evangelii secundum Lucam*, II, 7 in CCL 14, 33, 102-106.

un posto lì soltanto per rappresentare e tipificare l'Antico Testamento.[14]

Otto Semmelroth presentò Maria in relazione alla Chiesa, proponendola come archetipo (*Urbild*). Per Semmelroth, la relazione di base tra Maria e la Chiesa in termini tipologici, ha un triplice significato. Primo, una personificazione o rappresentazione di un'entità spirituale attraverso una sorta di immagine. Secondo, «la somiglianza fra Maria e la Chiesa è conseguenza di una connessione realissima e molto profonda. Le caratteristiche che rendono l'archetipo simile all'immagine si sono in qualche modo sviluppate da archetipo in immagine.»[15] Terzo, Semmelroth insiste, in chiave realista, che la relazione fra Maria, la Chiesa e le sue membra è veritiero e ontologica, e solo come conseguenza ella può essere un esempio morale, quale conseguenza di questa relazione.[16] Il principio mariologico fondamentale di Semmelroth è che Maria è archetipo: «Poiché Maria doveva essere il tipo della Chiesa, venne creata quale Madre verginale di Dio. Non vi è altro mistero mariano che, come principio

---

[14] Vedi R. K. BULTMANN, *Evangelium des Johannes* (Göttingen: Vandenhoeck & Ruprecht, 1953), p. 521.

[15] O. SEMMELROTH, *Mary, Archetype of the Church* (New York: Sheed and Ward, 1963), p. 30.

[16] *Ibid.*, pp. 28-32. Vedi anche pp. 157-158, dove Semmelroth afferma: «Maria, l'archetipo, rappresenta anche il tipo ideale, il modello e l'esempio morale, dinnanzi al quale la Chiesa nella sua totalità e tutti i suoi membri possono esaminare la loro propria attitudine verso la loro redenzione e pienezza di grazia mentre trovano al propria vita.... La Chiesa vivente nei suoi singoli membri ha bisogno di Maria per la sua crescita verso ciò che è e verso il suo potenziale nascosto. Maria fa sì che l'essenza della Chiesa risplenda dinnanzi ad ogni singolo essere umano per appellarsi ai loro propri sforzi morali.»

intenzionale, possa precedere e dar radice alla posizione che Maria occupa quale tipo della Chiesa... tutti gli altri misteri mariani traggono il loro più profondo significato e legame da questo mistero fondamentale.»[17] Egli indicò anche che nella sua divina maternità, «a Maria venne data la più perfetta opportunità di prefigurare la Chiesa in modo corredentivo.»[18] Semmelroth conclude che Maria, come la Chiesa di cui è archetipo, è Mediatrice anche tutte le grazie. Maria lo fa per prima, quando come Corredentrice ricevette i frutti della salvezza di Cristo e li assunse per sé stessa e la Chiesa. Secondo, per la sua intercessione ella fa si che questi frutti fluiscano nella Chiesa. Terzo, per la sua mediazione illustra come l'uomo deve cooperare con la sua propria redenzione nel modo in cui Maria cooperò con la redenzione dell'intera Chiesa.[19]

Balthasar considerò vari archetipi nella natura della Chiesa. Fra questi vi erano i principi apostolici e mariani. In questa visione archetipa, Balthasar considera il «fiat» come la forma fondazionale degli archetipi apostolici, come in effetti di tutti i membri della Chiesa. L'arrendevole «si» di Maria precedette e rese possibile l'Incarnazione di Cristo Capo e così la formazione della comunione nel suo Corpo Mistico, costituito dal dimorare nel suo amore (cfr. Gv 15).[20] Mentre pochi sono chiamati ad adempiere l'uffico

---

[17] Ibid., p. 52.
[18] Ibid., p. 117.
[19] Vedi ibid., pp. 102-103.
[20] Vedi H. U. VON BALTHASAR, The Office of Peter and the Structure of the Church, tradotto da A. EMERY (San Francisco: Ignatius Press, 1986), p. 208: «Il fiat di Maria, ineguagliato nella sua perfezione, è la forma onnicomprensiva, protettiva e direttiva di tutta la vita ecclesiale. È la forma interiore di comunione, nella misura in cui ciò è un'accettazione mutua illimitata, molto più di un «stare bene insieme» umano o una

petrino, ogni cattolico è chiamato a pronunciare il fiducioso «fiat» di Maria, lo stampo in cui è plasmata la Chiesa. Pertanto, «l'universalità petrina è soggetta all'influenza formativa di quella mariana, ma non viceversa.»[21]

Il Papa Giovanni Paolo II si servì del pensiero di Balthasar quando osservò che la Vergine Maria è l'archetipo della Chiesa in forza della sua maternità divina. La Chiesa, come Maria, dovrebbe essere e desidera essere madre e vergine. La Chiesa vive della sua autentica dimensione mariana, che è semplicemente tanto fondamentale per la Chiesa, se non anche di più, quanto la dimensione petrina, a cui la dimensione mariana è profondamente unita. Il legame fra le due dimensioni della Chiesa, la mariana e la petrina, è pertanto stretto, profondo e complementare, benché il primo (il *mariano*) preceda il secondo (il *petrino*) sia nel piano di Dio che nel tempo; inoltre, è anche più alto, preminente e più ricco sia nelle sue implicazioni personali che comunitarie. Maria precede anche tutti noi, allo stesso modo in cui precede l'intera Chiesa in cui viviamo.[22] Per la Chiesa, che spesso avverte il

---

fraternizzazione. I limiti di spazio e di tempo della condizione umana rimangono esterni a questa (idealmente) illimitata recettività.»

[21] *Ibid.*, pp. 206-207.

[22] Vedi Papa GIOVANNI PAOLO II, *Discorso alla Curia Romana* (22 dicembre 1987). Vedi anche la sua Lettera Apostolica *Mulieris Dignitatem* (1988) nota 55, dove il Papa sottolineò, citando dallo stesso *Discorso alla Curia Romana*: «Questo profilo mariano è altrettanto - se non lo è di più - fondamentale e caratterizzante per la Chiesa quanto il profilo apostolico e petrino, al quale è profondamente unito... La dimensione mariana della Chiesa antecede quella petrina, pur essendole strettamente unita e complementare. Maria, l'Immacolata,

peso della storia e le insidie del male, la Madre di Cristo è l'emblema luminoso dell'umanità redenta e avvolta dalla grazia salvifica.[23]

Maria, Madre della Chiesa

Quando stava morendo sulla croce, Gesù affidò Sua Madre a S. Giovanni, con le parole: «Donna. Ecco tuo figlio.» Egli poi affidò S. Giovanni a Maria: «Ecco tua madre.» Dal quel momento Giovanni prese con sé Maria nella sua casa (cfr. Gv 19,26-27). Il parallelismo fra l'espressione «ecco tuo figlio» ed «ecco tua madre» mette in luce il fatto che qui, al di là del fatto storico della cura di Giovanni per la Beata Vergine, vi sono i lineamenti di una maternità spirituale di Maria nella Chiesa.[24]

Benché il titolo «Madre della Chiesa» sia stato attribuito a Maria relativamente solo di recente, esso esprime la relazione materna della Beata Vergine con la Chiesa come mostrata in parecchi brani del Nuovo Testamento. Maria, sin dall'Annunciazione, è chiamata ad offrire il suo

---

precede ogni altro, e, ovviamente, lo stesso Pietro e gli apostoli: non solo perché Pietro e gli apostoli, provenendo dalla massa del genere umano che nasce sotto il peccato, fanno parte della Chiesa 'sancta ex peccatoribus', ma anche perché il loro triplice munus non mira ad altro che a formare la Chiesa in quell'ideale di santità, che già è preformato e prefigurato in Maria. Come bene ha detto un teologo contemporaneo, 'Maria è Regina degli apostoli', senza pretendere per sé i poteri apostolici. Essa ha altro e di più". (H. U. VON BALTHASAR, *Neue Klarstellungen*, trad. it., Milano 1980, p. 181).» Vedi anche *CCC* 773.

[23] Vedi Papa GIOVANNI PAOLO II, *Discorso all'Udienza Generale* (14 marzo 2001), 3.

[24] Vedi il capitolo 3, pp. 82-85 sopra.

consenso all'avvento del Regno messianico, che si compirà con la formazione della Chiesa. Maria a Cana, sollecitando il Figlio all'esercizio del potere messianico, offre un fondamentale contributo al radicamento della fede nella prima comunità dei discepoli e coopera all'instaurazione del Regno di Dio, che ha il suo germe ed inizio nella Chiesa. Sul Calvario Maria, unendosi al sacrificio di suo Figlio, offre all'opera della salvezza il proprio contributo materno, che assume la forma di un parto doloroso, il parto della nuova umanità. Così soffrendo qui veramente le sofferenze del parto nella passione del suo unico Figlio, la Beata Vergine ha generato la nostra salvezza universale; per questo è la Madre di tutti noi. Rivolgendosi a Maria con le parole «Donna, ecco tuo figlio», il Crocifisso ne proclama la maternità non solo verso l'apostolo Giovanni, ma anche verso ogni discepolo. Lo stesso Evangelista, affermando che Gesù doveva morire «per riunire insieme i figli di Dio che erano dispersi» (Gv 11, 52), indica nella nascita della Chiesa il frutto del sacrificio redentore, cui Maria è maternamente associata. Infine, l'Evangelista san Luca riferisce della presenza della Madre di Gesù all'interno della prima comunità di Gerusalemme (At 1, 14). Sottolinea così il ruolo materno di Maria verso la Chiesa nascente, in analogia con quello da Lei avuto nella nascita del Redentore. La dimensione materna diviene così elemento fondamentale della relazione di Maria verso il Popolo nuovo dei redenti..

Seguendo la Sacra Scrittura, la dottrina patristica riconosce la maternità di Maria nell'opera di Cristo e, quindi, in quella della Chiesa, anche se in termini non sempre espliciti. Secondo S. Ireneo, Maria «è diventata causa di salvezza per tutto il genere umano».[25] S.

---

[25] S. IRENEO, *Adversus Haereses* 3, 22, 4 in *PG* 7, 959.

Ambrogio sviluppò un'idea simile: «Una Vergine ha generato la salvezza del mondo, una Vergine ha dato vita a tutte le cose.»[26] La Madre del Salvatore è, come insegna S. Agostino, veramente la Madre dei Suoi membri.[27] Alcuni altri Padri, come S. Severiano di Gabala, chiamano addirittura Maria «Madre della salvezza».[28] Il Medioevo vide un ulteriore sviluppo a tal riguardo, ad esempio quando S. Anselmo si rivolse a Maria in questi termini: «Tu sei la madre della giustificazione e dei giustificati, la madre della riconciliazione e dei riconciliati, la madre della salvezza e dei salvati»,[29] mentre altri autori le attribuirono i titoli di «Madre della grazia» e «Madre della vita.» Ruperto di Deutz indicò come la Madre di Gesù divenne Madre nostra sul Calvario: «Nella passione del suo Figlio, la Beata Vergine ci partorì (*peperit*) la salvezza; sin da allora, ella è ovviamente per noi tutti madre nostra.»[30] Ruperto aggiunse: Maria è «la fonte dei giardini, la sorgente di acque viventi; la fonte dei giardini, dico, cioè la madre delle chiese.»[31]

La prima affermazione in cui un Papa descrisse i sentimenti filiali della Chiesa, che riconosce Maria quale

---

[26] S. Ambrogio, *Epistola 63*, 33 in *PL* 16, 1198.
[27] S. Agostino, *De sancta Virginitate*, 6 in *PL* 40, 399: «Sed plane mater membrorum eius, quod nos sumus, quia cooperata est caritate, ut fideles in Ecclesia nascerentur, quae illius capitis membra sunt, corpore vero ipsius capitis mater.»
[28] Severiano di Gabala, *Oratio 6 in mundi creationem*, 10 in *PG* 54, 4.
[29] S. Anselmo, *Oratio 52*, 8 in *PL* 158, 957. Vedi anche *Oratio 47*, in *PL* 158, 945 dove Anselmo afferma: «Cosa si sarebbe mai potuto considerare più adatto che per te essere la madre di coloro di cui Cristo si degnò di divenire padre e fratello?»
[30] Ruperto di Deutz, *In Evangelium Sancti Johannis* in *PL* 169, 790.
[31] Idem, *In cantico canticorum*, 4 in *PL* 168, 898.

sua amata madre e la proclamò indirettamente Madre della Chiesa, ebbe luogo nel 1748 con Papa Benedetto XIV.[32] Tale espressione fu rinvenuta nell'insegnamento di Papa Leone XIII, in cui si afferma che Maria è «con piena verità Maria deve essere considerata Madre della Chiesa».[33] Il titolo fu adoperato successivamente molte volte negli insegnamenti di Giovanni XXIII e Paolo VI. In particolare, fu Papa Paolo VI che proclamò solennemente Maria Madre della Chiesa alla chiusura della terza sessione del Concilio Vaticano II il 22 novembre del 1964:

> Ma la Chiesa stessa non si compone soltanto della sua struttura gerarchica, della sacra liturgia, dei sacramenti, dei suoi organismi; la sua forza interiore e la sua caratteristica, fonte principale dell'azione con cui santifica gli uomini, stanno nella sua mistica unione con Cristo, la quale unione non possiamo ritenere disgiunta da colei che è la Madre del Verbo Incarnato e che Cristo stesso si associò intimamente per procurare la nostra salvezza... Perciò a gloria della Beata Vergine e a nostra consolazione dichiariamo Maria Santissima Madre della Chiesa, cioè di tutto il popolo cristiano, sia dei fedeli che dei Pastori, che la chiamano Madre amatissima; e stabiliamo che con questo titolo tutto il popolo cristiano d'ora in poi tributi ancor più onore alla Madre di Dio e le rivolga suppliche.[34]

Papa Paolo VI rinnovò la sua fede in Maria Madre della Chiesa nella sua solenne professione di fede del 1968: «e noi crediamo che la Madre Santissima di Dio, nuova Eva,

---

[32] Vedi *Bullarium Romanum*, series 2, t. 2, n. 61, p. 428.
[33] Papa LEONE XIII, Lettera Enciclica *Adjutricem populi christiani*, (1895).
[34] Papa PAOLO VI, *Discorso per la chiusura della terza sessione del Concilio Ecumenico Vaticano II* (22 novembre 1964), 27, 30.

Madre della Chiesa continua in cielo il suo ufficio materno riguardo ai membri di Cristo, cooperando alla nascita e allo sviluppo della vita divina nelle anime dei redenti.»[35] Anche il Papa Giovanni Paolo II impiegò spesso il titolo: «Colei che di Cristo è la genitrice, mentre è essa stessa appartenente alla Chiesa quale membro eccelso e del tutto eccezionale, è al tempo stesso la Madre della Chiesa. Come tale continuamente genera figli al Corpo mistico del Figlio. Lo fa mediante l'intercessione, implorando per essi l'effusione inesauribile dello Spirito. Ella è l'icona perfetta della maternità della Chiesa.»[36]

Maria, da una parte, è membro e tipo della Chiesa (*aspetto ecclesiotipico*). Ma allo stesso momento, ella trascende la Chiesa tramite il suo ruolo materno verso tutti gli altri fedeli, partecipando all'opera di Cristo (*aspetto cristotipico*). Questa trascendenza si esprime nel titolo Madre della Chiesa, indicando la dispensazione universale delle grazie nel contesto ecclesiale. Il ruolo principale della Beata Vergine in relazione alla Chiesa in terra è di intercessione, come si sono espressi molti teologi durante i secoli. Ad esempio, S. Fulgenzio di Ruspe dichiarò, «Maria è divenuta finestra del cielo, perché attraverso di lei Dio ha effuso sui secoli la vera luce. Maria è divenuta scala del cielo, perché attraverso di lei Dio è disceso sulla terra, affinché per mezzo di lei gli uomini meritassero di salire al cielo.»[37] Newman percepì questa stessa verità in modo

---

[35] Papa PAOLO VI, *Credo del Popolo di Dio*, 15.
[36] Papa GIOVANNI PAOLO II, Lettera Apostolica *Rosarium Virginis Mariae* (2002), 15.
[37] S. FULGENZIO DI RUSPE (attr.), *Sermo 36. De laudibus Mariae ex partu Salvatoris* in *PL* 65, 899: «Facta est Maria fenestra coeli, quia per ipsam Deus verum fudit saeculis lumen; facta est Maria scala coelestis, quia per ipsam Deus descendit ad

profondo. Egli riconosce che quest'ufficio di Maria è rappresentato in modo iconografico dalle sue mani soprelevate:

> Ritengo dunque impossibile, per coloro i quali credono che la Chiesa sia un unico grande corpo in cielo ed in terra, in cui ogni creatura santa di Dio ha il suo luogo, e di cui la preghiera è la vita, quando riconoscono la santità e dignità della Beata Vergine, che non percepiscano immediatamente come il suo ufficio lassù sia di intercessione per i fedeli militanti e che proprio la nostra relazione a lei debba essere quella di assistiti verso il loro patrocinatore, e che, nell'eterna inimicizia esistente fra la donna ed il serpente, mentre la forza del serpente è quella di essere il Tentatore, l'arma della Seconda Eva e Madre di Dio è la preghiera... Come dunque queste idee della sua santità e grandezza penetrarono gradualmente nel tessuto della Cristianità, così quella del suo potere di intercessione le seguì subito dopo ed insieme.[38]

È inoltre giusto considerare la vergine Maria Madre dei fedeli defunti. Infatti, per quanto riguarda la vita soprannaturale di ogni uomo, il ruolo di Maria può paragonarsi a quello di una Madre in relazione ai suoi figli durante la loro vita terrena. Dopo la morte, Maria non abbandona mai i suoi figli, specialmente quanti non sono molto distanti dall'unirsi a Dio. Maria contribuisce, dunque, alla loro «purificazione» rendendoli capaci d'essere ben accolti nella città celeste. Ella fa ciò ancor più volentieri quando glielo chiediamo fiduciosamente.

---

terras, ut per ipsam homines ascendere mereantur ad coelos.»
[38] J. H. NEWMAN, *The Mother of God*, edizione con introduzione e note di S. L. Jaki (Pinckney, MI: Real View Books, 2003), p. 64.

Stando ai piedi della croce ed unendosi al sacrificio di suo Figlio, Maria acquisì la capacità d'intercedere per tutti gli uomini di cui è divenuta Madre. Stando permanentemente vicino al cuore del Cristo glorificato, ella desidera vedere che le anime in purgatorio divengano partecipi dell'intimità divina al più presto possibile: «La Beata Vergine Maria ha il potere di liberare le anime dal purgatorio con le sue preghiere, e applicando loro i suoi. Ciò è particolarmente vero per le anime che sulla terra le furono devote.»[39] Il potere d'intercessione della Beata Vergine per le anime in purgatorio è stato espresso anche in forma poetica da Federico Faber:

> Volgiti a Gesù, o Madre! Volgiti
> E chiamaLo con le più affettuose parole;
> Prega per le anime sante che bruciano
> In quest'ora fra le fiamme purificatrici.
>
> Ah! Esse hanno combattuto una valorosa battaglia:
> nel gelido amplesso della morte perseverarono,
> E, dopo la mesta notte della vita,
> sono giunti al porto del riposo
>
> In pene oltre ogni pena terrena,
> Diletti di Gesù! Lì giacciono
> Lasciando che il fuoco consumi le loro macchie
> E adorando la purezza di Dio.

---

[39] S. BERNARDINO DA SIENA, *Sermo 3, De glorioso nomine virginis Mariae*, art. 2, cap. 3, in BERNARDINUS SENENSIS, *Sermone pro festivitatibus Sanctissime et Immaculatae Virginis Mariae* (Venetiis: 1745), IV, 80, col. 2. Negli stessi sermoni S. Bernardino afferma: «Nella prigione del purgatorio, Maria ha una certa autorità e pienezza di potere non soltanto per alleviare le sofferenze delle anime, ma anche per liberarle dalle loro pene.»

Spose di Cristo esse sono, poiché egli
Andò loro in sposo col suo sangue
E gli angeli, in estatica adorazione,
ponderano il loro destino.

Esse sono figlie delle loro lacrime;
accorri, dunque, o Madre, in loro aiuto;
Pietosa considera che ogni ora appare
Un'eternità mentre la gloria è rinviata.

O Maria, non lasciar più che tuo Figlio
Attenda in tal modo le sue spose indugianti;
rendi i figli di Dio al loro Dio,
ed allo Spirito i suoi eletti.

Prega dunque, come hai sempre pregato;
Angeli ed Anime, tutti guardano a te;
Dio attende la tua preghiera, poiché egli ha fatto
Di quelle preghiere la legge della Sua carità.[40]

---

[40] F. FABER, «The Queen of Purgatory»:
O turn to Jesus, Mother! Turn, /And call Him by His tenderest names; /Pray for the Holy Souls that burn /This hour amid the cleansing flames.
Ah! They have fought a gallant fight:/In death's cold arms they persevered;/And, after life's uncheery night,/The harbour of their rest is neared.
In pains beyond all earthly pains,/Favourites of Jesus! There they lie/Letting the fire wear out their staine/And worshipping God's purity.
Spouses of Christ they are, for He/Was wedded to them by His Blood;/And angels o'er their destiny/In wondering adoration brood.
They are the children of thy tears;/Then hasten, Mother ! To their aid;/In pity think each hour appears/An age while glory is delayed.
O Mary, let thy Son no more/His lingering Spouses thus

Il ruolo speciale della Beata Vergine quale Madre della Chiesa sulla terra, Madre dei santi e Madre dei fedeli defunti ci rammenta la sua vitale importanza quale Madre dell'*intero* Corpo Mistico. Di nuovo, noi osserviamo l'ordine e la bontà di Dio nel provvedere per il suo popolo, indipendentemente dalle sue condizioni nel suo spesse volte difficoltoso viaggio verso la Nuova Gerusalemme. Egli ha dato a noi, ai suoi santi e alle anime sante la migliore Madre che ci consola nella nostra debolezza e ci incoraggia a perseverare verso il nostro unico e solo obiettivo: la reale e duratura imitazione di Cristo Signore.

Maria è l'icona escatologica della Chiesa, immagine dell'umanità redenta, segno della Chiesa che vive nella fede e nell'amore, anticipando la pienezza della Gerusalemme celeste. In tal senso ella è anche la Madre attraverso la quale si realizzerà l'unità dei cristiani. In lei contempliamo ciò che la Chiesa è nel suo mistero, nel suo pellegrinaggio della fede, e quello che sarà nella patria al termine del suo cammino, dove l'attende, nella gloria della Santissima e indivisibile Trinità, nella comunione di tutti i santi colei che la Chiesa venera come la Madre del suo Signore e come sua propria Madre. La Madre di Gesù, come in cielo, glorificata ormai nel corpo e nell'anima, è l'immagine e la primizia della Chiesa che dovrà avere il suo compimento nell'età futura, così sulla terra brilla come un segno di sicura speranza e di consolazione per il popolo di Dio in cammino.[41]

---

expect;/God's children to their God restore,/And to the Spirit His elect.
Pray then, as thou hast ever prayed;/Angels and Souls, all look to thee;/God waits thy prayers, for He hath made/Those prayers His law of charity.

[41] Vedi *CCC* 972 ed anche Vaticano II, *Lumen Gentium*, 68-69, e 2

Maria e l'Eucaristia

La comunità ecclesiale celebra sempre l'Eucaristia ricordando Maria, nel cui seno si è formato il Pane di vita e la cui presenza viene messa in rapporto a Cristo immolato. La «memoria» di Maria serve per approfondire la «memoria» eucaristica. La relazione fra Maria e l'Eucaristia scaturisce da questi due aspetti fondamentali. Il primo è la continuità del mistero dell'Incarnazione, proprio come presentato da S. Giovanni nel suo Vangelo: un legame indissolubile fra il Verbo fatto carne (vedi Gv 1,14) e la Carne che Egli offre per la vita del mondo (vedi Gv 6,51ss.). Nella misura in cui questo mistero dell'Incarnazione è connesso alla Vergine Maria, da cui il Verbo prende carne, possiamo dire che Maria è necessariamente legata all'Eucaristia. S. Agostino nota: «Egli prese la carne dalla carne di Maria. Rivestito di questa carne mosse i suoi passi quaggiù e la stessa carne ci lasciò affinché ne mangiassimo per conseguire la salute. Orbene nessuno mangia quella carne senza prima averla adorata... di modo che non si pecca adorandola ma si pecca non adorandola.»[42] Il secondo aspetto fondamentale è che l'Eucaristia rende presente il Sacrificio di Cristo, e in quel momento sul Calvario, Giovanni richiama la presenza di Maria ai piedi della croce. È una presenza in cui la Vergine è associata all'offerta sacrificale di Cristo a Suo Padre e nell'offerta di sé stessa al Padre. La Vergine Maria è essenzialmente presente in questo mistero, di cui l'Eucaristia è la presenza sacramentale. Maria nell'Incarnazione ha generato il Figlio di Dio fatto uomo ed è stata associata al sacrificio della croce e quindi alla nascita della

---

Pt 3,10.
[42] S. AGOSTINO, *Enarratio in Psalmum 98*, 9 in *PL* 37, 1264.

Chiesa. Il corpo di Cristo, offerto in sacrificio, è stato dato a noi per mezzo di Maria e deve essere offerto e ricevuto dalle mani di Maria.

Inoltre, vi sono numerose espressioni dei Padri della Chiesa che legano strettamente il mistero dell'Incarnazione a quello dell'Eucaristia. Pietro Crisologo disse che Cristo stesso «è il pane che, seminato nella Vergine, lievitato nella carne, impastato nella passione, cotto nel forno del sepolcro, conservato nella chiesa, portato sugli altari, somministra ogni giorno ai fedeli un alimento celeste.»[43] Anche S. Epifanio adotta un'immagine eucaristica per Maria: «Tu sei, o Maria, il campo non coltivato. Tu concepisti il Verbo come un chicco di grano e facesti germinare il virgulto. Tu sei il solco spirituale che contiene il fuoco e il pane di vita, la Santa Madre del Salvatore che partorì il Verbo del Padre, il Verbo che da te si è incarnato.»[44] La relazione fra l'Eucaristia e la Vergine Maria è parte integrante della Tradizione, e ciò è espresso liturgicamente. Ad esempio, nella liturgia etiopica si recita questa frase nell'anafora: «O Vergine, fonte del frutto che viene mangiato e bevuto! O Pane che proviene da te, e per coloro che lo mangiano è vita e salvezza! O calice che proviene da te, che, per quanti ne bevono con fede, fa scaturire la sapienza e dà la vita.»[45]

---

[43] S. PIETRO CRISOLOGO, *Sermone 67* in *PL* 52, 392.

[44] S. EPIFANIO (attr.), *De Laudibus Virginis* in *PG* 43, 492. Vedi un altro passaggio dalla stessa omelia in *PG* 43, 496: «La Vergine è il solco spirituale cha ha dato al mondo un nutrimento spirituale, il fuoco ardente ed il pane ardente della vita di cui Cristo, il Salvatore del mondo, disse: «Prendetene e mangiatene! Questo è il mio corpo offerto per voi e per la remissione dei peccati». La mensa della Vergine è ricca e piena di delizie.»

[45] ABBA HERIACUS, *Anaphora Mariae Virginis Filiae Dei* in A.

Il rapporto tra l'Eucaristia e Maria ha una sua dimensione pneumatologica. L'*epiclesis* o invocazione dello Spirito Santo ha lo scopo di ricordare il mistero che è accaduto nel seno di Maria e che, nella celebrazione eucaristica, accade in un modo nuovo: far presente Gesù sotto le specie eucaristiche e trasformarci in lui, anche in rapporto a Maria Madre della Chiesa. S. Giovanni Damasceno evoca l'epiclesis con queste parole: «Domandi come il pane si converte nel corpo di Cristo?... Ti basti udire che è per l'azione dello Spirito Santo, nello stesso modo che, grazie alla Santissima Vergine e allo stesso Spirito Santo, il Signore, per sé e in se stesso, assunse la carne umana.»[46]

La Tradizione Pontificia ha sviluppato ulteriormente il tema. Papa Paolo VI richiamò l'intimo legame fra la Beata Vergine e l'Eucaristia. «Per perpetuare nei secoli il sacrificio della croce il divin Salvatore istituì il sacrificio eucaristico, memoriale della sua morte e risurrezione, e lo affidò alla chiesa, sua sposa, la quale, soprattutto alla domenica, convoca i fedeli per celebrare la Pasqua del Signore, finché egli ritorni: il che la Chiesa compie in comunione con i santi del cielo e, prima di tutto, con la beata Vergine, della quale imita la carità ardente e la fede incrollabile.»[47] Papa Giovanni Paolo II sviluppò ancor più in dettagliato il modo in cui la Beata Vergine partecipa nella celebrazione eucaristica in modo speciale:

Questa sua maternità è particolarmente avvertita e

HÄNGGI, *Prex eucharistica; textus e variis liturgiis antiquioris selecti* (Fribourg: Éditions Universitaires, 1968), p. 165.

[46] S. GIOVANNI DAMASCENO, *De fide Ortodoxa*, IV, 13 in *PG* 94, 1139.

[47] Papa PAOLO VI, Esortazione Apostolica *Marialis Cultus* (1974), 20.

> vissuta dal popolo cristiano nel sacro Convito – celebrazione liturgica del mistero della redenzione –, nel quale si fa presente Cristo, il suo vero corpo nato da Maria Vergine. Ben a ragione la pietà del popolo cristiano ha sempre ravvisato un profondo legame tra la devozione alla Vergine santa e il culto dell'Eucaristia: è, questo, un fatto rilevabile nella liturgia sia occidentale che orientale, nella tradizione delle famiglie religiose, nella spiritualità dei movimenti contemporanei anche giovanili, nella pastorale dei santuari mariani. Maria guida i fedeli all'Eucaristia.[48]

In effetti, si può dire che Maria è parte integrale di questa profonda relazione fra Chiesa ed Eucaristia. La Chiesa e l'Eucaristia sono inseparabilmente unite, e lo stesso si può dire di Maria e l'Eucaristia. Questa è una delle ragioni per cui, sin dai tempi antichi, la commemorazione di Maria è stata sempre parte delle celebrazioni eucaristiche delle Chiese orientali e occidentali.

A prima vista, i Vangeli tacciono a tal riguardo. Nel racconto dell'istituzione, la sera del Giovedì Santo, non si parla di Maria. Si sa invece che Ella era presente tra gli Apostoli, «concordi nella preghiera» (At 1,14), nella prima comunità radunata dopo l'Ascensione in attesa della Pentecoste. Questa sua presenza non poté certo mancare nelle celebrazioni eucaristiche tra i fedeli della prima generazione cristiana, assidui «nella frazione del pane» (At 2,42). Ma al di là della sua partecipazione al Convito eucaristico, il rapporto di Maria con l'Eucaristia si può indirettamente delineare a partire dal suo atteggiamento interiore. Maria è donna «eucaristica» con l'intera sua vita. La Chiesa, guardando a Maria come a suo modello, è

---

[48] Papa GIOVANNI PAOLO II, Lettera Enciclica *Redemptoris Mater*, 44.

chiamata ad imitarla anche nel suo rapporto con questo Mistero santissimo.[49]

Maria ha esercitato la sua fede eucaristica prima ancora che l'Eucaristia fosse istituita, per il fatto stesso di aver offerto il suo grembo verginale per l'incarnazione del Verbo di Dio. L'Eucaristia, mentre rinvia alla passione e alla risurrezione, si pone al tempo stesso in continuità con l'Incarnazione. Maria concepì nell'Annunciazione il Figlio divino nella verità anche fisica del corpo e del sangue, anticipando in sé ciò che in qualche misura si realizza sacramentalmente in ogni credente che riceve, nel segno del pane e del vino, il Corpo e il Sangue del Signore. Vi è pertanto un'analogia profonda tra il fiat pronunciato da Maria alle parole dell'Angelo, e l'amen che ogni fedele pronuncia quando riceve il corpo del Signore. A Maria fu chiesto di credere che colui che Ella concepiva «per opera dello Spirito Santo» era il «Figlio di Dio» (cfr Lc 1,30–35). In continuità con la fede della Vergine, nel mistero eucaristico ci vien chiesto di credere che lo stesso Gesù Cristo, Figlio di Dio e Figlio di Maria, si rende presente nella sua piena umanità e divinità sotto le specie del pane e del vino. Maria ha anticipato, nel mistero dell'Incarnazione, anche la fede eucaristica della Chiesa. Quando, nella Visitazione, porta in grembo il Verbo fatto carne, ella si fa, in qualche modo, «tabernacolo» – il primo «tabernacolo» della storia – dove il Figlio di Dio, ancora invisibile agli occhi degli uomini, si concede all'adorazione di Elisabetta, quasi «irradiando» la sua luce attraverso gli occhi e la voce di Maria. Inoltre, «lo sguardo rapito di Maria nel contemplare il volto di Cristo appena nato e nello stringerlo tra le sue braccia, non è forse l'inarrivabile

---

[49] Vedi Papa GIOVANNI PAOLO II, Lettera Enciclica *Ecclesia De Eucharistia* (2003), 53.

modello di amore a cui deve ispirarsi ogni nostra comunione eucaristica?»[50]

Vi è un parallelismo profondo fra la prefigurazione dell'Eucaristia a Cana di Galilea, quando Maria fu presente, e l'istituzione dell'Eucaristia all'Ultima Cena. Il nostro ripetere il gesto di Cristo nell'Ultima Cena in adempimento del suo mandato: «Fate questo in memoria di me!» diventa al tempo stesso accoglimento dell'invito di Maria ad obbedirgli senza esitazione: «Fate quello che vi dirà» (Gv 2,5). Con la stessa premura materna testimoniata alle nozze di Cana, Maria sembra dirci: «Non abbiate tentennamenti, fidatevi della parola di mio Figlio. Egli, che fu capace di cambiare l'acqua in vino, è ugualmente capace di fare del pane e del vino il suo corpo e il suo sangue, consegnando in questo mistero ai credenti la memoria viva della sua Pasqua, per farsi in tal modo pane di vita»[51]

Maria fece sua, con tutta la vita accanto a Cristo, e non soltanto sul Calvario, la dimensione sacrificale dell'Eucaristia. Dall'Annunciazione fino alla Croce, Maria è colei che accoglie la Parola fattasi carne in lei e giunta fino ad ammutolire nel silenzio della morte. È lei, infine, che riceve nelle sue braccia il corpo donato, ormai esanime, di Colui che davvero ha amato i suoi «sino alla fine» (Gv 13,1).[52] Preparandosi giorno per giorno al Calvario, Maria vive una sorta di «Eucaristia anticipata», si direbbe una «comunione spirituale» di desiderio e di offerta, che avrà il suo compimento nell'unione col Figlio nella passione, e si esprimerà poi, nel periodo post-pasquale, nella sua

---

[50] *Ibid.*, 55.
[51] *Ibid.*, 54.
[52] Vedi Papa BENEDETTO XVI, Esortazione Apostolica *Sacramentum Caritatis* (2007), 33.

partecipazione alla Celebrazione eucaristica, presieduta dagli Apostoli, quale «memoriale» della passione. :

> Come immaginare i sentimenti di Maria, nell'ascoltare dalla bocca di Pietro, Giovanni, Giacomo e degli altri Apostoli le parole dell'Ultima Cena: «Questo è il mio corpo che è dato per voi» (Lc 22,19)? Quel corpo dato in sacrificio e ripresentato nei segni sacramentali era lo stesso corpo concepito nel suo grembo! Ricevere l'Eucaristia doveva significare per Maria quasi un riaccogliere in grembo quel cuore che aveva battuto all'unisono col suo e un rivivere ciò che aveva sperimentato in prima persona sotto la Croce.[53]

Nell'Eucaristia la Chiesa si unisce pienamente a Cristo e al suo sacrificio, facendo suo lo spirito di Maria. È verità che si può approfondire rileggendo il Magnificat in prospettiva eucaristica. L'Eucaristia, infatti, come il cantico di Maria, è innanzitutto lode e rendimento di grazie. Quando Maria esclama «L'anima mia magnifica il Signore e il mio Spirito esulta in Dio mio salvatore», ella porta in grembo Gesù. Loda il Padre «per» Gesù, ma lo loda anche «in» Gesù e «con» Gesù. È precisamente questo il vero «atteggiamento eucaristico».[54] La Chiesa che celebra l'Eucaristia si pone in presenza del Dio uno e trino, con un riferimento più esplicito al Padre, in un atteggiamento simile a quello della Vergine che magnifica il Signore con l'esultanza dello Spirito, in Dio, suo Salvatore. Quel Salvatore che è anche il Figlio che porta in grembo. Al tempo stesso Maria fa memoria delle meraviglie operate da Dio nella storia della salvezza, secondo la promessa fatta ai padri (cfr Lc 1,55), annunciando la meraviglia che tutte le supera,

---

[53] Papa GIOVANNI PAOLO II, *Ecclesia De Eucharistia*, 56.
[54] *Ibid.*, 58.

l'Incarnazione redentrice. Nel Magnificat è infine presente la tensione escatologica dellEucaristia. Ogni volta che il Figlio di Dio si ripresenta a noi nella «povertà» dei segni sacramentali, pane e vino, è posto nel mondo il germe di quella storia nuova in cui i potenti sono «rovesciati dai troni», e sono «innalzati gli umili» (cfr Lc 1,52). Maria canta quei «cieli nuovi» e quella «terra nuova» che nell'Eucaristia trovano la loro anticipazione.[55]

Maria, Mediatrice di tutte le Grazie

Precedentemente si è visto come Maria cooperò quale Corredentrice alla *redenzione oggettiva* o l'acquisizione, una volta per tutte, attraverso il sacrificio del Calvario, della grazia e del perdono.[56] Qui considereremo come la Beata Vergine coopera quale Mediatrice nella *redenzione soggettiva* ossia la distribuzione di quella grazia e perdono lungo i secoli dopo il Calvario. Quanto Maria ha iniziato sulla terra associandosi con la missione salvifica di Gesù, ella lo continua ancora, in unione con il Cristo risorto.[57]

Primo, La mediazione materna di Maria non offusca l'unica e perfetta mediazione di Cristo. Su questo punto alcuni anno mosso obbiezioni con le parole di S. Paolo: «Uno solo, infatti, è Dio e uno solo il mediatore fra Dio e gli uomini, l'uomo Cristo Gesù, che ha dato se stesso in riscatto per tutti.» (1 Tm 2,5-6). Questo brano della Scrittura non elimina la partecipazione di altri al ruolo di Cristo come mediatore. S. Tommaso d'Aquino lo spiegò molti secoli fa, e prima del sorgere del protestantesimo:

---

[55] *Ibid.*, 58.
[56] Vedi cap. 7, pp. 241-272 sopra.
[57] Vedi CONFERENZA DEI VESCOVI AMERICANI, *Behold Your Mother* (1973), 69.

«Perciò solo Cristo è il mediatore perfetto fra Dio e gli uomini, in quanto con la sua morte ha riconciliato con Dio il genere umano... Nulla proibisce però che altri possano essere detti mediatori fra Dio e gli uomini sotto un certo aspetto, in quanto cioè cooperano a tale unione in modo dispositivo o ministeriale.»[58] Questa formulazione rende possibile che altri possano essere chiamati mediatori attraverso la cooperazione con la missione perfetta di Gesù Cristo. La mediazione di Maria inizia e si basa sulla verità fondamentale della sua divina maternità, poiché tramite lei Cristo è venuto nel mondo. Cristo, infatti, è l'unico Mediatore *assoluto*; Maria SSntissima, invece, è la Mediatrice tutta *relativa* a Cristo, ossia è tale solo per beneplacito divino. Cristo, sorgente di grazia e verità, venne in questo mondo attraverso Maria e poi anche tramite lei redense l'umanità decaduta: «Il primo momento della sottomissione all'unica mediazione «fra Dio e gli uomini» – quella di Gesù Cristo – è l'accettazione della maternità da parte della Vergine di Nazaret... La maternità di Maria, pervasa fino in fondo dall'atteggiamento sponsale di «serva del Signore», costituisce la prima e fondamentale dimensione di quella mediazione che la Chiesa confessa e proclama nei suoi riguardi, e continuamente raccomanda all'amore dei fedeli.»[59]

La mediazione di Maria continuò per tutta la vita di discepolato e cooperazione con suo Figlio sino all'atto corredentivo del Calvario. Quindi ella è la Mediatrice della vittoria conseguita dal Calvario. Il ruolo di Maria come Mediatrice fu implicito nella prima comprensione patristica di Maria quale Nuova Eva. Uno dei primi esempi è quello di S. Ireneo, il quale fece notare che proprio come

---

[58] S. TOMMASO D'AQUINO, *Summa Theologiae*, III, q. 26, a. 1.
[59] Papa GIOVANNI PAOLO II, *Redemptoris Mater*, 39.

Eva disobbedì a Dio, Maria fu portata ad obbedirgli: «Come a causa di una vergine disobbediente, l'uomo fu trafitto, cadde e morì, così a causa ancora di una Vergine obbediente alla Parola di Dio, fu risuscitato e riprese la vita.»[60] S. Girolamo affermò che «la morte venne da Eva, la vita attraverso Maria.»[61] Il primo ad aver impiegato il titolo di Mediatrice esplicitamente sembra sia stato S. Efrem (+ 373), il quale così si rivolse alla Beata Vergine: «Dopo il Mediatore, tu sei la Mediatrice di tutti il mondo.»[62] Al Concilio di Efeso (431 d.C.), in una delle più belle omelie mariane della cristianità orientale, S. Cirillo di Alessandria manifestò una profonda comprensione del ruolo di Maria come Mediatrice per mezzo della quale vengono effettuate le opere di salvezza:

> Per mezzo tuo ... la creatura caduta viene riportata in paradiso, tutte le creature prigioniere dell'idolatria giungono alla conoscenza della verità. Per mezzo tuo viene amministrato ai credenti il santo battesimo e l'olio di esultanza; per mezzo tuo le chiese sono fondate nel mondo intero; i popoli sono condotti alla conversione... Per mezzo tuo i profeti vaticinarono e gli apostoli predicarono alle genti la salvezza; per mezzo tuo i morti risuscitano, i sovrani regnano, per te regna la santa Trinità.[63]

Un altro Padre del Concilio di Efeso, Antipatro di Bostra, si rivolse a Maria col titolo di Mediatrice che intercede per la famiglia umana: «Ave a te, che gioiosamente intercedi come Mediatrice per l'umanità.»[64] Dallo stesso secolo

---

[60] S. IRENEO, *Adversus haereses*, libro 3, cap. 22 in *PG* 7, 958.
[61] S. GIROLAMO, *Epistola 22*, 21 in *PL* 22, 408.
[62] S. EFREM, *Oratio ad Deiparam* in *EM* 341.
[63] S. CIRILLO DI ALESSANDRIA, *Homilia IV in Deiparam* in *PG* 77, 992-996.

giunge la testimonianza di Severiano di Gabala (+ 408), il quale scrisse dell'intercessione mediatrice di Maria: «Abbiamo anche Maria, la Santa Vergine e Madre di Dio, che intercede per noi. Se infatti una qualsiasi donna ordinaria ha riportato vittoria, quanto più la Madre di Cristo confonde i nemici della verità.»[65] Un altro contemporaneo, Basilio di Seleucia (+ 459), si fece avanti con una simile espressione, ancora più esplicita: «Ave piena di grazia, che medi fra Dio e l'uomo perché il muro divisorio d'inimicizia venga abbattuto e le realtà terrestri vengano unificate con quelle del cielo.»[66] Basilio giunge così al punto di suggerire un certo parallelismo fra la mediazione della Beata Vergine e quella di Cristo. Il testo di Basilio richiama alla mente il brano della Lettera agli Efesini (Ef 2,14-18), dove S. Paolo parla di Cristo che abbatte il muro e ci da accesso in un solo Spirito al Padre, e il testo dei Colossesi (Col 1,20), ove egli afferma che il Padre riconciliò tutte le cose a sé stesso attraverso Cristo.

Nell'ottavo secolo il termine Mediatrice fu attribuito chiaramente alla Beata Vergine, nelle opere di S. Andrea di Creta (+ 720): «Ave Mediatrice (*mesitis*) della legge e della grazia, sigillo dell'Antica e della Nuova Alleanza.»[67] S. Germano di Costantinopoli si rivolse a Maria in questo modo: «Nessuno riceve la salvezza se non tramite Maria, a nessuno viene donata una grazia se non tramite di lei.»[68] S.

---

[64] ANTIPATRO DI BOSTRA, *In S. Joannem Baptistam*, 9 in *PG* 85, 1771.

[65] SEVERIANO, *Homilia de Legislatore* in *PG* 56, 409. L'espressione greca per «intercedere» è *mesiteuousan*, che significa la mediazione.

[66] BASILIO DI SELEUCIA, *Oratio 39* in *PG* 85, 444. L'espressione greca per «medi» è *mesiteuousa*.

[67] S. ANDREA DI CRETA, *In Nativitate Mariae Oratio 4* in *PG* 97, 866.

[68] S. GERMANO DI COSTANTINOPOLI, *Homilia in Sanctae Mariae*

Giovanni Damasceno (+ 794) fu molto eloquente nel descrivere il potere di mediazione di Maria: «Ella ci aprì l'indicibile abisso dell'amore di Dio per noi. Per mezzo di lei l'antica inimicizia con il Creatore viene distrutta. Per mezzo di lei viene rafforzata la nostra riconciliazione con lui, ci vengono date pace e grazia, gli uomini diventano compagni degli angeli, e noi, che eravamo disonorati, siamo resi figli di Dio. Da lei abbiamo colto il frutto della vita. Da lei abbiamo ricevuto il seme di immortalità. Ella è il canale di ogni bontà.»[69] L'inno *Akáthistos* loda Maria come «scale celeste, per cui discese Dio», come «ponte che porti noi dalla terra al cielo» e come riconciliazione del mondo intero.[70]

Durante il periodo della Scolastica, la comprensione della mediazione di Maria crebbe e si sviluppò fruttuosamente. Uno dei primi ad esprimere tale realtà fu S. Pier Damiani, il quale offrì il principio della mediazione di Maria come azione mediatrice che inizia con Cristo, e dovrebbe essere imitata dall'umanità: «Poiché il Figlio di Dio decise di discendere a noi per mezzo tuo (Maria), così anche noi dobbiamo venire a lui per mezzo tuo.»[71] Da ciò segue che la misericordia di Dio è nelle mani di Maria.[72] S.

---

  zonam in *PG* 98, 280.

[69] S. Giovanni Damasceno, *Homilia II in Dormitione B. V. Mariae*, in *PG* 96, 743-744. Al n. 17, egli pone queste parole sulle labbra di Maria: «Ora gli angeli mi circondano, la divina grazia abbonda in me. Io sono il medico del malato. Io sono fonte perpetua di salute, e il terrore dei demoni. Io sono una città di rifugio per i fuggitivi. Avvicinati con fede e riceverai un mare di grazie.» Vedi *PG* 96, 745-746.

[70] Inno Acátisto, stanze 3 e 1.

[71] S. Pier Damiani, *Sermo 46* in *PL* 144, 761.

[72] Vedi S. Pier Damiani, *Sermo 44 in Nativitatem Beatae Mariae Virginis* in *PL* 144, 740.

Anselmo (+ 1109), nelle sue ben note preghiere espresse la sua convinzione circa la Sua cura materna per il genere umano e nel Suo potere quale Madre di Dio, sottolineando la sua mediazione come infallibile e onnipotente intercessione:

> Come ognuno, o Beatissima, da te rifiutato e da te disprezzato deve perire, così è impossibile che chiunque ricorra a te e sia da te diletto debba essere smarrito... Se tu, o Signora, sei Sua Madre, non saranno anche gli altri figli Suoi fratelli?... Perciò con quale sicurezza noi dovremmo sperare e con quale consolazione potremmo noi temere coloro la cui salvezza o dannazione dipende dalla decisione del nostro buon Fratello e dalla nostra Madre amabile... Lascia che la nostra buona Madre preghi ed implori per noi, lascia che chieda ed ottenga quanto è per il nostro bene.[73]

Pietro Abelardo (+1142), non noto per pio sentimentalismo ed eccessi devozionali, fu molto chiaro nell'ascrivere a Maria la mediazione: «Ella è la nostra Mediatrice con suo Figlio, come il Figlio stesso (il nostro) Mediatore presso il Padre. Il Figlio non potrebbe fare altro che ascoltare Sua Madre che chiede per noi. Né egli, che raccomanda con tanta cura l'onore dei genitori, potrebbe offenderla con qualche rifiuto.»[74]

S. Bernardo (+1153) che si oppose fortemente ad Abelardo su altri punti, sviluppò anche più chiaramente la dottrina della mediazione di Maria. Alcune delle sue espressioni divennero punti classici di questa verità: «È stato la volontà di Dio che nulla avrebbe dovuto essere

---

[73] S. ANSELMO, *Oratio 7 ad Sanctam Mariam*; cf. *Oratio* 5 e 6.
[74] PIETRO ABELARDO, *Sermo 26 in Assumptione Beatae Mariae* in PL 178, 544.

dato a noi se non fosse prima passato per le mani di Maria.»[75] Questo insegnamento è ulteriormente confermato e definito in passaggi come il seguente: «Questa è la volontà di Colui che vuole che noi ricevessimo tutto attraverso Maria... Dio ha posto nelle mani di Maria la pienezza di ogni bene, di maniera che se resta ancora in noi un pizzico di speranza, di grazia e di salvezza, sappiamo che trabocca in noi da colei, che s'innalza ricolma di delizie.»[76] Bernardo adoperò spesso l'immagine dell'acquedotto (vedi Si 24,28) per illustrare il ruolo di Maria: «Arriva attraverso un acquedotto, non manifestando tutta l'abbondanza della sorgente, ma facendo scendere sui nostri cuori assetati come un gocciolìo di grazie, a chi più a chi meno. L'acquedotto, sì, è pieno, affinché tutti gli altri possano attingere alla sua pienezza, ma non l'avranno mai tutta intera.»[77] Bernardo naturalmente adottò esplicitamente anche l'espressione Mediatrice: «Nostra Signora, nostra Mediatrice e nostra avvocata, riconciliaci con tuo Figlio, raccomandaci a tuo Figlio, rappresentaci presso tuo Figlio.»[78]

L'aspetto pneumatologico della mediazione di Maria fu delucidato da Teofane di Nicea († 1381) che riconobbe la sublime unione dello Spirito Santo e della Madre di Gesù nella distribuzione delle grazie della redenzione: «Ella riceve totalmente la grazia nascosta dello Spirito Santo, la distribuisce abbondantemente e ne rende altri partecipi, così manifestandola... La Madre [Maria]... è la dispensa-

---

[75] S. BERNARDO, *In Vigilia Nativitatis Domini Sermo 3* in *PL* 183, 100.
[76] IDEM., *In Nativitate Beatae Mariae Virginis Sermo* in *PL* 183, 441.
[77] IDEM, *Sermo De Aquaeductu* in *PL* 183, 440.
[78] IDEM, *De Adventu Domini Sermo 2* in *PL* 183, 43.

trice e distributrice di tutti i meravigliosi doni increati dello Spirito divino, che ci rende fratelli di Cristo e coeredi, non solo perché concede i doni del suo Figlio naturale ai suoi fratelli nella grazia, ma perché ella li elargisce loro come suoi veri figli, benché non per vincoli di natura ma di grazia.»[79]

S. Bernardino da Siena (+ 1444) riassunse la dottrina dei Padri segnò un punto decisivo nella spiegazione della mediazione universale della Beata Vergine. Egli propose un triplice processo nella distribuzione di grazie: Da Dio fluiscono Cristo, da Cristo a sua Madre Maria e da lei alla Chiesa. Ella ha ricevuto una certa giurisdizione su tutte le grazie. In tal modo S. Bernardino giunse alla celebre espressione: «Dio ha voluto che non avessimo niente che non passasse per le mani di Maria.»[80] Bernardino da Siena adopera per Maria la metafora del collo che lega il corpo con il capo: «È il collo del nostro capo tramite cui vengono comunicate al suo corpo mistico tutte le grazie spirituali.»[81] Francesco Suárez (+ 1619), che fu il primo a creare una mariologia scientifica, enumera i vari modi in cui la Beata Vergine coopera alla salvezza. Come ella cooperò con i suoi meriti sulla terra, così ora ella coopera con la sua più efficace intercessione in cielo. Egli fece notare che la Beata Vergine Maria dovrebbe essere invocata prima di tutti i santi, anche perché la sua preghiera è più universale. Poiché qualsiasi cosa gli altri santi ottengono con le loro preghiere, lo ottengono in qualche modo attraverso la Beata Vergine, dal momento che, come disse S. Bernardo,

---

[79] THEOPHANES DI NICAEA, *Sermo in SS Deiparam*, ed. M. Jugie, in *Lateranum* (Nova Series, Roma) 15 (1935), p. 205.

[80] S. BERNARDINO DA SIENA, *Sermo 5 de Nativitate Beatae Mariae Virginis*, cap. 8.

[81] IDEM, *Quadragesimale de Evangelio aeterno*, X,3,3.

ella è la mediatrice con il Mediatore, come il collo per il quale la vita passa dalla testa al corpo.[82]

S. Luigi Maria Grignon de Montfort (+ 1716) nella sua opera classica, *Trattato della vera devozione a Maria*, diede un contributo rilevante alla comprensione del ruolo della Beata Vergine in tale contesto: «Dio Figlio comunicò a sua Madre tutto ciò che acquistò con la sua vita e la sua morte, i suoi meriti infiniti e le sue virtù ammirabili. L'ha costituita tesoriera di quanto il Padre gli ha dato in eredità. Per mezzo di lei Egli applica i suoi meriti ai suoi membri, comunica le sue virtù e distribuisce le sue grazie. Così, Maria è il suo canale misterioso, l'acquedotto per cui fa passare con soavità e abbondanza le sue misericordie.»[83] S. Alfonso de Liguori (+ 1787), Dottore Mariano della Chiesa, riassume succintamente il carattere universale della distribuzione delle grazie attraverso Maria: «Dio, dopo averci donato Gesù Cristo, vuole che tutte le grazie, che d'indi in poi si sono mai dispensate, si dispensano e si dispenseranno agli uomini sino alla fine del mondo per i meriti di Gesù, tutte si dispensino per mano e per intercessione di Maria.»[84]

Più di recente, molti autori hanno affermato che Maria è Mediatrice universale, e fra costoro Scheeben: «Non soltanto l'intero ruolo di Maria quale Mediatrice, ma anche le sue funzioni precedenti mediatrici sono concepite interamente per una mediazione universale di grazia, e condizionano la comunicazione di ogni grazia senza

---

[82] Vedi F. SUÁREZ, *De Mysteriis Vitae Christi* in *Opera Omnia* (Paris: 1877), vol. 19, d. 23, a. 4, s. 3, n. 5. Cfr. S. BERNARDO DI CHIARAVALLE, *Sermo De Aquaeductu*, 4.

[83] S. LUIGI GRIGNON DE MONFORT, *Trattato della vera devozione a Maria*, n. 24.

[84] S. ALFONSO DE LIGUORI, *Le Glorie di Maria*, p. 136.

eccezione. Tutte le funzioni di Maria come Mediatrice formano reciprocamente un tutto organico, in cui le posteriori dipendono dalle anteriori e fanno avvertire il loro influsso.»[85] Scheeben ancora tale mediazione ad una prospettiva pneumatologica: «Il segno distintivo della sua persona come sposa di Cristo è concepito totalmente nella sua capacità di portatrice e tempio dello Spirito Santo. Allo stesso modo, il fondamento di questo potere speciale e dignità della sua attività deve essere rintracciato in questa capacità della sua persona... Maria è l'organo dello Spirito Santo, che opera in lei allo stesso modo in cui l'umanità di Cristo è strumento del Logos.»[86] L'attività santificante della Mediatrice giustamente deve essere rintracciata nella sua missione quale strumento dello Spirito Santo in quell'unica e unificata missione di santificazione ricevuta dal Padre. Tale comprensione e modello di Maria quale strumento umano dello Spirito Santo nella distribuzione delle grazie, paragonabile all'umanità di Cristo quale strumento umano del Verbo, è un'importante conquista nella comprensione della misteriosa distribuzione delle grazie per opera dello Spirito e della Mediatrice.

Il Magistero Pontificio nell'ultimo secolo ha confermato con autorità la ricca comprensione del ruolo della Madre di Dio come Mediatrice universale di tutte le grazie della Redenzione. Nel 1883, Papa Leone XIII dichiarò: «Per ottenere questo, nulla stimiamo più valido ed efficace che di renderci degni, con devozione e pietà, del favore della Gran Madre di Dio Maria Vergine, la quale, come mediatrice [*sequestra*] della nostra pace presso Dio e dispensatrice [*administra*] delle grazie celesti, è collocata in

---

[85] M. J. SCHEEBEN, *Mariology*, trad. da T. GEUKERS, (St. Louis:Herder, 1946), vol. II, p. 265.
[86] *Ibid.*, p. 185.

cielo nel più eccelso trono di potere e di gloria.»[87] Più tardi, nel 1891, egli chiarì ciò ulteriormente indicando che dell'immenso tesoro di ogni grazia che il Signore ci ha procacciato, poiché la grazia e la verità provengono da Cristo (cfr Gv 1,17), nulla ci viene dato direttamente se non attraverso Maria, per volere di Dio. Dato che nessuno può andare al Sommo Padre se non per mezzo del Figlio, così, di regola, nessuno può avvicinarsi a Cristo se non attraverso la Madre.[88] Il Papa illustrò anche la relazione fra il ruolo di Maria nella redenzione e quello nella distribuzione dei suoi frutti: «Dopo essere stata la cooperatrice [*administra*] dell'umana redenzione, divenne anche, per il potere quasi illimitato che le fu conferito, la dispensatrice [*administra*] della grazia che in ogni tempo da questa redenzione scaturisce.»[89]

Come Leone XIII, anche S. Pio X insegna la distribuzione di tutte le grazie; lo fa nell'enciclica *Ad diem illum*, pubblicata al cinquantesimo anniversario della definizione del dogma dell'Immacolata Concezione:

> Quando venne per Gesù l'ultima ora sua Madre stava presso la croce ... La conseguenza di questa comunione di sentimenti e di sofferenze fra Maria e Gesù è che divenne legittimamente degna di riparare l'umana rovina e perciò di dispensare di tutti i tesori che Gesù procurò a noi con la sua morte e il suo sangue. Certo, solo il Cristo ha il diritto proprio e particolare di dispensare quei tesori che

---

[87] Papa LEONE XIII, Enciclica *Supremi Apostolatus officio* (1883) in *ASS* 16 (1883), p. 1113.

[88] Papa LEONE XIII, Lettera Enciclica *Octobri mense adventante* (1891) in *ASS* 24 (1891), p. 196.

[89] Papa LEONE XIII, Lettera Enciclica *Adiutricem populi* (1895) in *ASS* 28 (1895) p. 130. Vedi anche Papa S. PIO X, Enciclica *Ad diem illum*, (1904) in *ASS* 36,(1904), pp. 453-454.

sono il frutto esclusivo della sua morte, essendo egli per sua natura il mediatore fra Dio e gli uomini. Maria è presso il suo unico Figlio la potentissima mediatrice e conciliatrice del mondo intero, quasi l'«acquedotto» (Bernardo) che dispensa i doni della salvezza o il «collo» che lega il corpo mistico di Cristo al «capo» (Bernardino da Siena), comunicando tutti i doni spirituali. Maria comunica *de congruo* (per convenienza) quello che Cristo ci ha procurato *de condigno* (per diritto).

Papa Benedetto XV concesse a tutti i vescovi che ne fecero richiesta, il permesso di celebrare l'Uffico Liturgico e la Santa Messa di Maria, Mediatrice di tutte le Grazie.[90]

Papa Pio XII affermò la stessa dinamica della mediazione mariana: «Essendo stata associata, quale Madre e Ministra, al Re dei martiri nell'opera ineffabile della redenzione umana, ella rimane sempre con Lui associata, con un potere quasi incommensurabile, nella distribuzione delle grazie che scorrano dall'atto della Redenzione.»[91] Papa Pio XII mostrò come questa mediazione si inserisce in tutta l'economia salvifica di Dio: «Quando la piccola fanciulla di Nazaret pronunciò il suo Fiat in seguito al messaggio dell'Angelo ed il Verbo si fece carne nel suo seno, Ella divenne non solo la Madre di Dio nell'ordine fisico della natura, ma anche nell'ordine soprannaturale della grazia; Ella diventò anche la Madre di

---

[90] SACRA CONGREGAZIONE DEI RITI, *Rescritto* (12 gennaio 1921). Basato sulla Messa ed Ufficio della Beata Vergine, Mediatrice di tutte le Grazie del 1921, la Congregazione per il Culto Divino approvò una Messa della Beata Vergine Maria, Madre e Mediatrice di Grazia nel 1971. Vedi *Messe della Beata Vergine Maria* (Città del Vaticano: Libreria Editrice Vaticana, 1989).

[91] Papa PIO XII, Radiomessaggio a Fatima, *Bendito seia* (13 maggio 1946) in *AAS* 38 (1946) p. 266.

tutti coloro che per mezzo dello Spirito Santo sarebbero diventati una cosa sola, sotto la guida del suo divin Figlio. La Madre del Capo sarebbe diventata la madre delle membra. La Madre della vite sarebbe stata la madre dei tralci.»[92] Anche il Papa Giovanni XXIII espresse la fede della Chiesa nella mediazione universale di Maria: «I fedeli non possono far nulla di più fruttuoso e salutare che guadagnare per loro stessi la potentissima protezione della Vergine Immacolata, cosicché con questa dolce Madre, possano essere aperti loro tutti i tesori della redenzione divina, e così da poter avere la vita, ed averla in abbondanza. Non desiderò il Signore che noi avessimo tutto attraverso Maria?»[93]

Il Concilio Vaticano II illustrò come Maria è nostra Madre nell'ordine della grazia e questa maternità nell'economia della grazia perdura senza interruzione, dal momento del consenso fedelmente prestato nell'Annunciazione e mantenuto senza esitazioni sotto la croce, fino al perpetuo coronamento di tutti gli eletti. Maria continua a ottenerci i doni che ci assicurano la nostra salvezza eterna. Con la sua materna carità si prende cura dei fratelli del Figlio suo ancora peregrinanti e posti in mezzo a pericoli e affanni, fino a che non siano condotti nella patria beata. «Per questo la beata Vergine è invocata nella Chiesa con i titoli di avvocata, ausiliatrice, soccorritrice, mediatrice. Ciò però va inteso in modo che nulla sia detratto o aggiunto alla dignità e alla efficacia di Cristo, unico mediatore.»[94] Il

---

[92] Papa PIO XII, *Message to the Marian Congress of Ottawa* (19 giugno 1947) in AAS 39 (1947), p. 271.

[93] Papa GIOVANNI XXIII, *Lettera al Cardinale Agaganian*, Legato al Congresso Mariano di Saigon (31 gennaio 1959) in *AAS* 51 (1959), p. 88.

[94] VATICANO II, *Lumen Gentium*, 62.

Vaticano II aggiunse che la funzione di Maria quale Madre degli uomini non oscura o diminuisce in nessun modo l'unica mediazione di Cristo, ma piuttosto mostra il suo potere. Pertanto, lungi pertanto dall'essere un ostacolo all'esercizio dell'unica mediazione di Cristo, Maria ne mette piuttosto in evidenza la fecondità e l'efficacia. «Ogni salutare influsso della beata Vergine verso gli uomini non nasce da una necessità oggettiva, ma da una disposizione puramente gratuita di Dio, e sgorga dalla sovrabbondanza dei meriti di Cristo; pertanto si fonda sulla mediazione di questi, da essa assolutamente dipende ed attinge tutta la sua efficacia.»[95]

Paolo VI ha anche fornito una precisazione magisteriale sulla mediazione di Maria:

> Dopo di aver partecipato al sacrificio redentivo del Figlio, ed in modo così intimo da meritare di essere da lui proclamata madre non solo del discepolo Giovanni, ma - sia consentito l'affermarlo - del genere umano da lui in qualche modo rappresentato, Ella continua adesso dal cielo a compiere la sua funzione materna di cooperatrice alla nascita e allo sviluppo della vita divina nelle singole anime degli uomini redenti. È questa una consolantissima verità, che per libero beneplacito del sapientissimo Iddio fa parte integrante del mistero dell'umana salvezza; essa, perciò, dev'essere ritenuta per fede da tutti i cristiani.[96]

Il Papa Giovanni Paolo II ha affermato molte volte la mediazione universale di Maria e ha spiegato cosa implica in precisi termini teologici: «Si ha dunque una mediazione:

---

[95] *Ibid.*, 60.
[96] Papa PAOLO VI, Esortazione Apostolica *Signum magnum* (1967), 6.

Maria si pone tra suo Figlio e gli uomini nella realtà delle loro privazioni, indigenze e sofferenze. Si pone «in mezzo», cioè fa da mediatrice non come un'estranea, ma nella sua posizione di madre, consapevole che come tale può – anzi «ha il diritto» – di far presente al Figlio i bisogni degli uomini. La sua mediazione, dunque, ha un carattere di intercessione: Maria «intercede» per gli uomini.»[97] Il Papa Giovanni Paolo II ha adoperato l'espressione Mediatrice di grazie: «Cristo è il sole divino, che illumina ogni uomo che viene in questo mondo. A Maria la Chiesa ha applicato le parole del libro dell'Apocalisse, dove si parla della donna «vestita di sole». Illuminata dalla pienezza della luce del Cristo, Maria, mediatrice di grazie, lo riflette per donarlo a tutti i figli che sono ancora impegnati nella fatica e nei rischi del pellegrinaggio terreno.»[98]

Per concludere, si può dire che la mediazione di Maria ha il suo fondamento scritturale a Cana e sul Calvario, i quali rivelano non solo il potere d'intercessione di Maria con suo Figlio ma la completa conformità di intenti e voleri. Comunque, per Cristo come per Maria, il Calvario non fu il termine, ma l'inizio. Esso segna l'inizio di un nuovo ruolo già delineato dal ruolo da ella avuto nella Chiesa nascente. Il nucleo della questione può formularsi in tali termini: Maria fu associata in modo unico a suo Figlio nella prima fase della redenzione che culmina nel sacrificio del Calvario. Ora i doni di Dio, sono dati e non ritirati. Come Maria cooperò all'acquisizione delle grazie, così ella coopera alla distribuzione di queste grazie. Ella è,

---

[97] Papa GIOVANNI PAOLO II, *Redemptoris Mater*, 21.

[98] Papa GIOVANNI PAOLO II, *Discorso ad un gruppo di dirigenti e impiegati dell'IRI e della società autostrade e alla popolazione di Orte* (17 settembre 1989), 3.

infatti, la Mediatrice universale delle grazie. Ella meritò equamente (*de congruo*) quanto Cristo meritò per stretta giustizia (*de condigno*). Il merito implica un certo diritto a quanto si è meritato. Come, pertanto, Cristo in virtù del suo merito di condignità ha un diritto assoluto alla distribuzione delle grazie della redenzione, così Maria ha un titolo di equità alla distribuzione di quelle grazie che, con Lui e sotto di Lui, ella acquista.[99]

Per quanto riguarda il valore dogmatico della dottrina della mediazione universale delle grazie da parte della Beata Vergine, il Magistero, soprattutto negli ultimi cento anni, l'ha insegnata senza interruzione in documenti autentici e pubblici indirizzati a tutta la Chiesa. La maggioranza dei teologi dice che la dottrina è almeno da ritenersi. La dottrina della mediazione di tutte le grazie da parte della Beata Vergine è contenuta implicitamente nel deposito della Rivelazione, nel senso che tale attività di Maria è il prolungamento ed esito della sua cooperazione con Cristo sulla terra, e della sua maternità spirituale a favore degli uomini. È in armonia con tutta la Scrittura e la Tradizione. Per tali ragioni sembra legittimo sostenere che questa dottrina è stata formalmente ed implicitamente rivelata e, di conseguenza, che questa dottrina possa ad un certo punto essere definita dal Magistero infallibile quale dogma di fede cattolica.[100]

---

[99] Per un ulteriore sviluppo circa il merito *de condigno* e *de congruo*, vedi capitolo 7, p. 260-261.

[100] Vedi M. O'GRADY, «Mary's Mediation of Graces» in K. MCNAMARA, *Mother of the Redeemer* (Dublin: Gill, 1959), pp. 181-183. Le richieste per una definizione dogmatica della mediazione universale di Maria, sono partite dalla Chiesa in Belgio guidata dal suo primate, il Cardinale Désiré Mercier. Queste petizioni ebbero giunto ad un alto livello con l'approvazione pontificia della Messa in onore di Maria

Maria è anche Mediatrice per gli angeli, come ha spesso fatto notare la teologia orientale. Maria, essendo la più vicina a Dio, è la sola degna di ricevere tutte le grazie dello Spirito Santo. Anche S. Gregorio Palamas fece notare l'importanza della Theotokos dopo il suo transito da questo mondo. Ella sta alla destra del Padre insieme con Cristo. La partecipazione di Maria alla storia della salvezza non terminò col mistero dell'Incarnazione, ma continua sino al compimento finale dell'economia di Dio.[101] S. Gregorio Palamas considerò non solo il significato del ruolo di Maria durante la sua vita terrena, ma anche dopo la dormizione. Dimorando accanto a Dio, la Theotokos intercede per coloro che rimangono sulla terra:

> Mediatrice di tutte le grazie (1921) per il Belgio e per tutte le altre chiese particolari e comunità che desideravano questo formulario liturgico. Le iniziative del Cardinale Mercier per la definizione del dogma della mediazione universale di Maria furono frenate dopo la sua scomparsa nel 1926. Tra le tre commissioni pontificie, istituite da Pio XI dal 1922 fino al 1924, due diedero un parere positivo: la Commissione belga (1923) e quella spagnola (1925). Non sono pubblicati invece gli esiti della Commissione romana (1925), benché è stata riscoperta una delle quattro perizie, quella di Garrigou-Lagrange. Cfr. M. HAUKE, *Maria «mediatrice di tutte le grazie». La mediazione universale di Maria nelle iniziative teologiche e pastorali del cardinale Mercier (1851-1926)* (Lugano: Eupress-FTL, 2005).

[101] «[O Theotokos] non sei solo amica, ma tu che stai alla destra; dove infatti il Cristo siede nei cieli, cioè alla destra della maestà, là sta anch'ella, ascesa oggi dalla terra al cielo; non solo perché desidera ed è desiderata più di tutto, e per le stesse leggi della sua natura, ma perché è veramente suo trono.» S. GREGORIO PALAMAS, *In Sanctissimam dormitionem purissimae Dominae nostrae Deiparae semperque virginis Mariae* (Omelia 37) in *PG* 151, 469-470.

> Tu infatti sei il vaso di tutte le grazie, la pienezza di ogni perfezione, quadro e icona animata di ogni bene e di ogni virtù, perché tu sola sei stata ritenuta degna di ricevere tutti i carismi dello Spirito; o meglio, solo tu hai accolto miracolosamente nel tuo grembo Colui nel quale sono i tesori di tutti i carismi, e, al di là di ogni ragionamento, sei stata la sua tenda partita oggi attraverso la morte verso l'immortalità e trasferita a buon diritto dalla terra al cielo, affinché nelle tende al di sopra del cielo tu sia sua compagna per l'eternità e là da lui ricevi l'eredità e, con la tua insonne intercessione, ottieni per tutti misericordia. Tanto più vicina a Dio è la Vergine di quanti a lui sono prossimi, di tanto maggiori doni è ritenuta degna la Madre di Dio in confronto a tutti e non mi riferisco solo agli uomini, ma anche a tutte le gerarchie celesti. [102]

La mediazione di Maria gode una dimensione speciale alla fine dei tempi, in una prospettiva escatologica. Ciò ha origine nel mistero dell'Assunzione, secondo cui Maria è «unita da un vincolo stretto ed indissolubile» a Cristo, poiché, se quale Vergine e Madre fu unita a Lui in modo singolare alla sua prima venuta, così con la sua continua collaborazione con Lui, ella gli sarà unita anche nell'attesa della seconda. «Redenta in modo eminente in vista dei meriti del Figlio suo»,[103] ella ha anche il ruolo specificamente materno di Mediatrice di grazia in questa venuta finale, quando tutti coloro che appartengono a Cristo «riceveranno la vita,» quando «l'ultimo nemico ad essere annientato sarà la morte» (1 Cor 15,26).[104] Anche in

---

[102] S. GREGORIO PALAMAS, *In Sanctissimam dormitionem purissimae Dominae nostrae Deiparae semperque virginis Mariae* (Omelia 37) in *PG* 151, 469-470.

[103] VATICANO II, *Lumen Gentium*, 53.

questa fase la materna mediazione di Maria non cessa di essere subordinata a Lui che è l'unico Mediatore, sino al compimento finale della «pienezza dei tempi», che significa, sino alla «ricapitolazione in Cristo di tutte le cose» (cfr. Ef 1,10).

Si potrebbe anche considerare l'immagine della donna nel libro della Rivelazione, che è simbolico, ma in modo polivalente, riferendosi sia alla realtà mariologica che ecclesiologica.[105] L'interpretazione mariana non si oppone al significato ecclesiale del testo, dal momento che Maria è una «immagine della Chiesa.»[106] Contro Maria e la Chiesa si erge il drago che evoca Satana e il male, come è già indicato dalla simbologia dell'Antico Testamento; il rosso è segno di guerra, di strage, di sangue versato; le sette teste coronate indicano un potere immenso, mentre le dieci corna rievocano la forza impressionante della bestia descritta dal profeta Daniele (cfr. Dn 7,7), anch'essa immagine del potere prevaricatore che imperversa nella storia.[107] Bene e male si fronteggiano. Maria, suo Figlio e la Chiesa rappresentano l'apparente debolezza e piccolezza dell'amore, della verità, della giustizia. Contro di loro si scatena la mostruosa energia devastatrice della violenza, della menzogna, dell'ingiustizia. In questo rifugio la donna rimane, però, come sottolinea l'Apocalisse (cfr. Ap 12,6.14),

---

[104] Vedi Papa GIOVANNI PAOLO II, *Redemptoris Mater*, 41. Su questo particolare aspetto della mediazione di Maria implorando la clemenza presso il Figlio Giudice, vedi S. BERNARDO, *In Dominica infra octava Assumptionis Sermo*, 1-2: *S. Bernardi Opera*, V, 1968, 262f; Papa LEONE XIII, Lettera Enciclica *Octobri Mense* (22 settembre 1891).

[105] Vedi capitolo 3, pp. 83-84 sopra.

[106] VATICANO II, *Lumen Gentium*, 63.

[107] Vedi GIOVANNI PAOLO II, *Discorso all'Udienza Generale* (14 marzo 2001), 1.

solo per un periodo limitato. Il tempo dell'angustia, della persecuzione, della prova non è, dunque, indefinito: alla fine verrà la liberazione e sarà l'ora della gloria: «Maria, accanto al suo Figlio, è l'icona più perfetta della libertà e della liberazione dell'umanità e del cosmo. È a lei che la Chiesa, di cui ella è madre e modello, deve guardare per comprendere il senso della propria missione nella sua pienezza.»[108] Maria è così icona della Chiesa pellegrina nel deserto della storia, ma protesa alla meta gloriosa della Gerusalemme celeste dove risplenderà come Sposa dell'Agnello, Cristo Signore. Come la celebra la Chiesa d'Oriente, la Madre di Dio è l'*Odighitria*, colei che «indica la via», cioè Cristo, unico mediatore per incontrare in pienezza il Padre.

La meta ultima della vicenda umana si avrà quando «Dio sarà tutto in tutti» (cfr. 1 Cor 15,28) e, come annuncia l'Apocalisse, «il mare non ci sarà più» (cfr. Ap 21,1), cioè il segno del caos distruttore e del male sarà finalmente eliminato. La Chiesa si presenterà a Cristo quale «Sposa adorna per il suo Sposo» (Ap 21,2). Sarà quello il momento dell'intimità e dell'amore senza incrinature. Ma già ora, proprio guardando alla Vergine Assunta in cielo, la Chiesa pregusta la gioia che le sarà data in pienezza alla fine dei tempi. Nel pellegrinaggio di fede lungo la storia, Maria accompagna la Chiesa come «modello della comunione ecclesiale nella fede, nella carità e nell'unione con Cristo. Eternamente presente nel mistero di Cristo, Ella è, in mezzo agli Apostoli, nel cuore stesso della Chiesa nascente e della Chiesa di tutti i tempi. Infatti, la Chiesa fu congregata nella parte alta (del cenacolo) con Maria, che

---

[108] CONGREGAZIONE PER LA DOTTRINA DELLA FEDE, *Libertatis conscientia* (1986), 97; vedi anche Papa GIOVANNI PAOLO II, *Redemptoris Mater*, 37.

era la Madre di Gesù, e con i fratelli di lui. Non si può dunque, parlare di Chiesa se non vi è presente Maria, la madre del Signore, con i fratelli di lui.»[109] Maria è l'icona risplendente al centro della Chiesa quale riflesso perfetto di Cristo e segno elevato tra i popoli, come «una città collocata sopra un monte» e «lucerna sopra il lucerniere perché faccia luce a tutti.»[110]

---

[109] CONGREGAZIONE PER LA DOTTRINA DELLA FEDE, *Communionis notio* (1992) 19; vedi anche CROMAZIO DI AQUILEIA, *Sermo* 30, 1 in *SC* 164, p. 134.

[110] Vedi il Papa GIOVANNI PAOLO II, *Discorso all'udienza Generale* (14 marzo 2001), 5; vedi anche Mt 5,14-15. Si veda anche Congregazione per la Dottrina della Fede, *Lettera ai Vescovi della Chiesa Cattolica circa la collaborazione fra uomini e donne nella Chiesa e nel mondo* (31 maggio 2004), 15, ove è proposto che la figura di Maria costituisce il riferimento fondamentale nella Chiesa. Maria «porge alla Chiesa lo specchio in cui essa è invitata a riconoscere la sua identità così come le disposizioni del cuore, gli atteggiamenti ed i gesti che Dio attende da lei.»

Bibliografia

AA.VV., *Mary at the Foot of the Cross: Acts of International Symposium on Marian Coredemption 2001*, vol. 2. Libertyville, IL: Academy of the Immaculate, 2002.

AA.VV., *Maria e L'Eucaristia*. Roma: Centro di Cultura «Madre della Chiesa», 2000.

BEINERT W. (ed.), *Il culto di Maria oggi*. Roma: Edizioni Paoline, 1978.

BLANCY, A., & JOURJON, M., *Mary in the Plan of God and in the Communion of Saints*. New York: Paulist Press, 1999.

BOUYER, L., *The Seat of Wisdom*. New York: Pantheon Books, 1962.

BOYCE, P (ed.), *Mary. The Virgin Mary in the Life and Writings of John Henry Newman*. Leominster/Grand Rapids, MI: Gracewing/Eerdmans, 2001.

CALKINS, A. B., *Totus tuus John Paul II's program of Marian consecration and entrustment*. Libertyville, IL: Academy of the Immaculate, 1992.

CAROL, J. B., *Fundamentals of Mariology*. New York: Benziger Brothers, 1956.

CAROL, J. B., *Mariology*, vol. 1. Milwaukee: The Bruce Publishing Company, 1955.

CAROL, J. B., *Mariology*, vol. 2. Milwaukee: The Bruce Publishing Company, 1955.

DALEY, B. E., *On the Dormition of Mary: Early Patristic Homilies*. Crestwood, New York: St. Vladimir's Seminary Press, 1998.

DE FIORES, S., *Maria nel mistero di Cristo e della Chiesa*. Roma: Centro Mariano Monfortano, 1968.

DE FIORES, S., AND MEO, S., *Nuovo dizionario di Mariologia*. Rome: Paoline, 1985.

DE FIORES, S., *Maria nella teologia contemporanea*. Roma: Centro di Cultura Mariana, 1991.

DE FIORES, S., *Maria madre di Gesù. Sintesi storico- salvifica*. Bologna: EDB, 1992.

DE FREITAS FERREIRA, J., *Conceição Virginal de Jesus*. Roma: Università Gregoriana Editrice, 1980.

DE LA POTTERIE, I., *Maria nel mistero dell'alleanza*, Genova: Marietti, 1992.

DEISS, L., *Mary, daughter of Sion*. Collegeville: The Liturgical Press, 1972.

ESQUERDA BIFET, J. M., *Mariology for a Missionary Church*. Roma: Pontificia Università Urbaniana, 1994.

FOLEY, D. A., *Marian Apparitions, the Bible, and the Modern World*. Leominster: Gracewing, 2002.

FOLEY, R., *Mary and the Eucharist*. Newtonsville, OH: Hope of Saint Monica, 1997.

GALOT, J., *La fede di Maria e la nostra*, Problemi d'oggi vol. 11. Assisi: Cittadella Editrice, 1973.

GAMBERO, L., *Mary and the Fathers of the Church: the Blessed Virgin Mary in Patristic Thought*, translated by T. Buffer. San Francisco: Ignatius Press, 1999.

GAMBERO, L., *Maria nel pensiero dei teologi latini medievali*. Cinisello Balsamo, Milano: San Paolo, 2000.

GEBARA, I., & BINGEMER, M. C., *Mary, Mother of God, Mother of the Poor*. Vol. 7 of *Liberation and Theology*. Tunbridge Wells: Burns and Oates, 1989.

GONZÁLEZ, C. I., *Mariologia. Maria, madre e discepola*. Casale Monferrato (AL): Piemme, 1988.

HAHN, S., *Hail, Holy Queen: The Mother of God in the Word of God*. New York: Doubleday, 2001.

HAUKE, M., *Maria «mediatrice di tutte le grazie». La mediazione universale di Maria nelle iniziative teologiche e pastorali del cardinale Mercier (1851-1926)*. Lugano: Eupress-FTL, 2005.

HAUKE, M., *La donna e la salvezza. Maria e la vocazione femminile*. Lugano: Eupress-FTL, 2006.

HAUKE, M., *Introduzione alla mariologia*. Lugano: Eupress-FTL, 2008.

JAKI, S. L., *Fifteen Mysteries*. Pinckney, MI: Real-View-Books, 2001.

JAKI, S. L., *The Virgin Birth and the Birth of Science*. Front Royal, VA: Christendom Press, 1990.

MCNAMARA, K. (ed), *Mother of the Redeemer. Aspects of Doctrine and Devotion*. Dublin: Gill and Son Ltd., 1959.

LAURENTIN, R., *The Eucharist and Mary*, Marian Library Studies vol. 106. Dayton: University of Dayton, 1964.

LAURENTIN, R., *Les évangiles de l'enfance du Christ*. Paris: DDB, 1982.

LAURENTIN, R., *I Vangeli dell'Infanzia di Cristo*. Cinisello Balsamo: Edizioni Paoline, 1986.

LAURENTIN, R., *Breve Trattato su la Vergine Maria*. Milano: Edizioni Paoline, 1987.

MACQUARRIE, J., *Mary for All Christians*. London: Collins, 1990.

MANELLI S., *Mariologia Biblica*. Frigento: Casa Mariana Editrice, ²2005.

MCHUGH, J., *The Mother of Jesus in the New Testament*. London: Darton, Longman & Todd, 1975.

MCLOUGHLIN, W., AND PINNOCK, J., *Mary is for Everyone*. Leominster: Gracewing, 1997.

MCLOUGHLIN, W., AND PINNOCK, J., *Mary for Earth and Heaven. Essays on Mary and Ecumenism*. Leominster: Gracewing, 2002.

MEWS, C. J., *Listen Daughter*. New York, NY: Palgrave, 2001.

MIGUEL, A., *O segredo que conduz o Papa. A Experiência de Fátima no Pontificado de Joãn Paolo II*. Cascais: Principia, 2000.

MIRAVALLE, M. I., *The dogma and the triumph*. Santa Barbara, CA: Queenship Pub. Co., 1998.

MIRAVALLE, M. I., *Introduction to Mary heart of Marian doctrine and devotion*. Santa Barbara, CA: Queenship Publishing Company, 1993.

MIRAVALLE, M. I., ed., *Mary Co-Redemptrix: Doctrinal Issues Today*. Goleta, CA: Queenship Publishing Company, 2002.

NICOLAS, J. H., *La virginité de Marie*. Fribourg: Editions Universitaires, 1962.

POZO, C., *María en la Escritura y en la fe de la Iglesia*, Biblioteca de autores cristianos vol. 18. Madrid: Biblioteca de Autores Cristianos, 1981².

POZO, C., *María en la obra de la salvación*, Biblioteca de autores cristianos vol. 360. Madrid: La Editorial Católica, 1974.

RAHNER, H., *Maria e la Chiesa*, tradotto da I. Bonalli, Milano: Jaka Book, 1977.

RATZINGER, J., *La figlia di Sion. La devozione a Maria nella Chiesa*. Milano: Jaca Book, 2005.

RAVASI, G., *L'Albero di Maria. Trentuno icone bilbiche mariane*. Cinisello Balsamo: Edizioni Paoline, 1993.

SCHEEBEN, M. J., *Mariology*. St. Louis, MO: Herder, 1946-1947. 2 vols.

SCHEFFCZYK, L., *Die Mariengestalt im Gefüge der Theologie: Mariologische Beiträge*, Mariologische Studien vol. 12. Regensburg: Pustet, 2000.

SCHEFFCZYK, L., *Maria, crocevia della fede cattolica*, tr. M. Hauke. Pregassona (Lugano): Eupress-FTL, 2002.

SEMMELROTH, O., *Mary, Archetype of the Church*, translated by M. von Eroes and J. Devlin. New York: Sheed and Ward, 1963.

SERRA, A., *Maria secondo il Vangelo*. Brescia: Editrice Queriniana, 1987.

SERRA, A., *Maria di Nazaret - Una fede in cammino*. Milano: Edizioni Paoline, 1993.

SHOEMAKER, S. J., *Ancient Traditions of the Virgin Mary's Dormition and Assumption*. Oxford: Oxford University Press, 2003.

SMITH, G. D., *Mary's Part in our Redemption*. London: Burns and Oates, 1954.

SPIAZZI, R., *Maria Santissima nel Magistero della Chiesa. I Documenti dal Pio IX a Giovanni Paolo II*. Milano: Massimo, 1987.

VALENTINI, A., *Il Magnificat. Genere letterario, struttura, esegesi*. Bologna: Dehoniane, 1987.

VANDRY, F., *The Queenship of Mary, Marian Library Series* vol. 107. Dayton: University of Dayton, 1964.

VOLLERT, C. O., *A Theology of Mary*. New York: Herder and Herder, 1965.

Indice dei nomi

Abelardo, Pietro, 343
Abinadab, 38
Abramo, 43, 48, 65, 69, 75, 76, 165, 169, 184, 214, 239, 257
Acaz, 49, 50, 51, 52
Adamo, 2, 19, 24, 34, 37, 92, 93, 95, 100, 102, 104, 111, 133, 143, 164, 185, 195, 224, 242, 249, 251, 253, 255, 265, 266, 267, 278, 279, 282, 285, 292, 299, 304, 311
Adriano, Imperatore, 186
Adriano, S., 291
Adriano I, Papa, 291
Agar, 43, 253
Agatone, Papa S., 190
Agostino, S., 7, 13, 19, 31, 74, 91, 95, 96, 102, 105, 107, 115, 116, 137, 138, 142, 161, 162, 169, 177, 188, 189, 196, 204, 205, 208, 216, 226, 229, 251, 252, 279, 315, 317, 324, 331
Alain de Varènes, 255
Alberto Magno, S., 106, 296
Alessandro di Alessandria, S., 140
Alessandro VII, Papa, 112
Alessandro VIII, Papa, 111
Alessandro, Patriarca di Costantinopoli, 140
Alfaro, J., 241

Alfonso de Liguori, S., 223, 239, 258, 282, 283, 298, 346
Ambrogio, S., 7, 45, 80, 91, 95, 116, 130, 141, 142, 173, 196, 197, 203, 215, 240, 286, 316, 317, 318, 324
Aminadab, 38
Anastasio, segretario di Nestorio, 145
Andrea di Creta, S., 46, 99, 100, 102, 252, 275, 280, 294, 295, 341
Anfilochio di Iconio, 200
Anna, madre di Maria, 18, 100, 102, 107, 129, 177,
Anna, madre di Samuele, 42-43, 76-77
Anselmo, S., 7, 21, 103, 104, 245, 309, 324, 343
Anselmo il Giovane, 104
Antipatro di Bostra, 340, 341
Antonio di Padua, S., 295-296
Apollinare di Laodicea, 143, 144, 145
Aquino, S. Tommaso di, 7, 106, 107, 108, 115, 117, 120, 122, 124, 156-157, 162, 177, 191, 192, 206, 207, 221, 243, 281, 338-339
Ario, 140
Aristide di Atene, 186

Arnaldi, D., 276, 283
Arnaldo di Chartres, 252
Aronne, 129
Atanasio, S., 40, 56, 140, 141, 142, 244, 245

Baio (Baius), M., 111
Balasuriya, T., 156
Balić, K., 254, 282, 283.
Balthasar, H. U. von, 26, 270, 320, 321, 322
Basilio di Seleucia, 91, 341
Basilio Magno, S., 116, 143, 218
Betsabea, 41-42
Bäumer, R., 297-298
Beda il Venerabile, S., 275
Bellarmino, S. Roberto, 256, 257, 298
Benedetto XIV, Papa, 154, 276, 325
Benedetto XV, Papa, 262-263, 349
Benedetto XVI, Papa, 89, 336
Benko, S., 16
Benoit, P., 78
Berengaudo, 313
Bernardino di Siena, S. 289, 328, 345, 349
Bernardo di Chiaravalle, S., 91, 105, 106, 123, 252, 317, 343, 344, 345, 346, 349, 356
Beverini, B., 283
Bingemer, M. C., 3, 305
Bird, T. E., 12
Bonaventura, S., 7, 108, 253, 281, 282, 296, 297

Bonnefoy, J. F., 283
Bonoso, 213, 215, 216
Borromeo, S. Carlo, 269
Botticelli, S., 70
Brigida, S., 254, 270
Brown, R. E., 47, 49, 51, 53, 56, 127, 129
Bullinger, H., 297
Bullough, S., 7
Bultmann, R., 33, 318, 319
Butzer, M., 297

Campenhausen, H. von, 208
Celso, 187
Cerinto, 185
Cirillo di Alessandria, S., 6, 24, 117, 146-148, 155, 340
Cirillo di Gerusalemme, S., 96, 141, 142,
Claudel, P., 70
Clemente di Alessandria, 217
Clemente VIII, Papa, 154
Clemente XI, Papa, 112
Cleofa, 82, 212
Clifford, R. J., 47
Coppens, J., 52
Couturier, G. P., 56
Crisologo, S. Pietro, 91, 171, 204, 205, 216, 332
Crisostomo, S., Giovanni, 116, 117, 189, 200, 201, 219, 274
Crivelli, C., 69
Cromazio di Aquileia, S., 315, 358

Damasceno, S. Giovanni, 13, 91, 100, 149, 150, 151, 202, 219, 220, 275, 276, 279, 280, 295, 308, 333, 342
Damiani, S. Pier, 342
Davide, 24, 34, 38, 41, 46, 50, 51, 52, 53, 55, 65, 70, 73, 97, 181, 238, 306
De Fiores, S., 180
Debora, 42
Dibelius, M., 33
Dickson, C., 17
Didimo, 142
Diodoro di Tarso, 143, 145
Dionisio pseudo-Areopagita, 275
Doroteo, vescovo di Mancianapoli, 145
Dreves, G. M., 255
Duns Scoto, B. Giovanni, 7, 8, 108-110, 122, 253-254, 282

Eadmero, 103-105, 240, 252, 309
Efrem, S., 6, 7, 19, 96, 97, 116, 141, 171, 201, 218, 307, 308, 340
Elia, 273-274, 285, 292, 297
Elisabetta, S., 1, 38, 39, 43, 70, 75, 76, 142, 163, 306, 307, 335
Elcana, 43
Elvidio, 213-215
Emery, A., 320
Emmerich, B. Anna Caterina, 277
Enoch, 273, 285, 292

Epifanio di Salamis, 49, 219, 248, 277, 288, 332
Erickson, J. H., 12
Erode, 53, 66
Ester, 34, 42-43
Eunomio, 218
Eusebio, 276
Eva, 6, 7, 37, 42, 92-94, 97, 98, 104, 184, 198, 224-226, 249, 251, 253, 255, 265-266, 278, 292, 299, 304, 311, 340
Ezechiele, 200-201, 204, 215

Faber, F., 258, 259, 328, 329
Fausto Manichaeo, 138
Filippo IV, Re di Spagna, 112
Filone di Alessandria, 176
Flaviano, 205
Fitzmeyer, J. A., 47, 49, 53, 56, 129
Florovsky, G, 14
Francesco di Mairone, 110
Francesco di Sales, S., 286-287
Fulgenzio di Ruspe, S., 91, 101, 326

Gabriele, arcangelo, 70, 71, 89, 92, 93, 115, 141, 184, 225, 226, 229, 306
Gallus, T., 283
Galot, J., 163, 208, 241
Garrigou-Lagrange, R., 289
Gebara, I., 3, 305
Gedeone, 45
Geremia, 55, 56, 57

Germano di Costantinopoli, 177, 275, 294, 341
Gesenius, F. H. W.,
Gherardini, B., 271, 272
Giacobbe, 43, 70, 130, 214, 306
Giacomo di Sarug, 279
Giacomo Maggiore Apostolo, S., 337
Giacomo Minore Apostolo, S., 63-64, 68, 69, 211-212, 217, 279, 337
Gioacchino, 100, 102, 129, 177
Giorgio di Nicomedia, 240
Giovanni XXIII, B. Papa, 325
Giovanni apostolo, S., 37, 40, 53, 59, 67, 68, 80-86, 136, 180-181, 184, 211, 213, 215, 219, 231, 232, 233, 234, 269, 318, 321, 322-323, 331, 337
Giovanni Battista, S., 38-39, 76, 169, 176
Giovanni il Geometra, 250
Giovanni, Patriarca di Antiochia, 146
Giovanni, Patriarca di Costantinopoli, 146
Giovanni Paolo II, Papa, 2, 18, 20, 31, 71, 73, 75, 90, 115, 120, 135, 155, 156, 170, 178, 179, 180, 182, 183, 192, 194, 210, 224, 226, 227, 228, 229, 230, 232, 233, 236, 237, 238, 240, 242, 267, 268, 269, 284, 286, 306, 314, 321, 322, 326, 333, 334, 335, 337, 339, 351, 352, 356, 357, 358

Gioviniano, 203
Girolamo, S., 45, 46, 47, 56, 91, 105, 130, 197, 204, 214-215, 274, 340
Giuda, 63, 68, 217
Giuditta, 42-43, 75-76
Giuseppe (Joses), cugino di Gesù, 68, 211
Giuseppe, S., 23, 52, 64-67, 70, 73, 79, 117, 139, 154, 173, 177, 178, 181, 185, 186, 211-219, 221, 226, 228, 230
Giuseppe, figlio di Giacobbe, 43
Giusepppe di Arimatea, 226
Giustino, S., 6, 7, 49, 92, 183, 184, 214, 224, 251
Gozzelino, G., 305
Green, M., 11
Gregorio XV, Papa, 112
Gregorio di Nyssa, S., 143-144, 173, 177, 198-199, 274
Gregorio di Tours, S., 275, 280-281, 294
Gregorio Nazianzeno, S., 23, 96, 142-144, 308
Gregorio Palamas, S., 13, 354-355
Gregorio Taumaturgo, S., 237
Grignon de Montfort, S. Luigi, 22, 164, 165, 257, 346
Guardini, R., 163
Guglielmo di Ware, 109

Haffner, P., 2, 9, 82, 193
Hänggi, A., 332-333

Hauke, M., 354
Healy, M. J., 139
Heiler, F., 10
Henry, C. E. L., 208
Heriacus, Abba, 332
Hick, J., 11, 159
Homes Dudden, F., 215
Hyland, J., 5

Iefta, 175
Ignazio di Antiochia, S., 136, 180, 184, 197, 214,
Ignazio di Loyola, S., 240
Ilario di Poitiers, S., 142-143, 202, 213
Ildefonso, S., 123
Ippolito, S., 95, 136, 138, 139, 183, 186, 187, 292
Ireneo, S., 6, 7, 49, 93, 94, 136, 137, 138, 171, 180, 184, 185, 186, 197, 198, 214, 224, 225, 251, 266, 323, 339, 340
Irwin, W. H., 49
Isacco, figlio di Abramo, 43, 165, 239, 257,
Isacco di Stella, B., 317
Isaia, 46, 49, 51, 52, 53, 55, 57, 73, 94, 95, 178, 197, 203, 229, 235
Isidoro di Siviglia, S., 123, 278
Ismaele, 43

Jaki, S. L., 114, 159, 208, 327
Jensen, J., 49
Jeremias, A., 49
Jesse, 86

Joses, 68
Jung, C., 16

Kautzsch, E., 48
Knox, R., 34
Kruger, K. H., 127
Kugelman, R., 130
Küng, H., 193, 194

Labano, 43
Laberge, L., 53
Lamy, Th. J., 307
Lanspergio (Giovanni Giusto di Landsberg), 255
Laurentin, R., 38, 39, 41, 46, 64, 126, 163, 209, 255, 271
Le Camus, E.-P., 276
Leahy, B., 26
Lee, C., 291
Leonardo da Vinci, 69
Leone Magno, Papa S., 204, 205, 216, 217
Leone XIII, Papa, 246, 247, 260, 265, 325, 347, 348, 356
Lia, 43
Lorenzo da Brindisi, S., 129
Lossky, V., 12
Lot, 69
Lubac, H. de, 16, 28
Luca Evangelista, S., 7, 36, 37, 40, 69, 71, 72, 75, 77, 79, 80, 86, 89, 91, 92, 116, 118, 142, 174, 179, 180, 182, 196, 199, 200, 203, 212, 235, 286, 307, 317, 318, 323

Lutero, M., 8, 9, 10, 17, 158, 297
Lyonnet, S., 163, 176

Mabillon, J., 290
Macquarrie, J., 241
Maria Maddalena, S., 64, 82, 240
Manelli, S., 39, 55, 85
Mani, 136
Martino I, Papa,190
Mascall, E. L., 16, 17
Massimo di Torino, S., 101
Matteo apostolo, S., 52, 53, 65, 66, 67, 68, 86, 134, 178, 180, 182, 211
Maurizio, Imperatore, 291
May, E., 52
McBrien, R., 182
McGreevy, J. J., 166
McKenzie, J. L., 129
McNamara, K., 166, 353
Melchisedek, 75
Meo, S., 180
Merkelbach, B. H., 172
Merry del Val, Cardinal R., 249
Michea, 34, 46, 53, 54, 55, 57
Michele arcangelo, S., 281
Miravalle, M. I., 42
Mitterer, A., 207-208
Modesto di Gerusalemme, S., 279, 294
Moloch, 50
Mosè, 5, 34, 81, 129, 130
Most, W. G., 125
Murphy, R. E., 47, 49, 53, 56, 129

Natan, 73, 238
Nestorio, 143, 145, 146, 147, 148, 152, 155, 157
Newman, J. H., 37, 128, 129, 159, 160, 258, 273, 300, 301, 302, 326, 327
Nicephorus Callistus, 291
Nilo di Ancira, 201-202
Nissiotis, N., 13
Noel, E. P., 255

Obed-Edom, 38
O'Collins, G., 244
O'Donnell, C., 5
O'Grady, M., 353
Olson, C. E., 274
Origene, 59, 80, 91, 92, 116, 140, 183, 187, 188, 199, 200, 217, 218, 307
Ormisda, Papa, 206
Osea, 43
Ozia, 75

Pannenberg, W., 193
Paolo apostolo, S., 48, 69, 73, 84, 85, 86, 90, 93, 140, 242, 251, 303, 316, 338, 341
Paolo IV, Papa, 153-154, 220
Paolo V, Papa, 112
Paolo VI, Papa, 1, 3, 128, 191, 220, 227, 228, 234, 315, 325, 326, 333, 351,
Pekach, 49
Pelikan, J., 8
Peninna, 43

Pietro apostolo, S., 217, 255, 303, 322, 337
Pio V, Papa S., 111
Pio IX, Papa B., 112-113, 115, 155, 190, 283
Pio X, Papa S., 260-261, 348
Pio XI, Papa, 124, 155, 263-264, 266, 354
Pio XII, Papa, 127, 133, 191, 264-265, 277, 289, 302-303, 310-311, 349-350
Policarpo, S., 214
Ponzio Pilato, 188
Potterie, I. de la, 33, 35, 60, 72, 81, 181
Proclo di Costantinopoli, S., 98, 171
Prospero di d'Aquitania, 44
Prudenzio, 123

Rachele, 43
Rahner, H., 7
Rahner, K., 127, 175, 208
Ratzinger, Cardinal J., 33
Raya, J., 26
Razon, 49
Romelia, 50
Renan, E., 288
Riccardo di S. Vittore, 106
Roberts, C. H., 139
Robinson, J., 15
Robinson, J. A. T., 193
Roschini, G. M., 246, 278, 283
Ruperto di Deutz, 240, 324
Rut, 42

Saavedra, S. de, 166
Salazar, Q., 257
Salome, 64
Salomone, 41, 42, 43, 94, 95
Samaha, J. M., 249
Samuele, 42, 43, 76, 77
Sara, 43
Scheeben, M. J., 129, 160, 318, 346, 347
Scheffczyk, Cardinal L., 297-298
Schlink, B., 10
Schmaus, M., 175
Schmemann, A., 314
Seariasùb, 49
Semmelroth, O., 319, 320
Sergio I, Papa, 291
Serra, A., 180
Severiano di Gabala, S., 91, 324, 341
Sheed, F. J., 34
Sherwood, P., 13
Simeone, 18, 39, 78, 116, 238, 241, 277, 286
Simone, 63, 68
Siricio, Papa, 203, 215
Sisto III, Papa, 149
Sisto IV, Papa, 111
Smith, E. J., 307
Socrate, 140
Sofonia, 35
Sofronio di Gerusalemme, S., 91, 275
Sokoloff, M., 69
Spiazzi, R., 306

Suárez, F., 10, 240, 256, 309, 345, 346

Tauler, J., 254-255
Teilhard de Chardin, P., 16
Teodoreto, 292
Teodoro Abou-Kurra, 278
Teodoro di Mopsuestia, 145, 152-153
Teodosio II, Imperatore, 147
Teodosio, Patriarca monofisita di Alessandria, 290
Teodoto di Ancira, 98, 201, 225, 226
Teofane di Nicea, 344
Teotecno di Livia, 99, 292
Tertulliano, 6, 7, 92, 93, 137, 180, 188, 198, 212, 213, 224, 274
Tiglat-Pileser III, Re, 49
Timoteo di Gerusalemme, 278
Tischendorf, C., 288
Tito, vescovo, 275
Tusaredo, vescovo, 278

Valentini, A., 83
Valentiniano III, Imperatore, 147
Vannucci, G., 139
Vincenzo di Lerino, 149
Vinck, J. de, 26
Vona, C., 279

Wenger, A., 99, 292
White, V., 16
Wicks, J., 18

Wijngaards, J., 248

Zaccaria, profeta, 36
Zaccaria, marito di Elisabetta, 128
Zeno di Verona, S., 202-203, 213
Zwingli, U., 9

Indice generale

Introduzione..vi

Prefazione all'edizione italiana.........................ix

Prefazione..xi

Abbreviazioni..xv

Capitolo 1: Una teologia per Maria......................1

Breve storia della Mariologia.................................5
Relazione fra Mariologia ed altre tematiche.....18
    Mariologia e Protologia....................................18
    Mariologia e Cristologia...................................23
    Mariologia e Soteriologia.................................24
    Mariologia e Pneumatologia............................25
    Mariologia ed Ecclesiologia.............................25
    Mariologia ed Escatologia................................26
La Mariologia offre una sintesi teologica............27

Capitolo 2: La Figlia di Sion..................................31

Prefigurazione..33
Profezia...46

Capitolo 3: L'Ancella del Signore.................................59

Maria adempie l'Antico Testamento.................................59
Maria nei Vangeli Sinottici.................................63
    Il Vangelo di Marco.................................63
    Il Vangelo secondo Matteo.................................65
    Il Vangelo secondo Luca e gli Atti.................................69
    Il Magnificat.................................75
    La Presentazione del Signore.................................78
    Il Ritrovamento nel Tempio.................................78
Maria e la primitiva comunità cristiana.................................79
Maria negli scritti di S. Giovanni.................................80
Gli scritti di S. Paolo.................................85
Conclusione.................................86

Capitolo 4: Piena di Grazia.................................89

I primi secoli.................................89
L'Immacolata Concezione.................................102
Maria fu libera dal peccato attuale.................................115
La santità di Maria.................................123
Il santo nome di Maria.................................129

Capitolo 5: Madre di Dio.................................133

Sviluppo della Dottrina.................................133
La maternità fisica della Beata Vergine.................................135
La maternità metafisica della Beata Vergine.................................139
Conseguenze della Maternità Divina.................................156

Capitolo 6: Sempre Vergine.................................169

La verginità prima della nascita di Cristo.................................174

La concezione verginale di Cristo..................................178
La verginità durante la nascita di Cristo........................196
La verginità dopo la nascita di Cristo.............................211
La verginità perpetua di Maria.......................................219

Capitolo 7: Discepola di suo Figlio..............................223

Maria, la prima discepola...223
Maria esempio di fede..229
Maria socia di Cristo..233
Maria Corredentrice..241

Capitolo 8: Assunta al cielo.......................................273

La chiusura della vita terrena di Maria..........................275
L'Assunzione della Beata Vergine..................................287
La regalità di Maria...306

Capitolo 9: Madre della Chiesa..................................313

Maria, Membro della Chiesa...313
Maria, Tipo della Chiesa..316
Maria, Madre della Chiesa...322
Maria e l'Eucaristia...331
Maria, Mediatrice di tutte le Grazie...............................338

Bibliografia..359

Indice dei nomi...365

Indice generale...373